中国现代写作教育史

潘新和 ◎ 著

山东城市出版传媒集团·济南出版社

图书在版编目（CIP）数据

中国现代写作教育史/潘新和著. —济南：济南出版社，2017.4

ISBN 978-7-5488-2498-5

Ⅰ.①中… Ⅱ.①潘… Ⅲ.①写作—教育史—中国—现代 Ⅳ.①H152-4

中国版本图书馆 CIP 数据核字（2017）第 061823 号

出版发行	济南出版社
地　　址	济南市二环南路 1 号（250002）
印　　刷	山东省东营市新华印刷厂
版　　次	2017 年 4 月第 1 版
印　　次	2017 年 4 月第 1 次印刷
开　　本	170mm×240mm　1/16
印　　张	29
字　　数	430 千
印　　数	1-5000 册
定　　价	98.00 元

济南版图书，如有印装质量问题，请与出版社出版部联系调换。
电话:0531-86131736

再版序

《中国现代写作教育史》于 1997 年初版，该书是我治学十多年成绩的报告单，是我的第一部专著，也是写作学界在该领域研究的第一部专著（迄今尚无同类专著问世）。这年我 44 岁，从"读书人"蜕变为"写书人"，如释重负。读书债，写书还，人到中年才还债，与现在年轻有为的学者相比，我深感惭愧。

尚觉欣慰的是，本书得到写作学界、语文学界肯定，《中国教育报》《上海教育报》《写作》等报刊发表了诸多书评，中国写作学会会长裴显生教授将其作为写作学四本必读书之一给予推介，许多名师、学者至今仍将其列为推荐书目，不少买不到本书的同行不惜高价从旧书店购买——为满足读者需求，济南出版社决定再版推出……这些鼓励与情意令我感动，在此一并致谢。

在本书之后我相继出版十余部专著，敝帚自珍，《中国现代写作教育史》仍为我看重，仍视其为最重要的著作之一。因为若没有这部书就没有我的其他著作，我所有观点都与其有千丝万缕的关系。要想了解我的写作、语文教育观，最好先了解我的治史。不知道这一点，便可能读不懂我的《语文：表现与存在》。

研究中国写作、语文教育史使我受益颇多，借本书再版的机会，有些心得与读者分享，聊供微弱之参考。

我是 1977 年恢复高考的第一届大学生，1982 年 1 月从福建师范大学中文系毕业，留校担任写作教师，从此走上治学之路。上大学、留校从教，是我的人生拐点；研究写作教育史，是我的治学拐点。这是我的两次"弯道超车"。第一次，超越"知青"，改变命运；第二次，超越同行，科研领先。说

"超越"可能不够严谨,尚望"知青"朋友与同行不要较真,我只想表明在某些时间窗口"选择"之重要。正确的方法,决定治学效率与水平。

我选择由治史入手,始于对治学的茫然:对写作教育有许多想法,不知什么对,什么不对;不知前人哪些研究过,哪些没研究过。如果研究过,已有中肯的认识,比我想得深,还需要研究吗?如果我想说的别人已经说过,等于将前人的话重说一遍,岂不是制造文字垃圾?进一步想,治学的意义是什么?无非是继承与超越前人,先要继承,才有超越。如果连前人做了什么都不知道,怎么继承,又如何超越?可见,要先了解前人做了什么才有起码的发言权。在弄清几千年写作教育到底是怎么回事之前,最好免开尊口,否则说也白说,不是与别人说过的撞车,就是说得还不如别人,更大的可能是说错了——除非你是生而知之的天才。基于这样的认识,我开始了漫长的学术寻根之旅。

后来我常为自己从一开始便找到正确的治学途径庆幸。最初只为了说话不心虚,不讲外行话,不被人耻笑,随着研究的进展,逐渐意识到:唯有成为学科学术共同体的成员,才能真正获得话语权,成为学科精神家园的承传者、建设者。要成为学术共同体成员,不是靠领导审批,也不是看你有什么职称、职务,而是取决于你对往圣先贤了解多少,是否真正进入到学科思想体系之内,把握到其渊源、进程、精髓。

通俗一点说,研究学科史是学术上的"认祖归宗",是一种精神皈依。没有进入学科史参拜过列祖列宗,向他们问安请益,接续上精神香火,你便永远是"外人",是失去故土家园的迷途者、漂泊者,永远进不了宗祠、家谱。哪怕自以为学富五车、才高八斗,经验老到、业绩耀眼,都不能作为你是学科"自己人"的凭据,你的成果注定不能积淀进学科史,成为其中一部分。无"根"的"学问",不做也罢。

学者的治史,大多是为了储备史识,从而获得学术认同感、归属感、家园感,是为了可望从"照着说",进入到"接着说"——未必是为了专门从事学科史研究。治史是所有专业人士的治学起点、思维背景,是入行的"门槛"。自然也有一部分人终身治史,这很可贵,但这毕竟是少数人。

多数人治史只是为了获得史识，将其作为不可或缺的治学背景；继承的目的是超越，在我看来这更重要。唯有超越，才有学科、学问的发展、进步。

许多教师、学者不了解这一点，以为不了解学科史也能做学问，随便抓几本书看看，东抄西凑，照样写文章、发文章，甚至还能出书，丝毫不耽误评特级教师、教授，岂不是捡了便宜赚大了？殊不知，缺乏史识底蕴的成果是经不起时间检验的，终究进不了学术殿堂，最终的结果就是著作等身，一堆废纸。

从某种意义上说，缺乏学科基础学养——学科史素养，即所谓"不学无术"，如今这类急功近利的人太多了，语文学科尤甚。既包括一些圈内的名师、学者，也包括一些其他学科介入语文教育的名家大腕。没有沉下心来在治史上下工夫，缺乏语文教育基本学养，没有经过长期钻研、积淀，想当然地信口开河、指手画脚，或假借"科学化"之名，从国外趸来些现成的知识，改头换面，堂而皇之地推广、倡导——靠"拍脑袋"或"拿来主义"做"学问"、发"高论"，这与会认字便可以教语文、"引车卖浆者流"对语文说三道四，没有本质上的区别。这些人若是普通教师、学者就罢了，若是语文课程顶层设计者，给语文界带来的是福还是祸，大家不难作出判断。

如果说治学有什么捷径的话，从"根"上做起就是捷径。这看似舍近求远走弯路，但自古华山一条路，只有这条远路、弯路，别无他途。以为走的是近路、直路，到头来一定是错路、死路。

从"根"上做学问，从眼前看，时间、精力成本很高，似乎投入与产出不成比例，赔多利薄。但从长远看，这蝇头小利却是将学问做大、做强的第一桶金，将不断派送思想红利，简直一本万利。一旦你的学问汇入了学科思想史，还可能利在千秋万代。我不懂得治学经济学，但我以为治史不亏，"吃小亏占大便宜"大约是划算的买卖。

为治学的治史可称为"述学"，取孔子"述而不作"之意。"述"就是"传旧"。"述学"就是转述、思考前人的学问、学术贡献；对传统学术资源进行搜集、梳理，认识其主要内容、因果关系，做从微观、中观到宏观的系统表述、阐发，其目的是涵养、甄别、继承。只有老老实实"养根加膏"，才可望获得真正意义上的思想成果；只有在写作、语文教育史研究上殚精竭虑、积铢累寸、深耕细作，数十年如一日，源源不断地从中汲取营养，才有灵感、见识的"井喷"式爆发。

好了，收回来吧——说说看似无用的治史究竟有什么实用价值，相信这才是大家最关心的。

我在该领域研究、积累十多年，先是出版了《中国现代写作教育史》《中国写作教育思想论纲》，后又相继出版了《语文：回望与沉思——走近大师》《语文：审视与前瞻——走进名家》《中国语文学史论》等，至今对"史"的研究兴趣丝毫不减，相信它将伴随我一生。治史是个无底洞，没有完成的时候。似乎走出来了，一不小心又会给拉回去。它魅力无穷，遍地珍宝。了解越多，受惠越多。它不但给我发言权、思想资源、说话底气，更重要的是给我高屋建瓴的眼光与智慧。这是一个永不枯竭的富矿，只有沉浸其中才体会得到，但愿读者，尤其是年轻的读者能及早觉悟，共同采掘，相信一定也会和我一样乐在其中、流连忘返。

未进入现代写作、语文教育史，讲起我国现代写作、语文教育，一般人顶多知道点叶圣陶、夏丏尊先生怎么说。进入了现代写作、语文教育史，便知道原来有一大批人为此做过重要贡献：蒋维乔、梁启超、陈望道、黎锦熙、高语罕、孟宪承、胡适、吴研因、王森然、蒋伯潜、蒋祖怡、阮真、朱光潜、朱自清、魏应麒、张震南、唐彪……他们见解各异，多元互补，极大地丰富了我们的思维版图。有了多元参照系，认识便不拘一格、海阔天空。了解他们，虚心请教，就不会以叶老的"工具性""生活本位""阅读本位""重形式""求甚解"等观点画地为牢，便知道许多前辈持"非工具性"、非"阅读本位"认知，更关注趣味、审美、想象、超功利、言语表现……这就从单一思维定式中走出来，提高了认知水平，激活了思想力与创造力。

有些人也许会觉得这些名家、大师是做出过很大贡献，但时代在进步，他们的认识已经过时，没什么借鉴意义了。从教育、教学实践中发现问题，提出问题，解决问题，未必都要借助史料、史识。殊不知，是否具备一定的史识，对现实问题的判断迥然不同，认知水平有天壤之别。史识的作用，未必都是直接的比较、参考、借鉴，更体现为历史与逻辑相结合的眼光与智慧，它可以使你穿越时空，洞悉当下与未来。

例如，看到《语文课程标准》（2011年版）的"课程性质"定义："语文是一门学习语言文字运用的综合性、实践性课程"，如果缺乏史识，会以为这是一种"新"认知，为此欢欣鼓舞、跟风盲从：或鼓吹语文教学内容要学习"语用"知识，或从当代"语用学"视角对其再认知，筹划如何训练、提高"语用"能力——"积极语用""表达本位"等的提出就是如此。这些人虽然也能说点什么，但所看到的东西极其有限、浅陋。

拥有现代写作、语文教育史识感觉就不一样，看到以"语用"作为语文"课程性质"定义，一定不会急于赞成、接受，立刻就会想到这不是什么新观点，而是沿袭了大半个世纪前的"工具性"界定。"工具性"是"功能"不是"目的"界定，"语用"定义，是误把手段当成目的，其要害是目中无"人"，违背教育的目的是"人"的常识。即便给"语用"穿上"综合性、实践性"马甲，仍换汤不换药，改变不了其重语言形式学习、重言语技能训练，"见技不见道""见文不见人"的实质。

读过"工具性"倡导者叶圣陶先生的著作就会明白，该"语用"定义，连叶老当年的水平都没达到，不是认知进步，而是倒退。

叶老的"工具性"定位是目中有"人"的。他明确指出："语言是一种工具，工具是用来达到某个目的的。工具不是目的。"其完整的定义是："……养成善于运用国文这一种工具来应付生活的普通公民。"——他的目的是培养"人"——"普通公民"。而"课标"定义把培养什么样的"人"阉割了，只剩下掌握"工具"，即学习"语用"技能。

史识还告诉我们：叶老这一目中有"人"的界定同样也有问题。问题在于其哲学背景是杜威的"工具主义""实用主义""实利主义"，因此叶老的"应付生活""应付"的是日常生活、社交活动等。他的"人"——"普通公民"，指的是"物质人""社会人"。言语学习的目的，除了满足"应付生活"——"生存"需要，还有"存在"需要；除了满足物质需要，还有精神需要。"存在""精神"需要，比"生存""物质"需要还重要。这一缺失是根本的缺失，是造成我国现代语文教育溃败的主因。这样的认知是升华、整合，进入到思维的智慧层面。

读过与叶老同时代的黎锦熙先生的《新著国语教学法》，会看到比叶老更加准确、深刻地对语文课程"目的"的理解，便知道"语用"——"工具性""应付生活"认知到底有什么偏颇。黎先生将"国语要旨"分为"语文"（形式）、"心意"（内容）两方面，具体表述为：五能（能读、能听、能说、能作、能写），四法（读法、话法、作法、写法），四目的（自动的研究与欣赏、社交上的应用、艺术上的建造、个性与趣味的养成）。他说的不是单纯的"语文"形式——"工具"的学习，更重要的是"心意"——精神的培育。不是"学习语言文字运用"一目的，而是身心全面发展的"四目的"。"语用"目的，培养的是技能，是机器人；黎先生的"四目的"中，只有"社交上的应用"这一目的与"工具性""应付生活"的目的重合，其他三个目的：自动的研究与欣赏，艺术上的建造，个性与趣味的养成，培养的是具有言语鉴赏、创造才能的人，是言语人、创造人、精神人。黎先生既指向"生存"，更指向"存在"，其价值取向明显高于叶老。

进入现代写作、语文教育史参照系中，还会发现2011年版"语文课程标准"的定义，甚至也不如百年前的教育法规。如1912年《小学校教则及课程表》："国文要旨，在使儿童学习普通语言文字，养成发表思想之能力，兼以启发其智德。"同年颁发的《中学校令施行规则》："国文要旨在通解普通语言文字，并使略解高深文字，涵养文学之兴趣，兼以启发智德。"1923年《新学制课程标准纲要小学国语课程纲要》（吴研因起草，委员会复订），"目的"部分："练习运用通常的语言文字，引起读书趣味，养成发表能力，并涵养性情，启发想象力及思想力。"这里提到的"发表思想之能力""涵养文学之兴趣""兼以启发其智德""涵养性情，启发想象力及思想力"等，都远超出"语用"范畴，阐明了语文课程的根本是"道"、是"人"，只讲"语用"是舍本逐末。

可见，有没有现代写作、语文教育史素养是不一样的。这一素养是认知、解决现实问题的底线,为语文教师、学者所必备。不是可以有,而是必须有。

要是进入到古代写作、语文教育史,看到的就更多了。毕竟"现代"才100多年,而"古代"有两三千年,自然积累的思想资源更丰厚,拥有它,势必视野更宏阔,认知更深刻。完整的高水平的史识,势必是建立在古代与现代语文教育史研究上的,古代尤其重要。先秦的儒家、墨家、道家、法家、名家等,共同为写作、语文教育奠基,这是写作、语文教育的源头,他们的思想、著作是后世、后人思想、思维的原点、原典。不了解源头性的原点、原典,便不了解后来的流变、发展,就难以做出精准的判断。

从孔子、墨子、老子、庄子、荀子、韩非子、王充、扬雄、司马迁、刘勰、颜之推、韩愈、苏轼、朱熹、吴讷、徐师曾、唐彪、姚鼐、章学诚、曾国藩……一路读下去,就大致知道我国写作、语文教育思想的源流、脉络,眼光就更犀利、毒辣。会觉得现代语文名家尽管渊博、深刻,似乎还站得不够高,没把握住语文之"道"。虽然他们大多学贯中西,却还是"隔"。反八股、废科举;新文化运动、五四运动、西学东渐等,使这一代名家、大师无暇对古代写作、语文教育做全面、深入的反思、检讨,便对传统教育取基本否定的态度,走的是"西化"的路子,是"厚今薄古"的时代局限导致了认知局限。

看到下面这些表述,只要不抱成见,想必都会为之震撼、振奋,甚至感动、惊愕。其认知高度不是叶圣陶、夏丏尊先生,也不是黎锦熙、胡适先生们可望其项背的。这些,他们不是没读过,他们一定比我了解得还要多,是被"西化""新文化"蒙住了眼睛,对所谓的"旧文化"视而不见,弃之如敝屣:

> 人之所以为人者,言也。人而不能言,何以为人?(《春秋穀梁传·僖公二十二年》)
>
> 大上有立德,其次有立功,其次有立言,虽久不废,此之谓不朽。(《左传·襄公二十四年》)
>
> 仆窃不逊……亦欲以究天人之际,通古今之变,成一家之言。草

创未就，适会此祸，惜其不成，是以就极刑而无愠色。仆诚已著此书，藏之名山，传之其人，通邑大都，则仆偿前辱之责，虽万被戮，岂有悔哉！（司马迁《报任安书》）

盖文章，经国之大业，不朽之盛事。年寿有时而尽，荣乐止乎其身，二者必至之常期，未若文章之无穷。是以古之作者，寄身于翰墨，见意于篇籍，不假良史之辞，不托飞驰之势，而声名自传于后。（曹丕《典论·论文》）

心生而言立，言立而文明，自然之道也。……故知道沿圣以垂文，圣因文以明道，旁通而无涯，日用而不匮。《易》曰："鼓天下之动者存乎辞。"辞之所以能鼓天下者，乃道之文也。（刘勰《文心雕龙·原道》）

身与时舛，志共道申，标心于万古之上，而送怀于千载之下，金石靡矣，声其销乎！（刘勰《文心雕龙·诸子》）

为天地立心，为生民立命，为往圣继绝学，为万世开太平。（《张载集·张子语录》）

这些写作观、言语观、价值观，没有一条仅仅将言语视为"应付生活"的工具，为了满足人的低层次的生存需要；每一条都足以刷新当下写作、语文教育本体观，给予我们无尽的滋养与体悟："人之所以为人，言也"——人的生命特性是言语，人的生命是言语生命，言语表现是人的确证、自证，这意味着人不为"应付生活"也要言说、创造，因为"人而不能言，无以为人"；"究天人之际，通古今之变，成一家之言"；"藏之名山，传之其人"——写作不是为了现实、现世的功利，而是一种自我实现，是对后世、人类的奉献，体现的是利他情怀、人类情怀、终极关怀；"立言"不朽，"声名自传于后"——立言将超越现世，立言者的精神生命不死，精神生命优于、重于肉体生命；"辞之所以能鼓天下者，乃道之文也"——发之于"心"，符合"自然之道"的"道之文"，文以载道、文与道俱，才能推动社会、历史进步；"标心于万古之上，而送怀于千载之下，金石靡矣，声其销乎！"——立言高出万古，思想流传千载，海枯石烂，其精神也永远不会消亡；"……为往圣继绝学，为万世开太平"——写作、治学不是为自己，而是为人类薪火相传、福祉永续。读到这些，难道我们不会觉得"学习语言文字运用"，"养成善于运用国文这一种工具来应付生活的普通公民"，即便是为了鉴赏、审美、艺术创造、培养人格等，都还是不得要领的肤浅、片面之论？在崇高、深邃、悲壮面前，方显出猥琐、局促、卑下。写作、语文教育，为生活、应用与为明道、立言，为生存与为存在，为个人与为人类，为现世与为万世，高下立判。

"词以境界为最上，有境界者，则自成高格，自有名句"，写作、语文教育何尝不如此？没有高境界、大胸怀，没有存在性的言语动机、价值观，没有高瞻远瞩的"万世"情怀、终极关怀，连"应付生活"的"语用"也不可得，遑论文以明道、"立言"不朽——写出"鼓天下之动"的"道之文"。这一点早已被写作、语文教育实践所证明。

写作、语文教育并非不要"语用"，不要为"应付生活"而写，问题在于：为"语用"（生存）与为"立言"（存在），二者孰为轻重？古人早已思考并回答了这一问题——在汉语文教育领域，极少古人没有涉及过。你以为没涉及过的，实际上是没读过。一旦读到，往往望洋兴叹，平添话被古人说尽的悲哀。

一千多年前，大文豪韩愈给求教的年轻人李翊写了一封信，这就是流传至今的《答李翊书》。这封信很好地回答了写作该重"应用"还是重"立言"，以及如何成就"立言者"这一问题。

韩愈在信的开头欣赏李翊"立言"的志向，对为应用与为立言这两种价值取向作了严格区分，他首先问李翊：你是希望文章超过别人而被人所取用，还是希望达到"古之立言者"的境界？在肯定李翊的目的是后者之后，才悉心传授成就"立言者"的经验、心得："养其根而俟其实，加其膏而希其光。根之茂者其实遂，膏之沃者其光晔……"在信的结尾，他再次对"应用"与"立言"表明态度："待用于人者，其肖于器邪？用与舍属诸人。君子则不然。处心有道，行己有方，用则施诸人，舍则传诸其徒，垂诸文而为后世法。"——文章为人所用，就跟器物为人所用没什么两样，用不用取决于他人。君子不是这样，思想要符合道理，行为要符合规矩，文章被用，就将自己的学问施行开来，不为人所用，就将自己的思想传授给学生，使文章流传下去，成为后世的楷模——他看重的不是文章像器物一样被动地由他人决定用还是不用，而是看重文章的思想传播功能，"用则施诸人，舍则传诸其徒，垂诸文而为后世法"，认为这才是君子应有的写作境界。他在信中强调若要成就"立言者"，须"无望其速成，无诱于势利"，赞赏李翊虔诚的"立言"志向："念生之言不志于利，聊相为言之"，表明他反对利益驱动的生存性、功利性写作，以超势利、超现世为价值取向。——今天哪一部语文教育学著作或语文教材的理论、实践价值，比得上韩愈这封寥寥千言的信？谁读过此信对写作、语文教育的目的、内容、方法不会有新的领悟？

了解、研究古今写作、语文教育史，使我们有宏观视野与微观参照，感觉敏锐，思维开阔，立论高远，言之有据。不再孤立地就事论事，头痛医头、脚痛医脚，只见树木、不见森林，也不会人云亦云，随大流说一些似是而非的话，或自以为是地随便抬杠、唱反调。而能从历史沿革的脉络中认识其规律与方向，正确把握现实并前瞻未来。

在我的科研道路上，我的老师林可夫、孙绍振所给予的扶持和鼓励，我将永远铭记在心。在我涉足写作教育史研究的这许多年里，一直得到中国写作学会常务副会长、南京大学裴显生教授的关怀和十分具体的指导，我将永远珍惜这份情谊。

为再版作序本以为是"例行公事"，写上几句就好，没想到收不住手，写啰唆了，浪费诸位时间，望见谅。

时过境迁，有些想法与当初不同了，为尊重历史起见，再版不作文字上大的改动。

潘新和
于闽江之滨寓所
2016 年 8 月 12 日

目 录

第一编 清末民初的写作教育

第一章 写作教育概观 … 3
第一节 八股文的写作规范、教学方法及其弊害 … 3
第二节 禁用八股程式与废除科举制 … 6
第三节 写作教育指导思想转向讲求实用 … 7
第四节 写作教育实际上仍继承八股的系统 … 8
第五节 写作课程名称与教法、教研概况 … 10

第二章 写作教学"章程"与教学实践 … 13
第一节 清末教育法规中有关写作教学的规定 … 13
第二节 民初教育法规中有关写作教学的规定 … 19
第三节 旧式作文教法仍占主导地位 … 22
第四节 文选类教材和作文命题情况 … 26
第五节 专门的写作教材——《实用文章义法》 … 27
第六节 "教授法"问题开始受到关注 … 28

第三章 写作学研究述要 … 34
第一节 应以培养"切实应用之作文能力"为目的 … 34
第二节 顺应自然之趋势,适合学生之地位 … 36
第三节 借教授语言为教授文字之导线 … 37
第四节 作通人应作之文及其职业上所必作之文 … 39

  第五节　以语言为标准的教授法及其他 …………………… 42

第四章　写作学论著简介 ……………………………………………… 44
  第一节　蒋维乔的《教授法讲义》 …………………………… 44
  第二节　来裕恂的《汉文典》 ………………………………… 47
  第三节　吴曾祺的《涵芬楼文谈》 …………………………… 52
  第四节　姚永朴的《文学研究法》 …………………………… 56
  第五节　林纾的《春觉斋论文》 ……………………………… 61

第二编　五四时期和20世纪20年代的写作教育

第一章　写作教育概观 ………………………………………………… 67
  第一节　文学革命——白话文写作的兴起 …………………… 67
  第二节　教育革命——"国语统一"和"言文一致" ………… 70
  第三节　写作教学语体、文体并重 …………………………… 74
  第四节　文选类教材白话、文言兼收 ………………………… 75
  第五节　专门的写作教材异军突起 …………………………… 76
  第六节　写作教学研究成绩斐然 ……………………………… 77

第二章　写作"课程纲要"和教学实践 ……………………………… 79
  第一节　《新学制课程标准纲要》有关写作教学的规定 …… 79
  第二节　《作文法讲义》《文章作法》等写作教材各具特色 … 82
  第三节　写作教学实践较前略有改观 ………………………… 86
  第四节　教师的教学思想和教法颇不一致 …………………… 89
  第五节　浙江一师和扬州八中的写作教改 …………………… 91

第三章　写作学研究述要 ……………………………………………… 95
  第一节　黎锦熙、孟宪承和胡适的作文教学法研究 ………… 95
  第二节　夏丏尊、刘薰宇的作文法研究 ……………………… 100
  第三节　关于"口语作法"的研究 …………………………… 102
  第四节　关于作文训练的研究 ………………………………… 105

第四章　写作学论著简介 ……………………………………………… 108

第一节	高语罕的《国文作法》		108
第二节	叶圣陶的《作文论》		110
第三节	黎锦熙的《新著国语教学法》		113
第四节	张震南等的《中学国文述教》		115
第五节	梁启超的《中学以上作文教学法》		118
第六节	夏丏尊、刘薰宇的《文章作法》		121
第七节	张须的《师范国文述教》		124
第八节	赵欲仁的《小学国语科教学法》		127
第九节	徐子长的《小学作文教学法》		130
第十节	王森然的《中学国文教学概要》		133
第十一节	阮真的《中学作文教学研究》		136

第五章　代表人物的写作教育观 …………………………………… 139

第一节　黎锦熙 …………………………………………………… 139

第二节　陈望道 …………………………………………………… 150

第三节　梁启超 …………………………………………………… 159

第四节　胡　适 …………………………………………………… 168

第三编　20世纪30年代的写作教育

第一章　写作教育概观 …………………………………………… 181

第一节　关于"中学生国文程度的讨论" ……………………… 182

第二节　复古思潮与语、文论争 ………………………………… 188

第三节　对白话文写作的再认识 ………………………………… 193

第四节　写作教育在总体上有所进展 …………………………… 194

第二章　写作"课程标准"和教学实践 …………………………… 199

第一节　小学国语"课程标准"有关写作教学的规定 ………… 199

第二节　中学国文"课程标准"有关写作教学的规定 ………… 202

第三节　旧、新写作教学思想和方法的并存和消长 …………… 205

第四节　"国文"教材写作教学意识增强 ……………………… 208

第五节　写作教材类别齐全,渐趋完备 …………………… 215
　　第六节　权伯华和石昭锽的写作教改 ……………………… 219

第三章　写作学研究述要 …………………………………………… 223
　　第一节　对国文科主要矛盾的认识 ………………………… 223
　　第二节　对写作教学本体的思考 …………………………… 225
　　第三节　对写作学习心理的研究 …………………………… 227
　　第四节　以日记代替作文的教改研究 ……………………… 230

第四章　写作学论著简介 …………………………………………… 232
　　第一节　施畸的《中国文体论》 ……………………………… 232
　　第二节　夏丏尊、叶圣陶的《文心》 ………………………… 237
　　第三节　薛凤昌的《文体论》 ………………………………… 241
　　第四节　张资平的《章构造法》 …………………………… 244
　　第五节　茅盾的《创作的准备》 ……………………………… 248
　　第六节　阮真的《中学国文教学法》 ………………………… 250
　　第七节　叶圣陶的《文章例话》 ……………………………… 254
　　第八节　夏丏尊、叶圣陶的《文章讲话》 …………………… 256
　　第九节　唐弢的《文章修养》 ………………………………… 259
　　第十节　魏应麒的《中学师范国文作文教学法》 …………… 261

第五章　代表人物的写作教育观 …………………………………… 266
　　第一节　夏丏尊 ……………………………………………… 266
　　第二节　阮　真 ……………………………………………… 276
　　第三节　鲁　迅 ……………………………………………… 286

第四编　20世纪40年代的写作教育

第一章　写作教育概观 ……………………………………………… 299
　　第一节　对中学生国文程度的再认识 ……………………… 299
　　第二节　国文程度"低落"的原因与改进的意见 …………… 303
　　第三节　关于中学生文言写作的论争 ……………………… 305

第四节 对"大一国文"性质存在的不同看法 ……………… 307
第五节 处于艰难之中的国统区写作教育 ………………… 310
第六节 陕甘宁边区写作教育的初步发展 ………………… 311

第二章 国统区写作"课程标准"和教学实践 ……………………… 315
第一节 《六年制中学国文课程标准草案》有关写作教学的规定
…………………………………………………………… 315
第二节 修正公布的《小学国语课程标准》有关写作教学的规定
…………………………………………………………… 317
第三节 部编"国文"教材质量低下 ………………………… 320
第四节 文、白分编教材的讨论和编写 …………………… 321
第五节 写作教学实践中存在诸多弊病 …………………… 325
第六节 于在春的"集体习作"的教改实验 ………………… 327
第七节 "大一国文"教材举隅 ……………………………… 330

第三章 国统区写作学研究述要 …………………………………… 336
第一节 《国文月刊》《国文杂志》的创办 …………………… 336
第二节 对写作教学某些基本观念的认识 ………………… 339
第三节 对阅读与写作关系的认识 ………………………… 343
第四节 对习作与批改方法的认识 ………………………… 347
第五节 对假想的读者与儿童写作心理的认识 …………… 350

第四章 陕甘宁边区的写作教育 …………………………………… 352
第一节 写作教育在边区教育中占有特别重要的地位 …… 352
第二节 《初中国文课程标准草案》有关写作教学的规定 … 353
第三节 边区写作教学的基本情况 ………………………… 355
第四节 边区写作教改经验和实验 ………………………… 361
第五节 边区写作学研究举要 ……………………………… 366

第五章 写作学论著简介 …………………………………………… 372
第一节 裴小楚的《习作的方法》 …………………………… 372
第二节 蒋伯潜、蒋祖怡的《章与句》 ………………………… 373

第三节　蒋伯潜的《中学国文教学法》…………………… 377
   第四节　蒋祖怡的《文章学纂要》………………………… 380
   第五节　蒋伯潜的《文体论纂要》………………………… 384
   第六节　刘兆吉的《初中作文教学法》…………………… 388
   第七节　朱光潜的《谈文学》……………………………… 391
   第八节　平生的《写话教学法》…………………………… 395
   第九节　李广田的《创作论》……………………………… 400
   第十节　张粒民的《小学作文科教材和教法》…………… 404
第六章　代表人物的写作教育观 …………………………………… 408
   第一节　朱自清 …………………………………………… 408
   第二节　朱光潜 …………………………………………… 417
   第三节　叶圣陶 …………………………………………… 427

第一编 清末民初的写作教育

第一章　写作教育概观

清末民初，本书指的是1901年（禁八股）至五四运动前这一段时间。这个时期是我国写作教育由古典到现代的转型期，其写作教育的主要特征是：旧的写作教育规范面临崩溃解体，新的写作教育规范尚待建立；写作教育思想开始从为"功名"转向为"文章"、为"实用"，但传统的写作教育观念和方法仍占主导地位。我国现代写作教育由此发轫。

第一节　八股文的写作规范、教学方法及其弊害

汉代以降，以文取士之风日炽，写作教育因此逐渐受到重视。隋、唐开科举制先河，至明、清形成了严格的科举规范，策论、经义、八股文、试帖诗等，成为科场考试的主要形式，写作教育成为封建教育的一个最重要的组成部分。直到光绪二十七年（1901年）科举考试"禁用八股文程式"、光绪三十一年（1905年）"上谕立停科举以广学校"，这种写作教育畸形繁荣的状况才略有改观。

我国的写作教育，与八股文这个科举考试的主要形式的写作和教学有着十分密切的联系，要了解我国古代以至现代的写作教育状况，就不能不对八股文的写作教育有所了解。

发端于宋代的经义之文，到了明、清，由于统治者对文人的思想钳制

更加严酷，科举制也更加"完善"，所以，经义考试在内容与形式上的限制，也变得比以往更加严厉。明成化（1465～1487年）以后，经义俗称八股（亦称制艺、时文、八比文、四书文等）。明、清的各级考试虽然还旁涉律赋、经义、论、策、疏、经解等文体，但对八股文及试帖诗尤为重视。明、清乡、会试共考三场：头场考八股文，二场考经义，三场考策论。五经义往往亦仿四书文，用八股文式。主司阅卷，专重头场，而轻二、三场，凡头场未能选中的，二、三场的卷子多不再看。考生中式与否，实际上取决于一篇八股文。

"股者对偶之名也"，八股文每篇由破题、承题、起讲、入手、起股、中股、后股、束股八部分组成。"破题"即说破题目要义；"承题"是进一步阐明题意；"起讲"是议论的开端；"入手"是导入正式议论；下面从"起股"到"束股"才是议论的正文，以"中股"为全篇重心。在这四股中，每股都有两股排比对偶的文字，合为八股。由此可见八股文形式上的僵化板滞。

八股文在内容上的要求，简而言之即"代圣贤立言"。张位在《看书作文法十六则》中说："作文是替圣贤说话，必知圣贤之心，然后能发圣贤之心，有一毫不与圣贤语意相肖者，非文也。譬之传神，然眉目须发有一毫不逼真者，非为良工。"① 郭正域在《论文一章》中说得更为苛刻："六经孔孟，圣人之言也，为六经孔孟，亦当如圣人之言。夫见理不真，晤言不妙，即有奇言，不得圣人之心。音响不合，轻重不伦，即有奇言，不得圣人之言。夫为圣人之文，即传圣人之言也。今之善传言者，呼吸咳唾，微言冷语，嬉笑怒骂，长短轻重，一如出其人之口，方为善传言。"② 由此可见八股文内容上的腐败虚伪。

原来八股文篇末还有"大结"，可及时事，各抒己见，但由于明嘉靖二十二年（1543年），一考生"大结"内有"'继体之君，未尝无可承之法，但德非至圣，未免作聪明以乱旧章'等语，世宗见之大怒，以为讥

---

①② ［明］武之望：《举业卮言》卷三。

讪，逮讯獒于杖下。……自后皆草率从事，而不肖之徒，又每于此暗藏关节，至清康熙时悬为厉禁，而大结遂废。"① 就是说八股文写作只许人云亦云，不许考生发表自己的见解，完全是不切实际的一派空言，即如叶圣陶所说，是"鹦鹉学舌"般的文字游戏，这确实体现了当时统治者培养唯命是从的"人才"的政策和意愿。

科举考试最为重视八股文，整个封建教育自然也就以八股文教学为中心。"读'四书'（《论语》《孟子》《大学》《中庸》）只为八股之题目，读'五经'（《诗》《书》《礼》《易》《春秋》），只为八股之材料。而三代以下之书，皆可以不读。"② 实际上，许多考生，连"四书""五经"也可以不读，各类的八股文选本多而且滥，著名的如官选的方苞编的《钦定四书文》41卷，私人选的黄宗羲辑的《明文海》482卷、俞长城辑的《百二十名家选》、郑汉林选的《八宗师考卷选》、纪晓岚选的《房行书精华》，等等，可谓不胜枚举。当时的许多考生，专读这类八股文选，到时东拼西凑，敷衍成篇。更有甚者，一些有钱人的子弟，往往请善做八股文的名士揣摩下一大比之年可能会出的题目，将它预先做了，这叫代人拟题，做好卖给他们，死记硬背，考时便可用来套题，或可侥幸中式。因为以"四书"命题，考了数百年，可出之题不过剩下数十题，有经验的名士是完全可能猜中题目的。清代学者顾炎武曾在《日知录》中慨叹道："昔人所须十年而成者，以一年毕之。昔人所须一年而成者，以一月毕之。成于剿袭，得于假倩。卒而问其所未读之经，有茫然不知为何书者。故愚以为八股为害，等于焚书，而败坏人才有甚于咸阳之郊，所坑者但四百六十余人也。"八股试士的制度的祸害，已成为当时士大夫的共识。

---

① 商衍鎏：《清代科举考试述录》，234页，北京，三联书店，1958。
② 卢湘父：《万木草堂忆旧》，见沈云龙主编《近代中国史料丛刊续编》，第66辑651册，77页，台北，文海出版社有限公司，1983。

第二节　禁用八股程式与废除科举制

鉴于八股试士的种种积弊和改革朝政选拔人才以适应时势之需，清政府于光绪二十七年（1901年）七月十二日下令"以策论试士禁用八股文程式"：

> 科举为抡材大典，我朝沿用前明旧制，以八股文取士，名臣硕儒，多出其中。其时学者皆潜心经史，文藻特其绪余。乃行之二百余年，流弊日深，士子但视为弋取科名之具，剽袭庸滥，于经史大义，无所发明，急宜讲求实学，挽回积习。况近来各国通商，智巧日辟，尤贵博通中外，储为有用之材，所有各项考试，不得不因时变通，以资造就。着自明年为始，嗣后乡、会试，头场试中国政治、史事论五篇，二场试各国政治、艺学策五道，三场试"四书"义二篇，"五经"义一篇。考官评卷，合校三场，以定去取，不得全重一场……以上一切考试，凡"四书""五经"义均不准用八股文程式，策试均应切实敷陈，不得仍前空衍剽窃。自此次降旨之后，皆当争自濯磨，务以"四书""五经"为根本，究心经济，力戒浮嚣，明体达用，足备器使，庶副朝廷求治作人之至意。①

光绪三十一年（1905年）八月四日又降旨废除科举：

> ……三代以前，选士皆由学校，而得人极盛，实我中国兴贤育才之隆轨。即东西洋各国富强之效，亦无不本于学校。方今时局多艰，储才为急，朝廷以提倡科学为急务，屡降明谕，饬令各督抚广设学堂，将俾全国之人咸趋实学，以备任使，用意至为深厚。……兹据该督等奏称：科举不停，民间相率观望，推广学堂必先停科举等语，所陈不为无见。著即自丙午科为始，所有乡、会试一律停止，各省岁科

---

① 见《光绪朝东华录》卷168，转引自《中国近代教育史资料汇编》"学制演变分册"，4页，上海，上海教育出版社，1991。

考试亦即停止。①

禁八股与废科举，用意均为"明体达用，足备器使"，"咸趋实用以备任使"，这一目的无疑是值得肯定的。其中所言"策试均应切实敷陈，不得仍前空衍剽窃"，更是切中了写作和写作教育之要害，这对写作风气的转变、写作教育的改革，有其积极的意义。禁八股、废科举，标志着我国古典写作教育的终结。

第三节　写作教育指导思想转向讲求实用

科举考试禁用八股程式，兴办新学，清末教育出现了转机。1902年8月15日，清政府颁布了《钦定学堂章程》（即"壬寅学制"）；1904年1月13日又颁布了《奏定学堂章程》（即"癸卯学制"）、《奏定学务纲要》等，其中涉及写作教育的条文，均体现了讲求文章实用性的特点。如《奏定初等小学堂章程》在"中国文字"科目下规定"其要义在使识日用常见之字，解日用浅近之文理……并当使之以俗语叙事，及日用简短书信，以开他日自己作文之先路，供谋生应世之要需"。《奏定高等小学堂章程》在"中国文学"科目下规定："其要义在使通四民常用之文理，解四民常用之词句，以备应世达意之用。……即教以作文之法，兼使学作日用浅近文字。"《奏定中学堂章程》，要求作文"以清真雅正为主：一忌用僻怪字，二忌用涩口句，三忌发狂妄议论，四忌袭用报馆陈言，五忌空言敷衍成篇。……其作文之题目，当就各学科所授各项事理及日用必需各项事理出题，各取与各科学贯通发明，既可易于成篇，且能适于实用。"《奏定学务纲要》也明确规定："其中国文学一科，并宜随时试课论说文字，及教以浅显书信、记事、文法，以资官私实用。但取理明辞达而止，以能多引经

---

① 袁世凯、赵尔巽、张之洞等：《会奏立停科举推广学校折暨上谕立停科举以广学校》，见《光绪朝东华录》卷195，转引自《中国近代教育史资料汇编》"学制演变分册"，553页，上海，上海教育出版社，1991。

史为贵，不以雕琢藻丽为工，篇幅亦不取烦冗。"这些法规表明，写作教学至少在要求上已经由徒尚虚言、以谋取功名利禄为目的，转向以日常文字应用为目的上来。以"应用"取代"应试"，这是现代写作教育最具实质性的观念之一。

民国初年的写作教育方针，也同样注重实用性和应用性。1912年11月22日教育部订定《小学校教则及课程表文》第三条规定："国文作法，宜就读本及他科目已授事项，或儿童日常闻见与处世所必需者，令记叙之，其行文务求简易明了。1912年12月教育部公布《中学校令施行细则》第三条中规定："使作实用简易之文。"1916年1月8日教育部又公布了"国民学校令施行细则"，与1912年的《小学校教则及课程表文》中关于"国文作法"的要求完全一致。可见，清末至民初的这十几年中，写作教育方针是一脉相承的。能够注意到写作和写作教学的实用性和应用性，这自然是一大进步。

第四节　写作教育实际上仍继承八股的系统

由于以科举为目的的写作教育沿袭了近千年，它所形成的教育规范、观念和方法根深蒂固，不可能在短时间内发生根本的变化。尽管在写作教育方针和要求上已有所革新，但是写作教育的实际情况却不容乐观。诚如叶圣陶所说："八股不要了，科举废止了，新式教育兴起来了。新式教育的目标虽各有各说，但有一点为大家所公认，就是造就善于处理生活的公民。按照这个目标，写作既是生活上不可缺少的一个项目，自该完全摆脱八股的精神，顺着自然的途径，消极方面不阻遏发表的欲望，积极方面更诱导发表的欲望，这样来着手训练。无奈大家的习染太深了，提出目标是一回事，见诸实践又是一回事。实际上，便是史、地、理、化等科，也被有意无意地认为是利禄之途，成了变相的八股，而不问它与生活有什么干系。何况写作一事,直接继承着从前八股的系统,当然最容易保持八股的精神了。"①

这一点,从当时学生所作的作文题目中可以得到印证。有人曾对卢寿籛选辑的由崇文书局出版的《全国学校国文成绩文库甲编》一、二、三集中所录作文的文题作过分类统计,该书所收作文系民国五年至九年的各省各中等学校及大学专门校预科学生所作,文体全部为文言文。统计者认为,在民国十年(1921年)以前,各中等学校作文教学,一仍旧观,无所变革,故划分为一期。对该书所收1670道作文题分类统计如下:(一)经论类(附经义)共148题,占8.86%;(二)史论类(附合论)共274题,占16.41%;(三)通论类(合广论时论原理)共129题,占7.73%;(四)陈说类(附杂说)共221题,占13.23%;(五)辨释类共42题,占2.52%;(六)答问类(附对策)共46题,占2.75%;(七)感言类共59题,占3.53%;(八)书启类(合书牍通启文告)共111题,占12.63%;(九)杂记类共191题,占11.44%;(十)游记类(附旅行记)共79题,占4.73%;(十一)序跋类(附赠言寿序)共72题,占4.31%;(十二)书后类共82题,占4.91%;(十三)传状类(附行述及碑志哀祭)共67题,占4.01%;(十四)杂文类共49题,占2.93%。由上观之,论说体之文题占了大多数:(一)(二)(三)(四)(五)(六)各类均为论说体,共860题,占总数的51.50%;记叙体文题,尚不及论说体之半数:(九)(十)(十一)(十三)各类均为记叙体,共409题,占总数的24.49%;其他4类之文题合计401题,占总数的24.01%,不及论说体之半数。而论说体之文题,光是经论(附经义)史论(附合论)两类,共有422题,占论说题数的49.07%,占总数的25.21%,即全部1670道题目中,有四分之一强属经史论题。总的来看,议论文题占绝大多数;记叙文题题数较议论文题减少一半;陈说文题更少;应用文题,实居末位;而其他7类仿古文之杂体文题合计,则所占地位亦不弱,可见对记叙

---

① 叶圣陶:《论写作教学》,见《叶圣陶语文教育论集》,438页,北京,教育科学出版社,1980。

陈说应用文题均不重视。细察题材，则议论多古今得失，经国大事，预备学生毕业后执政为官者；杂体文题，多模仿古文；即使记叙应用文题，亦多属模仿古文之文人雅事，甚少注意学生之生活需要；而课外文艺题目，则惟模仿旧文艺之诗词歌赋及游戏文章。"故鉴别结果，所取甲乙二等题目（指较好的），仅占39%弱；丙丁二等废题，则占60%强。概览各类题目，在可以发现封建思想，名教思想，做官思想，以及文雅享乐思想，此其影响直可及于整个教育，非仅及国文一科。可见当时中学国文教学中，科举教育和旧式文人教育之因袭的势力甚大也。"① 这一统计和分析，大致上反映了这一时期写作教育的实际情况。

第五节 写作课程名称与教法、教研概况

这一时期的写作教学，在清末《钦定学堂章程》中是单独设科的，在小学堂称"作文"学科，中学堂称"词章"学科，大学堂或称"词章"或称"作文"学科。在《奏定学堂章程》中，则不再独立设科，而是与读法、书法等一并归入"中国文字"或"中国文学"学科中，称为"缀法"或"作文"。民初，1912年颁布的"课程标准"，则归入"国文"学科，称为"作法"。可见，这一时期的写作课在名称上是较为混乱的，这种现象在学科初创时也是在所难免的。黎锦熙曾经对写作课的名称问题谈了自己的看法："在小学校国语科，作文向来称'缀法'，但在法令上，如旧学制《国民学校令》则称'作法'，而新学制《小学国语课程纲要》草案则称'作文'。综合说来，缀法、缀文、作法、作文这四个名称，还是缀法这个名称好些。因为所缀所作，在初年级并不尽是用符号标记出来的'文'，大部分还只是'语言的活动'，故不将'文'字表著出来，而只称'缀法'，可以使这名称的界说多包容初年级的那一部分，而且称用时可以

---

① 阮真：《中学作文题目研究》，312～313页，上海，民智书局，1930。

减少那一定要执笔为文的误会。所以,'作文'这个名称虽然觉得直截了当,但不如向来沿用的'缀法'义正词严。"① 由于"缀法"可以包容初年级语法("语言的活动"),当时的写作教法大多总是将"写"与"说"联系在一起,因此,"缀法"这一名称是为较多的人接受和采用的。

  这一时期写作教学虽已有单独的教材,但写作教学基本上还是依附于读本,写作与阅读相联络,以模仿式的教学方法为主。清末初小读《论语》、高小读《孟子》,中学读经书,读《古文观止》《东莱博议》,民初虽废止读经,但所教仍不外乎《古文观止》《东莱博议》等。国文教科书所选除了经史子书的文章外,多是古文,教师出作文题也是以议论为主,如《学而时习之说》《秦皇汉武论》《开通民智策》。民国初年也依然如是,说革命说共和之抽象题,十居三四。教法上也还是传统的"读,读,读;做,做,做",教师略加提示,没有太多的道理可说,也不讲究教学方式、方法、技巧,所作文字,大体上还是八股阴魂不散。黄炎培于1914年考察内地教育时指出:不惟教授法无可观,即其思想亦少嫌陈腐。譬如作文命题,往往是三代秦汉间史论,其所改笔,往往是短篇之《东莱博议》,而其评语,则习用于八股文者为多。② 叶圣陶也曾谈到这方面的情况,他说:"开始作文称为'开笔'……再看开了笔做些什么呢?不是《温故而知新说》就是《汉高祖论》之类。新呀故呀翻来覆去缠一阵就算完了篇;随便抓住汉高祖的一件事情,把他恭维一顿,或者唾骂一顿,也就算完了篇。这些材料大部分不是自己的经验,无非仿效别人的腔调,堆砌一些毫不相干的意思,说得坏一点,简直是鹦鹉学舌,文字游戏。从这条路径发展下去,这就来了专门拼凑典故的文章,无病呻吟的诗词。自己的经验是这样,写出来却并不这样,或许竟是相反的那样。"③ "我八九岁

---

  ① 黎锦熙:《国语的"作文"教学法》,载《教育杂志》第16卷第1号。
  ② 黄炎培:《考察本国教育笔记》,转引自《中国近代学制史料》第3辑上册,297页,上海,华东师范大学出版社,1990。
  ③ 叶圣陶:《写作什么》,见《叶圣陶语文教育论集》,411~412页,北京,教育科学出版社,1980。

的时候（指 1902~1903 年——本书作者注）在书房里'开笔'，教师出的题目是《登高自卑说》，他提示道：'这应当说到为学方面去。'我依他吩咐，写了八十多字，末了说：'登高尚尔，而况于学乎？'就在'尔'字'乎'字旁边博得了两个双圈。登高自卑本没有什么说的，偏要你说；单说登高自卑不行，你一定要说到为学方面去才合式：这就是八股的精神。"①

  在这一时期，写作教育研究初见端倪。从清末到民初，在《教育杂志》《中华教育界》《新青年》等刊物上发表的有关国文教育方面的文章就有数十篇，其中大都涉及写作教学，较有代表性的文章有沈颐的《论小学校之国文教授》（《教育杂志》第 1 卷第 1 号），蒋维乔的《论小学以上教授国文》（《教育杂志》第 1 卷第 3 号），庚冰的《言文教授论》（《教育杂志》第 4 卷第 3 号），刘半农的《应用文的教授》（《新青年》第 4 卷第 1 号），叶圣陶、王钟麒的《对于小学作文教授之意见》（《新潮》第 1 卷第 1 号）等。对现代写作教育，尝试做初步的探索，体现了研究范畴开始转变。写作学研究的专著亦为数不少，举其具代表性的有来裕恂的《汉文典》、吴曾祺的《涵芬楼文谈》、姚永朴的《文学研究法》和林纾的《春觉斋论文》等，均称得上是古典写作理论研究的力作，但也是古典写作理论的遗韵绝响，与新兴的写作实践和思潮有一定的隔膜，表明了系统性的理论研究的滞后。

---

① 叶圣陶：《论写作教学》，见《叶圣陶语文教育论集》，438 页，北京，教育科学出版社，1980。

第二章　写作教学"章程"与教学实践

清末的写作课程设置和教学状况较前发生了较大的变化。清政府下令"以策论试士禁用八股文程式",考试的内容得到扩展,包括中国政治、史事论,各国政治、艺学策,"四书"义、"五经"义等;考试的文风也得到大力的扭转:"策论均应切实敷陈,不得仍前空衍剽窃","务以'四书''五经'为根本,究心经济,力戒浮嚣,明体达用,足备器使"。这一指导思想,对随后制订的"教育大纲"——《钦定学堂章程》,有着规范作用。教育从作为弋取科名的工具,开始转向"讲求实学"的正途,其中写作教学的革新,比其他学科要更加显著。

第一节　清末教育法规中有关写作教学的规定

1902年8月15日颁布的《钦定小学堂章程》,所订的"寻常小学堂(指初小,本书作者注)课程门目"包括修身,读经,作文,习字,史学,舆地,算学,体操8门。各年级"作文"教学内容如下:第一年"教以口语四五句使联属之",第二年"授以口语七八句使联属之",第三年"作记事文七八句"。"高等小学堂课程门目"包括修身,读经,读古文词,作文，习字，算学，本国史学，本国舆地，理科，图画，体操11门。"作文"教学内容如下：第一年"作记事文短篇"，第二年"作日记、浅短书札"，第三年"作说理文短篇"。《钦定中学堂章程》所订的"中学堂课程门目"包括修身，读经，算学，词章，中、外史学，中、外舆地，外国文，图画，博物，物理，化学，体操12门。其中"词章"即指"作文"教学。各年级"词章"教学内容如下：第一年"作记事文"，第二年"作说理文"，第三年"学章奏、传记诸体文"，第四年"学词赋、诗歌诸体文"。"词章"教学4年均每周3课时。《钦定京师大学堂章程》中所订"预备科课程门目"，"政科"包括伦理，经学，诸子，词章，算学，中外史学，中外舆地，外国文，物理，名学，法学，理财学，体操13门。各年级"词章"教学内容为：第一年"中国词章流别"，第二年"同上学年"，第三年"同上学年"。每周均为2课时。"师范馆课程门目"包括伦理，经学，教育学，习字，作文，算学，中、外史学，中、外舆地，博物，物理，化学，外国文，图画，体操14门。各年级作文教学内容为：第一年"作记事文"，第二年"作论理文"，第三年"学章奏、传记、词赋、诗歌诸体文"，第四年"考文体流别"。每周均为2课时。《钦定学堂章程》所做的规定显然还较为粗疏，由于这个"章程"本身的不完善和其他一些政治上的原因，它实际上并未得到实施。但从中还是可以看出它对写作教学是重视的，已经将科举文体的写作教学排除在外。

真正得以在全国实行的是1904年1月13日颁布的《奏定学堂章程》。《奏定初等小学堂章程》规定："学习年数，以五年为限"，"教授科目凡八：一，修身；二，读经讲经；三，中国文字；四，算术；五，历史；六，地理；七，格致；八，体操"。"写作"包括在"中国文字"科目内。"初等小学堂各科目教育要义"对"中国文字"科目的要求为："其要义在使识日用常见之字，解日用浅近之文理，以为听讲能领悟、读书能自解之助，并当使之以俗语叙事，及日用简短书信，以开他日自己作文之先路，供谋生应世之要需。""初等小学堂科目程度"规定"中国文字"科目第一年"讲动字、静字、虚字、实字之区别，兼授以虚字与实字连缀之法。习字即以所授之字告以写法。"每周4课时。第二年"讲积字成句之法,并随举寻常实事一件,令以俗语二三句,连贯一气,写于纸上。习字同前。"每周4课时。第三年"讲积句成章之法,或随指日用一事,或假设一事,令以俗语七八句联成一气,写于纸上。习字同前。"每周课时第四年"同前学年",每周4课时。第五年"教以俗话作日用书信。习字同前。"每周4课时。由这些规定可以看出"中国文字"一科只包括识字、写作和习字三项内容,"读法"并不在内,专门的"读法"大约可由"读经讲经"这一科目分担。在这8门学科外,《奏定初等小学堂章程》还另加上"中小学堂读古诗歌法",因其与音乐、阅读、写作均有关系,故摘录于下:

  外国中、小学堂皆有唱歌音乐一门功课,本古人弦歌学道之意。惟中国雅乐久微,势难仿照。然考王文成《训蒙教约》,以歌诗为涵养之方,学中每日轮班歌诗;吕新吾《社学要略》,每日遇童子倦怠之时,歌诗一章,择浅近能感发者令歌之。今师其意,以读有益风化之古诗歌列入功课。

  初等小学堂读古诗歌,须择古歌谣及古人五言绝句之理正词婉、能感发人者。惟只可读三、四、五言,句法万不可长,每首字数尤不可多。遇闲暇放学时,即令其吟诵,以养其性情,且舒其肺气。但万不可读律诗。

  高等小学堂、中学堂读古诗歌,五、七言均可。高等小学堂仍宜短篇,中学堂篇幅长短不拘,亦须择其词旨雅正而音节谐和者,其有益于学生与小学同,但万不可读律诗。学堂内万不宜作诗,以免多占时刻,诵读既多,必然能作,遏之不可,不待教也。

  小学、中学所读之诗歌,可相学生之年齿,选取通行之《古诗源》《古谣谚》二书,并郭茂倩《乐府诗集》中之雅正铿锵者(其轻佻不庄者勿读)及李白、孟郊、白居易、张藉、杨维桢、李东阳、尤侗诸人之乐府,暨其他名家集中之乐府有益风化者读之。又如唐、宋人之七言绝句词义兼美者,皆协律可歌,亦可授读,皆有合于古人诗言志、律和声之旨，即可通于外国学堂唱歌作乐、和性忘劳之用。

这里主张读古诗、古谣谚及乐府诗等，反对读律诗，大约是从律诗会拘束学生的文思着眼，这是有道理的。读古诗歌的用意，一方面固然是为了"唱歌作乐，和性忘劳"；另一方面也是为了提高文学修养，为写作打下基础。这有点像今天的第二课堂活动，对中、小学生的阅读和写作教学起了辅助作用。

《奏定高等小学堂章程》规定："学习年数，以四年为限。""高等小学堂之教授科目凡九：一，修身；二，读经讲经；三，中国文学；四，算术；五，中国历史；六，地理；七，格致；八，图画；九，体操。"写作教学包括在"中国文学"课程内。"中国文学""其要义在使通四民常用之文理，解四民常用之词句，以备应世达意之用。读古文每日字数不宜多，止可百余字，篇幅长者分数日读之，即教以作文之法（详见《初级师范学堂章程》），兼使学作日用浅近文字。篇幅宜短，总令学生胸中见解言语郁勃欲发，但以短篇不能尽意为憾，不以搜索枯窘为苦。蕴蓄日久，其颖敏者若遇不限以字数时，每一下笔必至数百言矣。并使习通行之官话，期于全国语言统一，民志因之团结。""中国文学"各学年"科目程度及每星期授课时刻表"如下：第一年"读浅显古文，即授以命意遣词之法；兼使以俗话翻文话，写于纸上，约十句内外。习楷书。习官话。"每周8课时。第二年"读古文，使以俗话翻文话，写于纸上，约二十句内外。习楷书。习官话。"每周8课时。第三年"读古文，作极短篇记事文，约在百字以内。习行书。习官话。"每周8课时。第四年"读古文，作短篇记事文，说理文，约在二百字以内。习行书。习官话。"上述"教育要义"要点有二，一是强调"作日用浅近文字"，二是主张所作文字"篇幅宜短"，这两点体现了时代要求和教学规律。其中所述"……总令学生胸中见解言语郁勃欲发，但以短篇不能尽意为憾，不以搜索枯窘为苦"的见解，也甚得写作训练之机理。写作训练必须因势利导，让学生有话可说，有感而发，而不应敷衍作假，生编硬凑。

《奏定中学堂章程》也不无可取之处。"中学堂学科目凡分十二：一，修身；二，读经讲经；三，中国文学；四，外国语；五，历史；六，地理；七，算学；八，博物；九，物理及化学；十，法制及理财；十一，图画；十二，体操。但法制、理财缺之亦可。"写作教学包括在"中国文学"科目内。"中国文学"教法如下："入中学堂者年已渐长，文理略已明通，作文自不可缓。凡学为文之次第：一曰文义。文者积字而成，用字必有来历（经、史、子、集及近人文集皆可），下字必求的解，虽本乎古，亦不骇于今。此语似浅实深，自幼学以至名家皆为要事。二曰文法。文法备于古人之文，故求文法者必自讲读始。先使读经、史、子、集中平易雅驯之文，《御选古文渊鉴》最为善本，可量学生之力日择读之（如乡曲无此书，可择较为大雅之本读之），并为讲解其义法；次则近代有关系之文亦可浏览，不必熟读。三曰作文。以清真雅正为主：一忌用僻怪字，二忌用涩口句，三忌发狂妄议论，四忌袭用报馆陈言，五忌以空言敷衍成篇。""中国文学"各学年"程度及每星期授课时刻"为：第一年"读文、作文，相间习楷书、行书"，每周4课时。第二年"同前学年"，每周4课时。第三年"同前学年，兼习小篆"。每周5课时。第四年"同前学年"，每周3课时。第五年"读文、作文，兼讲中国历代文章，名家大略"。每周3课时。概括起来，有三点值得注意：（一）"中国文学"教学内容以写作为主，教法三条中，"文义"与"作文"这两条讲的主要是写作，只有"文法"这一条涉及讲读，但也可视为写作教学的准备。（二）"虽本乎古，亦不骇于今"这一写作原则，尽管仍以古为本，但已有所超越。（三）写作"五忌"大体上秉承的还是桐城义法，但对"八股"式的陈言滥语有所否定。唯"用字必有来历"这一点仍感陈腐。

关于写作教法，《奏定初级师范学堂章程》中有较为详细的说明：

……凡教学童作文者，教字法句法入门之法有三：一，随举一二俗字，使以文字换此俗字（虚字亦可）；二，使以俗话翻成文话；三，使以文话翻成俗话。教篇法入门之法有三：一，文气联贯；二，划分段落；三，反正分明。引导用心之法有四：一，空字令补（实字、虚字皆可）；二，谬字令改（实字、虚字皆可）；三，同字异用者令分析（实字、虚字皆可）；四，题目相类者令用古人文调扩充篇幅之法有四：一，不止说正面，兼说反面、旁面，题前、题后；二，多分条理（谓篇中平列事理数项，句法相同，条目愈多，文气愈厚；经传诸子之文皆如此，但须有实在意义）；三，多设譬喻；四，引证经史群书。自然进功之法有二：一，熟读；二，拟古（文章乃虚灵之物，其佳否半由自悟，不能尽教；惟诵读极熟，兼常令拟古，则自能领悟进益。拟古谓古有此题此文而拟作之，或古有题无文而代补之，如《代秦报吕相书》之类）。其作文题目，当就各学科所授各项事理及日用必需之事理出题，务取与各学科贯通发明，既可易于成篇，且能适于实用。①

此教学法可谓集传统写作教法之大成，唯关于"作文题目"的看法颇有新意。

此外，《奏定学务纲要》（1904 年 1 月 13 日颁布）中还阐明了写作教学的总的要求：

>……中国各种文体，历代相承，实为五大洲文化之精华。且必能为中国各体文辞，然后能通解经史古书，传述圣贤精理。……假使学堂中人全不能操笔为文，则将来入官以后，所有奏议、公牍、书札、记事，将令何人为之乎？行文既不能通畅，焉能畀以要职重任乎？唯近代文人，往往专习文藻，不讲实学，以致辞章之外，于时势经济，茫无所知。宋儒所谓一为文人，便无足观，诚痛乎其言之也！……其中国文学一科，并宜随时试课论说文字，及教以浅显书信、记事、文法，以资官私实用。但取理明词达而止，以能多引经史为贵，不以雕琢藻丽为工，篇幅亦不取繁冗。教法宜由浅入深，由短而长，勿令学生苦其艰难。中小学堂于中国文辞，止贵明通。高等学堂以上于中国文辞，渐求敷畅，然仍以清真雅正为宗，不可过于奇古，尤不可徒尚

---

① 见《中国近代教育史资料汇编》"学制演变分册"，403 页，上海，上海教育出版社，1991。

浮华。①

这便是清末的"写作教学大纲"。该"大纲"在对近代教育给予反省的基础上,对写作教学的目的、文体及内容、形式等要求,都比"禁用八股试士"之前有较大的改观,写作教学的目的很明确,不是为考试,而是"以资官私实用";文体注重各类公文、浅显的书信和议论、记事文字;内容虽还强调"传述圣贤精理",但也注意到"时势经济"等"实学"的实用;形式上则"但取理明词达而止,以能多引经史为贵,不以雕琢藻丽为工,篇幅亦不取繁冗","以清真雅正为宗,不可过于奇古,尤不可徒尚浮华"。在"教法"方面,也提出了"由浅入深,由短而长,勿令学生苦其艰难"的原则。给人的感觉是颇有革新之气象。

第二节 民初教育法规中有关写作教学的规定

民国初年,对清政府的学制又作了一次改革。1912 年 1 月 19 日,教育部颁发了《普通教育暂行办法》,内有"清学部颁行之教科书,一律禁用"、"小学读经科一律废止"等条文。同时,颁布了《普通教育暂行课程标准》,规定"初等小学校之学科目为修身、国文、算术、游戏、体操","国文"科 4 个学年分别为每周 10、12、15、15 课时。"高等小学校之学科目为修身、国文、算术、中华历史、地理、博物、理化、图画、手工、体操(兼游戏)"。"国文"科四个学年均为每周 10 课时。"中学校之学科目为修身、国文、外国语、历史、地理、数学、博物、理化、图画、手工、法制、经济、音乐、体操"。"国文"4 个学年分别为每周 8、8、5、5 课时。各级学校的"写作"教学均包含在"国文"科内。1912 年 12 月,

---

① 见《中国近代教育史资料汇编》"学制演变分册"493~494 页,上海,上海教育出版社,1991。

教育部订定《小学校教则及课程表》,"教则"第三条是:

> 国文要旨,在使儿童学习普通语言文字,养成发表思想之能力,兼以启发其智德。
>
> 初等小学校首宜正其发音,使知简单文字之读法、书法、作法,渐授以日用文章,并使练习语言。
>
> 高等小学校,首宜依前项教授渐及普通文之读法、书法、作法,并使练习语言。
>
> 读本文章,宜取平易切用可为模范者,其材料就修身、历史、地理、理科及其他生活必需事项,择其富有趣味者用之。
>
> 女子所用读本,宜加入家事要项。
>
> 国文读法,宜就读本及他科目已授事项,或儿童日常闻见与处世所必需者,令记述之,其行文务求简易明了。
>
> 书法所用字体,为楷书及行书。
>
> 教授国文,务求意义明了,并使默写短句短文,或就成句改作,俾读法、书法、作法联络一致,以资熟习。
>
> 凡语言文字,在教授他科目时亦宜注意练习。
>
> 遇书写文字,务使端正,不宜潦草。①

此"教则"与前不同之处有四:一为注意到国文学习具有"启发其智德"之功能;二为注意到读本文章"宜取平易切用可为模范者",即将"读"和"写"统一起来;三为明确提出"俾读法、书法、作法联络一致";四为要求在教授他科目时亦宜注意练习语言文字。总的来看,对语言文字学习的认识有所深化。

1912年12月,教育部还公布了《中学校令施行规则》,第一章第三条规定:"国文要旨在通解普通语言文字,能自由发表思想,并使略解高深文字,涵养文学之兴趣,兼以启发智德。国文首宜授以近世文,渐及于近古文,并文字源流、文法要略,及文学史之大概,使作实用简易

---

① 见《中国近代教育史资料汇编》"学制演变分册",691页,上海,上海教育出版社,1991。

之文，兼课习字。"这比《小学校教则及课程表》中对写作方面所拟的要求较感简陋，"能自由发表思想"，"使作实用简易之文"，只是一个笼统的规定。

  总而言之，民初在写作教学方面的指导方针与清末没有实质上的区别，注重的都是"日常闻见及处世所必需"的"实用简易"的文章。关于做"实用简易"的文章这一点，在写作教学实践中应该说还是得到一定程度的实行，并取得一些成绩的。例如，上海万竹小学校所定"作法"的教程为：第一年"联字"；第二年"造句、译俗、助作、记实物"；第三年"记事文（助作、自作）练习应用文字"；第四年"同上、议论文（至多不过十之一）"。① 江苏省立第一中学的"国文"教程（1917年6月）为第一年"讲读，习字，作文"；第二年"讲读，习字，函牍，作文"；第三年"讲读，作文，函牍及各种应用文字"；第四年"讲读，作文，函牍及各种应用文字，文字源流。"② 上海尚公小学具体做法是："平时于国文算术，至为注重，读法书法之外，凡遇普通应用之文字及货物之时价，日常之出纳，或特别教授，或自行练习，因之时间较多。教材有可直观者，随时示以标本模型图画，苟遇应行实地观察事物，则于课余率领学生出外游览，或参观工厂及公共场所，既归，令作记事文，不特兴味盎然，学业知识之增进，似可神速。"③ 长沙楚怡小学校的做法是："初小一、二年级作文，教师在黑板上画一实物，或竟以实物令直观，发问毕，即令记述之。四年级以上各生，则令每日自写日记，授写信则给以信纸信封，令实地练习，注重格式。"④ 可见，这些学校的写作教学还是较注意实用和教法的。

---

  ① 《教育部视记上海万竹小学校》，见《中国近代学制史料》第3辑上册，214页，上海，华东师范大学出版社，1990。
  ② 《江苏省立第一中学周年概况》，见《中国近代学制史料》第3辑上册，399页，上海，华东师范大学出版社，1990。
  ③ 《私立尚公小学校一览》，3页，上海，商务印书馆，1916。
  ④ 蒋维乔：《湘省教育视察记》，载《教育杂志》第8卷第1号。

第三节　旧式作文教法仍占主导地位

这一时期的写作教学也取得一定的实绩。学生所做的文章虽然还都是文言文，但有些还是言之有物、值得一读的。下文为光绪三十三年（1907年）龙门师范学校附属小学校国文科朱钟奇所作毕业考试作文。

问吾国学生现在宜具何等宗旨，将来当建何等事业

国不能自立，必受人之欺侮；人不能自立，必受人之束缚；此天演之公理也。权也者，国际人群所必争之义，亦国际人群所公有之义也。一国有一国之权，一人有一人之权。国无权，不可为国；人无权，不可为人。凡政治之隆污、历史之荣辱、种族之进退，莫不视其权之有无、盛衰为衡。其权也，不知费几许精神，掷几许铁血，而始争得。一不爱惜保护，即溃裂飘散，荡然无存，旋即失其自主。此生存竞争、优胜劣败之理当然也。故国权完全无缺，方体国体，否则为半主，朝鲜之事日本，安南之事法，缅甸之事英是也。人权完全无缺，始具人格，否则为奴隶，印度、波兰，其前车哉。何谓国权？即邦主自主之权是也。自主之权有二：曰内治权，曰外交权。昔法儒孟德斯鸠分行政、立法、司法为三权，使国家守此三权，鼎立勿失，则内治之权完。若人权之说，创自路索，即个人之自由权是也。其意在积人权而为国权，非侵国权而为人权。盖邦国自有邦国之权，个人自有个人之权，未有个人之权不完，而国权能发达扩充者，亦未有个人之权无缺，而国权不发达扩充者，国权与人权无分也。呜呼吾中国自败于日本后，国势为之一挫，今则国势之衰极矣，人权之丧失亦殆尽矣。关税路矿，国之命源也，而为人把持，为人要索，是失理财之权。遣使修好，简派由我也，而阻抑勿纳，必先应允而后定选，是失遣使之权。其他，英人又欲夺我江浙铁路权、西江缉捕权。夫欲恢复

吾主权，伸张吾国势，使吾祖国一跃而胜欧美者，此皆为中国今日学生之责任也。吾辈今日在学生时代，当求完全之学术，为将来争回主权之预备。盖学术者，权之母也。吾国何以受人欺侮，因学术不及他国之完备也。然则，吾国学生今日最要之宗旨，在求学术，他日最重之事业，在争回主权而已。

（载《龙门师范学校附属小学校杂志》第 1 期第 58～60 页）

下文是宣统元年（1909 年）浦东中学二年级学生黄克缙作。

徐汇博物院记

戊申孟夏四月，同学旅行至徐家汇，余亦与焉。汇南有博物院者，建自法国基督教会，因教士之介绍，得以窥其瑰丽焉。地虽不广，建筑尚精，室虽不充，布置似密，动物陈列所在其中。计楹二，楼上下各得其一，其中陈列品有若穴于山者、息于土者、泳于水者、飞于空者，皆眉分目别，秩然如生。若夫浮沉诸海，匍伏诸地，亦星罗棋布于斗室中。余幸习闻长者之教，知所谓虎豹犀象、龟鳖蛤螺、雁兔鸦鹊、蛟蟒鳄鲸，今得一一目睹之，手扪之，辨别之，详审之，而不识之物，不名之伦，已充吾目矣，惟有徒惊其怪异、叹其离奇耳。呜呼！天之所覆，地之所载，含生之论，以数亿万兆计，苟非有博物院，孰从而观之。夫博物者，推人群之进化，探物类之由来。辨善恶，则足以防卫治安；察性情，类齿牙皮革，则足以享其利益。苟不然者，非特不能博知庶物，即习见之物，亦未由知，如蔡君谟之不识蟛蜞，亦可耻矣。是以孔子定经，多识于鸟兽草木之名，古圣贤注重博物由来远矣，固不可让彼达尔文者，后进底而居先也。顾吾国之博物家，不仅孔子已也，如博物之志，山经尔雅之书，南方草木之记，岭海虞衡之作，群芳之谱，稗雅之篇，皆远在数千百年之先。乃及今无进步者，固不能不归咎于无博物院也。夫天下事，闻不如见，实过去虚，吾国旧日之博物，但凭纸上空谈，以致日久失真，流为怪诞。苟有博物院，则一物一理，皆有所本，度菁英于一堂，萃五洲于邺架，安在所谓怪诞哉。虽然，上古之世，大陆未通，物产收罗，良非易易，今则世界大通，珍奇尽萃，苟即此以设大博物院，剔抉天下之奇，剔天下之秘，桑榆之效，良可收也。归而有感，爰濡笔记之。

（载《浦东中学校杂志》第 1 期第 11~12 页）

有些日记也写得不错，下面是两则小学生的日记。

顾文顺日记一则

呜呼！我国人向之沉溺于科举，至老死而不休者，为举人进士之荣名耳。前日张伯（百）熙尚书奏请永废此等名称，而我观报上，有日本留学生，内有医科数人，欲恳请赏给举人进士。呜呼！留学生如此，非留学生可知。将来东西洋及内地各学堂之毕业生以文凭为不足重，必纷纷恳请赏给举人进士，是科举废而科举之余毒蔓延于学生永无已时也。可叹哉！

刘正芳日记一则

吾自校归，见一儿大哭不已，或曰：受数儿侮辱故也。余叹，中国犹此儿也，英法德美诸国犹彼数童也。虽然，儿童受侮，尚可伸诉于己之父母，以责数儿之非。今中国受侮于英法诸国，将伸诉于谁哉？无已，只有伸诉于我少年。我少年安敢不勉。

（载《龙门师范学校附属小学校杂志》第 1 期第 50~52 页）

但是，从总体上看，这一时期的写作教学并不尽如人意，写作教学的质量并不高，教的学的依然是变相的八股。蒋仲仁曾讲到 1916 年入贵阳城里的一所好学校模范小学学习作文的情形如下：

作文全是仿作，没有什么观察、调查，什么记一个人、记一件事这些进步的方法。作文全用文言，不准用白话，连标点符号也不用。读的全是文言嘛，把读过的文言词句搬一些来就是作文。写山就"峰回路转，蔚然深秀"，写水就"清风徐来，水波不兴"，写树就"林木翁翳"，写花就"万紫千红"。感谢古人，为我们早就写好那么多范文，无论写什么都有那么些词语，现现成成的，搬来写上就是。即使是写实际生活的，比如春日郊游，先生出题《游栖霞山记》，也用现成的话来写，"栖霞山，贵阳之名胜也。出东门，约二里许，抵山麓，拾级而登……"又是"许"，又是"麓"，又是"拾级而登"，先生很夸奖，说是"词汇丰富"。

比较多的是写论说文。这是不是由科举的策论来的，不得而知。科举的八股是不写了，可要写"四股"：起，承，转，合。先生出道题目《勤学说》，大约是这么作的："人生于世，必须求学。"这样一"起"，接着就"生也有涯，知也无涯，苟非孜孜以求，则广博之知识何以得之"，这是"承"；"虽然，固亦学矣，学而不勤，则将无所进益"，这是"转"；"由此观之，求学之道，首贵乎勤。语云，业精于勤荒于嬉，其斯之谓乎！"这是"合"。这只是个架子，当中还要充实修饰：或者譬喻，"譬之为山""功亏一篑"；或者引证，"古人为学，夜以继日"，能写出"焚膏继晷"，更了不起；或者找根据，不是子曰诗云，就是谚曰语云，写得别致一点儿就写"古之人尝先我而言之"。这样作文仿佛填表，一格一栏地填上去。听说今人有一种"格"的作文教学法，追溯起来，说不定是以此为鼻祖的。

为什么这样教作文？为的是应付考试。学期考试，毕业考试，升学考试，大都出这类的题目：《勤能补拙说》《时穷节乃见说》《论士先器识而后文艺》，题目出深一点儿新一点儿，那就出《论中学为体，西学为用》，《论拿破仑滑铁卢之败》。既然考试出这样的题，不能不从小就练起，从起承转合练起。

考试，那是大事，各种各样的学习，目的何在呢？在考试。这也许是从前入学中举、金榜题名留下来的。考上甲等第一名，无上光荣，学期结束举行"休业式"的典礼，就上台领奖，奖章一枚，贡川纸一刀，还有七紫三羊的笔，松滋侯的墨。回到家里，拿出来展示，其光荣同"衣锦还乡"差不多。

作文，为的是考试；推演上去，读书，为的是作文；几乎可以得出一个公式：教育读书作文考试。这个公式似乎还隐隐存在。有位朋友，是专教毕业班的语文老师，他受到赞扬，因为升学考试的题目是他早就让学生做过的。一想，猜题、押题这一套，原来是古已有之的。①

蒋仲仁所说的作文教学，在当时是较有代表性的。许多学校实际上所重视的依然是策论、诗词，而不是日常应用之文。如贾丰臻在文章中所说："吾尝闻社会一般人之言曰，今学校学生，国文能作策论，能撰诗词，而独于家常信札便条、婚丧喜庆往来颂辞吊辞等，反未能措之裕如……"②之所以如此，原因自然是很复杂的，但最主要的原因是传统教育观念根深蒂固。

第四节　文选类教材和作文命题情况

清末的中学国文教师多是举人，深受封建教育的影响，朝中士大夫深恐学生不读经书，家长也深恐子弟进了学校不读圣贤经传，因此，学部曾通令中、小学堂注重读经，专门开设了读经课程。这实际上也就是针对当时学生不爱读经书，作文专学报章文字，喜欢学《新民丛报》一类的时文，用他们认为不入眼的新名词，写出的文章"太不典雅"这种状况做出的决策。当时的国文教师，基本上还是保持着旧式文人的思想观念，给学生所选的文章，多来自《古文观止》《东莱博议》等书。给学生出的作文题目，旧派的国文教师出的大多是《梁亡义》《鲁平公将出义》《秦皇汉武合论》等；新派的国文教师出的大多是《大彼得论》《秦始皇拿破仑论》《求富强策》《明铁路以利交通说》等。有些学生不满意教师的选文、题目，背后给教师加上"悖哥""老悖""呆举人"种种绰号；有时文卷

---

① 蒋仲仁：《学文杂忆》，见刘国正主编《我和语文教学》，381～383页，北京，人民教育出版社，1984。

② 贾丰臻：《今后小学教科之商榷》，载《教育杂志》第9卷第1号。

被老师批得坏了，还在自修室内发出不平的呼声："呜呼！吾岂老悖也哉！"

到了民国初年，虽然已经废止读经（1915 年袁世凯又下令中、小学校均加读经一科），但由于从民国元年到五四运动前国文教师大多还是那批老先生，所教的仍然是《古文观止》《东莱博议》，有的兼教《左传》，教科书有商务印书馆出版、许国英编的《中学国文读本评注》，中华书局出版、谢无量编的《国文教本评注》，这两种教科书除了略选经史子书的文章外，多是古文。教学多用选文或在教科书中选教。教师所出的文题比清末并无多大改观，以史论为主，陈说次之，书启杂记又次之，经论通论又次之。经史论题仍不免科举时代的习气，如《齐人伐燕取之义》《攘羊证父论》《秦始皇论》《范增论》《伊尹武侯合论》等。书启杂记，尤多文人雅事，如《邀友探梅启》《馈友人兰》《约听黄鹂》《小园补梅记》《秋夜赏月记》《踏雪寻梅记》《种荷记》等，多是超越一般中学生经验以外的。① 这样，出现上述贾丰臻所说的不会写应用文字的情况也就不足为奇了。

第五节 专门的写作教材——《实用文章义法》

专门性的写作教材，较有影响的是谢无量编的《实用文章义法》（上、下册），该书由中华书局 1917 年 1 月发行，经多次再版，至 1928 年已印至 7 版。

该书体现了注重实用文体写作的时代潮流，承袭的是传统文章学理论，取例以唐宋以后的古文为主，以古鉴今，古为今用，可以算是转型期写作教材的一个范例。

---

① 参见阮真《时代思潮与中学国文教学》，载《中华教育界》22 卷 1 期。

作者在"绪论"中首先对美文和实用文加以区别:"吾国自古有美文与实用文之别,其源远出五经。易有文言,诗通声乐,是美文也。书礼春秋,皆实用文也。美文或主传远,故联音韵,比宫商,以便记诵;或主通情和志,故既协歌诵,又必饰以华藻,博其比喻。实用文则不然,辞达而已。"作者也注意到古今实用文的差异,但他认为其中有共通的道理,通过学习古代实用文,是可以掌握实用文写作的一般规律的:"实用文之体制,随时有所不同。今日实用之范围既广,则文体亦当因之而广。此编非为目前普通实用文之讨究,乃专为唐、宋诸家所已有之实用文之讨究。其中体格,容有在今日不必尽合实用者,然其遣词造句,与篇章连缀之法,固亦不必尽异也,故此编不啻一特种考古之国文学,惟实用之理相同,学者苟深求于此,自能发心意,熔铸笔力,于普通之实用文亦能观其通而握其要矣。"

关于该教材的体例和意图,作者说,就唐、宋以来诸家之作,论其法度,分为数篇:曰总论,曰文意论,曰文势论,曰句法与字法论,曰篇法论,曰纪事文论,曰辞赋杂文变体论。中间多采自宋逮明、清选家及评论文章者之说,篇中各分子目,以究其变,并列文一二首为式。学者玩索规拟,既得秉为模范,且可即是以推其余也。——首先提纲挈领地阐明作法,再引用范文,并作评述,此为该教材的通式。

第六节 "教授法"问题开始受到关注

这一时期在写作教学法研究方面已取得初步的成果。在五四以前,教学法称为教授法。一些学者主要是从日本及西方引进了一些先进的教学方法,在小学进行实验,而中学则没有多少改变。周予同曾对这个时期中、小学的教学法状况作过介绍,他说:"民国初年,小学教学法并没有什么进展,到了民国三四年(1914~1915年)以后,自学辅导主义输入,才由教师的教授转到儿童的学习。所谓自学辅导主义,就是使国民学校三年级以上的学生先自己学习教材,遇到困难的地方,再由教师加以辅导。继自学辅导主义输入的是分团教学法。这教学法是将同年级学生按学力与性质分为若干团,由教师分别指导,以增加他们的学习能力。这比自学辅导主义以整个班为指导单位,的确进步些。到了民国六年(1917~1918年)以后,美国的设计教学法输入,非常流行。这种教学法是将实际生活的问题应用到教学上,打破科目的界限与论理的组织,分成若干教学单元,经过确定目的、计划、实行、批评四种步骤去学习……""大抵从清末一直到民国八年(1919年)以前,中等学校的教授法大都采用讲演式的注入方法。……民国二年(1913年),教育部曾通令全国中等学校,奖励采用'教员口讲,学生笔记'的教授方法,虽进一步的希望学生多参加动作,但仍不脱讲演式的注入。"① 小学的新的教授法的引进,对写作教学有一定的影响,像设计教学法和赫尔巴特的教学法等,在小学写作教学中曾得到实际的应用,例如通州师范的学生在附属小学实习时,就尝试运用赫尔巴特的新教学法,按教案、教材、教法、教态、管理5项进行评述。

藕

  程度　藕种于池沼之中,乃荷花之茎,横于泥中,人不能见。茎有节,是根与叶所生之处,其中有孔,断而引之有丝。藕为吾人之食品,生者甘凉,熟者香美,为藕粉亦可食也。夫藕虽生于泥中而不为泥所染,且开美花,故其花人称之曰花中君子。

  教具　藕

  教方　用复文法整顿思想及其顺序出示字句。

  教顺

  目的指示　今日你们就藕之题目而作文。

  谈话修述　第一段(预备)15分。(教)(指藕)这是什么?(生)藕。(教)令一生板书藕字。(教)藕长于何处?(生)池中或

---

① 周予同:《中国现代教育史》,转引自《中国近代教育史教学参考资料》中册,447~448页,北京,人民教育出版社,1987。

河中。(教)藕之花叫什么？(生)荷花。(教)藕属荷花之何部分？(生)茎。不能，则教者书以示之(教)藕既生池中河中何以人不能见？(生)横于泥下。(教)横之于泥下何以名之为茎，而不名之为根？因而略说根与茎之区别。且问藕之形状如何？(生)有节的。(教)节上可生什么？(生)根与叶。(教)藕之内部如何？令略画。又问断而引之如何？(生)有丝。以上谈话之要领，令二三生连续口述，教者与生徒互相补正。

第二段（预备）10分。(教)藕有什么用处呢？(生)可吃，并可做藕粉。(教)藕之吃法及味如何？(生)生熟都可，生的凉而甜，熟的香而美。(教)藕有孔生于泥中何以里面不洗即可食？(生)不染泥。(教)藕花之别名知之否乎？(生)花中君子。不能，教者补助之，此时并说明其所以为人爱重之故。以上并前段谈话，令二三优等生连续口述之，所说有不合及不明白处，教者与儿童共正之。

笔述　右（上）谈话修述毕，尚命各生自由添加自己之感想，记述于簿。(20分)

订正　教者收簿自宅订正注意普及之误谬。

自陈

是日生莅讲堂心神恍惚，与预备时景象，幡然改变。其故由于自信力不坚，因之言不能达意，目光又不能四注，教授之劣，概可知矣。谨就所自知者列左（下）：

(1) 藕字自书倒笔。

(2) 发问不明了，致生徒屡问不能答出。

(3) 有一两次先呼名，而后发问。

(4) 命儿童答，不问举手与否，只依名簿乱问，故后次发问，儿童皆不举手。

(5) 少精神，致生徒全无兴味。

同学评语

教态及教音上之批评

教态拘谨,言语太滞,且两手时按教几。(模、达、扩、昆、菜、同)

教音不清。(骞)

位置摇动不定,言语断续无序。(长、城)

态度失于呆板,动作陷于阴郁,言语则零零落落,亦不明晰。统观全局,觉得教者无精神,学者无兴味,虽是说藕,真同嚼蜡一般。(琛)

教案上之批评

语句欠正确,如云"藕虽生泥中而不为泥所染"。此物初自泥中取出,涂着泥渣甚多,何曰不为所染。即就内部言,则地中茎之植物皆如是,岂藕而已哉。又接云"且开美花,故其花人称曰花中君子"。人称荷花为花中君子者,谓其花之美邪,谓其藕之不染泥邪,论理学上有此种推论式否?(琛、诚、骞、鸿、珏)

古人以荷花比君子实有一种高深的道理,儿童心理中断无此等观念。又"藕属荷花何部分"此等问语不妥,故生徒无一能答者。(声、诚、钊、达、昆、扩、同、铎)

藕之吃法如何?意太模糊,当改为藕可生食否抑熟食否?意较明白。(城)

教法上之批评

有问藕花之别名,而学生以净白粉红对者。又问"藕孔人可做否?"此问太离奇。因此问答费时太多,而言语修述不足,且无联络,至学生笔述时,仅剩十分钟,学生有意不能达者必多,则是全课无效力可知。(琛、彬、瀚、钊、楷、昆、扩、模、长、铁、铎)

学生言语答述,与教案所定不同,复使之强合教案,如问"藕如何吃法?"有云"用刀切片",有云"用口咀嚼",教者俱以为非,再三穷诘,盖教案上所定的吃法生熟都可学生未能答到,但生熟是吃法,刀切口嚼亦是吃法,必强合之,是阻碍儿童心意之发达也。(彬、模、珏、袁、京、鸿、铎、扩)

五问张生似偏向优者，三问陈生似偏向劣者，与全班教授不合。（彬、长、楷、昆、瀚、达、扩、城、琛）

言语不明了，前后不联络，不能整起儿童之思想，为是日教法之大弊，故生徒复述，亦无顺序。（诚，同、扩、珏、声）

教者板书藕字姿势不正，反不若生徒所书，且颠倒笔画之顺序恐失儿童信仰心。（昆、扩、袁、鸿、厚、琛、铁、菜、铎、同）

不先指藕而问之，先说"做藕之文章"，而后以实物示之，拘泥于教案中先目的指示而后预备也，不如先指食物，使儿童由直观而进于思考。（扩，昆、瀚、达）

学生答音过低，教者不可侧耳听之，宜矫正之使高朗。（瀚）

谈话修述为整顿作文之地，教者大致说明后，宜自为整顿一次，使一二生复述之，为半自作法。教者用全自作法，始终未自述一次，任儿童自为整顿，似嫌脱略。（达、厚、铁、扩）

所携食物，教者应与各学生轮视，是日只在教台上示之，恐后面学生不能明了。且藕之有丝，亦未切而示之，似不足引其真观念。（模、扩）

问"根是什么意思？"此不通之问也，故儿童不能答。（虞、声、城、诚）

木村先生评语

（一）言语之修述不足。作文之最要目的在言语修述，而言语修述，尤在整齐其观念而一一联络之。是日问答虽多，大都片断，且不能整齐而联络之，是与无言语之修述无异。且问答冗长，逐次继续，是理科的教授，于作文科不合。凡发问时，某生所答是与否，本不相干，宜再令某生答之，生徒答"是的""不是的"等不可教可或班决之。是日教于一生答后，即以为足，直赞之曰"是的是的"，并不问其所以答此之故，亦不复问及他生，是于全班教授不合。

（二）拘泥预定之教条。预定教案程度不大对，如"茎与根之区别"，问二三生而不能答，"花中君子"儿童既未知晓，而不告可也，故教者能变通教案为妥。是日说茎根之区别，皆是注入的教授，何益乎？若欲说明地下茎，须明白为要，且用实例。又教述"藕中有丝"时，以断藕示之，丝必不见，何不引而示之，以明确其观念。凡说明务用实验观察，使观念明确。

（三）修述之阶段不明。第一段问答后，使儿童修述之，第二段问答后，再令儿童修述之。然后并前后二段，令儿童总括而修述之可也。是日教者第二段问答后，不使儿童修述之，即嘱其并前后两段，总一说明，是教授无秩序也，故儿童之修述不善良。

（四）腹案之功夫太少。有腹案的功夫，然后能思考，是日绝未与以腹案之时间，且语不联络，故举手者仍不能答。

但总的看来，作文教学法仍十分陈旧，大多数的中学教师仍沿袭传统教法，或者说根本不讲究教法。鉴此，当时的教育部曾发文称："……至于国文一门，教者应不患无人，惟于教育原理，鲜有研究，教授方法，都不适宜，于教育前途，至为阻碍。"[1] 写作教学的情况大抵是较为随意，缺乏对学生作切实的指导。叶圣陶、陈文钟在《国文教授之商榷》中就说道："今日教授作文，每任儿童自由发挥。一二聪颖儿童不无思想，而多数儿童往往随意凑合，绝无秩序，教师不察儿童之能力，不行基本之练习，故有此弊。"[2] 纵然教育行政部门对写作教学法有种种规定，终因教师缺乏教法改革的自觉而沦为一纸空言。

---

[1] 《1912年12月教育部咨各省师范及小学注重国文手工图画音乐》，见《中国近代学制史料》第3辑上册，127页，上海，华东师范大学出版社，1990。

[2] 叶圣陶、陈文钟：《国文教授之商榷》，见《尚公记》，2编，5页，上海，商务印书馆，1916。

第三章 写作学研究述要

由于国人对教育的重视,这一时期国内相继筹办了多种教育刊物,影响最大的有《教育杂志》《中华教育界》等。人们虽然开始认识到一些理科实用知识的作用,但大多仍认为在教育诸科目中,"国文"是最为重要的学科,因此,在这些刊物中,对国文教育的讨论占据了较为重要的地位。而对国文教育的讨论,在论及学生的国文程度时,往往又是从作文教学入手进行探讨的,这就使得对写作教育方面的研究有了初步的积累和提高。同时,一些非教育类的综合性刊物,往往也为国文教育方面的文章提供了一席之地,强化了人们研究国文教育的意愿。当然,国文教育研究的兴起,最主要的原因还在于禁八股、废科举、兴新学之后,旧式国文教育面临着危机和来自其他学科的挑战,旧的写作教育规范被打破之后,新的写作教育规范亟待建立,国文教师对如何进行新式的国文(写作)教育感到迷惘,从而开始了对写作教育的反思和探索。

第一节 应以培养"切实应用之作文能力"为目的

首先是对写作教学目的的认识。叶圣陶、王钟麒的看法有一定的代表性:"处今日之时势,小学生所需智识至多。若以悠久之岁月而练习不可限程收效之作文,实非今日所应有之事。宜以最经济之时间练成其最能切实应用之作文能力。小学作文教授之目的在令学生能以文字直抒情感，了无隔阂；朴实说理，不生谬误。至于修词之工，谋篇之巧，初非必要之需求，能之固佳，不能亦不为病。"① 这里虽然说的是小学生，但"宜以最经济之时间练成其最能切实应用之作文能力"，这是对写作教学的一个普遍性的要求。把教学目的放在"能以文字直抒情感，了无隔阂；朴实说理，不生谬误"上，认为"修词之工，谋篇之巧，初非必要之需求"，这从指导思想上看，即便是对中学写作教学也是相宜的。

与教学目的相关的是"写作什么"，国文界对此颇多议论。沈颐撰文指出："小学生徒见闻既隘，智识无多，安足与于议论之林？授以布帛粟菽之文字，而不必语以清庙明堂，则真国民教育之旨也。旧日文人，有下笔千言，而不能作记事文与寻常之家信者，奈何以身任教育之人亦甘蹈其覆辙哉。"② 贾丰臻也说："今之小学教员，辄以书店之国文教科书为教授资料，其对于程度较高者或另选古今韶文美文以渲染之，而一方面遽责儿童之作文不易改进。呜呼使其作文果易改进，亦无当于职业，而况以若所为，求若所欲，犹缘木而求鱼乎！吾尝闻社会一般人之言曰，今学校学生，国文能作策论，能撰诗词，而独于家常信札便条，婚丧喜庆往来颂辞吊辞等，反未能措之裕如，此实吾人所以自处之道矣。国文分读法、作法、书法三项，读法除国文教科书外，宜多选读短篇之记事文，而论说词章不与焉，此外所当阅看者，如新闻杂志广告发票收据契纸借据书信邮片公文告示等，均当注意作法，亦宜多作短篇记事文，而论说词章不与焉。此外所当作述者，亦如新闻杂志广告发票收据契纸借据书信邮片公文告示等，均等注意。"③ 黄炎培也提出了类似的改良意见："作文力戒以论人论事命题，多令作记事记物记言等体（记物，置实物于前为题，或令写实景），尤多作书函（正式书函，便启，通告书均备），或拟电报（书函

---

① 叶圣陶、王钟麒：《对于小学作文教授之意见》，见《叶圣陶论语文教育》，6页，郑州，河南教育出版社，1986。
② 沈颐：《论小学校之国文教授》，载《教育杂志》第1卷第1号。
③ 贾丰臻：《今后小学教科之商榷》，载《教育杂志》第9卷第1号。

兼授各种称谓及邮政章程。电报兼授电码翻译法、电报价目表等。旧时《宦乡要则》，今之《官商快览》，以及坊间印售之日记册，附载各种，实包有无数适用于应用之好资料），习写各种契约式。"① 总之，写作教育应以实际应用为目的，这与当时我国教育界的实用主义（实利主义）思潮有关，自然也是对科举制下只为功名、不切实际的写作教育的一种反动。

第二节 顺应自然之趋势，适合学生之地位

在具体教法上，叶圣陶、王钟麒对小学作文教授提出了一整套的看法，其要点为："小学作文之教授，当以顺应自然之趋势而适合学生之地位为主旨。于读物则力避艰古，求近口说；于命题则随顺其推理之能力而渐使改进；于作法则不拘程式，务求达意，只需文字与情意相吻合；于批改则但为词句之修正，不为情意之增损。"② 这里谈到了教学的基本观念、读物的选择、命题、作法、文章的内容与形式的关系和批改方法等。教学的基本观念是以"顺应自然之趋势而适合学生之地位为主旨"，这既考虑到儿童写作学习的心理，也考虑到学生的实际需要，这种以学生为本位的写作教育思想无疑是正确的。以学生为本位，在选择读物上，自然要将"不能学及不及学"的读物加以屏绝。他们认为古文便属应屏绝之列。由于"古文于现代小学生扞格颇多"（列出共五个方面），所以不宜让他们学习模仿。"或谓诵习古文，盖欲辨别历代文学之变迁，推究各种体制之沿革，反今人于古人，而体其著作之旨趣耳。殊不知此乃文学家事，而非小学生事。……令今日之小学生而模仿古人之文，决无是处。"③因此，他们主张小学的读物必须选较近于口说之文字，"教者果能随处留意，于学生之读物，或自编，或修改，务使十分平易，有类口说，则学生临文之际，

---

① 黄炎培：《学校教育采用实用主义之商榷》，载《教育杂志》第5卷第7号。
②③ 叶圣陶、王钟麒：《对于小学作文教授之意见》，载《新潮》第1卷第1号。

得以模范，但就情意所至，举笔照录，不必移译，便成文字矣"①。关于命题，他们认为"题意所含必学生心所能思。或使推究，或使整理，或使抒其情绪，或使表其意志。至于无谓之翻案，空泛之论断，即学生有作，尚宜亟为矫正；若以之命题，自当切戒"②。这对纠正八股遗风很有针对性。总之，作文命题及读物选择，须认定作之者读之者为学生，即以学生为本位也。教者有思想欲发挥，有情感欲抒写，未必即可命题，因学者未必有此思想有此情感也。教者心赏某文，玩索有素，未必即可选为教材，因学生读此文，其所摄受未必同于我也。必学生能作之文而后命题，必学生宜读之文而后选读，则得之矣"③。这可谓切中教法的根本，写作教学能从学生的需要与可能出发，许多问题都可迎刃而解。此外，还谈到小学生作文须务本，即要做到"理真情切而意达"，不应"专务形式方术"，否则即舍本而逐末。至于批改，"只应注意于谬误之推理，不通之字句。外此之事，不妨于发还时评论及之"④。对于须重作的，"但告以趋向，当从某方面着想，意在启发，而非限制，则重作之效果当有可观矣"⑤。由此观之，叶、王二位从"平日之经验之理想"提供的小学作文教学的意见，是较为精辟而又全面的。

第三节　借教授语言为教授文字之导线

专门的写作教学法论文，较为可观者还有庾冰的《言文教授论》(《教育杂志》第4卷第3号) 和刘半农的《应用文之教授》(《新青年》第4卷第1号)。

庾冰的《言文教授论》，从语言和文字二者的关系切入，认为"语言为文字之母，文字者不过为语言之符号，语言之与文字具此密切关系，故教授文字莫不由语言入手。今之充教员者大抵以教授文字为职务，而于语

---

①②③④⑤　叶圣陶、王钟麒：《对于小学作文教授之意见》，载《新潮》第1卷第1号。

言上应如何注意、如何应用,绝无经验,且不置研究。学生文字上进步之濡滞,实由于此。故教授文字,当以教授语言为第一步"。"教授小学生,当于语言与文字间施其作用。盖小学生虽不知文字,未尝不能语言,就其已能之事导之,以习未能之事,此乃教授法之定例。故小学校中之教授作文,当先教授白话体而后教授文言体。……吾故谓我国小学校中,借教授语言为教授文字之导线,可也;或借教授语言为教授文字之过渡,亦可也。"从语言入手,导入写作教学,这种意见是符合教育心理学规律的。

庚冰把"语言教授"分为甲、乙两类。甲类包括五项:习问……杂答;提问……选答;正问……正答;反问……正答;复问……简答。乙类也包括五项:称谓语、单独语、连续语、自动语、被动语。(一)习问者,教员当就学生已知之事,或已读之书,摘要发问,殆有温习之意存焉。学生于教员发问之时,即当杂举所知以答之。而学生所答,未必尽能合度,教员宜随时矫正而指导之。(二)提问者,教员就学生程度相当之事物,提要发问,学生可选其知者,依次作答。不知者由教员述明之。(三)正问者,就其应问之意义发问也。(四)反问者,就其应问之意义,而从反面发问也。(五)复问者,就一种事物而再三发问也。凡遇繁杂之事物,唯恐听者不能明了,抑或易致遗忘,不惮烦劳,而发问至再至三。苟听者初答无误,则复问时,只需简单作答,不必徒费时间也。作者认为,上述问答是教授语言最主要的方面,问答合乎要求了,进而区辨语言的性质及其类别就很容易了。

所谓语言的性质与类别,即上列"乙类"之五种。作者主张语言教授不妨从方言入手,渐导以普通之国语。其方法最好是在师生谈话或学生交谈时随时矫正,随时指导。关于文字教授,作者只要求初学者作文词能达意,不必在文字上多所苛求,不能以文言束缚学生的思想,否则会产生种种窒碍和困难,使学生视作文为第一难事。

文字的教授,作者也把它分为甲、乙两类,甲类指的是内容,包括意思与材料两个方面。乙类指的是形式,包括文体、文法、文词三个方面。他认为文章是由内容与形式组织而成,故二者不可偏废。"教授作文当以开发学者之思想为第一义"。思想发展，则内容自丰富，学者必有支配内容之能力，然后形式上教授之。盖内容之取择无穷，而形式之考求有限，不可漫无区别也。

作者将作文的步骤分为六步加以考察：第一步，内容形式同时教授，包括连字、填字、造句、笔述、俗演文、文演俗等项；第二步，内容教授，包括示意、示法、示材、示范等项；第三步，形式教授，包括改字、改句、长文改短文、短文改长文、仿袭成式、用虚字等项；第四步，不限于内容形式之教授，包括命题、选题、无题等项；第五步，限于内容形式之教授，包括看题、构思、起草、讨论、润色、誊录等项；第六步，限于已有内容形式之教授，包括改正、删节、批评、圈点、拟作等。该文对"言文教授"的讨论，在选题上有创意，构思也甚细致。只是如何由"语言教授"过渡迁移到"文字教授"，尚不明了。

第四节　作通人应作之文及其职业上所必作之文

刘半农的《应用文之教授》，较为集中地体现了这一时代写作教育的潮流。从"禁八股""兴新学"之后，写作教育注重培养学生作日常应用文字，而日常应用文字如何教授，当时的国文教师并无这方面的经验。因而，系统地说明应用文的教法，的确很有必要。刘半农的这篇论文是他在北京大学预科进行国文教学改革试验的一篇实况记录，对了解当时的应用文教学情况及获得教学上的借鉴均有一定的价值。

作者对所谓的应用文作了这样的说明："应用文与文学文，性质全然不同，有两个比喻：——（1）应用文是青菜黄米的家常便饭，文学文却是个肥鱼大肉；（2）应用文是'无事三十里'的随便走路，文学文乃是运动会场上大出风头的一英里赛跑。"他的"应用文"是指"文学文"以外的一切文章，这一概念较我们今天的"应用文"概念的内涵更大。王森然在《中学国文教学概要》中认为与"文艺文"对举的"应用文"包括书信、公文程式和普通文牍，这大约更接近于我们今天对应用文的理解，而刘半农的"应用文"则类似于我们今天所谓的"实用文"，即包括文学作品以外的一切记事性、论理性、说明性的文体。这种界定，对避免写作学习上存在的狭隘化倾向是有益的。

作者的应用文教授的宗旨是："不好高骛远，不讲派别门户；只求在短时期内，使学生人人能看通人应看之书，及其职业上所必看之书；人人能作通人应作之文，及其职业上所必作之文，更作一最简括之语曰：'实事求是'。"这里强调的是阅读与写作的普及性和职业性，即人人要具备基本的阅读与写作能力，且还要具备职业上所需要的专门的阅读与写作的能力。这一宗旨所针对的是当时学校教育中存在的"新八股"问题。

对文学文与应用文具体要求上的不同，作者作了如下的区分：

$$\text{研究文学应用之功夫}\begin{cases}\text{甲项……}\begin{cases}\text{字义}\\\text{文法}\\\text{论理学}\end{cases}\text{具此三者，始可称之曰"通"。}\\\text{乙项……修辞学}\begin{cases}\text{文彩（非滥用词头之谓）}\\\text{老练（非节省虚字之谓）}\end{cases}\end{cases}$$

应用文甲＞乙　　　　文学文乙＞甲

这里将两大类文章形式上的差异辨别得较为清楚。

关于应用文的教法，首先从阅读入手，"读"分为"选"和"讲"两个方面分别说明。"选"的方面，有12条标准，区分什么样的文章可选什么样文章不可选，总的原则是所选的应是对学生有益的、学生读得懂的。"讲"的方面有10条标准，总的原则是给学生以适当的引导，培养他们自觉和独立思考的能力。

接着是阐明作文的教法。作者认为"这比选讲尤为重要。因为研究文学文的，尽可读了一世书，自己半个大字不做，尚不失为'博古通今'的'记丑之士'；至于研究应用文，着手第一步，便抱了'要能作应用文'的目的，故前文所说的选讲两方面，其实都是个'作'字的预备而已。"这把阅读和写作二者的关系表达得十分清楚,阅读应用文是为了写作应用文,阅读是手段,写作才是目的。当然,阅读,从广义上说,它既是目的,也是手段,但是,当阅读作为写作教学的一个组成因素,作为写作的"预备"的功夫时,它就不能不服从于写作教学这个目的。纯粹的阅读教学,与以写作为目的的阅读教学是应该有所区别的。

在写作训练方面,作者拟定了12个注意事项,要求学生每次作文时取出阅看一遍。这12条涉及下笔为文的方方面面,其中尤以第七条"不避俗字俗语,即全用白话亦可;要以记事明畅、说理透彻为习文第一趣旨",第八条"勿打滥调,勿作无谓之套语,勿故作生硬语;实用文最宜明白晓畅,凡古文家,四六家,八股家之恶习,宜一概避去",既抓住文体特点,又体现了反"八股"精神。在当时写作仍以古文为主的世风下,提倡"不避俗字俗语,即全用白话亦可",这是符合时代潮流的;从应用文的写作的实用性出发,针砭"古文家、四六家、八股家"之恶习,也颇见"文学革命"之精神。

对教师的作文教学,作者分别从"出题"和"批改"两个方面加以探讨。出题方面,列出了12种方式,其中包括基本训练方面的不成篇的写作和给题目的成篇的写作。其中第7种方式较具代表性:"就其专习之科目,出种种应用题目,令学生实地研习(如记载实验,解析学理,辩论,批牍,商业通信,订立合同等,各视所专习之科目定之)。"这种方式确能给学生以实际的锻炼,获得较好的教学效果。"批改"方法也别出心裁,分四步进行:初次批改用记号标示出文中毛病;原卷发回让学生互相研究自行改正;学生改正后誊清交上,教师始作直接的批改;发还学生,学生有不明白之处准其质问。这种批改法,主要是给学生一个进一步思考领悟的机会,对提高学生的评判文章、修改文章的能力很有益处。刘氏"批改法"对后人影响极大。

总而言之,刘半农的《应用文之教授》,是这一时期应用文写作教学经验的集中和总结,体现了作者对应用文教学的较全面、深入的认识,不乏真知灼见,具有较高的实践价值,堪称这一时期最有代表性的写作教学法专论。

第五节　以语言为标准的教授法及其他

其他论文中也有一些有价值的观点。

潘树声在《论教授国文当以语言为标准》（载《教育杂志》第4卷第8号）一文中，讲到作文的三种教法：第一种是"谋联络"。就是要利用儿童所具有的很强的模仿性，联络读本中的文句，用语言解释出来，再将语言模仿为文字，"读书愈多，可模仿者愈广，前后错综之，而生变化焉，复习之而使纯熟焉。读本化文字为语言，作文由语言为文字。"第二种是"定范围"。既为应用文，就以记事论事这两种为范围，具体训练方法是："设一事，令生徒记之，更令推考之。或由教师陈述，或与儿童问答，或径由儿童以己意说明，然后握笔为文。"这也是由语言而文字训练写作的方法。第三种是"分程度"。作者认为以学生能写多少字来分程度，这种分法不太可取，"吾谓程度之分，当以生徒能记何事能论何事为准"，"盖文之优劣本不在字之多寡，且社会应用之文亦不必累数百言"。作者注意到"语言"在"读"与"写"中的中介作用："读本化文字为语言，作文由语言为文字"，较清楚地阐明了由"读"到"写"、由"语言"到"文字"的转化机制。

张謇在《论国文示师范诸生》一文中，谈到"适用之文"（指应用文——本书作者注）固然区别于"美术国文"（指文学文——本书作者注），但真要写好也不容易："国文为通各科学之精神，算术与之并重。故国文必期适用，与美术国文有别。美术国文者，华藻之文也。适用国文者，切事切理之文也。然若不能通贯，如何能切事切理，不常读常作如何能通贯，不通贯之国文，即不适用。……所望于诸生者，说一事使人了然首尾，说一理使人了然眉目，说一境使人如到其境，说一物使人如见其物，在题中说出，不在题外敷衍，不华可也，不雄可也，不美可也，不博不深甚至不长均可也。不切不可，不通不可，诸生其务为切，务为通，若以寻常适用之文为国粹，以寻常适用为辞达，则是不切，亦即不通。所谓通者，能于事理文理之上下四旁无障无碍也，如所言则障碍多矣，故可说不通。"① 作者为应用文写作提出了"切"和"通"这两个标准，对提高人们对应用文写作的认识是有帮助的。

蔡元培在《中学国文科教授之商榷》"序"中对传统写作教法也有深刻的批评："西人常称中学校中之希腊、拉丁为死语，以其不通行于今人喉舌也。吾国之所谓国文，其与普通语之接近，尚不及拉丁语与英、法等语之密切。故吾人之学国文，本已难于西人之学死语矣。而西人之学死语也，仍以治活语之法治之，有适当之读本及文法，有适当之教授法，如解剖尸体而佐以种种之图说，尚不难于领悟。若吾人之治国文，则教者之所授，学者之所诵，模范文若干首已耳。而此等模范文，又大率偏于文学之性质，不必悉合乎论理者。于是学者不知其所以然，而泛泛然模仿之，教者亦不言其所以然，而泛泛然评改之，直如取埃及木乃伊而相与为表面之赏鉴，又奚怪乎中学毕业而国文尚在似通非通之境也。"② 国文教学教的是"死语"（古文），且学者、教者均"不知其所以然"，"泛泛然模仿之"，"泛泛然评改之"，这就一针见血地抓住了传统写作教学效率不高的要害。

综上所述，清末民初已开我国现代写作教学研究之先声，为五四以后的写作学研究的繁荣奠定了基础。

---

① 张謇：《张季子九录教育录》，卷1，17～18页，上海，中华书局，1931。
② 蔡元培：《中学国文科教授之商榷》"序"，见《中国近现代名家作文论》，3～4页，郑州，文心出版社，1992。

第四章 写作学论著简介

第一节 蒋维乔的《教授法讲义》

《教授法讲义》出版于清末,为"师范讲习社师范讲义",在当时颇具影响。该书是以清政府颁发的《奏定学堂章程》的有关规定为纲,集中体现了这一时期的教育思想。

该书分别说明小学各科的教授法。其中"国文科"的教授法,包括目的、教材、教法三个部分。教法部分分为四项:甲读法,乙缀法(即作文),丙书法,丁话法。

在"目的"部分,作者对言文不一、言语互殊情况表明了自己的看法:国文者包括言语、文字、文章而言之也。人类之思想感情,惟借言语、文字、文章,得以互相交换。言语,无形者也,为声音之符号,而达于听觉;文字,有形者也,为言语之符号,而达于视觉;联络文字以发表完全之思想感情则为文章。自古迄今言语、文字变迁实繁,言语则有南北方言之不同,文字则由篆隶递变为行楷,变迁既多,则言语文字相离愈远。故文章亦有白话与文言之别。然定章则云,在使识日用常见之文字,解日用浅近之文理,并使以俗语叙事,及日用简短书信,是知小学校之文字、文章,务求浅近、适用,宜由白话进于文言也。作者看到了"言文不一"造成的国文教育上的障碍,把小学校的文字、文章,定位在浅近、适用上，这是值得肯定的。

作者对国民的言语的看法也颇有见地：凡一民族必有其使用之言语，谓之国语。不特为交换思想感情，且借以团结国民之精神也。他国言语，即为文字，故国语可以统一国文。我国虽有通行之官话，而文字与言语相离绝，且隔省而言语互殊，甚至隔府隔县而言语互殊，国语既不能统一国文，国文又不能统一国语，国民精神因之不能团结，其非立国之道。故定章于高等小学，则言使习通行之官话，期以全国语言统一，民志因以团结。盖亦有见于是，窃谓学习官话当于初等小学义务教育年限即使之。国文课本一律改用白话。高等小学以上方用文言，庶几全国言语可以统一，民志因以团结也。这种看法，已显示了"国语教育"的精神。"国文课本一律改用白话"的主张，在当时是很进步的。

作者认为，国文教授之目的有二：授以言语、文字、文章，使确知而应用之，是为形式的方面；就言语、文字、文章之内容材料，以启发其知识，涵养其德行，是为实质的方面。故国文科以形式为主，实质为副，互相联络，庶可达教授之目的也。这种以"形式"和"实质"作目的的区分，在诸国文教学目的论中，有其新意，当可备一说。

作者认为，在国文科中，听法、话法与读法、缀法有密接关系，故以教授读法、缀法时，得兼习之。至于读法、缀法、书法，宜取同一教材，互相联络。为教授上便利起见，可区别时间以授之。作者对国文科内部各课程关系的认识，认为听法、话法与读法、缀法几者"得兼习之"，这是可取的，只是读法、缀法、书法三者用同一教材，尚可商榷。

"教材"部分，作者也是按照形式（言语、文字、文章）和内容（知识之收得、德行之涵养、趣味之养成）的6个方面，分别说明其要求，例如内容中的"（三）文章：就文章论，为教授国文最要之材料者，即读本是也。文章有白话文言二体，初等小学应全采白话，前已言之矣。然现在学堂通用课本，则仍系文言，就文言而求其适当，则初等小学所选用之文字，宜取其与文言相近者，如眼目脚足等类，则先采眼字脚字，后采目字足字；又宜先采笔画之简单者，后用笔画繁复者，取便于记忆。至于文体,则宜平易浅明,各体具备,诗歌可陶写性情,尺牍则适于日用,均为紧要。编纂之时,成于一人之手者,不及采自众人者为善,盖性情各有偏至,一人所作,必有畸轻畸重,故不如集众人之长,以一人整理排比之为得也"。这里关于"读本"的编写要求,既注意到了学生的学习心理,也注意到了实用性和编写者的眼光。

再看"教法"部分的"缀法",作者所拟总的教学目的、要求是:缀法者,养成生徒以文字、文章表彰自己思想感情之能力。其思想感情,为缀法之实质;文字文章,为缀法之形式。宜就生徒读书及他科目所得之材料及日常经验之事项,应用既学之文字文句,使连缀之。

教学的方法为:初等小学之第一年,读法与缀法不区别,恒于同一时间授之,例如读法之应用段,使就课中之字句,连缀成新语句是也。至第二年后,则别设缀法时间教授之,其方法甚多,分别为自作法、助成法两种。自作法教师只与以文题,一任生徒自为,程度渐进者,可用之,至小学校通常教授,则用助成法为宜。即教师作文时与以补助也。其法有种种,约可别为三类。(甲)并形式实质而补助之者:(一)朗读既授之文章,使默写之。(二)使就熟读之文章默写之。(按:默写即缀法之入门也。)(三)示以谬误之文句,使改正之。(四)示以多数短句,使连缀之。(五)教师口述目前常见之事物,使记述之。(乙)仅就形式补助之者:(一)空出某字某句,使以他字填之。(二)示以某字某句,使造成短文。(三)取有韵之文,使改作散体文。(四)使改白话文为文言,或改文言为白话。(五)示以成文,使之改短。(六)示以短节,使之增长。(七)示以模范文,使以他种材料仿为之。(丙)仅就实质补助之:(一)示以绘画或实物,使记述之。(二)告以文题先后正反之层次,使记述之。(三)就生徒既有之思想,可用于本题者,依发问法整理之,使之记述。——自作法、助成法,今天的写作教学也不外这两种方法。值得注意的是,初等小学一年级开始就要求"就课中的字句连缀成新语句",这可看作是作文前的准备。二年级开始就有专门的课时教授作文。这种早期作文训练是有利于开发学生写作智能的。所示的各种"助成法":默写、改写、联句成文、听写、填空、以字句编短文、韵文改散文、文演俗、俗演文、缩写、扩写、看图看物作文、提示结构以成文、通过发问以成文等，这些训练方式至今也仍在使用。

在写作上，作者较重视运思的环节："生徒程度稍进，宜养成腹稿之习惯，于将下笔之前，取相当时间，先令整齐思想、确定次序。腹稿既定，然后下笔成文，可以畅所欲言。"这对初习写作者是很有针对性的。学生写作往往不愿意多想，贸然下笔，想到哪写到哪，虽有好材料，也写不出好文章。让学生养成打腹稿的习惯，很多写作上的毛病均可迎刃而解。

关于批改，作者说："生徒文字成后，教师为之添削，亦最要之事也。添削有簿上添削、板上添削二法。簿上添削，即教师收集生徒之正本，于时间外证正之。惟儿童之文，必有儿童口吻，教师不可以不满己意，尽行删改。但当去其谬误，余悉仍其原文。或施朱笔于其误处，发回使自改，亦可。板上添削，则在各生作文既毕，择一二人之作，书于黑板，令全级生徒，共发现其误字误句，而用著色粉笔，改正于其旁，使与原文对照。"这两种"添削"方法均有可取之处。"簿上添削"，作者强调要注意儿童之文应有儿童口吻，不能由教师随便删改，这是符合教育学规律的。"板上添削"也许更有益处，等于一次公开批改，师生共同参与，能使全体学生从中受益，并能激发学生的写作积极性和兴趣。

《教授法讲义》由于涉及小学的各科教学，所以对于写作教学必然所述较为简单，但简单而不简陋，作为早期的教授法论著，已算是不俗的了。尤其对白话文的倡导，可谓发世纪之先声。

第二节　来裕恂的《汉文典》

《汉文典》，商务印书馆丙午年（1906年）四月初版。这是我国近代第一部系统、全面地探讨文字和文章规律的专著。作者在分析研究了古今中外文字、文章典籍的利弊基础上，试图"以泰东西各国文典之体，详举中国四千年来之文字，疆而正之，缕而晰之，示国民以程途，使通国无不识字之人，无不读书之人，由此以保存国粹。"（《汉文典》"序"）

全书分为"文字典"和"文章典"两大部分："是编循序渐进、由已知以通所未知，故先言文字，次言文章。文字典，所以述字之源流及品性；文章典，所以论文之法则与体格。"（《汉文典·本书大旨》）该书的"文章典"部分分量较重，占全书篇幅的三分之二，内容集古代文章学研究之精华，又自成体例，堪称文章学研究的一部力作。

由于"文字典"不在本书研究的范围之内，所以下文拟专就"文章典"部分作一简介。

"文章典"共分为文法、文诀、文体和文论四卷，重点在第四卷"文论"上。

第一卷"文法"，即"作文法"，包括字法、句法、章法和篇法。作者的基本观点是"言之有法也"。他认为汉以前之文，因文生法，唐以后之文，由法成文。因文生法者，文成而法立；由法成文者，法立而文成。是以巧若公输，必以规矩；射如由基，必以彀率。文亦若是，舍法以求之，不得也。在该卷中，由字法而句法、而章法，其内在关系不言而喻，唯章法与篇法须作区别。作者所说的"章法"，指的是文章的基本构成形态，包括起、承、转、结四法，而"篇法"指的则是写作技法，包括"完全之篇法"和"偏阙之篇法"两类，前者指的是"全篇之法则"，后者指的是"多关系乎章段之节奏，而又不得目之为章法者"，大约可称为局部之法则。

第二卷"文诀"，即为文之诀窍。对此，作者的见解有别于前人。他说："诀者，巧也。孟子曰：梓匠轮舆，能与人规矩，不能使人巧。言可心悟不可口授也。然是说也，以之例文，则义不全。文章之道，神而明之，存乎其人，何不可示之以机栝。试体验之，有为文章所必有事者，得数义焉。"他认为不仅是文章规矩可以示人，连文章的诀窍也同样可以示人。这便超越了文章教授限于技法的传统认识，进入到写作主体心智建构的层面。"文诀"包括文品、文要和文基三个方面。"文品",指的是文章的品位或风格,作者认为文品跟人品一样,大抵不外阴阳二性:属于阳者,光明正大,恢廓豁达,皎似青天,朗若白日,如高山大川,如雷霆雨露,有威凤祥麟之概,有生龙活虎之势,磊磊落落,英姿飒爽是也。属于阴者,依阿溰涩,回伏隐匿,纠结若蛇蚓,琐屑若虮虱,狡猾若鬼蜮,阴鸷若盗贼,诅咒若巫祝,闪烁狡变,不可方物,又一态状也。他把文品分成庄重、优美、轻快、遒劲、明晰、精致6大类33种,区分得十分精细。"文要",指的是内容和外象。这"内容"与现今的理解不同,范畴要大得多,包括性、情、质、理、意、思、度、气、骨、趣等;"外象"也不是现今的"形式",包括机、势、采、调、笔、境等。"文基",即为文之基本。这可从三方面看:文宜、文贵和文忌。"文宜"指的是"意匠之经营",即行文的得体和巧妙。"文贵",即为文之所贵重的,主要指的是文章的审美要求。"文忌",即文章之弊病,"抉文中之病而揭之,俾文家知所戒云"。"文诀"部分,所述由虚而实、由道而技,涉及文章技巧的方方面面。

第三卷"文体",作者持论也颇有见地。他首先对历代文体研究进行梳理和评述:"中国文家,辨体者众矣,然挚虞流别,久已散佚,今所传者,惟颂诗七赋箴铭文哀辞图碑铭十一类,为不完全之书。厥后刘勰《文心雕龙》四十九篇,虽于文章利病,穷极微妙,惜论体裁之别,仅二十五篇,类既不分,体又不备。任昉《文章缘起》,《隋志》已称逸失,今所流传,或疑为明陈懋仁作,而体既不详,词复支蔓。北齐颜之推《家训》,论文体出于五经,亦未能统举各体,详加讨论。自昭明《文选》分类三十七,宋元以来,总集别集,虽稍更其列目,要以《文选》为主,但《文选》分类,前哲已多有议之者。至明吴讷《文章辨体》,径增为五十类,而徐师曾之《文体明辨》,又细别为百一类,徒从形体上观察,故近人毛西河朱竹垞之徒,痛斥《文体明辨》。自姚惜抱《古文辞类纂》分部十三,于是古文之门径,可于文体求之,然赠序书说之分类,于意究有未安。曾涤笙《经史百家杂钞》易为十一类,文义较密,而体裁则未之及焉。"在对文体学研究做历史考察的基础上,作者把文章分为三体九类:叙记——序跋类、传记类、表志类;议论论说类、奏议类、箴规类;辞令——诏令类、誓告类、文词类。他对三体作如下界说:叙记篇——文最难于叙记,亦最繁于叙记。叙记之文,贵简而赅,质而不俚,务使其事其人其物之精神,跃然毕见而后工。古今称叙记之文,《左传》《国语》《史记》《汉书》而已,后惟欧阳修《五代史》、司马光《资治通鉴》可以继之。议论篇——议论之文,所以治世,经邦论道,莫重于斯。有诸子之遗风,古之立言垂不朽者,其端于是焉在。辞令篇辞令者,或君命臣,或上命下,或用于会盟聘享征伐,或士大夫而相告语,及为书相遗赠,或文人学士,言情达志,皆须辞令也。由此可见,作者文体的划分,较前人烦琐的分法,有其简明的优点,但仍不够科学、严谨,因为"辞令"体显然与"叙记""议论"体交叉。在第二层次的文类之下,作者还对所属的各种文章体裁作第三层次的界说。

第四卷"文论",包括原理、界说、种类、变迁、弊病、纠谬、知本、致力8篇,内容涉及文章学研究的诸多领域。其中以原理、界说、种类和变迁这4篇较为精要。

原理篇讨论的是"文之真相""文之性质""文之功用""文之效果"。作者认为"文之真相"即"文本乎道","本于道德,发于义理,合于典则,是足以经世,经世即卫道。"他把"经世"看作是"卫道",把"卫道"的内涵具体化为"阐圣言,新国政",这一认识基本上还是传统的,但对"经世"的强调也有其正面的作用。作者对"文之性质"的看法,继承了姚姬传"天地之道,阴阳刚柔而已。文者,天地之精英,而阴阳刚柔之发也"这一观点,没有什么新意。而对"文之功用"的认识则有所发明,所言较为全面,"有陶情淑性之功用,有移风易俗之功用,有爱国新民之功用",揭示了文章审美、实用和教育这三大功能。"文之效果"主要讲的是人的"持操"对文的作用,人品决定文品,"持操"不正,不问道之是非,"于是文之结果,遂为人之结果焉",批评了"自古文人,多陷轻薄"的现象,作者重视写作主体人格修养,这是可取的。

界说篇是对文章学的一些基本概念的界定：文与辞、文与字、文与学、文与道。作者对"文与辞"所做的界定是：盖人之意，借声而传，其声之有意可显者，谓之辞，意不能显者，仍谓之声。人必借辞以表思想，思想之可以达者，画之以为字，由字而缀焉，而续焉，谓之文。就是说，"辞"，就是口头语言；"文"，是指用来表达思想的文字，即文章。"文与字"，主要说的是二者之间关系的历史演变。"文与学"，则阐明的是文章与官学、私学之间的关系，阐明"文"在教育中的地位的演变。"文与道"讲的是历代对文、道关系的不同见解，并对其加以评论，指出"惟必离文能见道，乃可奉道以准文，否则不可谓之知道，亦不得谓之知文"。

种类篇则是对文章做多视角的研究，分别从体裁、格律、学术、世用、性质和通俗6个角度对文章进行分类。这种思路较以往文体学研究通常运用的一次性分类的方法，自然更加科学。由于文体形式多样繁杂，前人的分类往往顾此失彼，互相交叉。而多角度分类，在标准的掌握上较为严密，能较好地包举对象。如在"属于体裁之种类"下，分出"撰著之文"和"集录之文"两类（"撰著之文"指的是"篇只一义"的书，"集录之文"指的是"篇各为义"的书）；在"属于格律之种类"下，分出"韵文""骈文""四六文"和"散文"4类；在"属于学术之种类"下，分出"儒家之文""道家之文""阴阳家之文""法家之文""名家之文""纵横家之文"和"杂家之文"7类；在"属于世用之种类"下，分出"名世之文""寿世之文""经世之文"和"酬世之文"4类；在"属于性质之种类"下，分出"理胜之文""情胜之文""才胜之文"和"辞胜之文"等4类；在"属于通俗之种类"下，分出"公移之文""柬牍之文""语录之文"和"小说之文"等4类。这些分类大体上是清楚的，各体文的定位也较为准确。

变迁篇是对历代文章特点的概括和阐明，可称之为文章发展简史。作者的论述虽然很简略，但所勾画出的轮廓至为明晰：文章发生时代（伏羲唐虞）、文章进步时代（唐虞）、文章昌隆时代（三代）、文章极盛时代（春秋战国）、文章专一时代（秦）、文章恢张时代（汉）、文章薄弱时代魏晋)、文章淫靡时代(南北朝)、文章振作时代(唐)、文章继续时代(宋)、文章衰微时代(金元)、文章兴复时代(明)、文章昌明时代(清)和文章改良时代(近今),这一概括大体上反映出了时代特点。

《汉文典·文章典》虽然篇幅不大,但作者的研究立足于对文章史的考察,立论注重从文章史上加以观照,可以看出作者具有深厚的文章学修养。因此,阅读该书,在文章学领域能开阔眼界。

第三节 吴曾祺的《涵芬楼文谈》

《涵芬楼文谈》,商务印书馆辛亥年(1911年)初版发行,至1928年已出至第14版。可见该书在当时颇受欢迎。这是一部侧重于写作技法研究和传授的作文法著作,在文章学研究较为盛行的时代,这类著作便显出特殊的作用和价值。

该书写作目的定位在"作文法"的传授上,这首先可从作者的"叙"中看出,他说:"余窃不自揆,尝辑涵芬楼古今文钞,又为文体刍言一卷,列诸卷首,中间一得之见颇不为海内通儒硕彦所讥,而书问往来,以作文之法来请者络绎不绝,是亦不可无以答其勤也,暇日无事,因就生平所得,笔之于编。"就是说,该书是为请教"作文之法"的人写的。

该书的编目也是以"作文法"为宗旨,全书共40篇,另附"杂说"(35则)和"文体刍言"。40篇的目录为:"宗经""治史""读子""诵骚""研许""辨体""辟派""明法""养气""储才""命意""修辞""切响""炼字""运笔""仿古""核实""称量""设喻""征故""省文""适机""存疑""详载""寓讽""入理""切情""涉趣""因习""写景""状物""传神""称谓""含蓄""互异""从今""割爱""属对""设问""欣赏"。篇目基本上是取"动宾"式结构,即是对写作行为作动态描述,而不是像文章学著作那样,偏向于对文章现象作静态的研究。40篇中,从"宗经"到"储才"的10篇,大体上是讲写作的基本修养；从"命意"到"欣赏"的30篇，大体上是讲写作的技法。不论前者还是后者，出发点都是"写"。

前10篇讲作者的修养，所述内容有些与文章学著作研究对象相似，但着眼点不同，所以更能体现该书的特点。

从"宗经"到"储才"这10篇包括4个方面内容："宗经"讲的是写作的指导思想；"治史""读子""诵骚"和"研许"讲的是治学方法；"辨体""辟派"和"明法"讲的是写作学习中亟须辨明的问题；"养气"和"储才"讲的是写作主体的陶冶和积累。

先看"宗经"篇。"宗经"篇所述的道理并不新鲜："学文之道，首先宗经。未有经学不明而能擅文章之胜者。夫文之能事，务在积理，而理之精者，莫经为最。"但作者的论述能落在写作现象的实处，力求给习作者以切实的教训和指导："今之号为能文者，以经为人人共读之书，不足以称吾博洽之誉，于是搜取僻书，旁求逸典，以为震世骇俗之具。见他人文中之引及经语者，则反以为笑，是何异舍康庄而走狭径，厌牢羞而索奇珍，适足以自贬其格已矣，有识者不取也。""……而桐城之学遍于天下，此岂其聪明才力，独擅其至，抑其能审轻重，别大小，用力专而收效远也？……今日学者，束书不观，游谈终日，而文之佳者，亦如景星卿云，不可得而见。"这里作者认识上的局限性自不待言，而"作文法"的特征也是显而易见的。

再看"治史""读子""诵骚""研许"等篇。"治史"等篇所体现的"作文法"的目标意识也是很明确的。"治史"篇说："文以积理为主，是固然矣，然天下之理，不能凭虚而构，必有所附丽而始见。则史学贵焉。上下数千年间，凡人才之盛衰，政治之得失，风俗之厚薄，国势之强弱，未有此之不明，而可与于文章之事者也。""读史之余，不能不以论古为事。惟论古之法，要在取古人成迹，一一如身入其中，为之反复当日之事势，然后可断其是非得失之所在。今之论古者，往往持义过高，而责人以必不可行之事。""史之繁赜，不能尽读，人人知之。……乃今之坊本，往往于每篇之中，去其首尾，专留中间一段，谓为精华在是，而读者茫然。

……此种因陋就简之习，只于省啬日力而已。""读子"篇说："盖子部之书，铸语之工，炼意之巧，固足以长益神明，发皇耳目，要其佳处不专在此。大抵行文之胜，在于浓淡相宜，疏密相间，每有不经意之处，反令人读之不厌。今之读子者则不然，只知篇取一节，截取一句，择其造句隽而陈义新者，即录而置之册子中，以供挦扯之用。而叩以一篇大意，茫然不能措一辞。至于临文之顷，偶加征引，便附于博极群书之目，而不知天下之至陋者，莫是若也。""观韩柳二公，于读子书多有所辨明，则知非苟焉循诵而已。……今人好以博洽自居，于其说之不安者，辄曰吾于某书中见之，而不知其所援据者之非也。""诵骚"篇说："学骈体者，不可不知散体，学散体者，不可不通骈体，二者不惟不相背，且互相为用。……故人当少时，不独楚辞当读，必取秦汉之文数十篇，朝夕讽诵，使吾之神明意象，日与之习，久而自化，则虽率意之作，而气味固自不同。""研许"篇讲的是研读文字学，"许"指许慎。作者认为"作文宜先识字"，"余劝人作文以识字为急，是固然矣，然亦有人多识僻字，而反以为累者，由用之不得其道故也。盖文章境界无穷，其脱去陈因之法亦甚多端，今人或自见其才力之不逮，而思以僻涩之语胜人，而无知者亦易为所震，不知此乃文之恶障，非可语于知道者也。"可以看出，这里所讲的治学方法都与写作实践和存在的弊病联系得十分紧密，有很强的"现实"针对性。

"辨体""辟派"和"明法"这三篇转入讨论"作文法"的一些带有观念性意义的重要问题。作者认为"作文之法，首在辨体"，"大凡辨体之要，于最先者第识其所由来，于稍后者当知其所由变。故有名异而实则同，名同而实则异，或古有而今无，或古无而今有，一一为之考其源流，追其派别，则于数千年间，体制之殊，亦可以思过半矣。""文体既分，则行文之得失，自当依体为断，每体各有一定格律，凛然不可侵犯。"在习作之时，重视对文体形式的区别和掌握，这是十分必要的，作者把其视为作文法之首务，有一定的道理。"辟派"篇，作者反对文坛上立派，他说："自乾嘉以来，为古文者，人之桐城者，十之七八，人之阳湖者，十之二三，苟不入此二派者，便不得兴于坛坫之列。窃谓文章为天下公器，古来名篇巨制，开卷具在，不妨人人各随所得而去，至其浅深厚薄，自有公论，不宜私立派名，反示天下以不广。昔宋人作江西诗派图，识者讥其多事，窃谓诗派可废，文派亦可废也。"这种不唯派只唯文的见解，在当时是颇有新意的。对习作者来说，一入手也就面临着"师承"的问题，打破派别门户之见，对他们广泛学习前人的长处是有益的。"明法"篇，作者对法的认识也较恰当。他说："体既定矣，然后可以言法。法者，如规矩绳尺，工师所借以集事者也。无法则虽有般输之能，无所用其巧。大抵文章一道，其妙处不可以教人，可以教人者惟法而已。""昔人论作文如行云流水，云水之为物，至无定也。则又何法之可言？惟于无法之中，未尝不有法在，用法之处，反不见其有法存。呜呼，此乃所谓神而明之，存乎其人，可与知者言，而不可与不知者道也。余每见宋人吕祖谦之《古文关键》，国朝人林云铭之《古文析义》，凡一字一句，评骘不遗余力，然使人师其所言，直拘挛蹀躞，苦不得舒，何暇尽吾意之所至乎？无他，此知有法，而不知用法之过也。"作文法的关键就是"法"，所以弄清楚有法与无法的关系至关重要。以上三个问题，在习作者入门伊始均是必须有明确认识的。

"养气"和"储才"这两篇，讲的是写作主体的积累，是写作前的准备。"养气"是"虚"，"储才"是"实"，二者相辅相成。关于"养气"，作者说："至于养气之道，其中固有本焉，未可以强而致也。夫人任举一事，苟未身历其中，则虽有善辩之口，亦有时而穷。……气之得于自伸者罕矣。""大凡气有阴阳二者之分，有如异云骤起，倏忽变化者，此天地之阳气也，气之属刚者也。有如游丝袅空，轻盈摇曳者，此天地之阴气也。气之属柔者也。阳气之文，其才力充盛，足以凌盖一世，其失也如武夫得志，遇事作色，其患在粗。阴气之文，其气度春容，足以包罗万象，其失也如病夫对客，辍息待续，其患在弱。"以往文人对"气"的表述均较玄虚，而该篇所述则较具体、明确，便于领悟。"储才"篇讲的是写作材料的积累、选择和应用。作者说："夫储才之法，可蓄之于平日，而不能取之于临时。""……书者众人所同，而用之之法，则一人所独。善用之，则木屑竹头，可供缓急之备；不善用之，则天吴紫凤，无救颠倒之讥。大抵鉴别主于识见，驱使恃乎笔力，剪裁赖乎意匠，变化本乎性灵，四者相须，缺一不可者也。""行文者惟有所弃，而后能有所取。所取愈广，则其所弃亦愈多。故精华既集，则糟粕自除，臭腐能蠲，则神奇益显。"这些对"材料"的认识也是较为深入全面的。"养气"和"储才"篇给人总的感觉也是说得很实在。

关于写作技法的30篇，也大多有可观之处，只是系统性不是很明晰，显得有点零散，但是，对"法"的阐释大致上还是清楚明白的，对习作者是有帮助的。

在废除科举写作之后，这是一本讨论文言作文法的写得较好的著作。

第四节　姚永朴的《文学研究法》

《文学研究法》，1914年由商务印书馆初版发行，1989年12月黄山书社印行新版。本书简介据黄山书社1989年12月版。

该书名为《文学研究法》，其"文学"二字实为广义的文章，包括各种写作体裁；"研究法"，指的也不是研究的方法，就是对文章现象的探讨。该书是一部文章学专著。

姚永朴系桐城传人，但又不拘于桐城义法，其研究尚能摘英撷华，兼并蓄。诚如张玮在"序"中所言："右《文学研究法》25篇，桐城姚仲实先生撰。先生论文大旨，本之姜坞、惜抱两先哲，然自周秦以迄近代，通人之论，莫不考其全而撷其精，故虽谨守家法，而无门户之见存。"吴孟复在《书姚仲实先生〈文学研究法〉后》中也说："……且先生亦未尝以'桐城'自域也，观其上称陆、刘，下及《艺概》，博采通人，何曾有门户之见乎？"可见，《文学研究法》一书虽为桐城余绪，但又不局限于一隅。

《文学研究法》，其发凡起例，仿之《文心雕龙》。全书25篇共分4卷：卷一——"起源""根本""范围""纲领""门类""功效"；卷二——"运会""派别""著述""告语""记载""诗歌";卷三——"性情""状态""神理""气味""格律""声色";卷四——"刚柔""奇正""雅俗""繁简""疵瑕""工夫""结论"。"结论"除外,全书实为24篇。

"卷一"可视为绪论或原理论,讨论的是文章和写作的带根本性的问题。

"起原"篇,探讨的是文章、文字的源流。于学文之方法,其主要观点是:"……欲文章之工,未有可不用力于小学者","欲从数百千万卷中,撷其英华,去其糠秕,非知所抉择不可,欲知所抉择,非有真识不可;欲有真识,非有师承不可。盖有师承而后有家法,有家法而后不致如游骑之无归。""吾人从事兹学,自当先取派正而词雅者师之,余则归诸涉猎之中。又其次者,虽不观可也。果如是,必不致损日力而堕入歧途矣。"作者十分注重"文学"教育,认为"既为中国人,举凡各种科学,非得有中国文字阐明之,乌能遍行于二十二行省?是故欲教育普及,必以文学为先;欲教育之有精神,尤必以文学为要。此理之必不可易者也。"由此出发,他把"文学"分为普通学和专门学两种,"何谓普通学?但求其明白晓畅,足以作书疏应社会之用可矣。何谓专门学?则韩退之《答李翊书》所谓'将蕲至于古之立言者,是也。大抵中小学校与夫习他种专科,能有普通文学,已为至善。若以中国文学为专科,岂可自画?"这些对"文学"教育的思考,在一定程度上体现了时代性。

"根本"篇,强调为文章者,首先在于明道,其次在于经世,"必先涵养胸趣。盖胸趣果异乎流俗,然后其心静;心静则识明而气自生,然后可以商量修、齐、治、平之学,以见诸文字,措诸事业。"这基本上仍为传统的主体观。

"范围"篇,作者把文学分为广义与狭义两种,广义指"言语、威仪、事业之著于外者皆是",包括一切的文章著作。义则专指其中"义精词卓者",可"以为后人程式"的好文章。他指出"文学家"不同于诸家者有四点:一异于性理家。性理家"其学以德行为主,而不甚措意于词章"。二异于考据家。"大抵考据家宗旨,主于训诂名物"。三异于政治家。"夫政治家宗旨，主于事功"。四异于小说家。"据《汉书·艺文志》，小说家盖摈于九流之外，以为'街谈巷语，道听途说者之所造'"。"文学"是"质而不俚，详而不芜，深而不晦，琐而不亵"的文章，"庶几尽子史之长，而为六经羽翼"。他对"文学"的界定有独到之处。

"纲领"篇，开宗明义指出"文学之纲领，以义法为首"。该篇皆转述桐城派"义法"理论，没有什么新意。"门类"篇则是对历代各家的文体分类的情况进行梳理。"功效"篇把"文学"的功用概括为6个方面：论学、匡时、纪事、达情、观人和博物，论证精详。

"卷二"内容较杂，包括文学发展史论、派别论和文体论三个部分。

"运会"篇，即文学发展史论。所论上自陶唐，下至清代，列举各代作家、作品及文风承传演变的情况，结论为："虽历代英才，应运而出，然元、明、清文学逊于宋，宋逊于唐，唐逊于周、秦、两汉，岂不能不为时代所限欤！"作者所赞赏的是苏子由和方望溪的史论，认为"两家所论较为持平"。他引了苏子由的《欧阳公神道碑》："自魏晋以来，历南北，文弊极矣，虽唐贞观、开元之盛，卒不能振。惟韩退之一变复古，阙其颓波。东注之海，遂复西汉之旧。其后五代相承，天下不知所以为文，及公之文出，乃复无愧于古。呜呼！千数百年，文章废而复兴，惟得二人焉，夫岂偶然哉？"也援引了方望溪的《赠方文辀序》："文章之盛衰，一视乎上之所以教，下之所以学，各有由然，而非以时代为升降也。夫自周之衰以至唐，学芜而道塞，近千岁矣，及昌黎韩子出，遂以掩迹秦汉，而继武于周人，其务学属文之方，具于其书者，可按验也。然则今之人苟能学韩子之学，安在不能为韩子之文哉？"作者尊韩崇古的文学观由此可见。

"派别"篇，探讨的是写作形式上的不同。他认为"派别"肇始于东汉以后，他说："魏文帝《典论》云：'文人相轻，自古已然。傅毅之于班固，伯仲之间耳；而固小之，与弟超书曰：武仲以能属文为兰台令史，下笔不能自休。'盖门户之争，由此起矣。自后骈丽之文日盛。及唐韩昌黎出，乃复于古，而古文辞之名立。又唐多诗人，能文者较少，于是诗与文为二派。文之中，古文与骈文复为二派……"在分析诗与文这二派时，他引用了惜抱先生的看法："大抵古文深入难于诗，故古今作者少于诗人。然亦有能文不能诗者，此亦自由天分耳。"指出诗、文"……然不兼为之可也，或主之，或奴之，则不可也"，"有韵之文与无韵之文之发生，必有韵之文居乎先"，"偏于用奇之文与偏于用偶之文之发生，则用奇者必居乎先"。此外，作者还对近世的某些误解加以澄清，他说："至于近世张文襄公《书目答问》，于古文中又析之曰''桐城派'古文家'''阳湖派'古文家'''不立宗派古文家'，尤不足据。""然则'阳湖'之古文，其源实出'桐城'，诸先辈亦未尝有角立门户之见也。""宗派之说，起于乡曲竞名者之私，播于流俗之口，而浅学者据以自便，有所作弗协于轨，乃谓吾文派别焉耳。近人论文，或以'桐城''阳湖'离为二派，疑误后来，吾为此惧。更有所谓'不立宗派古文家'，殆不然欤！"

"著述""告语""记载"和"诗歌"等篇，基本上是以姚、曾二家的文体分类为依据，加以整合归并和分析研究，是该书的文体论部分。文体分类尚无一定的标准，种属关系较杂，难称科学。

"卷三"6篇均可归入创作论（或写作论）范畴。

"性情"篇，讲的是写作的主体性。作者主张立言应"能自树立"，"成一家之言"，能自树立，其性情乃可著之天下后世。他引《白虎通性情》篇进行诠释："五性者，仁、义、礼、智、信也。六情者，喜、怒、哀、乐、爱、恶，所以扶成六性。夫人性内函，而外著为情。其同焉者，性也，其不同焉者，情也，惟情有不同，斯感物而动。性亦不能不各有所偏。"由此他认为"故刚柔缓急，胥于文章见之，苟不能见其性情，虽有文章，伪焉而已，奚望不朽哉！""盖既为文学家，必独有资禀，独有遭际，独有时世，著之于辞，彼此必不能相似。"同时他又指出习作者须先求与古人相似，先从事于模仿。"夫摹拟者，所以求古人之法度也；脱化者，所以见一己之性情也"，"古人学古之文，虽以化其痕迹为妙，而精神要未始不与古人听合无间"。这种认识是辩证的。

"状态"篇讲的是"文境"，大致指的是文章的个性和美感。他认为韩退之《答尉迟生书》中说的"行峻而言厉，心醇而气和，昭晰者无疑，优游者有余","古人文境之妙，不出此数语矣"。他分别讨论了构成文章美感的一系列概念，如达、圆、奇、高、大、远、简、疏、变、瘦、华等，且对各家的文境作了一些比较和评判。

"神理""气味""格律""声色"等4篇，可看作是"性情""状态"两篇的进一步具体化。对神理气味格律声色的论述，基本上是对桐城文论的阐发，此处不予赘述。

"卷四"6篇，除了"工夫"篇讲的是写作学习的方法外，其余各篇皆可归入批评论或审美论，所论甚为得体平正。

"刚柔"篇，作者的观点是："必刚柔相错而后为文，故阳刚之文，亦具阴柔之美，特不胜其阳刚之致而已；阴柔亦然。止可偏胜，而不可以绝无。"他对世人重视阳刚轻视阴柔的看法不以为然，他说："……则阳刚之文，固难能而可贵；而学者从事于此，不能不先求平实惬适及夫'茹'与'洁'者，是阴柔之文必当研究，又可知矣。"对于"奇正"，他也作具体分析，认为各有可取，如吴立夫所言："作文如用兵，有正有奇。正者，文之法；奇者，不为法缚……"他的看法是"二者途殊，未始不同归。但入门之初，正易奇难"。对于"雅俗"，他则旗帜鲜明地主张"就雅去俗，实为首务"。他的就雅去俗的具体方法有四：洗其心、绩学、修词和有好题目。关于"繁简"，他的看法是："古人之为文章，无分于繁简也，惟得其宜而已。""世之不善于文者，或义失之赘，或辞失之芜，于是尚简之说兴焉。""顾亦有过简而文反不畅者。""但文章既因事体之大小，而有详略之分，则篇幅或长或短，自不能不分求之。"关于"疵瑕"，他说："则凡文章中之疵瑕，非尽涤而去之不可。虽古来名篇，亦或不免。然未可以古人蹈此，而遂不思矫而正之也。"主张"立言所尚，尤在得体"。作者以上论点，均通过对大量的写作现象的分析加以印证。

"工夫"篇讲的是写作学习首先要立志，"大抵人果有志于文学，而后有甘苦可言"，"因甘苦而知各体之难易"。作者列举了各家有关写作学习方法的精辟见解，对读文看文所用的选本和专集表明看法，并详细叙述了众多名人习作的实例，以启示读者。

综上观之，姚永朴不愧为学识极为渊博的文章家，是对文学有深切感悟和精深钻研的学者。诚如他在"结论"篇所言：欲工兹学，非有真悟不可。真悟必出于真知，真知必出于真学。正由于他有真悟、真知和真学，所以他的《文学研究法》能旁征博引、左右逢源，且丝丝入扣。

第五节　林纾的《春觉斋论文》

《春觉斋论文》，丙辰年（1916年）由都门印书局排印出版，1959年由人民文学出版社再版（与《论文偶记》《初月楼古文绪论》合辑）。该书标示着中国古典文章学研究的终结。

与林纾的《春觉斋论文》相比，姚永朴的《文学研究法》的内容尽管也相当广博宏富，但还只是偏于学术化的研究，长于材料的搜集和梳理，继承有余，创新不足。而林纾不仅是一个学者，更是一个作家，从学者加作家的角度来考察文章现象，体悟尤为真切、深刻。他不只是"述旧"，而且往往融会贯通，有自己独到的心得与发现，绝无"掉书袋"之嫌。他的文章理论，虽然受到桐城文论的影响，但可以看出，在他的理论言语中竭力把这种影响消除到最低限度。较之其他桐城派作家，他的"桐城味"当是最为淡化的。

该书共分6个部分：述旨、流别论、应知八则、论文十六忌、用笔八则和用字四法。前三个部分偏重于理论，后三个部分偏重于应用。作者先总的论述全书主旨，接着对各体文章作分析探讨，再从中抽取出为文的若干基本问题进行研究，进而深入阐明具体的写作技巧、方法。该书各部分各篇章都有作者的体会，限于篇幅，这里只对"述旨"和"应知八则"这两个部分撮要介绍。

在"述旨"部分，作者的"开场白"是对论"文"的作者发表看法，他说凡能读书者，均能论文，但他注意到一个现象，这就是以诗话形式论文，"可以杂入交际谈谈；若古文，非庄论莫可。且深于古文者，亦未尝多作议论"。他认为韩愈就是这样,韩愈的写作思想与他人不同,不为人所理解,"因之愤郁不平,鄙时辈而不之语",由此他得出一个结论:"故文愈高者,议论乃愈不可得闻;凡后之喋喋自命为大师者,所论均未必皆中肯綮。"后者所指的是章实斋:"章实斋著《文史通义》,可云解得文中甘苦矣;然亦患主张太过,且往往自乱其例。"不论林纾所言是否确当,这个"开场白"无疑表明了该书不是人云亦云的平庸之作,作者的论文敢于评是论非,保持了思想的自由。

接着,作者对王充所说的"论贵是而不务华,事尚然而不高合"亦表质疑,他说:"平心而论,名为文者,无所不华;名为笔者,则当求其是。然不读书明理,则又从何处而取是?盖文者,运理之机轴;理者,储文之材料。不先求文之工,而先积理,则亦未有不工者。"他认为王充《论衡》的谋篇取例"则又近华矣""'尚然而不高合'一语,原为特立之见;顾自以为然,而不合于理,则亦未足以树义"。这既批评了王充之说,又表明了自己对文章本质的认识:写文章的根本,在于明理、积理。

他又对王充的"饰貌以强类者失形,调辞以务似者生情"这句话表达自己的意见,认为"务似者以生情"的"似"字亦非貌似之谓,直当时曲有此情事,登之文字之中而肖耳。就是说"调辞"的根本,是"有此情事",修词所追求的不是"貌似",决定形式的是内容。

关于阅读方法,他对《抱朴子钧世篇》中说的"古书虽多,未必尽美,要当以为学者之山渊,使属笔者得采伐渔猎其中"加以修正。认为读书不只是为了"采伐渔猎",关键要懂得择取什么,要积理,"由积理厚,凡所吐属,皆节节依经而附圣","质言之,为文者本宜多读书,亦万不能恃有多书,即可纵笔为文。匠氏储梧槚而不备斤削,则梧槚纵美,亦断不能成器。采伐渔猎,纵多又奚为者?"

作者接着阐明了学习写作必须"溯源于古"的观点,他说:"学者能溯源于古,多读书,多阅历,范以圣贤之言,成为坚确之论,韩、欧之法程自在,何必桐城?即桐城一派,亦岂能超乎韩、欧而独立耶?……须知桐城之文不弱也,以柔筋脆骨者效之,则弱矣。向见吴挚甫先生案头日置韩文一卷，时时读之。以桐城人师桐城之大师，在理宜读姚文，不宜取径于韩，且曾文正亦力主桐城者，乃日抱韩文不去手。然则，治程、朱语录者，固不能不溯源于论语也。"这里探讨的是写作上的"师承"问题。

最后，作者对《文心雕龙征圣》中"正言所以立辩，体要所以成辞"的意思加以阐发："何谓正言？本圣人之言，所以抗万辩也。何谓体要？衷圣人之言，所以铸伟辞也。……大率析理精，则言匪不正；因言之正，饰以辞采，秀气自生。""故作文须求好题目，有正言，亦易于立干，易于傅色。真能古文者，固不轻易为文也。"这讲的是文章的"立意"问题。

"应知八则"讨论的是：意境、识度、气势、声调、筋脉、风趣、情韵和神味。

"意境"篇，作者注重的不是文字表面的思想意义，而是写作主体的内在涵养。他说："文字之谨严，不能伪托理学门面，便称好文字。须先把灵府中淘涤干净，泽之以《诗》《书》，本之以仁义，深之以阅历，驯习久久，则意境自然远去俗氛，成独造之理解。……理解何出？即出自《诗》《书》仁义及仕途之阅历。有此三者为之立意，则境界焉有不佳者？""须讲究在未临文之先，心胸朗彻，名理充备，偶一着想，文字自出正宗；不是每构一文，立时即虚构一境。盖临时之构，局势也。一篇有一篇之局势，意境即寓局势之中。"就是说，先有意，才有境，才有局势。他认为《文说》所言"文章以体制为先"是没有道理的。

"识度"篇，作者将"识度"二字解释为："则识者，审择至精之谓；度者，范围不越之谓。"他也同样认为"识度"不是临文之事，而是指写作主体有远识，有闳度，"欲察其识度，舍读书明理外，无入手工夫。若泛滥杂家，取其巧思，醉其丽句，则与'识度'二字愈隔愈远矣。"

"气势"篇，作者强调的仍是主体的内在涵养。他说："文之雄健，全在气势。气不王，则读之固索然；势不蓄，则读之亦易尽。故深于文者，必敛气而蓄势。""然二者皆须讲究于未临文之先，若下笔呻吟，于欲尽处力为控勒，于宜伸处故作停留，不惟流为矫伪，而且易至拗晦。""惟理足者神始王，法精者明始彻；文中虽未见气势，胸中已具有气势矣。"

"声调"篇,作者推崇的是韩愈的观点:"气盛,则言之长短,声之高下皆宜。"认为"讲声调者,断不能取古人之声调揣摩而摹仿之;在乎情性厚,道理足,书味深"。这里讲的也还是主体内在的东西。

"筋脉"篇讲的是文章的构造组织。作者对《史记》的评述是:"能以不属之情迹汇为巨篇,能以一贯之事迹判为数传,能以回光返照叙人之勋劳,能以牵合附会写己之牢骚;似有无穷神灵赴其笔端,实则筋脉灵动,故伏应断续,曲尽其妙。"这可以看作是他对"筋脉"的审美要求。

"风趣"篇,作者认为:"凡文之有风趣者,不专主滑稽言也。""风趣者,见文字之天真;于极庄重之中,有时风趣间出。……然亦由见地高,精神完,于文字境界中绰然有余,故能在不经意中涉笔成趣。"他又指出:"风趣二字,当因题而施,又当见诸无心者为佳。若在在求有风趣,便走人轻儇一路……"

"情韵"篇的"情韵"二字指的是性情和风度,"然必有性情,然后始有风度","盖述情欲其显,显当不邻于率;流韵欲其远,远又不至于枵。有是情,即有是韵。体会之,知其恳挚处发乎心本,绵远处纯以自然,此才名为真情韵。"

"神味"篇,作者认为"神味"是写作才能的极境:"神者,精神贯彻处永无漫灭之谓;味者,事理精确处耐人咀嚼之谓。"他说要达到这种境界是很难的,要经过长期的自我修养和磨砺,如韩愈在《与李翊书》中说的:"无望其速成,无诱于势利。养其根而竢其实,加其膏而希其光。根之茂者其实遂,膏之沃者其光烨。仁义之人,其言蔼如也。"但这也不是没有希望做到,"纯从道理上讲究,加以身体力行,自然增出阅历。以道理之言,参以阅历,不必章綵句饰,自有一种天然耐人寻味处"。

由上观之,林纾论文堪称自成一家之言,识见不俗。其最突出的特点是他对每一个问题的认识都不满足于对前人观点的重复,不为先贤思想所囿,力图推陈出新。尽管他在基本观点上仍然脱不出桐城派文论的樊篱,但在具体的阐述中却不露痕迹,只重推崇古文的精神实质,不拘派别门户之见。他对写作主体身心修养的关注尤其值得重视。

第二编

五四时期和20世纪20年代的写作教育

第一章　写作教育概观

1919 年五四运动至 20 世纪 20 年代末，是现代写作教育的变革期。其标志是白话文（语体文）在国文教育中真正获得了合法地位，并逐渐取得了与文言文并重的位置。这一时期占主导性的写作教育思想是提倡白话文写作，推行"国语教育"，试图建立新的写作教育规范。

第一节　文学革命——白话文写作的兴起

现代写作教育的一个根本方面，是写作载体的变革。

科举制被废除，八股策论寿终正寝，并不意味着旧的写作教育规范的彻底完结。如前所述，科举制废除后的十几年间，写作教育在相当程度上依然沿着旧的轨道作惯性运行。这里一个很重要的原因，就是国文教育在读、写形式上没有什么根本性的变化，大体上读的仍是文言文，作的自然也是文言文。

然而，实际上，在写作实践中，白话文的"幽灵"已经悄悄地在神州大地徘徊，写作的载体形式正经历着艰难的蜕变。唐弢在《文章修养》一书中，对白话文的兴起作了这样的叙述：

　　……八股文被废止了，策论接着也宣告结束，被认为古文标率的桐城派，由于严复、林纾的从事翻译，也稍稍改变了以往的面目。梁启超又把桐城派和公安派融和起来，再加上西洋文学的影响，翻陈出新,做出了一种平易畅达的文言文来,这种文体通顺明白,有时还掺杂着许多土话、韵语和外国语法,真所谓"笔锋常带情感"。当时就把这种文体叫作新文体,以说明它和吴汝纶之流的古文,并不一样。

梁启超的文章在当时非常风行,新文学运动初期的作家,大抵都受过他的影响。不过这种新文体究竟只能在知识分子中间流行,对于大多数民众,却还是毫不相干的,所以过了不久,在上海和杭州各地,又有了《白话报》《白话丛书》《白话日报》之类的出现,连后来竭力反对文学革命,醉心于《史记》笔法的林琴南,也写了白话道情,可见社会好尚,那时候,也已经在此而不在彼了。①

1917年,胡适在《新青年》上发表了《文学改良刍议》,对白话文的讨论,摆上了议事日程。胡适在文中提出了"八不主义":一曰,须言之有物。二曰,不模仿古人。三曰,须讲求文法。四曰,不作无病之呻吟。五曰,务去滥调套语。六曰,不用典。七曰,不讲对仗。八曰,不避俗言俗语。这虽然是向文学方面建议的,却也可以算是白话文写作的一般要求。在该文结束处,作者对白话文学作了大力鼓吹:

> 然以今世历史进化的眼光观之,则白话文学之为中国文学之正宗,又为将来文学必用之利器,可断言也(此"断言"乃自作者言之,赞成此说者今日未必甚多也)。以此之故,吾主张今日作文作诗,宜采用俗语俗字。与其用三千年前之死字(如"于铄国会,遵晦时体"之类),不如用二十世纪之活字;与其作不能行远不能普及之秦汉、六朝文字,不如作家喻户晓之水浒、西游文字也。

但是胡适的主张,说到底还是一种"改良",所以有人就认为胡适所特别推崇的,就是《水浒》《西游记》《儒林外史》等几部书,他主张大家向这几部书学习,尽量采用施耐庵、吴承恩、曹雪芹、吴敬梓们的白话。可见他是把旧小说里的白话,当作写作的基础工具的。五四以来的白话文所以不能和口语汇成一流,逐渐达到言文一致的阶段,胡适他们的这

---

① 唐弢:《文章修养》,43~44页,北京,三联书店,1983。

种主张，负有一定的责任。

当时真正高张文学革命大旗的，当推陈独秀。他在 1917 年 2 月发表的《文学革命论》，在反封建的意义上走在了时代的前列。他提出"三大主义"：曰推倒雕琢的阿谀的贵族文学，建设平易的抒情的国民文学；曰推倒陈腐的铺张的古典文学，建设新鲜的立诚的写实文学；曰推倒迂晦的艰涩的山林文学，建设明了的通俗的社会文学。这就不只是停留在旧文学形式的改革上，而是把文学革命当作开发文明、改变国民性和革新政治的利器。1917 年初发起的这场文学革命，也得到了钱玄同、刘半农等人的响应。钱玄同撰文猛烈抨击旧文学，斥责那些一味拟古不化的骈文散文为"选学妖孽""桐城谬种"，从语言文字的演化说明提倡白话文的必要，主张要"言文一致"。刘半农也发表了《我之文学改良观》等文，主张打破对旧文体的迷信，破旧韵造新韵，采用新式标点符号等具体建议。①

五四以前，虽然对白话文写作的讨论和鼓吹已有相当的影响，但总的来说还不成气候。黎锦熙说："1919 年五四运动以前，我们这些知识分子也不是不写白话文，那只有三种场合：第一是办通俗白话报，这是教育性的，这显然是对另一阶级说话，要将就他们的语言，其实就是自己的语言，但对自己的阶层是决不会'写话'的。第二是写作和翻译白话小说，这是文艺性的，这也显然是对元、明以来传统的旧白话作品的一种不严肃的模仿。第三是在理论文中偶然流露一些"语录体"的白话词儿，这也是唐宋以来一种文化的传统，但不多见。'五四'以后，风气突变，不论教育性的书刊、文艺文和理论文，白话文都成了'正宗货'。又陆续出了大量的白话翻译品，吸收了许多外来语和欧化的造句法，新的语言形式和新的思想内容是互相伴随着而来的。"② "新的语言形式和新的思想内容是互相伴随而来的"，这一见解可谓切中了白话文运动的症结，真正的"言文

---

① 见唐弢主编《中国现代文学史简编》，3~4 页，北京，人民文学出版社，1985。

② 黎锦熙：《新著国语文法》"今序"，见《黎锦熙论语文教育》，303 页，郑州，河南教育出版社，1990。

一致",是五四反帝反封建的新文化运动对旧文化革命的必然结果。

第二节 教育革命——"国语统一"和"言文一致"

"文学革命"伴随着一场"教育革命",二者息息相关、遥相呼应。在教育革命的旗帜上写着的是"国语统一""言文一致"。其突出的成就是提倡"国语教育",改学校国文科为国语科,白话文进入了国文教学,并成为写作教学的一种形式。

这一场教育革命也同样步履艰难。

1914、1915年间,教育部设处编纂国定小学教科书,主编者熊崇煦及陈润霖、李步青、黎锦熙等,每每主张国文宜改为国语,均未引起重视,后来只把第一册勉强用些言文接近的句子;第二册将"的""么""这""那"等字附在课后,以与课文中的"之""乎""此""彼"对照,但终于被删去了。

而此时江苏苏州的省立第一师范附属小学,由俞子夷发起,私自用白话文自编教材,并加以油印,用来教初级小学的低年级生。这个做法曾受到北洋教育部总长张一麐的赞赏,张写信给苏州教育界,要他们向一师附小学习,却没有得到响应。但一师附小却受到了鼓舞,索性连中年级也用白话教材了。

1916年,时风渐趋开化,国语研究会即发起鼓吹改国文为国语。在1917年的第三届全国教育会联合会上,湖南省教育会代表提案称:"注音字母洵统一字音之方便法,然非从事于语法改良,虽有注音,亦难奏效。……莫如改国民学校之国文科为国语科,将国文程度改浅,国语程度提高,仿语录及说部书之形式,俾文与语之距离渐相接近,成一种普通国语。"后来联合会呈部请推行注音字母决议案中,便有了"以为将来小学改国文科为国语科之预备"的文字。

1918年，经过国语研究会的国语运动和《新青年》上新文学运动的鼓吹，报纸杂志上论政谈学之文渐多用白话。胡适用白话编写的《中国哲学史大纲》成为大学教材，小学教育界也闻风而动。北京的孔德学校用注音字母自编国语读本，江南的一些小学也自编活页教材。江苏一师附小除了高小国文外，其他一切科目，凡是用文字教学的，一律改成白话，要求"言文一致"的呼声日益高涨。叶圣陶、王钟麒撰文称："我国文字之难习，言文之异致实为其主因。方为文之际，初则搜索材料，编次先后，其所思考固与口说一致，然欲笔之于纸，则须译为文言。于是手之所写非即心之所思。其间移译之手续殊为辛苦。……欲去此障碍，唯有直书口说，当前固尚难能，而将来终当期其达到。"[①] 黎锦熙也发表演讲："国民教育，原是谋教育普及，现在的通俗书报，白话文告，在社会上本已通行。而小学国文一科，尚是因仍旧习。学生在此四年中所学文字，一知半解，雅俗两伤……方知文体不改，断难达到应用之目的。"[②]

到了1919年，国语统一筹备会第一次大会，周作人、胡适、朱希祖、钱玄同、马裕藻、刘复等提出了《国语统一进行方法》的议案，称"统一国语既然要从小学校入手，就应当把小学校所用的各种课本看作传布国语的大本营；其中国文一项，尤为重要。如今打算把'国文读本'改作'国语读本'，国民学校全用国语，不杂文言；高等小学酌加文言，仍以国语为主体，'国语'科以外，别种科目的课本，也该一致改用国语编辑"。此案通过并呈部施行。

1920年1月12日，教育部遂训令全国各国民学校先将一、二年级国文改为语体文：

> 案据全国教育联合会呈送该会议决《推行国语以期言文一致案》，请予采择施行。又据国语统一筹备会函请将小学国文科改授国语，迅予议行各等因到部。查吾国以文言纷歧，影响所及，学校教育固感受进步迟滞之痛苦，即人事社会亦欠具统一精神之利器，若

---

① 叶圣陶、王钟麒：《对小学作文教授之意见》，载《新潮》第1卷第1号。
② 见《教育公报》第6年第1期。

不急使言文一致，欲图文化之发展，其道无由。本部年来对于筹备统一国语一事，既积极进行，现在全国教育界舆论趋向，又咸以国民学校国文科宜改授国语为言，体察情形，提倡国语教育，实难再缓。兹定自本年秋季起，凡国民学校一、二年级先改国文为语体文，以期收言文一致之效，合亟令行该厅局校转令所属各校，遵照办理可也。此令。①

此后，教育部令第七号又修正原《国民学校令》第十三条、第十五条，即将其中的"国文"改为"国语"。1920年1月24日的教育部令第八号，又确定国民学校三、四年级的国语科改学"语体文"，至此，"初等小学四年间纯用语体文，而正其科目名称为'国语'，就在民九（1920年）完全定局了"②。这实在是中国教育的一个历史性的巨变。

随即，教育部又发了一个通告，将国民学校国文教科分期作废，改为语体文。胡适对此举评价说："……这个命令是几十年来第一件大事。他的影响和结果，我们现在很难预先计算。但我们可以说：这一道命令把中国教育的革新至少提早了20年。"③

商务印书馆赶在这个通告之前出版了国民学校用的《新体国语教科书》8册，7月间又出了一种《新法国语教科书》，中华书局也于12月出版了《新教育国语读本》。初小改国文为国语，高小以上也不会不受到影响。同年，商务印书馆也出版了第一部中学国语教科书《白话文范》4册。中学有了纯采用语体文、全用新式标点符号并提行分段的教科书。

1921年3月，教育部训令各省：凡师范学校及高等师范，均应酌减国文钟点，加授国语。到了1923年6月，"全国教育会联合会"组织的"新学制课程标准起草委员会"刊布了《中小学各科课程纲要》，其中关于

---

① 见《教育杂志》第12卷第2号。
② 黎锦熙：《改学校国文科为国语科》，见《黎锦熙论语文教育》，18页，郑州，河南教育出版社，1990。
③ 胡适：《国语讲习所同学录序》，见《胡适教育论著选》，122页，北京，人民教育出版社，1994。

"国语"的要点为：（一）小学及初中、高中，一律定名为"国语科"。（二）小学读本，取材以"儿童文学"（包含文学化的实用教材）为主。（三）初中读本，第一年语体文约占四分之三，第二年四分之二，第三年四分之一。（四）高中"目的"之第三项为"继续发展语体文的技术"。（五）"略读书目举例"，初中首列《西游记》《三国演义》；高中首列《水浒传》《儒林外史》《镜花缘》。这个纲要虽未经教育部公布，但教育界一直试行到1927年。至此，语文教育初步实现了从文言到语体的转型，至少是在教育方针上已发生了根本性的转变。

任何观念的更新都有一个过程。"国语教育"也并非一下子就为人们所接受，当时的国文界认识并不一致。范善祥在《教学国语的先决问题》一文中，对当时国文界的情况作了清楚的说明：

> 国语教育一名词，是近年发生的。我国前此只有所谓国文两个字。要知道国文是死的东西，国语是活的东西；国文是骨董，国语是现金。现在小学校里，不用国文，创行国语，确是我国文化上一个大进步。但今日社会上，尚有一部分人，做国语运动的障碍物，待我一一述来：其一是保守派，对于国语两字，绝端不赞同。以为国语是毫无价值的东西；倘然国语教育普行于社会，那国文即无形消灭，势必至亡国灭种而后已。其二是急进派，对于国语两字，也看得半文不值。以为要预备世界大同，非把本国固有的语言文字，一律改造不可。我国的语言文字，毫无存在的价值，所以极不愜意于提倡国语教育。其三是怀疑派，对于国语教育，以为一种时髦流行品，决不能传之久远。所以他们袖手旁观，绝不肯热心推行；但也不极力反对。他们预计一二年后，国语教育四字，必无形打消的。第四是改革派，这派对于国语的内容，抱一种革新的热忱。他们虽赞成国语教育，却不赞成现在通行的国语。以为国语当有标准，现在的国语，尚没有正确的立脚点，将来决不能推行到全国的。而且主张以京音京话做国语的标准。近来正在那里著书立说，希望造成一种健全的舆论。从这四派的势力看来：第一派必渐归淘汰。第二派当不能立刻成为事实。第三

派是毫无目光的人，他们实在不明世界进化的公例，所以抱一种怀疑态度。但不数年后，他们自然会信仰的。第四派似乎最有研究的价值。但从实际上说，现行的国语，虽不是纯粹的京音京话，却是百分九十几相同的。他们的主张，就是成立，也没有什么大变动的地方。要之国语两字，确为大多数教育者所公认，且视为教育上的利器，而与普及教育，更有密切的关系了。①

当时国文界对"国语教育"的态度，由此可知其大略。同时，也可以看出当时国文界的思想还是相当混乱的。这种状况造成了整个20世纪20年代国文教育思想的动荡，教师们各有各的看法，各自为政，莫衷一是。

尽管如此，"国语教育"的确立，还是打破了古文写作的一统天下，使写作教育得以挣脱与八股、策论的千丝万缕的关系，向"现代"又迈出了一大步。

第三节　写作教学语体、文体并重

1922年11月2日，教育部公布了新学制，即中小学采取"六三三"学制。这年的12月8日，新学制课程标准起草委员会制订新学制课程纲要草案，于1923年正式公布。这是我国第一个规定应学习读、写语体文的国文科课程纲要。这自然对推动国语教育有极其重要的作用。在《小学国语科课程纲要》中明确认定初小"能作语体的简单记事文、实用文，而令人了解大意"，高小"能作语体的日用文、说明文、议论文，而令人了解大意"。《初级中学国语课程纲要》中规定："作文语体文体并重"。《高级中学公共必修的国语课程纲要》规定"继续发展语体文的技术"，"能自由运用语体文体发表思想"。这些规定，自然促进了白话文的写作教学。

据对1921年至1924年出版的6种书籍，这6种书籍是：（1）《全国学

---

①　范善祥：《教学国语的先决问题》，载《教育杂志》第13卷第6号。

生文库》甲编（中原书局印行）；（2）《全国学校国文成绩新文库》乙编（崇文书局出版）；（3）《全国中学国文成绩文海》（崇文书局印行）；（4）《全国中学学生新文库》（世界书局印行）；（5）《全国学校国文成绩新文库》乙编初二集（中央编译局出版）；（6）《新时代国文大观》乙编一集（世界书局编辑并发行）的查阅，"除（1）（2）（3）书全属文言文题外，其（4）（5）（6）各书均有白话文题"。① 从1928年征集出版的《全国中学国语文成绩大观》（世界书局出版）所列文题来看，"所辑文章，虽限国语，然题目非限于国语者。盖于中学生于文言白话，多自由写作，在题目上有大部分不能判别文白也。"② 就是说，这个时期白话文写作已从无到有，学生可以自由选择用白话或文言写作。

第四节 文选类教材白话、文言兼收

这一时期的国文教材也有很大的改革，为推行国语教育，教科书由"国文"改为"国语"。小学教材以白话文为主，中学教材一般文、白兼收，年级升高，白话文递减，文言文递增。但由于当时并未实行全国统一教材，所以教材的编写也较为自由，有文、白合编为一册的，也有文、白各编一册的，一般以前者为主。文学作品所占比重较大，中学低年级记叙文比例较高，高年级议论文比例较高，一般不选文字艰深的文言文。例如当时通行的《初级国语读本》共3册（新中学教科书，1923年，中华书局印行，沈星一编，黎锦熙、沈颐校），在"编辑大意"中说："本书选材，注重下列二要点：（1）内容务求适切于现实的人生；（2）文章务求富有艺术的价值。""本书内容，以记叙文、抒情文为主，参用议论文、说明文。第一册都是今人浅显的作品，以期和小学衔接。第二册兼采旧说部，使学者略识国语文演进的历程。第三册兼采译作，并略注重于讨论问题研究学

---

① 阮真：《中学作文题目研究》，107页，上海，民智书局，1930。
② 阮真：《中学作文题目研究》，198页，上海，民智书局，1930。

理之文，使学者益了然于国语文在现今实际上的应用。"其中第一册所选42篇文章，作者23人，大多为当时名家，入选的作品大多是较为典范的白话文，以文学作品（小说、散文）为主。较为注意内容健康思想进步的时文，文章大多与当时的现实和人生密切结合，鲁迅1921年作的《故乡》，1923年便已入选，内容浅显而富有情趣。冰心入选了7篇作品，这跟她的儿童文学作品较受青少年欢迎有关。从中学国文教科书总体上看，文言文仍占相当比重。如叶绍钧等编的《初中国语教科书》，共6册，课文总数260篇，白话文95篇，占36.5%，文言文165篇，占63.5%。[①] 虽然文白比例以多少为宜，一直是国文界争论不休的一个问题，但是，由于白话文进入中小学读文教学，这实际上也就意味着进入了写作教学，且比较而言，白话文在教学中更受学生的关注，因此，只要白话文进入了教学，它对学生写作上的影响也就不言而喻了。

第五节　专门的写作教材异军突起

这个时期的读文教材一般为纯粹的选文，不附知识短文，没有写作方面的指导和练习，也许正由于此，反而刺激了专门性的写作教材的出现。其中较受欢迎的有陈望道的《作文法讲义》（1921年9月26日至1922年2月13日在《民国日报》副刊《觉悟》上连载，1922年3月由民智书局出版单行本），该书是我国现代最早的白话文作文法专著之一；有夏丏尊、刘薰宇合编的《文章作法》（该书是夏丏尊1919年在湖南第一师范、1922年在春晖中学教国文时编写的，后在上海立达学园任教，被刘薰宇用作教本，教了1年，改了1年，于1926年8月由开明书店出版）。这两部作文法著作出版后均被许多学校作为写作教材。张九如编的《初中记事文教学本》（商务印书馆1927年出版）、《初中写景文教学本》（商务印书馆1928

[①] 参见陈必祥主编《中国现代语文教育发展史》，56~59页，昆明，云南教育出版社，1987。

年出版)、《初中论说文教学本》(商务印书馆 1929 年出版) 也颇有特色,该书以分体写作教学为主线,兼顾阅读(选文作为写作教学的示例)。此外,还有一些教材和教学参考书,也不无价值,如高语罕的《国文作法》(亚东图书馆 1922 年出版)、胡怀琛的《作文研究》(商务印书馆 1925 年出版) 等。这些写作教材大多是以白话文的写作教学为目的,较为注重写作基本知识的传授和基本能力的培养。这些写作教材和教学参考书的出现,表明这一时期的写作教育在教材建设上已初具规模,国文教育界正在努力探索白话文写作教学的规律。

第六节 写作教学研究成绩斐然

这一时期在写作学研究方面取得了十分可喜的成绩。新文学运动和国语运动都经过了长时间的酝酿和论争,在国语教育的旗帜下逐渐汇聚起了一批学术界和国文界的精英,他们不仅为国语教育摇旗呐喊,而且筚路蓝缕,为国语教育的科学化做了许多扎扎实实的工作,在写作教学研究方面颇有收获。黎锦熙出版了《新著国语文法》(商务印书馆 1924 年出版) 和《新著国语教学法》(商务印书馆 1924 年出版),还发表了《国语的"作文"教学法》(《教育杂志》第 16 卷第 1 号) 长篇论文,为国语教育做了大量的开创性的基础研究工作。梁启超 1922 年在东南大学暑期学校作了"中学以上作文教学法"的讲演,引起了国文界的关注,"各方面来借抄的应接不暇",遂于 1925 年由中华书局出版单行本,这是我国现代最早的一本系统论述中学作文教学法专著。扬州第八中学张震南等人,对他们在该校执教国文的实践和认识,加以回顾和总结,写成《中学国文述教》(商务印书馆 1925 年出版) 一书,其中不少见解和教法很有参考价值。光华大学教育系、国文系搜集两系同仁对中学国文教学研究的论文,汇编为《中学国文教学论丛》,讨论了中学国文教学的诸多问题,也很值得一读。赵裕仁在总结了小学国文教学的 3 次革新的基础上,写成了《小学国语科教学法》（商务印书馆 1927 年出版），其见解也较为精当。徐子长出版了我国现代第一部《小学作文教学法》（商务印书馆 1928 年出版），虽然是第一部，但对教学规律的认识业已不俗。王森然搜集了大量的国文教学研究方面的资料，兼容并蓄，并加之以个人的教学经验和心得，编定《中学国文教学概要》（商务印书馆 1929 年出版）一书，对了解 20 年代之前的国文教学情况很有帮助。阮真的《中学作文教学研究》（民智书局 1929 年出版），对中学作文教学作了较为精密的分析，立论严谨，较为切合中学写作教学的实际。上列各书，有写作教学研究的专书，也有对国文教学的综合研究，它们只是这一时期出版的同类著作中的一部分，而在各刊物上发表的论文更是不胜枚举。王森然在《京报》副刊上的连载文章《中等学校国文教学的商榷》中，提到五四运动到 1925 年间，关于中学国文教学的论著，较重要的有 48 篇。他后来在《中学国文教学概要》一书的附录"国文教学参考论文选目"中，列出的论著共计 180 余种，其中大部分是五四运动以后至 1927 年期间的。这些论著大多与写作教学有关。由此可见，这一时期国文界思想之活跃、成果之丰硕。

第二章　写作"课程纲要"和教学实践

1922年10月，在济南召开了第八届全国教育会联合会会议，提议组织新学制课程起草委员会，推举袁希涛、金曾澄、胡适、黄炎培和经亨颐5人组织委员会，酌请专家拟订《新学制课程标准纲要》。1923年6月4日至9日，复订完成小学、初中各科目纲要和高中课程总纲并刊布，从而完成了五四以后制订的第一部课程标准纲要，写作教学也有了在新的历史条件下权威性的统一规定。

第一节　《新学制课程标准纲要》有关写作教学的规定

《新学制课程标准纲要》中的《小学国语课程纲要》，由吴研因起草，委员会复订。"纲要"分4个部分：（一）目的：练习运用通常的语言文字，引起读书趣味，养成发表能力，并涵养性情，启发想象力及思想力。（二）程序（即各学年学习要求，每学年学习要求各分5项，此处仅列出与写作有关的第1、4两项）：第一学年：1. 演进语练习，简单会话，童话讲演。4. 简单语言的记录发表。第二学年：1. 同第一学年。注重会话和童话讲演。4. 同第一学年。第三学年：1. 童话、史话、小说等的演讲。4.

通信、条告、记录的设计和实用文、说明文的作法、研究、练习。第四学年：1. 同第三学年。加普通的演说。4. 同第三学年。注重实用文、说明文的作法、研究、练习。第五学年：1. 同第四学年。加辩论会的设计、练习。4. 实用文、记叙文、说明文、议论文的作法，研究，练习，设计。第六学年：1. 同第五学年。注重演说的练习。4. 同第五学年。（三）方法（取与写作有关的）：1. 语言　初年多用演进法，以后多用会话，讲演，表演。4. 作文　注重应用文的设计，研究和制作。5. 前3年读文与作文写字合并教学，并与他科联络设计。后3年注重自学辅导。6. 语言可独立教学，或与作文等联络教学。如无师资，可暂从缺。独立教学时，在方言与标准语相近的地方，其时期可以1年为限。（四）毕业最低限度的标准（"标准"分"初级"和"高级"两栏，指的是初小和高小，此处取与写作有关的）：初级：语言能听国语的故事演讲，能用国语作简单的谈话。作文能作语体的简单记叙文，实用文（包含书信日记等）而令人了解大意。高级：语言能听国语的通俗演讲，能用国语演讲。作文能作语体的实用文、记叙文、说明文，而令人了解大意。

《初级中学国语课程纲要》由叶圣陶起草，附表（略读书目）由胡适起草，委员会复订，共分三个部分。（一）目的：1. 使学生有自由发表思想的能力。2. 使学生能看平易的古书。3. 引起学生研究中国文学的兴趣。（二）内容和方法　本科要旨在与小学国语课程衔接，由语体文渐进于文体文，并为高级中学国语课程的基础。甲．作业支配（此处取与写作有关的）：（丑）作文　1. 定期的作文。2. 无定期的作文和笔记。3. 定期的文法讨论。4. 定期的演说辩论。乙．学分支配：（丑）作文　1. 作文和笔记占4学分。2. 文法讨论占3学分。3. 演说辩论占3学分。丙．教材支配：第一段落：（丑）作文　命题的或不命题的作文，文体译作语体的译文，及笔记、演说、辩论等；并随时用比较和归纳的方法、作文法的研究。作文以语体为主，兼习文体文。第二段落：（丑）作文　作文、译文、笔记、演说、辩论和归纳的文法研究。作文仍以语体为主，兼习文体文。第三段落：（丑）作文　作文、译文、笔记、演说、辩论和系统的文法研究，兼及修辞学大意。作文语体文体并重。（三）毕业最低限度的标准（子）阅读普通参考书报，能了解大意。（丑）作普通应用文，能清楚达意，于文法上无重大错误。（寅）能欣赏浅近文学作品。

《高级中学公共必修的国语课程纲要》，由胡适起草，内容较简略，也分3个部分。（一）目的　1.培养欣赏中国文学名著的能力。2.提高使用古书的能力。3.继续发展语体文的技术。4.继续练习用文言作文。（二）内容与方法（此处取与写作有关的）乙．文法　注重语体文与古文文法的比较研究。最好是用学生所习的外国文和本国文作文法的比较研究。修辞学不必独立教学，可于读书时随时提出讨论。丙．作文　应注重内容的实质和文学的技术。精读名著的报告或研究，可代作文。（三）毕业最低限度的标准　1.会精读指定的中国文学名著8种以上。2.会略读指定的中国文学名著8种以上。3.能标点与唐宋八家古文程度相等的古书。4.能自由运用语体文体发表思想。

从以上3个"国语课程纲要"有关写作的规定来看，有以下几点值得注意：

（一）注重语体文和普通应用文、实用文的写作训练。毕业最低限度标准，不论初小、高小还是初中、高中，都要求能作语体文。小学和初中的"纲要"，明确规定"作普通应用文，能清楚达意"，"注重实用文、说明文的作法"。强调掌握语体文的写作技能，这是与五四以前各个教学章程的最大差别。

（二）小学和初中都重视"话法"（说）的训练。小学的"纲要"关于"话法"训练的规定很具体，把其置于重要的地位。初中"纲要"则把"作文和笔记""文法讨论""演说辩论"3项并列，统称为"作文"。演说辩论占了3学分。强调"说"和"写"的联络，这也是很突出的。

（三）初中和高中都很注重"文法"的学习。初中"纲要"把"文法讨论"归为"作文"的3项内容之一，每个学年均有"文法"方面的教学要求。高中"纲要"的要求甚高："注重语体文与古文文法的比较研究。最好是用学生所习的外国文和本国文作文法的比较研究。"这一要求也是前所未有的。

  1924年8月,"中华教育改进社"第二次年会上议决,由"国语统一筹备会"第五次大会通过,提出了"全国教育会联合会"的一个修正案,对《小学国语课程纲要》作了一些改动,主要是增加了对"国音字母""标点符号"和"文法"等方面的要求,如在"目的"部分,将原文"练习运用通常的语言文字……"改为"练习运用国音、国语及传达国语之文字……";在"程序"部分,第一学年的第三条,增加了"国音字母的熟练"。第二学年的第三条,增加了"标点符号的认识"。第三学年的第五条,增加了"国音字母草书别体的练习"。第四学年的第四条,增加了"注重国语文法";"方法"部分的第六条,关于语言教学,删去了"如无师资,可暂从缺";"毕业最低限度的标准"部分,"初级"的"读文"中,"并能使用注音字母",改为"并能自由使用注音字母"。这一"修正案",实际上是表明了要求小学初年级掌握"国音字母",能以"音字"代替"汉字"进行写作,在小学阶段就接触"文法",同时强调了"话法"教学的重要性。这些修正,对于保证低年级生的早期写作教育和提高小学写作教学质量,都是有益的。

  总的来看,"纲要"及"修正案",均较好地体现了国文界先进人物写作教学改革的思路,总体要求是积极的,是顺应时代潮流的。

  那么教学的实际情况又是如何呢?

第二节 《作文法讲义》《文章作法》等写作教材各具特色

  一般的国语、国文教材,大多没有直接体现写作方面的要求,而一些专门性的写作教材则各有特色,较有代表性的有以下几部:

  (一)陈望道的《作文法讲义》。这是一部传授作文法知识的著作。作者在"小序"中说:"我是为了满足男女同学们的需要,编了这一册书,也是为了提供男女同学以外的男女青年一种见解和一种希求起见，编了这一册书。""这一册书，将告诉青年们作文上各个重要的问题，又将告诉青年们这些问题的地位和这些问题基本的解决法。"该书写作的目的大致是限制在让学生懂得作文是怎么回事，让学生掌握一定的作文法知识。（详见本编第五章第二节。）

（二）夏丏尊、刘薰宇的《文章作法》。这也是一部作文法专著，但是该书的立足点则放在实践上，即放在作文基本技能的训练上。作者在"绪言"中说："技术要达到巧妙的地步，不能只靠规矩，非自己努力锻炼不可。学游泳的人不是只读几本书就成，学木工的人不是只听别人讲几次便会，作文也是如此，单知道作文法也不能就做得出好文章。……总之，一切技术都相同，仅仅仗那外来的知识而缺乏练习，绝不能纯熟而达到巧妙的境地。"作者的目的，不仅在要学生懂得作文法知识，更在于让学生通过练习，提高写作技能。（详见本编第四章第六节。）

（三）孙俍工的《记叙文作法讲义》（民智书局1923年出版）、《论说文作法讲义》（商务印书馆1924年出版）、《小说作法讲义》（中华书局1924年出版）。这3本教材，是现代分体写作教材的开山之作。

作者在《论说文作法讲义》"序言"中说："讲读的教材，第一年教记叙文，重在描写景物记叙事实；第二年教论说文，重在启导知识，发挥思想；第三年教文艺文，重在陶冶情感，启发性灵。方法的教材，第一年语法与记叙文兼教，语法包括词的性质句的组织等，是文章的基础，所以必须在第一年学习；而又因为同年讲读的教材是偏重记叙文的缘故，所以必须兼教记叙文作法。第二年讲读的教材，偏重在论说文了，所以应教论说文作法。（但应在记叙文作法教完以后。）到了第三年，讲读的教材偏重在文艺文，所以应教文艺文作法。修辞学为修饰文章的工具，关系文章全体的美质，所以也应兼教。总之，讲读的教材，与方法的教材，二者的支配是相关联的。"这是作者的教材观。

三本"作法"教材的用法：

《记叙文作法讲义》是第一年或是第二年上学期用的。全书分4章：

一是"绪论"，二是"写景"，三是"叙事"，四是"游记"，每星期教 1 小时，约 1 学年可教完。

《论说文作法讲义》是第二年用的。全书分 3 章：一是"绪论"，二是"说明文"，三是"辩论文"，每星期教 1 小时，也可教 1 学年。

《小说作法讲义》是第三年用的。全书分 4 章：一是"绪论"，二是"作者"，三是"方法"，四是"余论"。这也是 1 学年的教材。

三本"作法"教材，采用的例文，包括论说文，大体上都是白话文，这在当时是十分罕见的。"作法"阐释既翔实具体，又简明扼要。如《记叙文作法讲义》中第三章"叙事"目次为：

12. 叙事的意义；

13. 叙事与写景；

14. 叙述的方法（一）主观的叙述，客观的叙述；

15. 叙述的方法（二）观察点的流动，快与慢，中断与倒行；

16. 叙事的类别。

再如《论说文作法讲义》第三章"辩论文"目次为：

8. 辩论文的意义；

9. 辩论文的重要；

10. 辩论文的题目　题目的形式，题目的种类；

11. 辩论文的作法（一）引论，辩证，结论；

12. 辩论文的作法（二）演绎法，归纳法；

13. 辩论文的作法（三）论据的来源，论据的种类；

14. 辩论文的种类及范例　主张的，攻击的，辩疏的，评论的，讽刺的。

从总体上说，这三部教材在科学性、逻辑性上都很值得称道。

教材的最后部分是"附练习题举例"，所示题目与前面各章内容相配合，将"作法"落实到"练习"上，使学生学有所得。

（四）张鸿来的《初级中学应用文》。1926 年 8 月，由北平文化学社初版印行。该书系较早出版的系统的应用文教科书。

林砺儒"序"称：该书"内分私文书公文书，章程及庆吊文字 4 大类。各详其种别，示其体例，明其用意，探其由来，俾使读者晓然知孰宜因，孰宜革，孰宜详，孰宜略，匪特为中学教科之善本，抑亦中华民国公民所必读也。"

作者在"绪言"中对应用文作了界定："积字成句，积句成篇，凡属文字何莫应用之具。必区以别之，则此所谓应用文者，其取材要以人类社会交际往来需要者为范围，异夫其他所谓文学文、学术文者也。""长篇柬启、贺章、挽言与夫碑铭传记，均属酬世之文字，但此类须根柢修养深厚者为之，方能出色当行，或传之久远，非略示一二例所能仿效者。又司法文书，亦属应用文字，然今日法律详密，遇事宜求教律师，兹编均略而不论。"

关于"私文书"，作者认为"私文书本非确定之名词，不过对公文书而别为是称耳。语其性质，可分为二：1. 发表情事的，如书札、广告之类是。2. 保障权利的，如契约、单据之类是。"关于"公文书"，作者认为"公文书之性质基于法律之作用，代表一机关或数机关行使其职权、发表职权内应有之意思也。此种文字，既基于法律之作用，故处处须根据法律，不得以一己之意思有所变更。即使法律与事实有抵触处，或甲法律与乙法律冲突，亦宜根据学理上之主张或地方风俗之习惯表示一种坚确之判断或申明一种充分之解释，是其要义。"据此性质，作者对各类公、私文书的样式作简练的使用说明和写法示例。私文书包括：书札、电报、广告、契约、单据等；公文书包括：令、训令、指令、布告、任命状、呈、咨、公函、批等。

公、私文书外还有章程和庆吊文字。章程，作者从总体上阐明其性质、形式和写法等，庆吊文字则分"婚礼"和"丧礼"的各种交际文字，共 24 种，一一说明其用途和写法。

（五）张九如编的《初中记事文教学本》《初中写景文教学本》《初中论说文教学本》，三部教材不但提供有关的作文知识，让学生掌握写作技能，而且兼顾到"读文"教学。

作者在《初中写景文教学本》的"楔子"中说:"我的教学法,是将记事文、写景文、论说文分段教学的。何学年何学期教学何种文,初无一定,只仗学者用怎样的学力和文兴与支配它。我希望如此教学后,能达到初中教学国语的三个大目的:(一)使诸位有自由发表思想的能力;(二)使诸位能看平易的古书;(三)引起诸位研究中国文学的兴趣。"

就体例看,(一)采取先总后分的方法。先总示某文体的写作知识,如写景文"总论",包括第一章写景文的意义;第二章写景文的范围;第三章写景文的效用;第四章写景文的研究法。再分论各种的描写方法:第一章描写山岳法;第二章描写川泽法;第三章描写植物法;第四章描写天象法。在各章下还作进一步的区分。如描写山岳法下分为:山岳形态描写法;山岳色彩描写法;山岳声籁描写法;山中岩洞描写法;山中岩石描写法;山中瀑布描写法;山中各种景物描写法;同一山岳而描写不同的文字等。(二)采取先提供写作知识或要则,再示例,最后进行作文"练习"的方式。示例的文章选得很多,但不要求尽讲,以达到"示例"的目的为限。作者在"编辑大意"中说:"国文钟点有限,讲文甚费时间,以有限的钟点,用之于甚费时间的讲文,实不易得到圆满的成绩,不得不鼓励学者在课外自动的阅读,根据已讲的一篇作比较的阅读。(有时并指定各书中适合某种要则而内容浅显的某文字,使高才生自去披览。)将自己阅读后的意见,在第二课中任教者指名发表,以资改正,以供同好。故本篇中所选文字虽多,并不觉得教学时间太少。"作者将"有限的钟点",主要用来保证写作教学,"讲文"是较为放手的。这一教材体例,在教法上不失新意。

第三节　写作教学实践较前略有改观

写作教学实践较前一时期也稍有改善。据赵裕仁 1925 年、1926 年对小学生作文的调查表明,学生已把写作"认作自然而急切的事,以前枯穷、敷衍、潦草、杂乱等等毛病，大半革除掉了。"作者对五、六年级422个学生所拟的3949个题目作了统计，其中心得类占20%，时令类占20%，学校活动类占16%，书信类占14%，参观游历类占7.5%，评议解释类占6.5%，社会活动类占6%，追述计划类占4.5%，希望想象类占2.5%，文艺发表类占2.5%，其他0.5%。从文体上来分，记叙文占50.2%，说明文占45.96%，议论文占3.84%。①

另据阮真对中学生作文题目的调查情况看，比前也略有进步。这进步主要是在1925年以后。阮真的调查分为3期，第一期是1921年以前，这已在"第一编"作过引述。第二期是从1921年到1924年，对2266题中学生作文分类统计结果表明，"仍以议论文题占绝大多数；（合经史通论，占37%强。）记叙文题，较前期略少；（合杂记游记，共占16%弱。）陈说文题，较前期略多；（占14%弱。）应用文题，则更较前期大减；（书启占5.65%）而其他七类模仿古文之杂体文题合计，则较前期更多。（七类合计约占27%。）可见第二期之文题，其各类分配比例，与前期相差不远，惟于议论文题则尤重，而于应用文题则尤轻也。本期课外文艺题目，虽仍多属模仿旧文艺之诗词歌赋及游戏文章，而间有白话小说及语体新诗。细察题材，虽大致仍与前期相若，而劣等题目较前期减少。……此时中学国文教学思潮虽略有改进，而教学方式，则一仍其旧。故仍不脱科举教育与文人教育之因袭的势力也。"第三期是从1925年至1929年，对1112题中学生作文分类统计结果表明，"以记叙文题占最多数；（合杂记游记，共占34%弱。）陈说文题次之；（占26%强。）议论文题又次之；（合经史通论，只占12%强。）惟应用文题则仍甚少；（约占8%强。）其他七类合并之杂体文题，亦较前两期均减少。（约占19%强。）可见第三期之文题，特重记叙陈说；议论文题及杂体文题，已不占重要地位；而应用文题，则仍不为中学国文教师所重视。细察题材，除杂体文题外，其余各类，均较前两期扩展。议论文题细分之，有

---

① 见赵裕仁《小学生作文题目之分析的研究》，载《教育杂志》第19卷第1号。

经论、史论、时论、理论、评论、研究、杂论七目；陈说文类细分之，有理由、意见、理想、心情、心得、告语、演说、希望、计划、杂说十目；记叙文类细分之，有游览、典礼、参观、建筑、生活、风俗、节候、风景、人物、故事、学校、家乡、见闻、杂事、杂物十五目；应用文类细分之，有书札、通启、公牍、宣言四目。即课外文艺题目，除诗歌戏拟外，亦增加戏剧、小说、小品等目。而议论文类中之经史论题，在前两期均占重要地位者，此期所占甚微。（经论占 0.45%；史论占 1.98%）可见此期中学国文教学思潮已与前两期大变。而优等题目大增，劣等题目大减，亦与前两期相差甚远。……细察议论题目，尚有空论浮议；记叙题目，多合文艺性质；应用文题既少，而佳者尤不多觏。可见中学国文教学思潮虽有极大变革，而作文教学方式，仍少改进，不过以新式文人教育代替旧式文人教育，仍是百步五十步之差耳。"①

中、小学生的作文情况虽略有进步，但从总体上看，写作教学的情况并不乐观。朱自清曾谈到五四以后学生的作文程度："学生达到学龄，就入学校，不再费几年工夫去先学文言；这些学生是没有国文底子的。在中学的阶段里，教师渐渐换了新人，讲解比秀才举人清楚些，但只知讲解，不重训练，加上文言之外，还得学白话，文言教材又是各体各派，应有尽有，不像旧日通用的《古文观止》等教本，只选几体，只宗一派。学生负担加重，眼花缭乱……文言简直是不知所从：训练既不严，范文又杂乱，没有底子的人又怎样写得通顺呢？程度低落，是必然的。"② 学生文言程度的低落是白话文受到重视的必然结果，但由于学生必须兼顾语体、文体的写作，实际上往往是两败俱伤。

---

① 阮真：《中学作文题目研究》，313~316 页，上海，民智书局，1930。
② 朱自清：《中学生的国文程度》，见《国文教学》，121~122 页，上海，开明书店，1945。

第四节　教师的教学思想和教法颇不一致

　　五四以后的两三年，秀才举人出身的国文教师，已不合时代思潮，在学校中被学生反对最烈，有的一校之中四五个国文教师全被学生赶走。这一班老先生惊慌失措，"的了呀吗"的白话文，固非素习；从洋文中来的新式标点尤感不便；新文学思潮的教材，又格格不入，即使学生不反对，也只好自动辞职。新的国文教师的枪法又颇不一致，有的教白话新诗小说，有的从旧式白话小说中选取教材，有的从报章杂志上看见时人发表的论文，只要是白话的，便不问好歹，一起抄来。这也是不得已，因为当时好的白话文很少。又因为古文中多是言之无物、空虚无用的文章，新国文教师往往只好把注意力放在宣传各种主义、讨论各种问题上，教国文只是离开文章来讲演主义、讨论问题。词句的解释，视为无用；文法章法，也不值得注意。有些教师竟把"了解人生真意和社会现象"视为中学国文教学的目的。

　　这时各书店印成的教科书，如商务印书馆的《初中国语教科本》《现代初中国文》《高级白话文选》，中华书局的《国语读本》《古文读本》等，学生并不喜欢教师依照教科书讲授，而喜欢教师另选文印讲义，用教科书讲授反被学生认为教师没货色。但白话文又太长，抄印讲义的费用比教科书要多几倍，教师只好自己抄印。那些新派教师，一学期教二十来篇文章，要印四五百张讲义。"学生的白话文，往往做得洋洋数千言，长的有做到二三万字的，不注意篇章的结构，词句的修饰。教师也就没有工夫替他一一修改，只好略看一遍，让他过去了。实际上那些复杂纠缠的长文，决不能从篇章结构上去修改，正如一堆瓦砾，一束乱麻，从何清理起？又因为白话文言并教的关系，学生的文章弄得文言不通，白话不顺，不文不白，似通非通了。"①

1922年后的几年，中学国文教学研究、国学整理国故之论兴起。当时全国风从，国文教员受到很大影响。一般中学校长以为学生国文程度低落，原因是新派国文教师没有国学根底的缘故，所以学校就很想请国学稍有根底的教师来执教。教师也就竞相附和，拿他们挂一漏万仍无所得的国学来教学生，以趋时髦而自夸其渊博。书坊上也就印了《国学丛书》《国学文库》《国学必读》《四部精华》等书籍来适应这种需求。中学国文教学，有用《十三经注疏》的，有用《国学文库》的，有用胡适的《中国哲学史大纲》的。至少在选文中也要多选些经史子书的文章；在作文题目上也要出几个《评史汉之优劣》《孟荀学说之比较》《大学研究》《中庸研究》《孟子研究》一类的题目。但是，学生程度越低，教学标准越高，教学成绩就只会适得其反。

1926年以后，教学风气又有所改变。国学派受到攻击，"普罗列塔尼亚"文学引起了青年学生的兴趣，国文教师就拿最新的俄德文学来做教材，浅近的翻译文学，占了正式教材的位置。作文教学没有一定的计划。学生不愿意做老师出的题目，只好让他们自由拟题。学生的自由作文，随便写些什么都可以敷衍。这种教学上的动荡、无序状况，表明了写作教育尚未走上正轨，而这种状况也正是变革期的教学所固有的特征。

小学作文教学也存在类似的问题。1921年，教育部为预备加入日本长崎的万国小学成绩展览会，征集各省区的小学成绩，因已过期，便于部中开一小学成绩展览会，其中有16省区的国文成绩。有人审查那些题目，其最荒谬的，国民学校作文题有《孔子世家赞书后》《西北和战之利害论》《政在养民论》《戒色论》；高等小学校作文题有《向友人借银完婚书》《中国现在财政万分困难宜如何设法办理以图救济策》《五柳先生宅记》《不敬何以别乎义曰古人贤人也论》。黎锦熙说："像出这样题目的教师，至少还要重新受一番师范教育，绝不是枝枝节节和他研讨作文教学中的

---

① 阮真：《时代思潮与中学国文教学》，载《中华教育界》22卷1期。

'出题法'可以使他改良的。"① 可见，要真正改变旧的教学观念还相当艰难。

五四以后的国文科，实际上成了所有各科中最难教的、也是问题最多的一科。翻开这一时期的有关论著，此类报怨比比皆是。阮真说："所谓中学国文教学，只有随时应变，随地应变，随学生应变而已！试问哪一种学科的教材教法有这样不固定的情形呢？无怪一般教师多说科学易教国文难教了。"② 梁启超也说："在今日学校各项课程中，最为重要者，固属国文，而同时教授最感困难，教师最感缺乏，学生除有生性特别嗜好外，最感觉干燥而无生趣者亦维国文。"③ 而在国文教学中最感困难的又是作文教学。孟宪承在《初中作文教学法之研究》一文中，开篇便慨叹：在今日初中国文教学界上，作文一课，怕要算是最没有办法，而最听受传统的习惯的支配的。由此可知，当时的国文教师在教学上处于一种何等困窘的境地。

第五节　浙江一师和扬州八中的写作教改

这一时期尽管教学上存在诸多问题，但有些教学经验还是可资参考的。例如浙江第一师范学校白话文教学分为10个步骤的教法：

（一）说明　每星期或两星期教员提出一个研究的问题，将关于本问题的材料分给学生，并指示阅览的次序，如学生不能全阅，可指定专阅几篇。

（二）答问　学生对于教材文字和意义，如有不明了的地方，应询问教员。

（三）分析　学生每看一篇文章应该先用分析的功夫，分析的次

---

① 黎锦熙：《国语的"作文"教学法》，载《教育杂志》第16卷第1号。
② 阮真：《时代思潮与中学国文教学》，载《中华教育界》22卷1期。
③ 参见王森然《中学国文教学概要》"序"，上海，商务印书馆，1929。

序如下：1. 把每篇分作几大段，每段定一小标题。2. 把一大段的大意再分析起来，用简括的文章记载出来，这是做一篇大纲的次序。

（四）综合　学生把各篇文章看完后，应对于一问题用综合的功夫。综合的次序如下：1. 把各篇大段的标题，分别同异，同的合并起来，异的另立标题。2. 就各小标题的同异，把全问题分作几大段，挨次分定了几个小标题。3. 把各篇中对于小标题的意见，用简括的文章记载出来，这是做一问题的大纲。

（五）书面的批评　学生作好大纲以后，应该把对于这一问题的意见，用文章表示出来做成札记。

（六）口头的批评　学生作好大纲批评以后，教员随便取几个学生的大纲和批评发表出来，请各学生发表批评，教员又就学生口头的批评，随时批评。

（七）学生讲演　教员请各学生轮流在讲台上讲演一问题的大纲和批评。

（八）辩难　教员学生得提出一问题的甲乙两说，请各学生认定赞成哪一说，两方互相辩难。教员应随时加以判断，并得参加意见。

（九）教员讲演　教员讲演分两种：1. 把各生札记的内容分别统计一下总批评。2. 教员自己对于一问题的意见。

（十）批改札记　札记的字句，如有不妥的地方，教员应加改削。①

这种教法，实际上是将读文、作文（札记）、讲演、辩论等内容相互联络成一体，教学设计颇有生气。对学生国文各方面能力的训练，尤其是写作能力的训练，有实际的功效。

扬州第八中学，则对"札记"的写作教学十分重视，认为它有兼收国文学习之多方面的效能，把它列入国文课，作为与读文、作文、文字、文法等并列的一个课程，对此作了历时3年的深入的试验与探索。这一探索

---

① 参见《教育杂志》第12卷第2号。

分 3 期进行。

第一期为"课外随录期"。规定"取材虽自由择，而外国文，韵文，已读之范文，及从前一切制举文，概不得记录，以塞篇幅。""试行之始颇不乏可观之本，每获一卷愉快累日"，但久之却发现有许多弊病，如没有一定的标准，学生"各读所读"，教师检查起来极为困难；因限期收缴，学生往往仓猝行事，不求了解，止计有无；禁纲甚疏，学生所读或无益身心，或无从更正；志存敷衍者，借名发表，而词调腐熟，毫无新意，等等。因而改为由教师命题。

第二期为"课外命题期"。规定"每四周命题一次，一学期中四易其题。又分全体为若干支组，组各一题，以免参考书不易周转之弊。……图书则由本校或该组图书室借出，每次指定一生掌管之，及期缴还，更命新题。"考虑学生可能"为独题所窘，拘束太甚"，又宣布如果学生要在本题外别有研究，应呈示所拟之题及参考书目，经教师核准。此法实行后，学生新创图书室，存书最多时达 22 类，182 种，545 册，"每日借者络绎，户限为穿，一时大现愉悦升平之景象焉。"这种方法虽取得一定成绩，但又发现有种种不足，主要是认为札记这么重要，放在课外不合情理，于是师生均有转入课内的想法。

第三期为"课内选读期"。"教者负开书籍之责，由生徒自由选购，从事阅读"，"课内选读遂为札记之主要渊源焉。"读书时间为每周 1~2 时，讨论时间也在其内。教师认为"札记"课的读书，比"讲读"课的范文教学效果好。学生在读书时间，带书与笔记本进教室，先就原本加以标点，有欣赏处，做记号，然后就书中的字词的意义，查注在簿中。札记的方法有 7 种：采录、撮要、跋尾、改纂、参征、答解、图表，因所读内容而异。这样实行了 1 个学期，"他无所觉，惟学者之澄心摄虑，肃穆不扰，则远非读文时所能及"。最后将所作札记结集出版，几届学生出版了杂志多种，教师认为"有出版物之发刊，则为札记者益厉自振……而增高读书之效能。"①

实际上上述 3 种方式均有可取之处,应为互补。札记写作不但能提高学生写作能力,而且能提高阅读效率,该校的实验是有意义的。

该校的言语练习,即口头作文,也可供借鉴:"言语练习之方式有二:其一,就原题两方面,分甲乙派,次第发言,有攻击,有防御者,谓之'辩论'。其二,仅由原题担任人登坛演讲,余人皆立旁听地位,谓之'演说'。同人前在八中,有采前式者,有采后式者,又有兼采两式,任意行之,而名曰'讨论'者。大抵共通注意之点有两项:一曰,不谋少数人之进步,而务求全体之普及。二曰,不专在诙诡之辩才,而兼重有诱进知识之机会,故每次有指定必须发言者姓名之办法。即未指定者,在开会三次内,至少亦须发言一次。而每次又必因其能力,略予以参考门径。遇时局要闻,则即用以命题而研究之。实行之后,以次数不多,效果尚微。然每届学校举行纪念式时,必有多数学生出席演说,虽无大精彩,而条理略具;虽国语未纯,而乡音已改。"②

像上面这些教学实验,虽然尚不多见,但作为写作教学科学化的苗头,是十分珍贵的。

---

①② 张震南等:《中学国文述教》"札记篇",上海,商务印书馆,1925。

第三章 写作学研究述要

五四以后，学生国文程度不佳，一直是困扰教育界、国文界的一件大事。学生国文程度下降的批评之声，早在废科举、兴新学之后就时有所闻。随着国语教育的兴起，白话文进入了小学、中学的国文课堂，一方面由于变革期的白话文本身的粗糙和稚拙，另一方面也由于教师缺乏经验，对新的国文教学，尤其是白话文写作教学各有各的看法，各有各的教法，处于一种混乱无序状况。再加上一些客观原因，如国文课教学时数的减少，文、白混教，相应的基础研究尚较薄弱等，国文教学暴露出来的问题也就愈加尖锐。而当时所谓的国文程度，实际上主要便是指写作程度。虽然人们对国文程度是否下降看法不一，但国文程度不高，应是事实，这也是多数国文教师的共识。这种困境，在某种程度上也激发了一部分国文教师从事教学研究的责任感。从20世纪20年代初开始，写作学研究出现了空前兴旺的局面，不论是写作学论著的数量还是质量，都是前一时期无法比拟的。众多的学者，为白话文写作教学拟出了一些不乏精见的程序和框架。

第一节 黎锦熙、孟宪承和胡适的作文教学法研究

写作教学法系统研究的论文（有关专著将在第四节作专门的介绍），

最有代表性的是黎锦熙的《国语的"作文"教学法》和孟宪承的《初中作文教学法之研究》。

黎锦熙作于1924年的《国语的"作文"教学法》，全文共分13个部分，十分周详地讨论了小学作文教学的诸多要点、难点。作者首先讨论的是名称和"课程纲要"，让人们对作文教学的基本要求有所了解。其次是作文教学的5个先决问题：（一）国音字母教学问题；（二）标点符号的认识和使用法；（三）何年级参用汉字？（四）汉字怎样教学？（五）国语文法在教师方面的研究和应用。接着对国音字母的教学问题进行"辨误"。文中着重强调了作文教学的两个原则："一个是作文必须以语言为背景，一个是作文的背景要用统一的标准语；换句话说，一个是言文一致，一个是国语统一。"进而涉及实际教学中的"三大困难"：（一）作文的教学"妨碍"读法；（三）作文的教学"压抑"读法；（三）作文的教学"侵占"话法。然后详细阐明了各年级作文教学的具体要求和方法，提出了一个相当完整的作文教学程序。继而指出了"国语文法"的重要性，提出为此应努力做的几件事，并认为"作文在儿童方面，是完全以读法、话法为基本的；在教师方面，却全靠文法来做出题、设例的指针和正误、计分的标准。"接着谈到了与作文教学相关的5件事：（一）非作文的作文；（二）共同构成的作品；（三）作文的艺术化；（四）作文和话法教学联络之点；（五）出题法。最后将全文概括为两点：（一）儿童先学注音字母；（二）教师深究国语文法。这所有的问题，都是变革期的国语作文教学亟待解决的问题。他所提出的5个先决问题和两个原则，既是国语作文教学实践的基本问题，也是整个国语作文教学法的理论支点，对创构新的教学规范至关重要。黎锦熙的论文，为国语作文教学建立了一个较为合理的程序，为现代写作教学作了开创性的、较为深入的研究，该文对我们了解何谓变革期的写作教学和何谓"现代"写作教学，提供了极好的研究资料。

清华大学教育系教授孟宪承1925年发表的《初中作文教学法之研究》（载《教育杂志》第17卷第6号），是这一时期中学写作教学研究论文中较有深度的一篇。文章讨论的是下列4个问题：（一）作文的动机；（二）

练习的时间和分配；（三）作法的指导；（四）成绩的批评和整理。关于作文的动机，这是国文界较少谈到的话题，有的文章虽有涉及，但从未作过专门的讨论。孟宪承说："刻板的命题式的作文的缺点，就在教师出的题目不是学生表白意思的正当刺激"，而要真正形成作文的动机，他主张要"作文的生活化"。"然而引起动机，不是单靠选择文题所能成功的。在我们实际生活里，说话作文是为了有事实要记载，有意思要陈述，有问题要讨论。我们谈话、演说、辩论，我们写信、作笔记日记、新闻报告及论文，一样都是生活上的需要。就是思想感情经过了丰富化、高尚化，而成为文艺诗歌的时候，在他的作者，也一样感着是生活上的需要。学校作文，要能供给这种生活需要，就不能靠单调的命题式的作文，而须多方面地变换作文的方式"。他认为像口语练习中的演说、辩论、公开讨论、个别报告，写作练习中的记录、笔记、书信、翻译等形式，"因为他们在实际生活中的需要，所以练起来有动机"。有动机的作文，就是课内没有练习机会，课外也可以自由组织，教师只要加以指导和批评就成。进一步的作文生活化，就要用设计的教法。如定期刊物的编辑发行，家庭工业的调查等，要完成一系列的与写作有关的事，须联络应用各种形式的作文练习。这样的练习自然有多方面的好处。

关于作文的时间和分配问题，他认为作文是一种技能的练习，因此与他种技能练习适用同样的原则。以常识而言，凡技能的娴熟，练习愈多愈好，作文当然也是如此。所以他主张：命题的作文，若是注意集中，一星期一次够了。此外如共同讨论，个别报告、笔记、书信等，则除了规定作文时间以外，在课内课外，都有机会指导学习。这些是学生日用所需的语言文字的应用，是天天要训练的。……至于演说和辩论，除有时特别在课内施行指导练习外，应该在课外另行组织。

他把作法指导分为文法指导和练习指导两大纲。文法指导包含修辞学在内，有词类、句式和章法几个部分。他对这方面的强调是与黎锦熙共同的，但他还注意到文法的活用，即"文成法立，未尝有定格也"，这就比较辩证了。练习指导分内容和形式两项。内容上，第一要有材料，第二要有组织；形式上，应注意文字的技术和机械的习惯。

关于成绩的批评与整理，他认为有"四种的手续"：一是自动的批评和订正。口语练习，团体设计的结果，由全级学生共同批评，互相订正。写作的订正每篇要有两次的手续，第一次只用几种符号，标出文中的缺点，或加'眉批'说明其理由。批后以原卷发还学生，令其自行研究，自行批改。有不能改的可详细质问。改好另行誊正，再为第二次的批改。二是教师批改。不应太笼统、太机械，千篇一律，而要有效力、有意义。三是黑板订正。这是针对学生中较为普遍存在的错误，教师可制一表在黑板上一一订正，以引起全级学生的注意。四是优良作品的宣示。即把好的文章让作者自己读给同学听或张贴于教室内，刊印在学校出版物里，以收观摩的功效。

上面这两篇论文，可使我们对于这一时期写作教学法研究有一个基本的了解。其他的教学法论文中，影响较大、也较有争议的是胡适的文章。

胡适是五四新文学运动的一员骁将，在当时学术界、国文界算是一个权威人士。他参加了国文教学法的讨论，在1921年发表了《中学国文的教授》（见《胡适文存》卷一，亚东图书馆1921年出版），又于1924年发表了《再论中学的国文教学》（见《胡适文存二集》卷四，亚东图书馆1924年出版），较为系统地表明了自己对中学国文教学的意见。他还拟订了一个中学生课外阅读的最低限度的国学目录，共有185部，总计万卷以上，曾受到国文界的强烈抨击。

在《中学国文的教授》中，关于"作文"，他有如下的主张：

（一）应该多做翻译，翻白话作古文，翻古文作白话文。翻译的用处最大：1. 练习文法的应用……2. 译长篇可使学生练习有材料的文字。作文最忌没有话说。翻译现成的长篇，先有材料做底子，再讲究怎样说法，便容易了。

（二）若是出题目做的文章应注意几点：1. 最好是令学生自己出题目。2. 千万不可出空泛或抽象的题目。3. 题目的要件是：第一要能引起学生的兴味，第二要能引学生去搜集材料，第三要能使学生运用已有的经验学识。

（三）学生平日作的笔记、杂志文章、长篇通信，都可以代替课艺。教员应该极力鼓励学生写长信，作有系统的笔记，自由发表意见。这些著作往往比敷衍的课艺高无数倍；往往有许多学生平日不能做一百字的《汉武帝论》，却能做几千字的白话通信。这种事实应该使做教员的人起一点自责的觉悟！

（四）作文的时间不可多，至多两周一次。作文都该拿下堂去做。

（五）改文章时，应该根据文法。合文法的才是通，不合文法的便是不通。每改一句，须指出根据哪一条文法通则……

（六）千万不可整篇涂去，由教员重作。如有内容论理上的错误，可由教员批出，但不可代做。

上面很多观点均很大胆、有创意，但赞成的人不多，非议的人却不少。如其中说到的最好由学生自己命题，平日的自由作文代替课艺，作文至多两周一次，该拿下堂去做等，这些似乎都不太容易被人所接受。这些看法也许说得不是很"全面"，不是那么无懈可击，但其合理性是不可否认的。

此外，胡适还有不少关于国文教学的很重要的观点，如"用'看书'代替'讲读'"，在课堂上"没有逐篇逐句讲解的必要，只有质疑问难、大家讨论两件事可做"；加大学生的阅读量，主张阅读原文和完整地看书。强调"写"的重要性，认为"发表是吸收的利器"，"手到是心到的法门"，"发表是吸收智识和思想的绝妙方法。吸收进来的智识思想，无论看书来的，或是听讲来的，都只是模糊零碎，都算不得我们自己的东西。自己必须做一番手脚，或做提要，或做说明，或做讨论，自己重新组织过、申述过，用自己的语言记叙过，——那种智识思想方可算是你自己的了。"他还提议用中学前两年教完国语文，到了三四年，则以演说、辩论课取代之，认为"演说和辩论都是国语与国语文的实习"，"凡能演说辩论的人，没有不会做国语文的"，提倡用"活的语言作活的教授法"等等。这些见解，对传统国文教学观念而言，都是富有挑战性的。

胡适的"教授法",由于大大超前于国文界的教学观念,人们大多只看到它们的不现实的或不太恰当的方面,而忽视了它所包含的真理,其中的一些"激进"的意见,今天人们也许还不一定都能理解。但是可以肯定地说,人们终将会真正认识到胡适语文教育观的价值。胡适是这一时代最有远见和魄力的语文教育改革家之一。

第二节 夏丏尊、刘薰宇的作文法研究

在"作文法"领域,夏丏尊、刘薰宇的研究也很值得重视。

这一时期"作文法"的研究较为兴盛,比较引人注目的著作有陈望道的《作文法讲义》,高语罕的《国文作法》和夏丏尊、刘薰宇合编的《文章作法》。相比之下,真正体现了"作文法"实践性特征的,当推《文章作法》。

《文章作法》堪称这一时期训练教材的典范。夏丏尊的不少观点,至今仍很有参考价值,如"法则"的没用而有用,传染语感于学生,写作训练从试作小品文入手、国文学习应着眼于文字形式等,都不乏启示性。尤其是他把对读者的重视,作为作文的基本态度的看法,甚得作文法之精髓。

他说:"我曾看了不少关于文章作法的书籍,觉得普通的文章,其好坏大部分和态度问题有关,只要能了解文章的态度,文章就自然会好,至少可以不至十分不好。古今能文的人,他们对于文章法诀各有各的说法,一个说这样,一个说那样,但是千言万语,都不外乎以读者为对象,务使读者不觉苦痛厌倦而得趣味快乐。所谓要有秩序、要明畅、要有力等等,无非都是想适应读者的心情。……技巧的研究原是必要,态度的注意却比技巧更加要紧。……要学文章,我以为初步先须认定作文的态度。"[①]

[①] 夏丏尊:《作文的基本态度》,见《文章作法》,98页,杭州,浙江文艺出版社,1983。

他把传染语感于学生看作是国文教师唯一能帮助学生的事："自己努力修养，对于文字，在知的方面，情的方面，各具有强烈敏锐的语感，使学生传染了，也感得相当的印象。为理解一切文字的基础，这是国文科教师的任务。并且在文字的性质上，人间的能力上看来，教师所能援助学生的，只此一事。"① 他把国文教学的复杂内容，简化为"传染语感于学生"这一事，这种把握，很有独到之处。使学生获得对"知"和"情"的语言感受力，这无疑是读、写教学的要害所在。

他还把"作文法"的教学，限定在语言形式的表现技术的范围内："内容是否充实，这关系作者的经验、知力、修养。至于形式的美丑，那便是一种技术。严格地说，这两方面虽是同样地没有成法可依赖，但后者毕竟有些基本方法可以遵照，作文法就是讲明这些方法的。"② 他同时还认为国文学习的着眼点也应放在文字形式方面："国文科的学习工作，不在从内容上去深究探讨，倒在从文字的形式上去获得理解和发表的能力。……我们学习国文所当注重的，并不是事情、道理、东西或情感的本身，应该是各种表现方式和法则。"③ 这一观点的偏颇与合理都是显而易见的。说它偏颇，是因为离开文章的内容，是不可能获得理解和发表的能力，文章的形式是不能离开内容而孤立存在的；说它合理，是因为对文字形式的看重，又是语文这一工具性学科的特殊性所在，在作文内容上是很难有成法可依循的，而在作文的形式上却容易找到规律性的方法。——夏丏尊与胡适不无相似之处，他们的见解也许不尽稳妥，但却很有创意，能把人们的思考引向深入。

---

① 夏丏尊：《我在国文科教授上最近的一个信念》，见《文章作法》，113 页，杭州，浙江文艺出版社，1983。
② 夏丏尊、刘薰宇：《文章作法》"绪言"，杭州，浙江文艺出版社，1983。
③ 夏丏尊：《学习国文的着眼点》，见《夏丏尊文集》"文心之辑"，577～578 页，杭州，浙江文艺出版社，1983。

第三节 关于"口语作法"的研究

这一时期的国文界普遍关注"口语作法"（或称"口头作文""话法""语言练习""口述"等），把它看成"作文"的一个组成部分，对此表现出浓厚的兴趣。

五四以前，已经有一些论者注意到语言教学与作文教学的关系，但是，中小学一般都没有口语训练的学程。五四以后，开始提倡演说、辩论等，实际上这方面的指导仍较薄弱。由于受到西洋各国学校中作文课笔述法与口语法并重（低年级口语重于笔述）的影响，人们逐渐对口语方面的训练重视起来。论者大多认为，口语作法也应列入作文课内，在不少论著中都有对此作专门的讨论。

赵裕仁在《小学国语科教学法》中，把作文分为"口述"和"笔写"两个部分。他说，作文的作业，大概分口述、笔写两种。现在学校教学，大多注重笔写，这实在要急需改革过来的，因为口语的发表，非常重要，理由有以下种种：第一，口语的发表，是人类最自然的发表。第二，我们日常生活里，用口头发表意见的机会，要比笔头发表意见的机会来得多。第三，口语的发表，都有当前的动机在眼前驱迫着，所以毫没有干枯无味的毛病发生。第四，善用口语表示情意的，往往善用文字去表示情意，而善用文字表示情意的，往往未必善用口语表示情意。按上述种种理由看来，口述的重要，当然不亚于笔写了。[①] 他的"作文教学法"，分别讨论了"口述"和"笔写"的教学法。

吴研因也把"作文课程的作业"，分为两项：一，语言的练习；二，文章的研究和文章的练习制作。他说："向来我国小学校的作文教学，只有'文章的练习制作'一种，研究实在很少。至于语言的练习，更是绝无

---

① 赵裕仁：《小学国语科教学法》，32页，上海，商务印书馆，1927。

而仅有了。其实语言的练习和文章的研究，都是小学作文课程中所不可少的。……何以要有语言的练习呢？（一）用语言发表情意，它的价值不减于文字。我们一天到晚，日用生活上，需要语言之处，实在比需要文字之处还多。语言的效用，小之可以应对酬酢、折冲樽俎之间；大之可以讲演四方、启发群众。文字之效用，固然可以行远而传后，但是发聋振聩，要使一般人都能了解，用文字，实在不如用语言直接讲演，较为亲切而有效。（二）语言是文章的基础，练习语言，大足以为学做文章的帮助。大凡能做文章的，虽未必善于言语，但是善于辞令的，做起文章来，却往往通达流畅。因为语言是情意的代表，文字又是语言的代表，能用语言发表情意，那就不难用文字发表情意了。（三）事实上，小学初年级的儿童，也没有用文字发表情意的能力，用语言代文字，这也是不得已的办法啊。"他以为练习语言，要注意以下几个要点："（一）要使全体儿童，普遍的轮到，不可偏于长于辞令的人。（二）练习的材料和题目，要具体而且正当的；倘儿童提出的材料，很不正当，教师宜加以批评限制。（三）讲演或辩论之后，可令儿童笔记，和文章的练习联络。（四）在高年级儿童演讲和辩论之前，可指导他们搜集材料在课外打作草稿。"[①] 作者总的观点，是把"语言"的练习，作为学做文章的基础。

何仲英的《口语作法的训练》，是对中学口语教法做专门研究的有代表性的论文。他说："在中学里举行口语的训练，并不是教学生说些简短、随便、零琐的话，我们是教他们说些较多而且很细心预备的种种报告、描写、记载、说明或是辩论，发表于同学之前。——其中有许多题目，他们已经用心写作过的。像这样工作的练习和思想发展的关系最为密切，比较用偶然的历程而得进步是不能比拟的。它与作文需要条理的考虑、清晰的布置以及艺术的工作，完全相同，不过一则宣之于口，一则书之于纸而已。当我们回忆事实时，口语的需要是难以计算的，委实比笔达的时候要多，而且应用较广。这种实习，似乎无意识，但在教学的历程中却包含着

[①] 吴研因：《小学国语教学法概要》，载《教育杂志》第 16 卷第 1 号。

至关重要的原料。"可见,他对口语训练的要求是很高的,不是指一般的说话、发言,而是经过精心准备的演说,和写作的要求完全一致,只不过用言语表达罢了。这是一种正规的口头表达训练。

他认为中学口语作法教学应注意:(一)指示;(二)表演;(三)批评。关于"指示",总的要求是:反对使学生表演得太拘谨(如同背诵),或太重视(如同演说竞争);应该常常保持简单、自然而且合宜的状态。初步训练的出发点,不妨是偶然的,譬如寒暑假中学生于家庭社会的环境当中,所见所闻都有一些经验,无论是想象的或事实的,那些事项都可以叙述,大家一定有趣味地说,并且有趣味地听。班中每人所说的材料最好是拣那自己特长、别人不知的……或是教每生预备5个特殊问题,在说明中提出要点引起听众的注意……或是隔些时开一新闻研究会。或从今日想象20年后的情形,令其轮流报告。或在一大室内陈设优美,排列座椅成圆形,学生各就本位依次说明自己选择的题目,这叫作围谈(talkaround)。或开读书会,各报告读书心得。或订一个嗜好日(Hobbly day)各述自己的嗜好。

其次是"表演",这指的是演说的过程。他认为表演的成败,演说者自己演说之后便可体会到,如心境泰然,如释重负,便是成功;面红耳赤、狼狈而下,便是失败。为防听众松懈及鼓励共同训练起见,可由教师各发一张纸片,令其听时记载,以便终结时依次批评。听众批评终结,教师再予以精细的满意的批评,供给他们许多新的知识,这样表演的工作才算完成。

最后是"批评",他认为批评若是叫学生自己做效果很好,印象很深,反应很快。但教师应对"批评的要件"进行指导,这主要指(一)组织、(二)语法、(三)演说的风采3个方面。批评全文的组织,须包括起头、中间、末尾三部分,可考虑(一)各部分联合起来有个中心思想吗?(二)各部分配合完美吗?(三)各部分位置适当吗?支配均匀吗?语法方面须注意(一)文法;(二)用词;(三)句的结构等,这些都应在听时仔细分辨。再说演说的风采,主要指态度自然而不做作,字音清晰,口音清朗、活泼而敏捷,语调的抑扬顿挫,形体姿势的优美等。总的来说,何仲英对口语作法的研究已趋于细致化,对教学实践较有参考价值。

黎锦熙的看法则与众不同,他认为口语的作法应是一个独立的学程,不应归入"作文"课之内,他说:"口述缀法这个名称,实在就是话法(即口语教学法)的异名,它与作文一门实在是对立的,若把作文分成笔述、口述两部分,那么,作文便把话法并吞了。说作文要以话法所教学的口语为背景,则可;说话法教学便是作文的一部分,则不可。因为心理的作用、学习的过程,彼此并不完全相同:作文可用匠心来经营,口语偏重筋肉的练习,即此一端,教学上的性质便是两样。初年级的国语科,练习发表的教学时间,口语的话法应该占得分数多些,笔述的作文应该占得少些;年级渐渐地加高,这两门也渐渐地得其平均数。……可见话法一门自有独立的价值,绝不是专为作文初步的方便起见的,也就不是作文一门所能吞并的。……实际上竟只看作作文的一种预备工夫,遂失了话法自身的价值。这叫'作文的教学"侵占"话法'。"① 黎锦熙的看法亦不无道理,口语和笔述作法有关系,却不是作文的一个组成部分,口语作法有其特殊的教学目的、内容和方法。黎锦熙和上述论者的看法虽有分歧,但有一点认识是共同的,这就是作文应以话法的口语教学为背景。

第四节　关于作文训练的研究

论者还较为关心如何使作文教学更为贴近生活,更加自然、自由、有趣味。教学应该生动活泼,不应刻板僵化,这是教师们的共同期望。叶圣陶说:"命题作文,人人知道不对。我认为定期作文也不很自然。果真儿童心灵充分发展,则随时有丰妙的情思,便随时可以作文。即如阅读书籍,笔记所得,也是一种作文的练习。总之,简单干枯的生活里,一切不

---

① 黎锦熙:《国语的"作文"教学法》,载《教育杂志》第 16 卷第 1 号。

能着手，趣味的生活里，才可找到一切的泉源。"① 叶圣陶寄希望于儿童心灵的充分发展，在趣味的生活中自主地、随机地作文，这自然是一个理想的境界。

赵裕仁也有类似的意见："普通学校上课的时间表上，大都规定每星期一次或二次的缀法时间，学生上课以后，因为没有什么意见需要发表，静静地望候教师的到来。教师呢，盲于学生的需求，随便揭示一个不切学生生活的问题，使大家努力缀作便认为了事。较诚恳的教师，因会试或出题的太苦难学生，便多出几个题目，让学生自由选作。然时间完了，收卷评阅，学生成绩的枯寂、敷衍，半斤八两，未见此善于彼。这是学生的罪过吗？'话什么时候说，便什么时候说。'我们以为这是教师对于学生作文方面必须严守的格言了。最好，作文一科，不必规定在上课的时间表上。好比研究完一个问题需要笔记时，轮值学校新闻时，起草演讲稿时，运动会、远足会、恳亲会……开会以后需要报告经过时，投稿定期出版物时，向家属、友朋通信时，研究时事有感或有得时。凡此种种，学生自然发生作文的需要，毋庸教师来规定时间强迫发表的。学生有需要有目的地发表，材料既不枯窘，活动的兴趣，又可提高；工作结果，不容说可以分外精彩的了。"② 赵裕仁的构想较为具体，而且也是不难做到的。真能如此，作文课就上活了。

周予同则另有看法，他说："中学校的作文，在实际上，一小时是不够的，不过我的意思，中学生想养成敏捷的习惯，不能不有相当的限制。所以学校排列课表时，作文时间后不必继以他课，使教师观察学生的程度和题示的难易，可以临时伸缩。至于课外作文的主张，我以为在高年级可以实行，不过低年级似乎还有商榷的余地。"③

其实，作文不在于是课内做还是课外随机做，也不在于是教师命题还

---

① 叶圣陶：《小学国文教授的诸问题》，载《教育杂志》第14卷第1号。
② 赵裕仁：《小学国语科教学法》，46~47页，上海，商务印书馆，1927。
③ 周予同：《对于普通中学国文课程和教材的建议》，载《教育杂志》第14卷第1号。

是学生自由作文，不论是定期完成还是不定期完成，关键是要让学生感到作文是生活的需要，是发自内心的渴求，做到了这一点，用什么形式作文就不是那么重要了。

这一时期写作学研究成果颇丰，这跟参与讨论的有许多著名学者有极大的关系。像梁启超、胡适、陈望道、黎锦熙、夏丏尊、叶圣陶、吴研因、孟宪承、周予同等，学养都十分丰厚，他们大多学贯中西，对国内外的教育情况较为熟悉，善于进行比较和借鉴，所以，他们的眼光较为敏锐，见解较为深刻，使整个研究很快就提升到一个较高的水准。

第四章　写作学论著简介

第一节　高语罕的《国文作法》

《国文作法》是一本作文法专书，写于1921年，由上海亚东图书馆1922年8月出版。该书与陈望道的《作文法讲义》出版的时间相近，编写的意图也相似，都是为初学为文者提供文章作法上的帮助。作者"自序"说："此书强半为吾在上海平民女校之讲演，其余则今夏浪游西湖时续成之作也。夫为文本无成法；文成而法立。今兹所言，其亦不免'代大匠斫'之讥乎？然青年男女或由是而于文字组织与研究，得知所从入焉，是亦作者半年劳作之成功矣。"

全书分两编：第一编"通论"，第二编"文体"。"通论"阐明写作的基本要求，"文体"讲文体特点和作法。"通论"包括"国文作法的意义""作文的初步""文字的要素""文字的戒律""文字的美质""文字的精神""文字的构造"7章；"文体"包括"叙述文""叙述文的作法""描写文""解说文""论辩文"5章。书中另有"附录"。"附录"讲"书信的写法"和"标点符号"。

在"国文作法的意义"中，作者对作文法进行界说：

　　作文法与文法不同。文法是研究或说明品词 Parts of Speech 的分类、关系、用法和它的位置，作文法是示人以文字（句的、段的和篇的）构造的方法。

作文法与修词学不同。修词学的目的在把一句或一字在不失原意的范围内，修饰到精彩动人的地步；作文法的目的是由字而句，由句而段，由段而篇，构成一篇事实确凿意义完整的文字。

作文法与文字学不同。文字学的目的在说明古今文字形体音义的起源和变迁；作文法的目的在以古今文学作品说明文字构造的方法。

就是说，作文法是揭示文章的构造方法、阐明文章写作的方法和以古今作品来说明文字构造的方法。高语罕的作文法与陈望道的相似，也是"知"的作文法，他的注意力主要是放在对文章作法的研究上，不是放在指导学生进行写作训练、掌握文章作法上。

"通论"部分较有价值的是第二章"作文的初步"。该章主要是阐明作文的行为程序，共分为选题、确定观点、取材、布局与起草、修饰与朗读5节。作者认为写文章首先要善于选择题目，"选择题目"应考虑：（一）要部分的，不要全体的；（二）要具体的，不要抽象的；（三）要是自己的经验或观察；（四）或是自己的想象；（五）或是自己对于所研究的学科的见解；（六）要有吸引力；（七）要简单明了。"确定观点"，指的是"确定作者对于命题的'观察点'"应注意以下几种情况：易为师承学派所囿；易为主观的见解所蔽；易为时代思想所囿；易为地方的见解所束缚；易为感情或客气所转移。他说："以上五椿（桩）毛病，总而言之，就是偏见一律避免，然后用客观的眼光，平衡的心理，唯物史观的主义，谦虚诚恳的态度，把这个问题的内容详细地写出来。"关于"取材"，他认为第一件事是把搜集来的材料一一记在纸面上，然后再想用什么办法区分它们，把它们归类，去掉重复累赘的。在遇到一个复杂的题目或是没有多少时间的情况下，他建议采用"'什么物事？''什么地方？''什么时候？''什么方法？'和'什么缘故？'——或则也可以加上'什么人？'——5个疑问或6个，来帮助我们"区分材料。"布局和起草"，解决的是材料的规划和写作问题。"起草"之后，尚须进行"修饰和朗读"，即加一番修改和润色的工夫。这些对写作行为过程的描述，对习作者有一定的帮助。但在"集材"

这一点上略感欠缺，写作当在搜集材料的基础上谈选题和确定观点，而不应是先选题再考虑观点和材料问题。

"文体"部分，作者把文章分为"叙述文""描写文""解说文"和"论辩文"4种。作者的界定是："叙述文字的目的是：叙述一种史实、传说，或亲见亲闻的事实，或则叙述理想的事实。所以这种文字大约分两类：（1）历史的叙述文；（2）虚构的叙述文。""描写文……可分为两大类别：（1）科学的，或分析的；（2）艺术的，或暗示的。""科学的描写文，所有各科教科书，关于科学的论文，或是工作图的注解，商品的说明书，皆是的。""艺术描写文，包括所有在虚构的和历史的叙述文的里面的描写文，除去地志，如记载战地的或描写物事的诗歌以及凡是要求艺术的或比兴的意思多，而要求科学的或分析的意思少的描写文，皆是此类。""解说文的主要目的就是向读者解说一件事理，使他们了然它的内容和意义。"包括演说录、讲义、疏证文、说明书、附记、工程计划书、叙事文中对人和事的解释等。"论辩文"包括4种："'对于一个问题发表一种主张'的是论说义；'对于一个物事的性质、功用效率善恶下一种批评'的是批评文；'对于人家的主张表示赞成或反对的态度或是答辩人家反对自己的主张'的是辩驳文；'对于一个人、一个团体、一个党派发表劝诱或忠告'的，是诱导文。"上述文体的界说，虽然还较为粗糙，将一些表达方式和文体混同起来，如"解说文"中包括了"叙事文"中对人和事的解释；有的地方界限不明，如把"教科书""工作图的注解""商品说明书"等列入"科学描写文"，而"解说文"却又包括"讲义""说明书"等。但是，由于现代国文作法尚属初创，文体分类正在探索，存在一些问题是难免的，我们对它不应苛求。从总体来看，《国文作法》对作文法的方方面面的问题还是做出了较为清晰的说明的。

第二节 叶圣陶的《作文论》

《作文论》，商务印书馆1924年4月出版，列为百科小丛书的第48种。

后收入《万有文库》第一集，于1929年10月出版。该书篇幅不大，是一本探讨写作规律的通俗性理论著作。

该书共分10章："引言"；"诚实的自己的话"；"源头"；"组织"；"文体"；"叙述"；"议论"；"抒情"；"描写"；"修辞"。其中较有分量的是"引言""诚实的自己的话"和"源头"这3个部分。

"引言"部分，主要是对该书的讨论范围进行界定，认为普通文与文学有共同的规律，没有严格的界限；"普通文与文学，骤然看来似乎是两件东西，而究实细按，则觉它们的界限很不清楚，不易判然划分。若论它们的原料，都是思想、情感，若论技术，普通文要把原料表达出来，而文学也要把原料表达出来。""……所以这本小书，不复在标题上加什么限制，以示讨究的是凡关于作文的事情。不论想讨究普通文或文学的写作，都可以从这里得到一点益处，因为我们始终承认它们的划分是模糊的，泉源只有一个。"作者把该书的着眼点放在对写作的普遍性规律的探讨上。

作者认为写作的目的和要求，就是要写出"诚实的自己的话"，这一点是他的《作文论》以至他的全部写作与写作教育思想的核心。他说："我们试问自己，最爱说的是哪一类的话？这可以立刻回答，我们爱说必要说的与欢喜说的话。""既然要写出自己的东西，就会连带地要求所写的必须是美好的：假若有所表白，这当是关于人间事情的，则必须合于事理的真际，切乎生活的实况；假若有所感兴，这当是不倾吐不舒快的，则必须本于内心的郁积，发乎情性的自然。这种要求可以称为'求诚'。""我们从正面与反面看，便可知作文上的求诚实含着以下的意思：从原材料讲，要是真实的、深厚的，不说那些不可征验、浮游无着的话；从写作讲，要是诚恳的、严肃的，不取那些油滑、轻薄、卑鄙的态度。"这确实是作文最为重要的方面，作者把它放在"作文论"正文的第一部分开宗明义地谈，以收提纲挈领之效。

要"求诚"，必须求得生活的充实，因为生活是写作的"源头"。——求充实，也是叶圣陶《作文论》的另一重要思想。"求诚"主要是从写作主体方面来说的，"求充实"则是从写作主体与客体的统一上来说的。他说:"'要写出诚实的、自己的话',空口念着是没用的,应该去寻到它的源头,有了源头才会不息地倾注出真实的水来。从上两章里,我们已经得到暗示,知道这源头很密迩,很广大,不用外求,操持由己,就是我们的充实的生活。生活充实,才会表达出、发抒出真实的深厚的情思来。生活充实的含义,应是阅历得广,明白得多,有发现的能力,有推断的方法,情性丰厚,兴趣饶富,内外合一,即知即行,等等。到这地步,会再说虚妄不诚的话吗?""要使生活向着求充实的路,有两个致力的目标,就是训练思想与培养情感。"

叶圣陶把"训练思想"归结到"多所经验"上去。他说:"所谓经验,不只是零零碎碎地承受种种见闻接触的外物,而是认清楚它们,看出它们之间的关系,使成为我们所有的东西。……所以我们要经验丰富,应该有意地应接外物,常常持一种观察的态度。这样,将见环绕于四周的外物非常多,都足以供我们认识、思索,增加我们的财富。我们运用着观察力,明白它们外面的状况以及内面的情形,我们的经验就无限地扩大开来。……所以随时随地留意观察,是扩充经验的不二法门。由多所观察,才能达到多所经验。经验愈丰富,则思想进行时假设的来源愈广,批评、判断种种假设的能力愈强,造出方法以证明假设的是非真假也愈有把握。"——在我国现代写作教学中之所以十分重视观察能力的培养,这大约和叶圣陶的倡导有一定的关系。

论到"培养情感",他说:"我们所以要希求充实的生活,而充实的生活所以可贵,浅明地说,也就只为我们有情感。""有了真切的经验、思想,必将引起真切的情感;成功则喜悦,失败则痛惜,不特限于一己,对于他人也会兴起深厚的同情。而这喜悦之情的享受与痛惜之后的奋发,都足以使生活愈益充实。人是生来就怀着情感的核的,果能好好培养,自会抽芽舒叶,开出茂美的花,结得丰实的果。生活永远涵濡于情感之中,就觉这生活永远是充实的。"

叶圣陶把求得生活的充实,视为写作的根本:"我们要记着,作文这件事离不开生活,生活充实到什么程度,才会做成什么文字。所以论到根本，除了不间断地向着求充实的路走去，更没有可靠的预备方法。走在这条路上，再加写作的法度、技术等等，就能完成作文这件事了。""求诚"与"求充实"是叶圣陶《作文论》的核心思想。

其他各章也有一些较好的见解。例如在第四章"组织"中叶圣陶说："组织到怎样才算完成呢？我们可以设一个譬喻，要把材料组成一个圆球，才算到了完成的地步。圆球这东西最是美满，浑凝调和，周遍一致，恰是一篇独立的、有生命的文字的象征。圆球有一个中心，各部分都向中心环拱着。而各部分又必密合无间，不容更动，方得成为圆球。一篇文字的各部分也应环拱于中心（这是指所要写出的总旨，如对于一件事情的论断，蕴蓄于中而非吐不可的情感之类），为着中心而存在。而且各部分应有最适当的定位列次，以期成为一篇圆满的文字。"在这里，他对文字的组织作了一个非常形象、得体的说明。再如在第五章"文体"中，谈到文体的分类，他认为"分类有三端必须注意的：一要包举，二要对等，三要正确。包举是要所分各类能够包含该事物的全部分，没有遗漏；对等是要所分各类性质上彼此平等，决不能以此涵彼；正确是要所分各类有互排性，决不能彼此含混"。"要实现上面这企图，可分文字为叙述、议论、抒情三类，这三类文字所写的材料不同，要写作的标的不同，既可包举一切的文字，又复彼此平等，不相含混，所以可认为本质上的因素"。把文字分为三类，虽然将"说明"这一类疏忽了，但他所提供的分类思路却是正确的。

《作文论》的基本思想，集中体现了叶圣陶对写作和写作教育的认识，对现、当代写作教育有极大的影响。

第三节 黎锦熙的《新著国语教学法》

《新著国语教学法》，1924年7月商务印书馆出版。这是我国现代第一部国语教学法。

作者在"序"中说:"每年一到暑期,总免不了东驰西突,所讲的大半是国语教学法,讲稿或由他人笔记,或由自己写成,断简零篇,充满行箧……因此,我就不揣冒昧,简直地避去零星结集的形式,用了教科书严整的体裁;把三年来比较可存的稿件,修正、编次,重要的作为正文,备考的作为附录。我并不希望它能厕于教育专著之林,只望它对于师范生和初中以下的国文教员稍有裨益。"

该书共分6章:国语教学之目的;"注音字母初步的教学";"国语教材和教学法的新潮";"读本与'读法'——读书";"标准语与'话法'——语言";"国语文法与'缀法'——作文"。有关作文教学的内容主要在第一章与第六章中。

"国语教学之目的"表列如下:

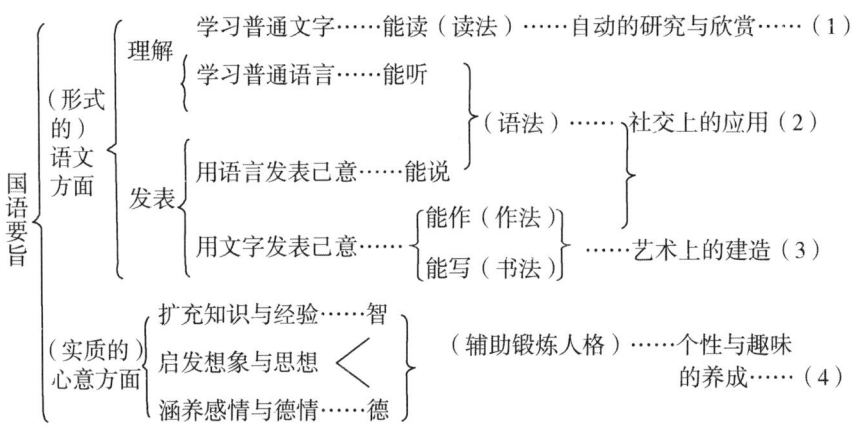

以上4个条目中的(2)(3)(4)均与写作教学有较直接的关系。作者将对国语要旨的理解分为两大方面,有其独到之处。

第六章"国语文法与'缀法'——作文",共分3节:"文法的图解法和词类检查表";"各学年缀法的新课程纲要";"缀法教学上的要项和实例"。

作者对文法的作用是相当重视的,把它作为作文教学的一个方面。他说:"……国语文法的教学,在读法、话法的时间,都是没有完全的机会的;只有练习缀句与自由作文时,才与文法有密切的关系。因此,一说到作文的教学法，便须先完成一个根本的条件，就是'教师要能够彻底了解国语文法'。文法并不是教小学生的，乃是教师教作文时的指针和尺度。怎样出题，怎样指导，怎样评改，这些似乎都是作文教学上的重要问题，其实说来说去，都是些空话；只要教师真正懂了文法，'神而明之'，自然能够发生许多巧妙而有效果的方法出来。所以教师从初年级起，便要在教学读法之前，自己努力对于读本的文法，作一番基本的、实用的研究，这就是'作文指导'的预备工夫。"把掌握文法作为作文指导的预备工夫，这一提法是值得语文教师注意的。

"各学年缀法的新课程纲要"部分，主要讨论的是小学6个学年的教学要求，这与黎锦熙所撰《国语的"作文"教学法》中所示大致相同。"缀法教学上的要项和实例"，主要讲6项内容：（一）缀法外的缀法；（二）共同构成的作品；（三）作文的艺术化；（四）缀法与读法的联络教学法；（五）出题法；（六）批改法。这些在《国语的"作文"教学法》中，也有对应部分，所述也大致相同。

总的来看，黎锦熙的《新著国语教学法》，虽然属开创体系之作，但所论已较完备，注重文法的作文教学法，其特点也很鲜明，对6个学年的缀法教学安排已较为严谨周密，教法的讨论也较为灵活科学，基本上形成了国语作文的全新的教学法构架。

第四节　张震南等的《中学国文述教》

《中学国文述教》，商务印书馆1925年4月初版。这是一本介绍一校实际国文教学情况的著作，是难得的写作教学研究资料。其中不少观点和做法很有研究价值。

该书共分6章，外加1个"附录"："总说第一"；"范文第二"；"作文第三"；"札记第四"；"文字学第五"；"余论第六"；"附录：六年内国文科教学状况经过概略"。有关写作教学的内容，主要在"作文第三"与

"札记第四"两章中。

"作文第三",作者表明了对于作文教学的看法:世之教者,往往以讲解范文、批改作文即为满足,以为吾能使学生作文,能使学生勤作文,自以为求学生进步者,可谓至矣。其学生之进步,果属于每周作文之结果耶?抑由于日常看读,不知不觉而长进耶?——作文固可助国文之进步,然徒恃作文,其效必鲜;此吾人所敢断言也。世人试自反省,其作文之进步,其原因于课作者竟几分之几乎?不幸世之教者,竟视作文为有莫大之作用,则误矣。——苟学生能于根本之三部:"文字""文法""学识"加以功夫,则蓄于内者,既已充实;其发于外者,自能光辉。这些话总的看法是学生国文水准的提高,是各种基本能力、基本知识的相辅相成、相互促进;就作文练作文是不可能从根本上提高写作能力的。写作能力的提高,是一种综合效应,是整体国文能力、知识提高的体现,这应当说是说出了部分的真理,就是注重作文,也要注重"文字""文法""学识"这些"根本"。但是,除此之外,作文还需要生活阅历、情感体验和思想磨砺等。

作者认为学生练习文字的最好的办法是写"札记"。札记就是读书笔记,如果写札记得法,就不必写作文了。他说:惟吾人不欲完全废弃作文,故仍斟酌行之。依学生程度之高下为准,低者勤作,高者则疏。盖缘低者之为札记也难,收效少,则使作浅近之文,以练习其造句。高者则知所以为札记矣,而犹命以浅题耶?将索然而寡味;命以深题耶?又非多读书,明道理,不能下笔,易之以札记也。由是可知作文之效仅在练习句读,至于反复纵横,发摅伟论,非勤作所能致,其根本别有在也。作者对札记的重视,是很有道理的。因为札记的写作,不但能起到练笔的作用,而且能长学识、长智慧,的确是一种很好的写作训练方式,这一点是不应被写作教学所忽略的。但如果认为札记行之得法,就不必写作文了,那就似乎有点"过"了,因为写作教学也自有札记所不可替代之功效,一般作文的取材、命题、选材、结构、表达等,和"札记"还是有区别的。

关于作文的办法,作者作这样的概括:"故文语之体,以'便'为衡,长短之异，以'用'为准，美恶之辨，以'诚'为臬，新旧之见，以'适'为标。"就是说学生是写文言文还是写语体文，应"按其性之所近，各从其便"。文章是长好还是短好，也不可一概而论，要以是否文辞有一定效用为标准。文字的好坏，是以所写的内容是否出自诚心来衡量。思想的新旧，以是否与时代相适应为准绳。以上观点，虽有局限，但大体上还是合理的。

作者认为教师为学生批改文章收效甚微，应对学生文章的毛病区别对待：夫学生文字，有文法不全、语意不申者，自宜正其讹谬。苟于此亦不注意，则失其职矣。倘原作已无不通不顺，特其格调气势，未必即为高古，于是教者为之更易。倘一经更易之后，即已通篇无疵，顿成传文；则亦不负此一改矣。无如其改易者未必能如此也！吾不敢谓改者尚不如原作，正恐高于原作，亦自有限。作者对改文何以收效不大作了透彻的分析：（一）学生文字，本多平庸，故改笔亦难有精彩；（二）学生程度未到，不知所改之妙；（三）教师所改，本亦不佳。这3条说得都很实在。

在"作文"之后，该书设专章对"札记"做了说明。"札记"从阅读入手，认为中学生当阅读或可阅读的书有四类，一是"识字"，是指文字学方面的书；二是"论文"，是指文法、文论方面的书籍；三是"取范"，是指可以"取范之文"，包括史书、诗集和一些小说；四是"积理"，是指诸子书和其他哲学著作和读书札记等。所列书目范围很广，内容深浅不一。这大约有弥补"读文"课程内讲读选文不足的意思。

札记的写法分3期：课外随录期、课外命题期和课内选读期。"课外随录期"，就是对课外所读之书作一些抄录，具体方法有三种：（一）词意并善，可资诵读；或文简事繁，无可删节者，全录之。（二）原文一篇中有独到偏胜之处者，自定取舍而摘录之。（三）全文甚长而理解并佳者，约举其大意，制为短文或表解之。札记主旨明定为牖启知识，增进学养，策励自习，练习行文，补助记忆。

"课外命题期"，约每4周命题1次。由此学生有下列诸项之利益：（一）札记非"杂记"，其所采之材料，皆必以牖启必需之知识为准。

(二）札记目的，专在养成读书之习惯，可以持恒，可以深入，非徒医浅率者之良方，实亦治心之要道。（三）吾人取舍之能力，触于物而后能长。札记之顷，或条录，或融贯，皆必准酌再三而后命笔，实有增进判别力之功效。（四）作文时之比较节约分合诸作用，札记可以助长之。（五）观选印之札记成绩，则知所企效，且间接收他人札记之益；每题间附节目，则编辑亦不感困难。（六）一题既缴，更作新题，既不枯寂，兼饶兴味，而奋勉之心以生。

"课内选读期"，每周1或2课时，讨论时间亦在其内；读时遇有疑点，则书于札记簿中，俟汇缴时批答其下。作者认为，这种"读书"比"读文"（讲读教学）效果要好，"试以一小时之读文与一小时之读书相比较，则前者口诵，后者心惟；前者空洞，后者切实；前者惟供作文时之体势，后者兼供作文时之思想；前者大率被动，后者则有自动的精神。吾敢断言读文之不读书若也。"

作者认为，比较而言，"课内选读"可为札记之主要渊源。

《中学国文述教》是一部较有创意的教学实践的记录和总结，其中对"作文"与"札记"的观念——作文是国文综合能力的体现，"札记"是作文的一种最佳训练方式，"读书"优于"读文"等，在今天仍有重新认识的必要。

第五节　梁启超的《中学以上作文教学法》

《中学以上作文教学法》，原是梁启超1922年在东南大学暑期学校的讲演，由卫士生和束世澂二人记录下来，曾载于暑期学校日刊。"因为外面对这本书的需要很多，各方面来借抄的应接不暇"，于是于1925年7月由中华书局正式出版。这是我国现代第一本中学写作教学法专书。

全书分为（一）提纲、（二）记述之文、（三）记静态之文、（四）记动态之文、（五）记事文、（六）论辩之文、（七）教授法7个部分。（一）

提纲，讲的是作文和作文教学的总的要求；从（二）到（六）讲的大致上是各体文的作文法；（七）教授法讲的才是真正意义上的作文教学法。可见，该书主要讲的还是作文法，教授法尚感薄弱。

在书的开篇，作者便表明了自己的意愿："我所讲的这种研究法，可以成立与否，还不能定，不过我总希望多带一点科学的精神。""科学性"，是作者总的追求。

"提纲"部分，首先对文章的性质进行界定："文章的作用在把自己的思想传达给别人。"思想有两种要素，一是"有内容"，二是"有系统"。"'言之有物，言之有序'，有物便是内容，有序便是系统。"这一表述可谓言简意赅。

作文教学的基本思想是："文章好不好，以及能感人与否，在乎修词，不过修词是要有天才，教员只能教学生做文章，不能教学生做好文章。孟子说得好：'大匠能予人以规矩，不能使人巧。'世间懂规矩而不能巧者有之，万万没有离规矩而能巧者。""所能教人的只有规矩。现在教中文的最大的毛病便是不言规矩而专言巧。……所以中国旧法教文，没有什么效果。我以为作文必须先将自己的思想整理好，然后将已整理的思想写出来，这是我全篇的大意。""大匠能予人以规矩不能使人巧"，这说出了"部分的真理"，它作为一个教学原则是有效的，但显然它还只能算是一个低限的标准，因为"大匠能予人规矩"，未必就不能使人"巧"。

梁启超的作文"教授法"主要如下：

（一）教授要分类分期。1学年有两学期，1学期教记叙文，1学期教论辩文。由简单而复杂。记叙文先静后动，论辩文先说喻、倡导，而后对辩。论小事的在先，论大事的在后，使学生知道理法，可以事半功倍。

（二）每学期开始教以作文理法。先教学生以整理思想的主要条件，使他知道看文如何看，做文如何做，等讲到一类文章的时候，便特别详细说明这一类文章的理法。教员不是拿所得的结果教人，最要紧的是拿怎样得着结果的方法教人。……教学生就是要教会他打师父。

（三）令学生阅读（分组比较）。文章不能篇篇讲，须一组一组地讲。

拿1组10篇做一比较,令学生知同是一类的文,有如此种种不同;或同一类的题目,必须如此做法。不注重逐字逐句之了解,要懂得它的组织。

(四)用讨论式(方法)的讲授。一组文既令学生看过,若在程度稍低的学生,有看不到的地方,教员上堂时将一组文章细细地比较,讲给他听(不是一篇一篇讲的,乃是10篇合讲),程度高一点的学生,看过之后,令他上堂讲。学生讲后,先生批评他讲得对不对,最后先生比较10篇说明要点所在。照三四两条的办法,学生每篇文必经过几度研究。于文的思想、路径、发动、转折、分析和总合,皆可懂得。若有几百篇文,学生真能懂得,没有不会作文的。

(五)教材选择。作者认为中国几千年好文章很多,哪种文能选不好讲,哪种文不能选倒可以讲一讲:1. 绮靡之文不可选。2. 带帖括气之文不可选。3. 矫揉造作之文不可选。他认为选文并不要依时代的次序,要分组选。10篇之中1篇是《左传》,1篇是《史记》,1篇是新文字……都不妨事。

上面一至五条是教授法,下面六至十条是讲"教学生作文法":

(六)每学期作文次数至多两三次。每学期少则两篇,多则三篇,每一篇要让学生有充分的预备,使他在堂下做,看题目难易,限他一星期或两星期交卷。多做学生便要讨厌,或拿一个套子套来套去。"我主张少做,是做一次必将一种文做通,下次再做另一种文。如此便做一篇得一篇的好处。尚有补助法,使学生在课外随意做笔记,以为作文的补助,比出题目自然得多。"

(七)作文的预备由先生指导。最好的方法是使学生拿正史和《资治通鉴》对看。……好像带学生参观纺纱厂,先看一堆棉花,次看它如何变成粗纱,次看它又如何变成细纱一般。《三国志》是由棉花成纱,可惜现在棉花已不可见了!《通鉴》是由纱成布,我们如今不能见棉花成纱,只能见棉花成布了。

(八)命题的标准。做记述之文,最好是记学生旅行过的地方,或读过的书。论辩文最好是论与学生有关系的事。论辩文最好的题目是两边对驳，题要切实，不可空泛。论辩文之题要成问题乃可，不能反对的便是不成问题，不能做论题。题的深浅要按学生程度。一题可做数次。记叙文分各种观点做。论辩文分两面做。如此则对于一题面面想到，万分了然，可以使学生会做一题目，便会做一百个题目。

（九）文言白话随意。高小以下讲白话文，中学以上讲文言文，有时参讲白话文。做的时候文言白话随意。因为辞达而已，文之好坏，与白话文言无关。

（十）评改宜专就理法讲，词句修饰偶一为之。改文时应注意他的思想清不清，组织对不对，字句不妥当不大要紧。（因为这是末节。）偶然有一两次令学生注意修词，未尝不可，然教人作文当以结构为主。

以上十条，尤其是后面这五条，其中不少观点，都为后人所关注，且讨论、争论不休。其中不乏很好的意见，如用讨论式的讲授，论辩文要论与学生有关的事。要"成问题"，讲文用比较式一组一组地讲等。也有一些尚难被普遍接受的，如作文次数要少，要放在堂下做，评改宜专就理法讲，字句不妥当不大要紧等，这些意见也有一定的合理性。该书取例一律用文言文，于白话文的写作似有隔膜，不能不说是一个缺点。

第六节　夏丏尊、刘薰宇的《文章作法》

《文章作法》，1926年8月由开明书店出版。这是我国现代最早出版的作文法训练教程。夏丏尊在"序"中说："这是我六七年来的讲义稿，前五章是1919年在长沙第一师范时编的，第六章小品文是1922年在白马湖春晖中学时编的，二者性质不同，现在就勉强凑集在一处。附录3篇，都是在校报上发表过的，也顺便附在后面。"该书原为油印本，被刘薰宇发现，"薰宇教了一年，修改了一年，于说明不充足处，使之详明，引例不妥当处，从新更换，费去的心思实在不少。大家认为可作立达学园比较固定的教本，为欲省油印的烦累，及兼备别校采用计，就以两人合编的名义，归开明书店出版。"该书出版后，广为流传，深受当时中学国文界的欢迎。

《文章作法》的体例，是以"文体"为纲：第一章"作者应有的态度"；第二章"记事文"；第三章"叙事文"；第四章"说明文"；第五章"议论文"；第六章"小品文"。这6章包括3方面的内容：第一章是对作者的总的要求；第二、三、四、五章，是对四种基本文体的介绍和初步的练习；第六章是提供一种最佳练笔途径。

该书最大的特点，是将"法"落实到"练"。跟陈望道、高语罕等人"知"的作文法不同，它建构的是"行"的作文法，突出了写作教学的实践性特征。这一点，从第二章"记事文"部分便得到清楚的体现。

记事文部分共分五节：第一节"记事文的意义"，给出记事文的定义并提供几则例文供学生参考，让学生对何谓记事文先有个初步的概念。第二节"作记事文的第一步"，要求是"从各方面收集材料，更将所得材料按适当的次序排列起来。在初学的人，没有腹案的功夫，并须将各材料一一地用短文记出"。接着举一"操作"实例加以说明。作者提示说这种程序，可应用于一切文体，不但记事文如此。第三节"材料的取舍和整理"，对排列出来的材料，提出选择材料的标准，据此对实例进行取舍和整理，列出取舍和整理过的短文给学生看，最后安排练习，请学生"自集材料"，做"我们的学校"和"我的故乡"二题。第四节"记事文的顺序"，是将上述所写的简单的记事文推进到作复杂的记事文，作者举一例文，一一标出其中的顺序，画成顺序图，指出："凡是所记的事物非一见一闻就能明了，要从书籍上查考它的效用、构造、历史……的，都应该用这个办法来记述。"设计练习，要求学生按所提供的顺序图，对各条材料进行配列，写成一篇记事文。第五节"文学的记事文"，在前面所述科学记事文的基础上，作进一步的区分，对科学与文学的记事文进行界定，以"月"为题，分别作两类记事文，阐明"文学的记事文"的特点，最后是"练习"，要求就《春的田野》《元旦的上午》《秋的傍晚》等题作一篇短文。《文章作法》的训练操作程序由此可见一斑。定义、例文、阐述、演示等，环环紧扣，步步推进，较为合理地展示了写作学习的认知、操作过程。

《文章作法》在各体文的区分上，较多地注意到整体上的联系。例如，讲"叙事文"，作者就注意分析它与"记事文"的异同："叙事文原和记事文一样，同是记述事物的文字；不过记事文以记述事物的状态、性质、效用为主，而叙事文以记述事物的动作、变化为主，所以记事文是静的、空间的，叙事文是动的、时间的。"在讲到"说明文"时，作者也注意到它与"记事文""叙事文"之间的异同；讲到"议论文"时，又把着眼点放在它与"说明文"的区别上。甚至连讲"小品文"，也注意到与各体文的联系："从外形的长短上说，二三百字乃至千字以内的短文称为小品文。前几章所讲的记事、叙事、说明和议论等，是从文的内容性质上分的，长文和小品文只是由外形而定。因此小品文的内容性质全然自由，可以叙事，可以议论，可以抒情，可以写景，毫不受何等的限制。"对各体文从整体上加以比较识别，对作文法系统的建构，是至关重要的。没有这种整体上的区别，其他的法则便难以建立。

该书的训练设计有两种形式：各基本文体的练习和小品文写作练习。对各基本文体写作有了一定的基础之后，把小品文的写作作为主要的训练手段，用以综合地提高各种表达能力。作者认为小品文写作训练有如下好处：（一）可作为长文的准备；（二）能多作；（三）能养成观察力；（四）能使文字简洁；（五）能养成作文的兴味。同时，小品文练习的机会也多，"随时可作，随地可作，不必再待特别机会"。便于作小品文的机会有日记和书札："日记的价值可说的很多，练习文章也是价值之一。因为日记是现实生活的记录，日记的文字可以打破一切文字上的陈套；要作好日记，非体会吟味现实生活不可。所以从日记去学小品文是很适当的。讲到趣味，作书札比作日记更多，因为日记是独语，而书札却是对话了。知友把他的生活情况来报知我们的书札，我们都非常乐读；我们能于书札中表现我们的生活，使朋友晓得，他们将怎样地欢喜呢！"这第六章的"小品文"，虽与前面几类文体划分标准不一，并列在一起似乎有些勉强，但作为纯粹的训练文体加以强调，强化了作文法的实践性特征，应该说也是很有必要的。

《文章作法》，可称为现代作文法训练体系的典范。

第七节　张须的《师范国文述教》

张须，即《中学国文述教》作者之一的张震南。《师范国文述教》一书，是张震南继任教扬州八中之后任教于江苏省立第六师范学校时所作，由商务印书馆 1927 年出版发行。二书教学指导思想一贯，堪称姐妹篇。

《师范国文述教》全书共分 6 篇："总略篇""识字篇""读书篇""取范篇""明法篇""责效篇"。关于作文教学方面的内容多在于"责效篇"内，"总略篇"作为国文教学的总纲，也略有涉及。

"总略篇"中的施教标准"，谈到对写作教学的看法有 4 条：无意难为作；求通必读书；篇章供模仿；文语没差殊。意思是写作是为了发表思想，所以须着重于平时从事学识、思想上的储蓄；要使文章写通顺，必须明事理，而要明事理，读书的功效最大；作文有了意思，但下笔却不知如何写，这就需模仿范文；作文于外表宜合文法及文体，于实质具有丰富而正确的意思，不论所作是文言还是白话，都有价值，相反，则都不可取。

所定一年级"教规"第八条称："判定本科成绩，以发表能力（即作文分数）为主。其他考查预习、调阅笔录簿、笔试文字及回讲背诵各项所得分数，应以其平均数作为作文分数之一次而加入计算之。"可见在指导思想上对作文成绩的倚重。

"校定课程"安排，分前后两期，"前期国语课程纲要"规定："造诣不取高深，但须使学生能自由阅读浅近书籍，并能作尽人可解之文字，与正确流畅之国语。"作文 3 学年均每周 1 时。"后期国文科课程纲要"规定："读书及札记。由学者就指定书目中选认专本。其内容以膺进学识有裨积理为主，而辅以文学之陶冶。认定后，自行阅读。随时札记，注重提要及参证，以发挥其研究之能力。教者分别指导读书门径，更辅助解决其疑义，并讨论所读之要点，以引起自修之兴趣。""应用文。就社会一切实用之文件，示以程式，辨其体制，随时练习。""美术文。略授以美文之法格，并加练习，以陶写性情，涵养品趣。""读书及札记"作为必修科目，"应用文""美术文"作为选修科目。必修的作文每周1时，"读书及札记"每周1或2时，选修的"应用文"每周3或2时，"美术文"每周3时，后期的写作，必修加上选修，课时就相当可观了。把写作分为作文、应用文、美术文3种，把应用文与美术文列为选修，这是有一定的合理性的。

"责效篇"共分4个部分："一，作文易犯之弊"；"二，作文标准"；"三，论改作"；"四，小学缀法订正"。

作者认为师范前期生作文易犯之弊有两种，其一是稍能读古书者，有饰文害义、似是而非之弊。其二是每值一题，必有一类之陈套，皆宽皮大话，篇篇可用之文。年诣稍进，又有二弊，一是无论何题，咸出以肤泛之调，发为庸常之音，类皆粗引其绪，仅可成篇。二是读书略多，每好貌为渊古，过求异人，实则学力未到，反益艰拙。第一种其故由于懒读书，第二种其故由于喜摹古。教师应对症下药。

"作文标准"，前期为"贴题说话，说透即止"8个字，到第二学年，又有"行文四要"："行文四要者，明通真切四字也。""端绪不紊之谓明，事理无碍之谓通，出自胸臆之谓真，不可移易之谓切。"此外，还有二语期诸生曰："义理精到，词气明快。""此二者，其一须学，其二须才。"这实际上为师范生制订了三个层次递进的标准。

在"论改作"中说，"吾请分三事而论改作之要义：一曰删，二曰修，三曰补"。大抵改作之事当用删者有八：（一）正意已完，余文有若蛇足，当删。（二）横空硬插一段，使上下顿成两橛，当删。（三）劈空发议，与本文无所发明，甚至毫无交涉，当删。（四）题前作冒子，迂回不切，故费其词，当删。（五）袭用陈文，当删。（六）叙述松冗，阅之不能爽然，当删。（七）引用前人之说，苟且充卷当删。（八）叙事之文，忽发感慨，千篇一律，当删。当用修者十事：（一）造句生拙，不能如所欲达，当修。

（二）有意趋奇，邻于拗涩，当修。（三）虚字不可通，当修。（四）遣词似是而非，当修。（五）死板之句，当修。（六）语句铺松，闲字过多，当修。（七）字面重复，读之有碍，当修。（八）字音犯逗，读之不协，当修。（九）语句缴绕不清，当修。（十）文言而有俚句，白话而有艰语，当修。当补者七事：（一）意未足，当补。（二）语未圆，当补。（三）有必需回顾前文处当补。（四）上下文气否隔，当补。（五）解释题意，偏而不全，当补。（六）有语病，当补。（七）无扼要之笔，当补。

因对象是师范生，所以有"小学缀法订正"部分，即指导师范生如何修改小学生作文。作者的意见有6点：（一）儿童之文，无浓重之辞藻，改文者惟当相其程度，使之文从字顺而止，若稍有逞才之念，致受者茫然不解，此改便为多事，且汩其本然之美，大不可也。（二）儿童读书不多，无成句陈意拘其心手，往往造出不经见之妙句，未曾有之奇想，在作者亦必十分快意，无可疑者。改文者于此，自当别出一副手眼，为之申达其旨，若以出乎恒常而抹杀其文，大造阻其运思，真乃罪过。（三）儿童未知古文格调，遇改文言时，万不可用千锤百炼之句法，顺适便佳。（四）改文不宜全段涂抹，亦不宜大段增广，此非惜墨如金也。盖多添之文，难得精警，其病犹小，而使儿童之注意力集中于几段增加之处，反于全文沟通脉络之改笔不予注意，害事大矣。（五）话虽如此，儿童之文，竟鲜清明可存之处，则亦应少加窜易不可，但所增广者，必宜于儿童程度相当，乃易领受，发卷时，尤应详细讲说，使之洞明。（六）改儿童文，总批不可用比况语或笼统语。上述几点，均较能注意到儿童作文的特点。

《师范国文述教》一书，见解较为精警切当，注意到一些很具体的教学环节。不论是在整体上确立作文教学在国文教学中的地位，还是探讨实际的教学要求和操作细节，均反映出了作者深厚的教学功底。

第八节　赵欲仁的《小学国语科教学法》

《小学国语科教学法》，商务印书馆1927年9月出版。这是继黎锦熙的《新著国语教学法》之后，又一部较有影响的同类著作。它是"师范小丛书"的一种，主要面向师范生。

全书共分4章："总论"；"写字教学法"；"作文教学法"；"读书教学法"。作者在"例言"中说，本书对于小学国语科方面一切实际问题，统加以较精密的讨论，而尤着重于科学的研究法。在俞子夷写的"序"中说："中国用科学的方法研究国语教学，还不过近几年的事。这书里已经一一介绍。这是一个特色。"注重用科学的方法研究国语教学法，而非单凭经验，这在当时应属难能可贵了。

该书讨论作文教学的是第三章"作文教学法"，内容包括"说话"教学在内。作者说："国语科的作业，大概分说话、写字、作文、读书4项；本书把说话教学一项，纳入作文教学以内。"这种划分，在小学阶段，有其合理性。

"作文教学法"部分共分6节："作文教学的先决问题"；"作文教学的原则"；"作文教学的类别"；"作文教学的材料"；"作文教学的方法"；"作文教学的订正批评和考查法"。所涉方面较广，有一定的系统性。

作者对"作文教学的先决问题"的看法，与黎锦熙相似，认为首先要解决的是"国语统一"和"言文一致"这两个问题。"国语统一"，国民的交流才能完全互相听得懂；"言文一致"，才能"有什么意思，说什么话，话怎么说，便怎么写"。

"作文教学的原则"有3项：（一）要有真正的目的；（二）注重内容；（三）语法文法在需要时教授。"作文教学的类别"为口述、笔写两种。他十分重视口语的发表，认为教师对于儿童口头发表意见时，关于语句的组织，千万不可以成人的语言作标准。

"作文教学的材料",也分"口述方面"与"笔写方面"两项分别说明。在低年级,口述教学所用的材料,以"实物"入手为较宜的方法。大概先从人身的各部分,衣服,教室里所有的门窗、墙壁、桌椅、画图等练习起,此外日常应用的物品容易得到而且容易拿到教室里的,也是很好的材料。进一步,可用图片来做练习的材料。用图片时要注意图画里要画必需的东西;东西要画得较大较粗;容易相混的东西,要把特点显出来;所画的东西,最好要活动的。用这种图片来练习,学生因为时时变化所说的对象,很可感到内心的活泼和愉快。以后可用"动作"做练习的材料。有些进步后,可使儿童讲述故事,故事讲得有些成绩后,便可组织一个演讲会。所讲的材料,初年级可仍用故事做主体,年级高些,可逐渐引到各种演讲方式方面去。为增加学生兴趣起见,不妨请教师作批评员,批评各个人演讲的好坏;讲得好的,更不妨备些奖旗奖章之类,使儿童对这项工作,有乐此不疲的倾向。

笔写的材料,就是学生的经验。所谓经验,是生活的全体。作者把"题目"看作是发表生活全体经验的动机。首先讨论了"题目要不要"的问题,认为题目适宜了,学生的意思,可源源而来。针对"发表意见,是自我的问题,毋庸教师出什么题目来代劳"的看法,认为这有一定的道理,但在旧式教学法之下,教师如不介绍适当的题目,学生往往要空坐废时,无从下手。在不很重要的发表环境里,把题目做发表的动机,实在是一个较好的办法。题目不宜过狭,较广的题目,学生总可就已有的经验,多少发表些出来。在作文机能方面说,含有鼓励、督促、比赛的意味在内,学生谁都愿意做。

"作文教学的方法",分为"口述""表演""笔写""时间""用具""注意点"6项。这一部分是本章的重点。

"口述"的练习方法,可先注意于"问答"方面,问答进步些,可注意到"报告传达"上去,要练习得能听能说,随地把人家所谈的要点捉到。再进一步,可注意到"讨论"方面去,年级较高,可从事于"演述"的练习。演述能力具备之后,可练习"辩论"的方法,可先说正面的理由，再驳去人家主张的理由，最后再一正一反进行辩论。

"表演"，是"口述"过渡到笔写的一座桥。第一步，注重意思方面，可用口述法；第二步，用表演法作过渡；第三步，就已有的纯熟的经验，使学生有什么话写什么字，用笔写话。

"笔写"，可从"做布告条子"入手。进一步可用"直观描写法"，可说是写生的作文。再用"表演法"，使描写的方面加多，之后可用"对图作文法"，继而可用"讲故事会"的方法，这样学生练习作文是很自然的，写得多了，可以装订成册。以后可做"读书札记"的工作。学生读书之后，经了札记的一番工夫，当然会有所提高，但不可多做，免生厌倦。此外，可使学生"做日记"。把日记里较有价值的事，连接组合起来，再加以图画封面等，可以编成参考用的书本，这就是"做书"。高年级还可"写信""做新闻""起草演讲稿""编辑剧本"等。

"作文教学法"的最后一部分"作文教学的订正批评和考查法"，也分"口述"和"笔写"两方面谈。口述的"订正"方法，要针对目标，注意发音、语法、层次、系统、修词等。最要留意的先使儿童自己明白错误的所在，然后教师因势利导，把合理的方面介绍给他们。笔写的订正，关于标点文字等方面的错误，可由学生订正；关于意义组织等方面的错误，可由教师订正。"考查法"与作文能力进步的程序对应。作者认为作文能力进步的程序是：说话能力——造句能力——连缀能力——修辞能力，所以可按这4个方面进行考查。说话能力考查的要点是发音、语法、层次、修词等；造句能力考查方式有词句重组、填字测验等；连缀能力的考查分限定时间与不限定时间的两种，以限定时间考查较为正确精密；修辞能力的考查法有比喻测验、词类选择等。

综上所述，该书在作文教学法的构思上，是较为全面、具体、精密的。将口述与笔写作为相互衔接、联系的一个整体，对"说话"教学的重要性给予强调，是符合科学性的。只是在今天看来，似乎要求偏高，有些要求，如辩论、写札记、写剧本等，是小学生难以做到的。

第九节　徐子长的《小学作文教学法》

《小学作文教学法》，商务印书馆 1928 年 6 月出版，是我国现代第一部小学作文教学法专著。

全书分 6 章："总论"；"思想训练的步骤"；"语言的练习"；"文字的练习"；"文章的研究"；"余论"。所论作文教学法内容较为丰富全面，其系统性、条理性均属上乘。

"总论"部分讨论的是作文教学的目的、内涵和材料。作者认为："……作文教学的第一个目的，就是要使儿童有整理思想的能力。有了正确合理的思想，就得要表现出来，表现时就要藉重文字和语言。但语文的材料是很广遍的；用什么字句，才和原有思想符合？怎样叙说，才使表现的力量格外确切明了，……其中必须（只能）经过长期的练习，逐渐丰富自己的经验，才能达到自由使用工具的境界。所以作文教学的第二个目的，就是要养成儿童自由发表的技术。"小学作文教学的内涵，除去实质方面（思想方面）外，形式方面，要平列分成三大部分：（一）语言的练习；（二）文字的练习；（三）文章的研究。书中所列的选材标准有 15 条，作文教学的材料就是指儿童写作的题材。这些标准，总的来说就是要适合儿童的生活经验、智力程度、实际应用，要有一定的趣味性，能启发、磨炼儿童的思想，能与各科联络。

"思想训练的步骤"，这是写作思维的基本训练，共分 5 个步骤：

第一步"直觉期——正确思想"，即教师要先造一种环境，使儿童自然地认识事物和代表事物的符号；正确他们的观念，以做将来作文的准备。

第二步"记忆期——牢固思想"。观察明了、思想正确后，还要把所得到的正确的思想保持牢固，这就要利用儿童的记忆力。这在教师一方面，要在事前使之观察明了，事后才能记忆清楚。其最不容易观察或最容易模糊的地方，教者要特别提示；另一方面，题目的范围要放得宽大一点，或者在一个大范围以内，而能包括许多不同的题目，使儿童自己喜欢做哪个题目，就做哪个题目。

第三步"联想期——开导思想"。就是要使学生的思想，不仅仅盛满许多完美的好材料，并且要把这些好原料，打通许多路道，使彼此交通，相互为用。开导儿童思想的最要方法，就是要利用儿童联想的作用。联想的作用，儿童本来是富有的，不过不大透露出来，教者要本照他们的经验，时时去开导他们使之逐渐活动，逐渐地发展。

第四步"思考期——整理思想"。思想丰富，就容易庞杂；假如不加整理，则执笔为文，东一句，西一句，乱七八糟，绝不会有条理的。这就要用到儿童思考的作用了，就是将许多不同的无系统的观念，比较它的属性，分别它的异同，加以判断，而定取舍。

第五步"综合期——运用思想"。这个时期就是将直觉、记忆、联想、思考，打成一片，熔为一炉。"一种动机的引起，或一个题目的定出，使儿童不假他人之力，自己能迅速地观察或想象；迅速地决定他的好原料；迅速地由笔端或口头运输出来。"这是作文教学的最终目的。

作者将上述5个步骤的思想训练划归到各个学年，第一至第四步，分别对应第一至第四学年，第五步，由五、六学年进行训练。

与"思想训练"同步进行的是"语言的训练""文字的训练"和"文章的研究"。

"语言的训练"，包括练习的种类、练习的过程、演题的研究、演稿的研究、结构的研究、声调的研究、姿势的研究等内容，对说话训练指示得十分详细。

"文字的训练"，首先是"文题的研究"。作者说近人关于儿童文题的主张有5种：教师命题、儿童自拟、不定题目、后定题目、用实物或绘画代替题目，这5种各有理由和可取的地方，应灵活运用。其次是"练习的过程"，"完全要以儿童活动为中心，教师完全居于辅佐地位。"据此，他分别制订了助作、自作和共作的教学程序。再次是"练习的种类"，认为儿童练习作文，方法要多加变化，才能引起儿童的兴趣。他列出的练习种类达26种。接着是"指导的研究"，列出了16种指导方法，内容极其详备。最后是"订正的研究"，认为由老师订正作文的方式有改正的必要："除在最低学级或一学级上的少数低能儿，由教师替他改正外，大多数学级和一学级上的大多数儿童，要采用自己改正的方法。"这种意见从指导思想上看是对的，作者认为这样做有3个好处：一是使儿童不得不留心自己的错误；不得不反复推敲自己的错误所在；更不得不设法改正自己的错误。以后作文，自然会逐渐减少自己的错误。二是优能儿可以尽量多作，低能儿可以少作，各如其分，不得互受牵制。三是教师可减少无谓的消耗，增加有用的效力。

"文章的研究"部分，指的是字的研究、句的研究、篇的研究、文体的研究和标点的研究等，类似于"文法的研究"，这方面作者的讨论也非常周详。

徐子长的作文教学法，是贯穿始终的思想训练与贯穿始终的语言训练、文字训练和文章研究两大系列，相辅相成。

第六章的"余论"，所论也很重要，谈到了作文和读书、作文的艺术化、作文的游戏化等方面内容，其中"作文的游戏化"所述最为详尽。作者说："小学教学适用游戏化，低年级更属需要。小学生的生活是游戏的生活，投其所好，借以教学，无有不收美满的效果。读文参用表演游戏，算术插入竞赛游戏，利用游戏之处很多，独没有听得作文用游戏。"作者所示"缀句的游戏"，有闪片缀句、轮字联句、填句巧试、分排缀句和两字联字等。"缀文的游戏"有传递成文、函件往来、联图成文、耳语成文、试猜书谜等。这种"作文的游戏化"，着实应在小学作文教学中大加提倡，这也算是快乐教育法吧！

《小学作文教学法》虽是创体例之著作，但作者的构想并不幼稚，总体的研究水平还是比较高的。尤其是5个步骤的"思想训练"，能从培养学生写作思维能力这一角度切入，注意到儿童思维的特点，由浅入深，因势利导，这是符合学生写作思维能力发展规律的。较之梁启超的注重"理法",注意"思想清不清、组织对不对"的"以结构为主"的教学法,同样重视思维、思路的训练,但在具体行为的指导上,大大前进了一步。

第十节　王森然的《中学国文教学概要》

《中学国文教学概要》,商务印书馆1929年6月出版。这是五四以后较为规整、全面地讨论中学国文教学法问题的专著。

该书是一部集大成之作。作者在自序中说:"至于本书的内容,有许多地方取材从前已经发表过的作品上的建议,因为这许多的建议,是我个人所绝对赞成的,并且我都已照例的实行了。在这地方,我要对各作家表一番很诚恳的谢意。"但该书同时也是作者多年研究的结晶,即"其中一部分采取各家的意见;一部分是自己的经验和心得"。阅读此书,能增进我们对此前的国文教学法研究情况的了解。

全书共分6篇:第一篇,"绪论";第二篇,"目的与课程";第三篇,"教学与材料";第四篇,"教学与方法";第五篇,"作文与试验";第六篇,"结论"。有关作文教学法的内容,主要在第五篇"作文与试验"。该篇又分作5章:"中学作文的教学""中学作文教学的琐识（上）""中学作文教学的琐识（下）""中学作文教学的程序""中学国文试验的方法"。

在"中学作文的教学"中,作者阐明了对写作教学目的的认识:教学作文的目的,在养成学生抒写的能力和发表思想的能力。像练习、创作、长时间限定之作文、短时间限定之作文,均属第一个目的;日记,读书录,批评,均属第二个目的。……作文之课,既所以养成学生抒写发表之能力,其功用,较谈话、讲解、演说、辩论、表演……为尤大,当特别指导,用许多方法来精熟其发表之技能。他把作文教学,摆在国文教学诸般能力培养的首位。

在这目的之下制订了4条"纲要":（一）求其思想合于论理,词句合于文法。（二）求其思想能整理条贯,及句次节次能安排妥顺。（三）求其思想纯粹及词章美备，合于修辞。（四）求其思想能作有系统之研究，发扬独创之天才，继续入专门之堂奥。这4条"纲要"中贯穿始终的是对"思想"（即思维）的多方面的、逐渐提高的要求，在这一点上，可以说是抓住了写作和写作教学的要害。

"中学作文教学的琐识"（上）、（下），包罗了作文教学的方方面面。如出题的方法、出题的标准、作文与练习、作文与创作、短时间和长时间的作文、作文与属稿、作文与时数、作文与作文法、作文与日记、作文与批订、作文与文字规格、学生作文时应注意之点、教师发文时应注意之点、教师应设备事项、课内作文、课外作文等，这实为作者经验与心得的集萃，也是该篇较有分量的部分。

作者鼓励学生自由作文，以发展学生的写作独创性：创作就是自由作文。自由作文和出题作文比较起来，意思可以自由，作品每每发现出人意料的优良。可见出题作文是练习的工作，创作是成熟的发表。中等学生不能说个个无发表能力，应当指导其方法，引起学生创作的兴趣以发展其独创之天才。这种观点是较为大胆的。鼓励学生走创作发表之路，发展他们的独创性，这有其合理性，因为自由作文较能发挥出学生的写作优势和潜能。自由作文是可以让学生普遍受益的，而"发展其独创之天才"，自然只能是对少数学生而言，即便如此，也还是有必要这样做的。

作者认为短时间作文和长时间作文各有好处。短时间作文，1小时必须交卷，益点有四：（一）合于应用。（二）练习思维敏捷。（三）使思想纯一不乱。（四）免除抄袭。长时间作文，在规定时间内交卷，益点有四：（一）可以精心撰作。（二）免除草率。（三）可多涉猎书籍。（四）引起课外阅书的兴趣。这种认识，有利于教师统筹安排作文训练的时间，兼得两种作文的好处。

关于作文时的个别指导，要项如下：（一）使用文思前后正反旁各面以广材料。（二）比较各项思想确定要点与取舍。（三）使用顺次逆序，分析综合诸法以为排列不使表记。（四）语次节次须使一一验过。（五）试改，首使能语语合于论理，次及修词。（六）思想排比结构而后草写，自行试改,而后缮写。(七)观察要点,搜集材料之造意时,准其与教师商榷。(八)不肯商榷者,教师当往就之。(九)关于文内应有布局,分段、立意、体裁等,教师当出题后即宜简单说明。

除了正式作文外,作者认为写日记是补充作文的办法。从初中第一年到毕业,当令学生常作日记,教者每周检阅一次,这不仅可为作文的补助,于修养,于各科学习经验的积累,都有很大的帮助。

关于作文的批订,作者的经验是:批订当尊重作者的用意,多加删改,并没有什么大用,教者尤不可把自己要说的话,尽量加入。所以他对于批订者有两个主张:(一)不代人说话。(二)不强人从我。至于思想有谬误的地方,当用简要的批语指示,错字错句,做个符号,令学生自己更正。不过在初年级,对于文字方面,要严加矫正,高年级则只重其思路,指正其误谬,绝不可黑涂烂抹。作者对批订的意见,很有可取之处。首先是他的两个主张,意在尊重学生,使学生不致因老师的修改挫伤了自尊心和积极性。其次,对初中与高中学生,批订有不同的重点,先过文字关,再过思路关,这大体上符合学生写作心智发展的状况。

对于"批法",作者也有较好的建议:(一)善删不如善就,多改不如多批。(二)总批不重要,当特注意于正误之眉批。(三)当加力润饰其思想与词句。凡有佳思佳句,则分别加以黑色红色之双圈或密圈。(四)学生错误之点,当随时批录,择其共同错误,于发文时提出,共指导之。这些也有一定的参考价值。

总的来说,王森然的《中学国文教学概要》的资料量是比较大的,不论是兼采各家的,还是出自自己的经验与心得的,都有一些可资借鉴的地方。不足之处是缺乏严密的系统性和理论性,使人有零散杂乱的感觉。阮真在他的《中学国文教学法》一书的"自序"中说:"王著《中学国文教学概要》,都十余万言。长在兼收并蓄,搜集宏富。而其短在不为逻辑之分类与问题之剖析,仍无系统可寻。而于科学的研究,王氏似犹未注意及之。唯其实地经验,则间有可资研究者耳。"这一评价是恰如其分的。

第十一节　阮真的《中学作文教学研究》

民智书局1929年出版的《中学作文教学研究》，是一部有较强科学性的作文教学法著作。

阮真在"自序"中说："今日中学生国文成绩之不良，其最显著者，莫如作文；中学国文教学之问题，最复杂者，亦莫如作文。旧式教师，于命题练习批改，犹不脱科举时代之习气！新式教师，一任学生自由写作，几无所谓教法矣。即从事教学研究者，又若文无定法，学无定程，而练习又无一定方式，欲求教法之运用得当，适应裕如，戛戛乎其难！本书凡七章，本作者经验所得，参酌众议，列举中学作文教学之实际问题，详加讨论。凡此所言，虽未敢以为定则，然根据学生之实际程度立论，亦有足供教学之参考采择者。至实际应用，应赖教者去取得宜耳。""列举中学作文教学之实际问题，详加讨论"，"根据学生之实际程度立论"，这是该书的一大特点。

全书7章为："引言"；"作文教学之目的及现行教法之错误"；"作文教学之进程及批分标准"；"作文之拟题"；"作文之练习"；"作文之规约及指导"；"作文之批改"。另有"附录"："（一）中山大学预科入学国文试卷研究"；"（二）作文试卷分等评判的研究"。

作者在"引言"中，对"作文教学的重要性"作如是观："论到中学国文教学的成绩，虽有读作两方面，但我以为读文是因，作文是果。读文成绩好不好，往往在作文中表现出来，所以作文教学的成绩，也可包括全部国文的成绩。我们平时评判学生国文程度的好坏，往往只看他的作文；好多学校考查国文成绩，也只看作文如何。这虽然未必尽对，原来也有些道理的：因为读书能力薄弱的，作文也不会好；作文好的，读书能力自然也高些。"这一读写观是有一定道理的。

关于"作文教学的目的"，作者说："总说一句，在养成学生的正确而有法度的表述能力。"要正确,教作文时就要注意几个条件:(一)思想清晰。(二)文意切题。(三)论理正确。(四)词语确当。(五)见解切合。(六)文法(或语法)通顺。(七)结构谨严。(八)修辞雅洁。(九)段落分明。(十)标点清楚。这就把何谓正确具体化了。

他认为,中学作文教学问题中,首先要解决的问题,除了教学目的以外,还有教学进程标准和批分标准两个问题。他分别列出了中学各个年级的教学标准,如初中一年级的教学标准是:(一)能运用常用的2500字。(二)能运用常用的辞及成语古典约与前条相当。(三)能在两个小时内写成250字左右的白话文字(200~300字)。(四)文中思想清晰,简单的文句组织完全无病,标点60%清楚。其他各年级也有类似的规定,这较之一般的"课程标准"更加明确,只是要求似乎偏低。

据此还拟定了作文批分标准,就其中各项内容,分别为初中、高中各年级制订了明确的百分比。初中按思想清晰、语法通顺、文意切题、词语确当、段落分明、标点清楚6条,高中按思想有系统、文法通顺、论理正确、见解切合、结构谨严、修辞雅洁6条,分年级确定批分的百分比,这大约可以看作是我国作文批分科学化的最初尝试。

作者认为"作文的拟题"是作文教学中最感困难的问题,他说:教学生作文如要达到教学目的是要有计划的,所以决不能毫不思索地随意写一个题目;替学生拟题是要斟酌时地环境和学生的程度的,所以决不能抄袭模仿;替学生拟题是要根据学生的学识经验和生活需要的,所以决不能根据教师的学识经验。他对拟题的预备问题、拟题的方法问题、题面的修辞问题和题目的限制问题等,分别加以探讨。

"作文的练习",也是一个重点。对课内练习与课外练习的关系,作者是这样看的:我自己教学生是规定一期在课内做,一期在课外做的,我并不是好为折中调和的主张,乃是另有理由的。我以为作文各种练习的性质不同,有些带文艺性的文章,是教室内逼不出来的。譬如教我关在教室里做一首诗,我就要交白卷。有些必须参考书籍的文章,或必须观察实际事物的文章,关在教室内是做不好的。有些演说的稿子,笔记的练习,也要课外去做，易于搜集材料。但是，有时我们教学生做些短篇的快做练习，有时做些应用文字的练习，有时做些听讲笔记，翻译练习，重写练习，这都该限定时间在课内做好的。而且我以为教初年级生应该课内练习多些；教高年级生，应该课外练习多些。这一看法也是有道理的，能根据教学的实际情况作分别处置。

他还较为重视"作文之规约及指导"。他说：自从新文学家的教师对于作文教学主张自由放任，不拘形式之后，学生视作文为一件很随便的事。自从提倡新文学以后，学生想模仿些新的写式，新的标点，新的文法上用字和句式，又苦没有确定不易的标准，只好任意乱写乱用，所以中学生的作文，无论在用具上、标点上、内容上、形式上，各方面都呈现极紊乱而不齐的一种状态。还有许多学生在写作上养成很多不守规则的恶习惯。有些教师以为这些形式问题、习惯问题，在教学上是不必重视的。这些是很不妥的。现在社会上的应用文字，无论写信、著书、做古文、做报告，都有一定的格式，学生的练习作文，难道可以不注意吗？那么在作文之前，教师不得不预定些约束的规约，教学生共同遵守了。关于作文的指导，他还认为"教师与其多费力删改，不如多费力指导"。他从搜集材料、组织文章、结构文句等方面，对如何进行指导谈了自己的看法。

关于文章的批改，他对学生作文中的问题作了"宜改的""难改的""绝对不宜改的"3种情况的区分，且较为重视学生自己的体悟："不过我以为最重要的目的，还在使学生自觉他文字的优劣。倘使批了之后，学生仍不自觉，那就等于不批。""如果要批改发生功效，要学生自觉文字的优劣，明白批改的道理，便要做些指示矫正的工夫；要学生得到互相观摩之道，还要把选卷发表或揭示。"

阮真的作文教学研究有两点值得注意：一是特别了解中学生的作文实际程度和存在的问题；二是特别执着于作文教学的科学化的追求，使作文教学的标准具体化、严密化，评分标准定量化。对学生的作文程度的要求不是很高，但在具体教学环节上却要求甚严，对改变作文教学的随意性、主观性做了很大的努力。

第五章 代表人物的写作教育观

第一节 黎锦熙

黎锦熙（1890~1978年），字劭西，是现代语文教育史上的一位成绩卓著的风云人物。在近七十年的教学生涯中，他共出版了四十余部著作，发表了两百多篇论文，其中大部分是关于语文和语文教育研究方面的。他26岁时即应聘担任教育部教科书编纂员、编审员及文科主任之职，积极投身于以"国语统一""言文一致"为目标的"国语运动"，为推广普通话、汉语拼音，进行文字改革等，做了许多开创性的工作。有人认为他在当时那些名人中，"单就国语运动说，要算是用力最专，著书最多，活动范围最大，影响人比较多，工作比较持续，成就最卓越的了"[①]。早在1915年，他就大力倡导将国文科改为国语科，为语体文教学争取合法地位。1924年，应国语教学之需，他出版了我国现代第一部语体文法书——《新著国语文法》，第一部国语教学法书——《新著国语教学法》（二书均由商务印书馆出版），为国语教学奠定了基础。同年，他还在《教育杂志》上发表了《国语的"作文"教学法》长篇文章，这也是最早对国语的作文教学法作较为系统精详论述的专文。

[①] 梁容若：《黎锦熙先生与国语运动》，见《黎锦熙论语文教育》，334页，郑州，河南教育出版社，1990。

黎锦熙对写作教学的见解，体现了独特、敏锐的洞察力和理解力，体现了教育改革家的眼光和气魄。

一、语文教学上的"三原则"

从民国初年开始到 20 世纪 40 年代末的这几十年间，国文教学的质量一直不尽如人意，国文界批评和改革之声沸沸扬扬、不绝于耳。黎锦熙在《各级学校作文教学改革案》（载《国文月刊》第 52 期）一文中认为"各级学校本国语文科，其水准颇有江河日下之势，原因全在教学方法的陈陈相因，不凭经验以谋改革"，为此，他提出了"教学上的三原则"：（一）写作重于讲读；（二）改错先于求美；（三）日札优于作文。这改革"三原则"，可谓纲举目张、切中要害。

"三原则"的第一条，是就写作与讲读教学二者在课程结构中的重要性而言的，这是一条"大原则"；第二、三条均是讲写作教学的，第二条讲的是写作教学和批评的标准，第三条讲的是写作练习的方法，这是两条"小原则"。"三原则"实为语文教学和写作教学中的三对矛盾，其中第一对矛盾是根本，是前提，只有确定了写作与讲读教学在整个语文教学结构中的位置，才有写作教学的课程、教材、教法可言。

关于"写作重于讲读"，黎锦熙说："这本来是一般人都承认的，只因各级学校的国文教员，大多数因为负担太重，时间不够，对于学生作文的批改和指导，实在太轻忽了，所以特提出来，作为第一原则。"就是说，写作与讲读教学二者孰为轻重，这本来是不成问题的，只是因教员负担过重，而使"写作重于讲读"变为事实上的"讲读重于写作"。这种错位，不只是教学内容表面上的比重失衡，实际上导致了对整个语文教学认识的质变，语文教学的目的、要求、标准、教材、教法等，几乎所有的方面均随之发生了偏离。

笔者认为，"写作重于讲读"这一命题，大约包含着两个层面的意思。一是写作能力的培养比阅读能力的培养更为重要，写作能力对阅读能力的包容性，大于阅读能力对写作能力的包容性；一是写作教学在整个语文教学本体结构中的重要性大于阅读教学,语文教学的矛盾的主要方面是写作教学。语文教学中谁为"中心是以写作教学的需要来组织阅读教学,还是以阅读教学的需要来组织写作教学?"简言之,是"以读带写",还是"以写带读"?这的确是一个带根本性的问题。

写作与讲读教学,二者不是相互排斥而是相互依存的。黎锦熙在强调写作教学的重要性的同时,也谈到"作文仍以讲读为基础,讲读教学若不改革,习作必受其影响",这是从二者的联系上来确立教学的着眼点的。写作不能离开讲读,讲读应当促进写作。就文章讲文章,不是讲读教学的全部目的,要就文章讲写作,真正发挥出"基础"的积极作用。

被黎锦熙称为"一般人都承认"的"写作重于讲读"这一命题,时隔半个世纪,现实的情况是大部分语文教师都不承认的。大部分语文教师承认的是叶圣陶说的:"阅读的基本训练不行,写作能力是不会提高的。……实际上写作基于阅读。老师教得好,学生读得好,才写得好"。[①] 这是否意味着观念上的进步?从学生上讲读课时的那份无奈中便可得出正确的结论。

在"写作重于讲读"这个大原则下,黎锦熙认为,注重写作,并非单单地要学生作文的次数加多;教员的批改和指导,也须把握一个原则:改错先于求美。这抓住的是写作教学的关键。他说:"一般改订作文,多属凭虚望气。对于四百号的'语文'基本工具,师生都还运用未熟,秕缪百出,乃但凭霎时间的主观私见,一味做八百号'文艺'上的笼统批评。'通''不通'的问题还没解决,就净说些'美''不美'的鬼话。今矫此弊,故以改错当先,求美居后。"这涉及的是如何确定作文教学训练的目标和批改作文的标准问题,主要是如何处理求"通"与求"美"的矛盾。

从写作教学来看,首先要解决的是正确地运用"语文"基本工具问题,而不是指导学生从事"文艺"创作,培养作家。对于中、小学生来说,能正确地表情达意,写出没有文法上错误的通顺的文字,就算是达到

[①] 叶圣陶:《阅读是写作的基础》,见《叶圣陶语文教育论集》,491 页,北京,教育科学出版社,1980。

了教学目的。至于写得美不美，有无文学性，那就不是教学上的一般性的要求。关于这一点，客观地说，现今语文界在理论上已达成共识，但是在教学实践上却未必都能这样做。教师津津乐道的仍是形象、性格、意境、艺术手法等，对学生文字的基本功训练缺乏扎扎实实的评改、研究的功夫。对作文的评改，大体上还停留在黎锦熙所批评的"浏览浅尝，空谈无补"的状况，求"通"与求"美"的矛盾尚未得到根本的解决。

第三条原则"札优于作文"，实际上是"掌握'语文'基本工具"这一思路的延伸。黎锦熙说："日记札记，有内容，重资源，比之堂上限时作文，偏重语文形式之正确无误者，当然益处更多，效用较大。日记札记，包括实际服务时写的报告、记录等，并包括堂下的拟题写作等，都应当积极地有目标、有用处，不像堂上作文仅是消极地备考核、供改订而已。"他认为"日札优于作文"具体表现在两个方面："一为实现'教导合一'。一般国文教师还不能与学生共同生活时，从每个学生每日生活的自白与课业心得的自述中，可以得到领导工作上较为切实的参考资料，更便于个别领导。一为专科以上之'论文准备'。读书积理，早定方针，从日札上即可作点滴的搜集和长期的浸润，免致像过去临到毕业才张皇抓题，胡乱抄袭。大学的毕业论文，竟成为徒备形式、无关课业的废物，毛病就出在平日缺少具有固定方式与轨道的指导。课业、泛览、生活与论文各不相联系，唯有日札才可使一元化。"凡有教学经验的教师对此大约均有同感，但是，同样奇怪的是，大家在教学中实行的却是"作文优于日札"的原则，似乎堂上"作文"才算正经作业，而堂下"日札"则可有可无，日札与作文的关系始终没有处理好。

所谓"日札"，黎锦熙这一概念包含的范围很广，包括了几乎所有课外的写作形式，这类写作，学生有较大的自主性，题材和体裁均不受限制，学生能写出自己感兴趣的东西，并发挥出自己的写作上的优势。大部分学生的这类课外自由写作，都比课内限时、命题、甚至命意的"遵命"作文要写得好。既然文章从根本上说主要是个人的创造性的精神产品，而不是大批量生产的规格化产品，为什么在教学中非要削足适履、压抑学生的写作个性呢？当然，这也并不是说可以不要课内作文，既为教学，就不能完全听凭学生自由行事，也就有必要按照一定的教学目的、要求，对学生作适当的限制和指导。而问题的关键并不在于此，而是在于如何处理好自由作文和遵命作文的关系，在于如何遵从写作这一精神活动的特殊规律，最大限度地促进学生写作才能的发展。对此，黎锦熙的使课业、泛览、生活、论文一体化的写作观，是很有启示性的。

二、国语作文教学法的根本

"改学校国文科为国语科"，这是我国现代语文教育的一个重大变革。黎锦熙在《新著国语教学法》中阐明了之所以这样做的两条理由："（一）要使文字和语言一致。文字以语言为背景才是真正确切的符号，才能作普通实用的工具，才能成有生命有活力的艺术。（二）要使全国的语言统一。第（一）件果然办到了；若是国语不统一，那文字不也跟着它不统一——分裂了吗？"① 据此，他提出了作文的两个原则："一个是作文必须以语言为背景，一个是作文的背景要用统一的标准语；换句话说，一个就是言文一致，一个就是国语统一。"② 他进而将国语的作文教学法的根本问题，概括为两点："（一）儿童先学注音字母要以'音字'济汉字之穷，便须先以'音字'代汉字之用，然后作文教学，才能免除种种无谓的障碍，以求深合教学的原理，而尽量运用教学上的新方法。（二）教师深究国语文法要使作文教学的指导、矫正、批评、测验等都有一定的标准与把握，便须随时将文法精确而彻底的研究。若只讲求那些枝节上的方法，终于无济而徒劳。""儿童先学注音字母"，作文才能以语言为背景；"教师深究国语文法"，作文教学才能以统一的标准语为背景。这两点，对处于转型期的作文教学来说，具有划时代的意义。

由此出发，黎锦熙对小学6年的国语作文教学作了全面规划。他认为

---

① 黎锦熙：《国语教学之目的》，见《黎锦熙论语文教育》，26~27页，郑州，河南教育出版社，1990。

② 黎锦熙：《国语的"作文"教学法》，载《教育杂志》第16卷第1号。

小学的初年级（第一学年）关键是要建设一个练习运用注音字母的课程，读本的第一、二册全用注音字母拼写确定的"音字"编成，已熟的儿歌、谜语和校名、教室名牌、学校地段、课程表、学校布告、家庭通知簿等，也一律用注音字母，通过阅读掌握注音字母，作为作文的基础。正式的作文，是实行设计令儿童用纸片自行标记教室等处的物名人名等，以练习单词的写法；教师的命令先用口说，次即令儿童用听写法笔记其简短的语句；一切容易遗忘的事件，都随时指导儿童作简单的记录，使亲自获得文字"持久"的好处；设计令儿童书写一切用文字代语言之条幅标记、通信、报告等简单的语句，使共同获得文字"行远"的好处。第二学年以后，读法和作文，为应付社会事实上不得已的需要起见，只好暂以"汉字的增多与熟练"为一个教学的目标。好在"音字"已经熟练了，作文时，记得汉字，就用汉字；忘了汉字的写法，马上就可以代以"音字"，同时学习运用标点符号。第三、四两学年主要有两项任务，一是通信、条告、记录的设计，二是实用文、说明文的写法研究、练习。这就开始涉及国语文法，主要是指教师要有国语文法的修养。教学中应注意两点，一是"真切"，就是运用设计法从实际上引起作文的动机，或计划，或报告，或通知，或记录，借这些机会教学作文，自然都有目的，都有兴趣，能真切地发表，而不是对着凌空而来的题目绞出一篇肤廓塞责的东西了。二是"迅速"，因为儿童作文太慢，完全是写字耽搁了工夫，将作文时敏活的灵机完全打断。所以初期作文，白字连篇，是当然的事实，万不可视为"厉禁"；通行的俗体减笔字是应该提倡的；行书是早该练习的。高级小学的作文也有两个要点，一是实用文、记叙文、说明文、议论文的写法研究、练习、设计，应先辨明这四种文体练习的历程和要求。二是四种文体的要点和所谓"练习、设计"的方法，关键仍旧是"国语文法"。

关于"国语文法"方面的要求，黎锦熙还作了专门的说明。他认为在《课程纲要》（第五学年）上要加一句"注重国语文法"。因为第五学年以后的作文教学，正是要叫儿童们"自己明白自己的错误"的时期，所以文法上必要的术语和方式，应该就这作文的机会，随意说明。无论在第五学年以前或以后,第一要在学校里"培养一种极好的语言风气",就是造成"统一的标准语的环境"。因为这种"无需指导的经验,是国语科自然的教材,也就是文法之真切的背景"。在第五学年以前,文法上的术语和方式,固然不要向儿童提出,可是教师自己必须作一番彻底的研究。因为从初年级起,文法这样东西,在说话作文的教学上,就是教师暗中指导儿童走向正路的明灯。

黎锦熙的国语作文教学的构想,至少有几点仍值得我们重视:(一)初年级儿童应从"音字"写作入手,再过渡到汉字写作,这可以解除儿童在写作学习上的许多障碍。(二)应着眼于学习、生活的实际,引起学生作文的动机,使其有目的、有兴趣,能写得真切。(三)初期作文,不应过分注意儿童书写的正确和"厉禁"写白字,以至干扰儿童的文思。(四)要在学校中"培养一种极好的语言风气",造成统一的标准语(普通语)的环境,这是国语科自然的教材、文法真切的背景。(五)"文法"在说话作文教学中,是教师必须掌握的武器,不懂"文法"便处于盲目的境地。这几点,有的实际上已成为今天作文教学的规范,如(一)、(二)点;有的则是应做却做得很不够的,如(四)、(五)点;也有可资商榷的,如(三)点(在低年级是否要厉禁白字,需要通过实验来验证)。总之,黎锦熙的国语作文教学法的构想,为现代国语作文教学奠定了基石,建立了一个较为科学的新形态,不论在当时还是现在,都不失其价值。

三、"文法"批评和评改方法

从写作教学的本体看,黎锦熙最为关注的是"文法",学生写作需要"文法"的指引,教师写作教学需要"文法"的素养。他说:"究竟什么是'作法'呢?怎样去'研究'呢?一个最大的关键,就是'国语文法',就是教师要有国语文法的'素养'。"[①] "说到作文的教学法,便须先完成一个根本的条件,就是'教师要能够彻底了解国语文法'。文法并不

---

① 黎锦熙:《国语的"作文"教学法》,载《教育杂志》第 16 卷第 1 号。

是教小学生的，乃是教师教作文时的指针和尺度。怎样出题，怎样指导，怎样评改，这些似乎都是作文教学上的重要问题，其实说来说去，都是些空话；只要教师真正懂了文法，'神而明之'，自然能够发生许多巧妙而有效果的方法来。所以教师从初年级起，便要在教学读法之前，自己努力对于读本的文法，作一番基本的、实用的研究，这就是'作文指导'的预备功夫。"① 这种看法应当说是有其科学性的，对写作教学走出文艺上的笼统批评与抽象的"通"或"不通""好"或"不好"的迷津，"文法批评"不失为一条可靠的路径，尽管他在某种程度上夸大了"文法"的功能。

与"文法批评"相配套，他制订了"作文批改及指导办法"：一，批改中小学及专科以上学生作文，都应采用一定的符号，先让学生自行修改。二，使用批改符号……务求简明。三，教员于眉端或篇末仍可随意加评语，并可于句读断处随意加圈点表示嘉赏。但文中应改之处都不可遽改。四，标明符号后，发还学生自改……限期改毕复缴，然后核正记分，发还指导，解答问题。五，每作文一次，由各班教员于下次作文前制布全班"四种错误表"如下：（一）字体错误表。（二）文法错误表。（三）事实错误表。（四）思维错误表。六，前条"四种错误表"，应于每次作文批改后，即将材料分别登记，以资汇制；可令学生于"发还指导"时间内，各将所作篇中"错误"和"订正"，并必须的原文"实例"，分别照录于小纸片。每个错误为一行，每种符号为一纸，当堂交齐。教员即加整理，汇制成"四种错误表"，于下次作文前布知。七，相同之错误，于表中"错误"字句之右上角，用"二、三……"等小字记出人数，用"2、3……"等小码记出次数，以凭统计。八，每人之错误，须按名分项逐次登记，惟相同之错误至两次以上者，须注意予以递重之警惩。九，每学期末，总汇各次的"四种错误表"及各生的"错误登记册"，制成各种登记表，并可加以评断，提出改进方案，师生集体发表为论文或专著。② 黎锦

---

① 黎锦熙：《国语的"作文"教学法》，载《教育杂志》第16卷第1号。
② 见黎锦熙《新国文教学法》，2版，50~54页，北京，北京师范大学出版部，1951。

熙认为这种批改指导实际方案主要有两个方面的意义：一是使学生反省自改，如此方能"不贰过"；一是制布"四种错误表"，如此即是"师生合作"。教师可根据这种来自实际的好材料，细心分析，统计研究，借以长养自身学识，因为学生作文簿中的错误，实在是头等的研究材料。"故师之勤勤恳恳，终宵摩挲学生作文簿，实是'为己'之学；生之一改再核，三检四登，彻底自省求进，亦大呈献其'为人'之效。"①

上述办法，果能实行，其优点自不待言，只是工作量较大，做起来有一定的困难。黎锦熙也曾说到西北联大推行此法，"认真实施，一学期后，渐难支持，其原因就在教员的负担太重，比较担任二年级以上的分系功课要多费数倍的时间"。② ——这问题不是出在"文法批评"的观念和评改的思路上，而是在于具体方法较感烦琐，师生没有这么多的时间来完成这项工作。要是能对评改的程序作一些简化，势必会提高写作教学的效能。

四、相互联络的作文教学法

写作教学是语文教学课程结构中的一部分，它与其他部分相互依存、相互促进。黎锦熙不但注意到写作教学内部与外部的各种矛盾，而且也注意到它们相互统一、相互联系的一面。他的写作教学结构是一个开放式的系统，他提倡相关教学内容的整体联络，对此，他从三个方面作了专门的讨论。

第一是"非作文的作文"。他说："初年级的儿童，当未能提笔为文时，应特别注重'话法'以为作文的基础。话法就是'语言练习'，也称'口语缀法'。……在高年级的语法教学中，有两件事和作文有关系：1. 讲演　用故事或常识做材料。2. 辩论用　正式集会的形式；拣定一个题目，正面反面，都有理由的，分全级为两组，各主一说，互相辩驳，由公证员评判胜负。这两件事，本身就是一种'口语缀法'的练习，而且事前的预

---

① 黎锦熙：《新国文教学法》，2 版，58 页，北京，北京师范大学出版部，1951。
② 黎锦熙：《大学国文之统筹与救济》，见《黎锦熙论语文教育》，248 页，郑州，河南教育出版社，1990。

备、事后的记叙，都是作文的最好的机会和材料。——这可说是话法的作文。"① 讲演和辩论，不但小学生可作，对中学生、大学生而言，也都是一种极好的口语和写作训练。而演讲和辩论又是一种青少年非常喜爱的群体活动，对这两个项目的兴趣，自然会迁移到与其相关的写作上去。这样的"非作文的作文"，也许比煞有介事的正式作文，效果更佳。

第二是"作文的艺术化"。黎锦熙说："小学自由作文，大都以记叙文为多；记叙文的要素在于真实而深切的描写。这好比艺术科的图画教育：不但描形、施色、投影，必先有详密的观察认识，是和写生画一样的历程；并且艺术上的写生与作文时的写生，简直可互相参用，化为一物。……拿图画来补助作文之所不足，或就图画加以叙说，以引起作文的思致，都是初年级所能办得到的；就此法引而伸之，便是作文的艺术化。"② "拿图画来补助作文之所不足，或就图画加以叙说"，这些都是中、小学生很乐意做的事情。作文能触发绘画的兴致，绘画反过来也能引起作文的思致。"作文的艺术化"对诱发写作动机和欲望是很有助益的，大部分学生都很喜欢为自己的作文配插图，因而把写作这个"苦差"变成赏心乐事，其认真程度往往超过老师的期待。

第三是"作文与读法教学联络之点"。黎锦熙认为低年级儿童最爱的是"故事"，所以读法教材以故事为多；利用这点，以为作文出题的标准，可以培植并助长他们自由创作的心能。（六种具体方法从略。）对于高年级学生，他认为这些学生的心理，渐渐地趋向于现实，爱讨论他们环境中所有的或新发生的"事实"和"问题"；利用这点，就国语科或他科讨论、研究一个问题的结果，便命题作文；等到批评发还之后，即选读关于本问题的名著，使可比较自己的文章，知道缺点在哪里。读法与作文相联络，使二者都显得生动活泼起来。

以上三个方面也不是相互分离的，可以随机地将它们组织在一起。黎锦熙在《新著国语教学法》中所推行的"设计教学法"，就是根据这种各

---

①② 黎锦熙：《国语的"作文"教学法》，载《教育杂志》第16卷第1号。

学程、各学科的开放式联络的观点，将有关内容构造成一个有机的整体。他说："随时随地利用儿童生活中的种种事实，联结他们的种种经验和环境，作一种普遍而流动的教材；按着他们身心发展的过程（大约可比照人类学中初民进化的过程），施一种辅导自动、共同创作的教学法。不但读法、话法、写法、作法要打成一片，就是国语和其他科目也要打成一片。读本（一部分）乃是教师和儿童们共同的作品。"① 他介绍的教法的实例，从一个偶发事件（一个学生捉了一只麻雀）开始，通过教师的借题发挥，引导学生参与进来，很自然地生发出一系列的相关的讨论和行动，内容涉及国语科的语法、作法（说和写）、读法、书法，并涉及自然科、体育科、社会科、算术科、艺术科、音乐科和"校园工作"等几乎所有的科目。黎锦熙说："这段教材，连续的用了三天，经过十几个时间，关涉全部的科目。授课和工作连成了一气；知识和行为打成了一片。他们的'揭示'和'碑文'两种作品，便可作读本应用文材料。教师再把这次经过的事实，整理、修饰，简单地记载出来，便成了读本中间一两课真切的记事文章。这种经验，可创造他们自己的环境；这种记载，可保存他们自己的经验；而这种文章，又成了他们环境的一部分。"② 他认为这种教法才是教学的上品。上品的教学，不局限于一种设计法，更不专从偶发事件引起动机。如说故事、童话，如读诗歌等，有时要从一定的实物、图画等观察，或径从读本文字上运用起，不拘泥。

这种开放的、随机应变式的教法，对学生自然有极大的吸引力，且能收到良好的教学效果。只是教学难度较大，不是所有的教师都能做到的。但是，就其教学观念而言，无疑是很"新潮"的，是值得在实践中进行尝试的，哪怕还不能做到全方位的开放，哪怕还不能将教学组织设计得十分完美，只要不再把写作教学孤立看待，只要能有意识地、尽量地将写作教

---

① 黎锦熙：《国语教材和教学法的新潮》，见《黎锦熙论语文教育》，49~50页，郑州，河南教育出版社，1990。
② 黎锦熙：《国语教材和教学法的新潮》，见《黎锦熙论语文教育》，53页，郑州，河南教育出版社，1990。

学与语文科或其他科目的相关内容打成一片,就一定会收到事半功倍的效果。

黎锦熙是那一时代的著名学者中最为关注基础教育研究,对语文教育贡献最大的一位。他在青年时代就已成为颇有名气的语言学家和教授,以他的学识和才华,完全可以在学术理论研究上有更大的成就。但是,他却毫无怨言地、全身心地投入到语文教育的基础建设上,以其大学者的远见卓识,为我国现代语文教育的科学化,做了大量的、极有成效的工作。在写作教学方面,他的见解,不论是宏观的还是微观的,都体现了很强的时代气息,抓住了写作教学的规律和趋向。

第二节 陈望道

陈望道(1890~1977年)是我国现代享有崇高声誉的学者和语文教育家,他不但在语文改革、文学理论、美学、语言学、文法学、修辞学等领域均有建树,而且在写作学和作文教学研究方面也颇有成就。他在1922年出版的《作文法讲义》一书,堪称我国现代作文法研究的奠基之作。他的作文教学观,为写作学科走出传统、跻身现代学科之林奠定了基石。他的作文法研究,对20世纪20年代以后的作文教学有着广泛的影响。

一、一切都想提纲挈领地说

以八股文教学为主要内容的传统作文教学体系,随着科举制的废除而迅速崩溃。然而,由于尚未建立起新的作文教学体系,作文教学依然无法摆脱八股精神的影响。因此,五四以后,重建写作学科的任务已迫在眉睫。陈望道在20年代初的作文法研究,便是建立现代作文教学体系的一个尝试。

陈望道跟当时的一批有识之士如梁启超、夏丏尊、叶圣陶等人一样,对作文教学的研究都是始于对传统的批判性的反思。陈望道说:"我颇感我们中国以前种种关于作文的见解，有些应该修正，有些应该增加，有些向来不很注意的，从此应该注重。我又希求从来对于作法只是零碎掇拾的惯习，从此变成要有组织的风尚。"为此，他在《作文法讲义》"序言"中开宗明义地指出："这一册书……在我编时注意所及的范围内，一切都想提纲挈领地说；一切都想条分缕析地说；一切都想平允公正地说。"这既是陈望道作文法研究的指导思想，又是他的作文教学观的总概括、总说明。

陈望道在这里提出的"我又希求从来对于作法只是零碎掇拾的惯习，从此变成要有组织的风尚"和"一切都想提纲挈领地说"的看法，实际上表明他要重新创构科学的作文法体系的设想。

陈望道的作文法体系由3个子系统构成："文章构造""文章体制"和"文章美质"。

"文章构造"，包括段、句、词3个成分。

"文章体制"，包括记载文、记叙文、解释文、论辩文和诱导文5种文式。

"文章美质"，包括明晰、遒劲和流畅3个特点。

这一作文法体系，是对作文法研究对象和基本内容的宏观概括，确实做到了提纲挈领、纲举目张。文章构造部分，揭示的是文章的一般构成形态，可使学生获得初步的文章形式观念；文章体制部分，阐明的是文章的各种表现规律，可使学生形成较为明晰的文章体式观念；文章美质部分，讨论的是文章的表意功能，有助于学生形成一定的文章传达观念。

陈望道认为：以上三个部分，"是文章技术所在的全领域（着重号系笔者所加，下同）；无论什么作文法，彼底项目决不会在此范围以外，所有的差异不过是详略的不同或意见的歧义罢了。"这种高屋建瓴的统摄和简化，是陈望道作文法体系建构的一个特点，也是他的作文教学观区别于传统作文教学观的根本所在。

我国传统的作文法研究，偏重于对文章形式作感性分析，现象描述有余，综合概括不足，即所谓"零碎掇拾"，缺乏宏观意识。教师津津乐道于平仄韵律、对仗排偶、用事炼字，以致"推敲"这个典故，成为千古不衰的美谈。这是一种"只见树木，不见森林"的作文法。而陈望道所希求的"有组织"的作文法，则注重于文章本质特征的总体把握、作文法的宏观体系的建构和作文基本观念的确立。这才真正体现了作文法作为一种普遍性法则的要求。

要对"文章技术所在的全领域""提纲挈领地说"，这需要对繁杂的作文现象进行全面的概括和提纯。陈望道的作文法体系表明，他确实得理论思维之宏旨，做到了认识的深刻性和表述的简洁性的统一。他的作文法体系以文章构造法、体式法、传达法为纲，以3个构造成分、5种表现体式、3种传达特质为目，构成一个严谨的作文法基本概念演绎系统。诚如他自己所言，无论什么作文法，概莫能外。这种以简驭繁的精粹性，既是科学抽象所要求的，也是作文教学所必需的。

我们知道，作文教学不同于其他知识性科目，它对于学生的帮助，有很大的局限性，这决定了作文教学不可能也不必要面面俱到。它"所能教人的只有规矩"，① 即最基本的作文规律，以使学生得其精要，有法可依。因而，"一切都想提纲挈领地说"的指导思想，也是符合作文教学的功用性特征的。至于学生"入格"而后的"出格"，得其规矩而后求"巧"，这些都是作文教学更进一步的要求。

当然，这种提纲挈领的简化，绝不意味着认识的贫乏。陈望道确信他的作文法体系，将会涵盖"文章技术所在的全领域"，"将告诉青年们作文上各个重要的问题，又将告诉青年们这些问题的地位和这些问题基本的解决法"，在这里，他毫无矫饰地对自己把握客体对象的能力、对自己作文法研究的价值表示出充分的信心，这是完全可以理解的。因为，他的作文法体系中所涉及的各个重要的问题，都是经过对作文现象和作文教学实践的高度概括、抽取出来的最基本的问题，由此构成的基本概念演绎系统，具有本质上的丰富性和具体性，在教学中可收举一反三、触类旁通之效。

---

① 梁启超：《中学以上作文教学法》，3页，上海，中华书局，1925。

学生懂得选词、造句、分段，便会构造一切文章；掌握5种表现体式，便可应用于各种写作情境；具有明晰、遒劲、流畅的语言功力，便能实现所有的有效地传达。可见，陈望道的作文法体系的简洁性和以往那种"零碎掇拾"、捉襟见肘的认识上的贫乏，有着本质上的区别。

法不在多而在精，有所不为才能有所为，这些道理谁都懂，但做起来却不容易。

二、一切都想条分缕析地说

中国传统的作文教学，一向崇尚"多读多写"，文章妙处"只可意会，不可言传"，认为"唯勤读书而多为之，自工"。① 强调从读、写中"悟入"。这种根深蒂固的作文教学观，严重妨碍了对作文规律的探索，使作文教学实践蒙上了一层神秘化的阴影。时至今日，语文教学界还有相当部分人，只会对学生说"读书破万卷，下笔如有神""熟读唐诗三百首，不会作诗也会吟"之类的话，或者干脆认为"文章应该怎样写是说不清楚，讲不出来的"。② 停留在这样一种认识水平上，画地为牢，以其昏昏，使人昭昭，作文教学的悲哀，莫大于此。

而陈望道早在20世纪20年代初就"一切都想条分缕析地说"，而且，确实条分缕析地说了。说得怎样，这是另一回事，单就这种科学求实的态度，就值得称道。

如果说陈望道"一切都想提纲挈领地说"，追求的是作文法体系的总体建构及其宏观效应，那么，他的"条分缕析地说"，则是希冀于对作文法基本概念系统阐释的明晰性、透彻性，希冀于微观的深入。这主要表现在以下三个方面：

其一，对作文规律作多层次的累积式的揭示。

在陈望道的作文法体系的最高层次上，是对作文法宏观框架的总体式说明。阐明作文法研究对象是"文章底构造体制和美质"这三大类问题。

---

① ［宋］魏庆之：《初学蹊径勤读多为》，见《诗人玉屑》卷5。
② 高振远：《谈谈写作教学改革的构想》，载《高教战线》1984年第2期。

揭示这三大类问题的基本内涵及其在总体框架中的地位。在每一类问题之下，均还有两个层次以上的具体阐释，指出这些问题基本的解决法，把认识逐步引向细致和深入，力求建立一个具有宏观上的明晰性与微观上的透彻性二者相统一的作文法体系。

其二，注意到各层次内部区分的严谨和包举。

例如，在分段的方法这一层次上，陈望道把它区别为下述五种：

（一）以空间的位置为标准　如记一个学校，先写彼的东面，随写彼的南面，随写彼的西面，随写彼的北面，我们便不妨使这些各成一段。

（二）以时间的顺序为标准　如记日记，第一日的记事，第二日的记事，第三日的记事，都可各成一段。

（三）以逻辑的顺序为标准　如论中国最宜灌输俄国近代文学，如果先论俄国近代文学怎样，次论中国国情怎样，随后再结论中国最宜灌输俄国近代文学，这便可以各成一段。

（四）以事件的纲目为标准　如先说总纲，后说分目，或先说分目，后说总纲时，可以使纲与目各成一段。

（五）以说话的人物为标准　如甲乙对话，甲底话一段，乙底话又是一段。

总之，行文无异走路，都须在转弯抹角的处所分析为段。不转弯，不必分，一转弯便须分。

这五种分段方法，大体上包括了一切的分段类型，各条之间的标准是明确的，区别是清楚的，有分述，有总述，看了能懂，懂了能用。

其三，注重通过相关内容的互相参照比较加以鉴别。

这种参照比较既涉及作文法内部成分，也涉及作文法外部成分。例如在"文章的体制"部分，陈望道对五种文式特征的阐释，大抵都围绕着旨趣、条件、写作技能等方面，循序渐进地加以比较区别。先讲记载文，引入作文法外部成分"绘画"与"雕刻"的有关特点，作为认识的"参照系"；接着讲记叙文，就把刚说过的记载文，作为它的认知基础，分析"记叙文与记载文的糅杂和转变"；然后讲解释文，又把记叙文作为它的认知基础，区别它们的异同点；当讲到论辩文时，又把记载文、记叙文及解释文的有关特点，放在一起辨析区别；最后讲到诱导文时，也同样没有忘记阐明它与其他各文体的关系。如此，便构成了一个条理清晰、严密有序的文体系统。

由此可知，陈望道的"一切都想条分缕析地说"的希求，实际上还不只是为了使作文法基本概念系统精密化，而且，也是出于对学生和教学实际需要、对作文法实践性特征的考虑。为此，他在阐明作文法则的同时，还着眼于教学中的问题状况，作有针对性的、有重点的说明。

在《作文法讲义》中，凡是作者分析阐释得较细致、具体之处，往往就是作文教学和学生写作实践中较为重要或可能发生问题、感到困惑之处。例如，文章构造的选词、造句、分段这三个方面，作者对"选词"的解说最为详尽。由于词是文章构造的最基本单位，因而，选词自然也是作文教学中的一个关键问题。文章的体制部分涉及的五种文式，作者阐释的重点是记叙文、解释文和论辩文，这也是因为它们在诸文式中更具重要性。此外，对于这种新的文体分类法，因其迥别于传统分类法，所以作者对此设专节详加说明，使师生能懂得这一新构想在教学上的功用及其价值。

我们认为，陈望道的这一将作文法阐释和教学中的问题状况相结合的思想方法，是有重要的教育学意义的。在目前的作文教学中，存在着两种值得注意的倾向：一种是脱离学生的实际，泛泛而谈一般的作文知识；另一种是从感性经验出发，对学生的作文训练作感想式的、随意性的指导，缺乏必要的理论上的阐述和规范。这两种倾向也表现在教材建设中，知识类教材"目中无人"，置师生的教学行为、教学难点、疑点于不顾；训练类教材，对作文基本规律的揭示则显得稚拙无能。因此，如何把作文法的探索和具体教学情境的研究有机地统一起来，这将是我们当前作文教改中亟待解决的一个重要问题。

三、一切都想平允公正地说

陈望道是我国语文教学界中主张语文教学必须走现代化、科学化之路的倡导者之一。他在谈到大学文学系改革时曾经指出:"在中国文学系贯彻'现代化'一个原则……可依靠现代的需要,重新检讨一切课目的内容和分量,看是否适于养成现代的人才。在中国文学系贯彻'科学化'的一个原则,也许极其困难,但也非常需要。我国旧式的文学教学可说有三大特点:一是艺术的,即不讲步骤;二是天才的,即不希望人人有成的;三是终生的,即不预备短时间收效,也无法在短时间收效的。如要改进这等旧状,使受学的时间缩短,又能普遍有成,必得贯彻'科学化'一个原则。研究,力求科学的;基本训练,也力求科学的。"① 陈望道的"一切都想平允公正地说"的希求,实际上便是他欲使作文和作文教学研究贯彻现代化、科学化原则的一个具体表现。因为要"平允公正",势必就要科学合理,体现现代意识和现代的认识水准。

陈望道的这种努力可以从三个方面来看。

(一)建立科学的作文法基本概念系统。

我们知道,一个学科成熟与否,取决于它的基本理论研究的水平。而要在基本理论研究上取得进展,必得在科学的方法论指导下,确定符合该学科特殊规定的研究范畴,通过对研究对象的全面的、客观的分析和概括,形成一个具有内在自洽性的基本概念演绎系统。我国传统的作文教学之所以一直依附于阅读教学,未能成为一门独立的学科,其症结就是在于忽视了对于学科基本理论的建设,对作文和作文教学的认识,始终徘徊于经验的、直观的层次上。而陈望道的作文法研究表明,他已经有了走出迷津的自觉。

从《作文法讲义》中,我们可以看出,陈望道首先做的就是为作文法研究确定一个基本范畴。在该书第一章"导言"中,他把"文章的目的论"排除出作文法研究范围之外,确认作文法讨论对象是"文章的方法论"。这就从本质上为作文法的研究方向作了规定,即作文法是一门行为科学,其研究内容是文章技术和写作行为。从"文章的方法论"这一研究

---

① 陈望道:《两个原则——上海公私立大学教授对于中国文学系改革的意见》,载《国文月刊》第65期。

方向出发，进而推衍出三大类问题：关于文章构造上各部分的问题，关于文章体制上各类文式上的问题，关于文章色彩上各种美质问题，从而建立起作文法研究的基本范畴。用陈望道的话来说，就是这三大类问题覆盖了"文章技术所在的全领域"。陈望道就是在这个基本范畴里建构起体现了自己的独立构思的作文法基本概念演绎系统。这一基本概念演绎系统的理论背景，是现代语言学、文法学、修辞学、文体学、教育学、接受美学等学科的研究成果。在新的认知背景下，陈望道有了在其注意所及的范围内，去"平允公正"地解决作文上各个重要问题的可能。由此建立起的作文法体系所体现出的新的作文和作文教学观念，给写作学科带来的深刻的变革，如果我们不是站在写作教育史的高度来认识，是难以做出正确的估计的。

（二）创立了作文教学基本型文体分类法。

我国传统作文教学的文体分类，如陈望道所说，存在着两方面的问题。一是存在着"阶级的（如分别奏议与诏令两类）与凌杂的（如序跋依据文章排印的处所分，奏议与诏令又依据作者与读者的关系分）"毛病，未能形成合理的文章修辞界限与练习程序。二是将一般意义上的文章作品的文体分类，混同于作文法上的分类，缺乏教学意识，这不利于学生认识文章的各种表现特征，培养他们作文的基本能力。鉴此，陈望道一改传统的"文章作品上的分类法"为"作文法上的分类法"（即作文教学基本型文体分类法）。他断言："我们这一种文体分类法，是我们怀抱确信的新方法。这种新的文体分类法，不但包含了一切文章作品的基本写法，而且也体现了作文训练与能力培养的由浅入深、由易到难的内在衔接性。"先练习记载文，次练习记叙文，又次练习解释文、论辩文和诱导文"，这里，在前的文体为在后的文体奠定了认识基础，而在后的文体由于包含了在前的文体的某些要素，因而，它在教学过程中，又反过来加深了学生对在前的文体的认识。可见，陈望道的作文教学基本型文体分类法，是充分考虑到作文教学的基本规律的，其构想是科学的、合理的。它纠正了传统作文法文体分类的非教学倾向，使得文体分类和作文训练的内在规律有机地统一起来，导致了作文教学文体观念的转变。而这种文体观念，能为作文教学界所接受并达成共识，其认识是否"平允公正"也就不言而喻了。

（三）在一定程度上注意到了作文法的动态特征。

传统作文法研究，一般侧重于对文章作静态的、平面的分析，如讲文章的构成，便是讨论文的形式技巧。而陈望道讲文章的构成，则是由选词、而造句、而分段，体现了篇章整体的累积过程和学生谋篇能力的生成转化过程。传统的文体写作教学，不是从静态的文章赏析入手，就是讲一些一般的文体知识，而对作文法的要义，即作文该如何作，却不太重视。陈望道虽然也还不能完全摆脱作文教学的静态分析的模式，但是，他已经开始注意到去揭示文体写作的行为程序。如在记叙文部分，他谈到要先确定记叙文的旨趣，再搜集切合记叙旨趣的事实，然后选定记叙的中心事实，进而明确记叙的停留点、流动的次序和缓急等。论辩文写作，则要先确定论题，进行论题判断，展开阐明论旨的论证，再展开论辩本文的证明，这就要搜集证明责任内应有的证据，考虑有关的论证法式，证明完了，再得出结论。这类表述，便为学生提供了一个可以依循的写作行为的动态程序。

用以指导学生写作实践的作文法，不能不对写作的行为过程作动态描述。因为，作文法的研究，其目的就是为了培养习作者的写作实践性技能，习作者除了需要一定的理论知识外，更需要的是具有理论内涵的"操作规程"和"动作要领"。离开了对写作行为过程的动态描述，一般性地讲文章知识，无论讲得如何透彻、正确，毕竟还是与学生的写作实践隔了一层。所以，注重作文法的可依循性、可操作性，是科学的作文法体系的一个基本要求。

写作学科的现代化、科学化，这是改善写作学科状况的必由之路，是五四以后语文教学界的一代开拓者的共同追求，对此必须给予充分理解和重视。

陈望道作文教学观的精髓，在于以现代科学研究的新观念和新方法，大胆地革故鼎新，汲取相关学科的学术成果，拓展写作学科的理论视野，将作文法研究和作文教学研究有机地结合起来。他的贡献在于更新了作文教学观念和认知的背景,建立起区别于传统的作文法体系,开现代写作研究之先声。陈望道的作文法研究及其作文教学观之所以能独树一帜,这是因为他在现代哲学和社会科学领域有着广博的学识、深厚的修养和多方面的理论探索的兴趣,使他能以开阔的眼界和思路审视传统的作文法研究,建构现代的作文法体系。

第三节 梁启超

梁启超(1873~1929年)是我国现代写作学研究的奠基人之一。梁启超博学多才,在许多领域均有所建树。他的写作教学法研究,在20世纪20年代颇为国文界所关注。1922年,他在东南大学暑期学校作了《中学以上作文教学法》的讲演,1925年由中华书局出版单行本。这是我国现代第一本作文教学法专著。该书后来收入《饮冰室合集》,改称为《作文教学法》,内容略有改动。此外,他还有一些研究写作和写作教学的文章,散见于《饮冰室合集》中。

从数量上看,也许梁启超有关作文教学的著述并不算多,但是,他的教学思想对我国现代写作教学的积极作用却不容忽视。

(一)能予人以规矩不能使人巧。

我国传统的写作教学,历来认为"文无定法",唯有"神而明之",带着浓郁的唯心主义、神秘化的色彩。因而在教学中,如鲁迅所说,走的是一条"暗胡同":"并不传授什么《马氏文通》,《文章作法》之流,一天到晚,只是读,做,读,做;做得不好,又读,又做。他(先生)却决不说坏处在那里,作文要怎样。"[①] 这道出了传统作文教法的大概。也就是说,传统写作教学并不怎么重视对写作规律的传授,而是靠模仿与试误去

---

① 鲁迅:《做古文和做好人的秘诀》,见《二心集》,67页,北京,人民文学出版社,1973。

体会为文之奥旨。这恰恰是非教学的观念。针对这种现象，梁启超在确定作文教法的原则时指出："所能教人的只有规矩。"① "如何才能做成一篇文章，这是规矩范围内事，规矩是可以教可以学的。"② 这种看法表明梁启超已经从"不可知论"的"暗胡同"中走了出来，意识到作文教学的实质是写作"规矩"的传授，而不应该"听天由命"。

这样，他在强调规矩之重要时，便面临着一个新的矛盾，即如何处理"规矩"与"巧"的关系。在这个问题上，传统写作教学走的是两个极端：不是不讲规矩，让学生自己去摸索，就是所讲的陈义过高，流于玄妙，使学生望而生畏，混淆了作文的一般规律与文章技巧的界限，以技巧上的要求取代作文的一般规律。他以为这就超出了作文教学力所能及的范围。梁启超说："文章好不好，以及能感人与否，在乎修词。不过修词要有天才，教员只能教学生做文章，不能教学生做好文章。孟子说得好'大匠能予人以规矩，不能使人巧'。世间懂规矩不能巧者有之，万万没有离规矩而能巧者。"③ "现在教中文的最大的毛病便是不言规矩而专言巧。从前先生改文只顾改词句不好的地方，这是去规矩而言巧，所以中国旧法教文没有什么效果。"④ 显然，梁启超认为"去规矩而言巧"是本末倒置的。那么，他所讲的规矩究竟是什么呢？他说："切勿误认为我所讲的与什么文章轨范什么桐城义法同类，那种讲法都是于规矩外求巧，他所讲的规矩，多半不能认为正当规矩，我所要讲的，只是极平实简易，而经过一番分析，有途径可循的规矩。换句话说，就是怎样的结构成一篇妥当文章的规矩。"⑤

凡是结构成一篇妥当文章所必需的，便算是"正当规矩"，凡是做好文章所必需的，则是"于规矩外求巧"。这一区别，为写作理论知识合理

---

①③④ 梁启超：《中学以上作文教学法》，3页，上海，中华书局，1925。

② 梁启超：《作文教学法》，见《饮冰室合集》专集第15册70卷，3页，上海，中华书局，1936。

⑤ 梁启超：《作文教学法》，见《饮冰室合集》专集第15册70卷，3页，上海，中华书局，1936。

地进入教学领域铺平了道路。梁启超把教学目标限定在"做文章"的范围内，而不是"做好文章"。因为，他认为"巧拙关乎天才，不是可以教得出来的"，所以，在写作教学中，"所讲只是规矩，间有涉及巧的方面，不过作为附带"①。我们认为，这种看法是基于对写作能力发展与写作学习规律的认识之上的。写作教学必须能对学生的写作实践起指导作用，但这作用又是有限的，不是万能的，只有合理地确定有限的教学目标，才能使学生的发展具备无限的可能性，即"令学者对于作文技术得有规矩准绳以为上达之基础"②。这样，梁启超便在传统教学的两个极端（不讲规矩与求巧）之间，找到了一个适当的教学空间，把学生的资质上的个别差异，统一在一个合理的教学目标之中。

至于如何给学生以规矩准绳，梁启超在这一点上的高明之处，在于既不依靠先验的"神而明之"，也不依靠经验的"理所当然"，而是"主意在根据科学方法研究文章构造之原则"③——给学生以规矩准绳而又根据科学方法，把对写作规律的揭示，建立在科学性这一坚实的基础上，这才是梁启超的作文教学观的价值所在，也是他的教学观区别于传统的根本所在。

（二）以会作应用之文为最要。

明清以来的作文教学教的是脱离实际的八股策论，我国知识界崇尚诗、文的传统，又造成了作文教学中注重雕饰的倾向。究竟作文教学应以何种文体为主，这是摆在语文教学界面前的一个受到普遍关注的现实问题。

梁启超认为："文章可大别分为三种：一，记载之文；二，论辩之文；三，情感之文。一篇之中，虽然有时或兼两种或三种，但总有所偏重。我们勉强如此分类，当无大差。作文教学法本来三种都应教都应学，但第三

---

① 梁启超：《作文教学法》，见《饮冰室合集》专集第15册70卷，3页，上海，中华书局，1936。

②③ 梁启超：《作文教学法》，见《饮冰室合集》专集第15册70卷，1页，上海，中华书局，1936。

种情感之文，美术性含得格外多，算是专门文学家所当有事，中学学生以会作应用之文为最重要，这一种不必人人皆学。"①

这是梁启超对教学文体的第一层次上的区别，把三大类文体划分为应用之文（记载之文与论辩之文）和非应用之文（情感之文），主张中学生学习写作主要是学会应用之文。这一是取其实用性，应用文为现代人工作、学习所急需；二是取其可教性，情感之文是专门文学家所当有事，需要一定的文学素养，不是人人所必需，也不是人人所能为。当然，梁启超也不是绝对排斥情感之文，排斥纯文学的创作，他强调的只是作文教学的重点，使作文教学的目的与培养人才的需要保持一致。这一区别看似一般，但对整个的现代作文教学框架的建立，却是至关重要的。

梁启超在强调应用之文的重要性的同时，对应用之文本身还作了第二个层次的区别。他说："论事文和记事文孰为重要，学起来孰难孰易，这些问题，各人有各人的看法，姑且不细讨论，但现在学校中作文一科，所作者大率偏重论事文，我以为是很不对的，因为这种教法，在文章上不见得容易进步，而在学术上德性上先已生出无数恶影响来。"②

在应用之文中，梁启超针砭了偏重论事文的时弊，他对当时学校"专教论事文"大不以为然，认为这"全是中了八股策论的余毒"。他的这种看法是与他的反科举、反八股的政治上的变法主张一脉相承的。他说："在作文课内养成这种种恶习惯，焉能不说是教育界膏肓之病。宋明以来，士大夫放言高论，空疏无真，拘墟执拗，叫嚣乖张，酿成国家社会种种弊害，大半由八股策论制造出来，久已人人公认了。"③"这种考试法，行了一千几百年，不知坑陷了几多人，不幸现在的学校，顽的依然是那一套，虽形式稍变，而精神仍丝毫无别，不过把四书语句的题目改成时髦学说的

---

① 梁启超：《作文教学法》，见《饮冰室合集》专集第 15 册 70 卷，2 页，上海，中华书局，1936。
② 梁启超：《为什么要注意叙事文字》，见《饮冰室合集》专集第 15 册 43 卷，81 页，上海，中华书局，1936。
③ 梁启超：《为什么要注意叙事文字》，见《饮冰室合集》专集第 15 册 43 卷，84 页，上海，中华书局，1936。

题目。"① 他认为如此作论事文之弊有六：奖励剿说；奖励空疏与剽滑；奖励轻率；奖励刻薄及不负责任；奖励偏见；奖励虚伪。

由于专做论事文有上述种种弊病，所以，梁启超认为学校所教的最重要的莫如叙事文。因为叙事文不能凭空构造，会养成注重实际的习惯；须费力去搜罗资料，可以磨炼追求事物的智慧，等等。由此可见，梁启超的教学文体观，在很大程度上注意到作文对人的智能、心理、品性等的塑造，并以此作为教学内容设置的重要依据。如果说"文如其人"说我国古已有之，而"文能造人"说，大约可算是梁启超首倡。从人的发展的角度出发，考虑作文教学的内容设置，这在20世纪20年代的语文教学界堪称领风气之先，不论就写作学还是就教育学来看，其价值都是不容忽视的。

梁启超对叙事文教学的重视，对论事文教学的批评，主要是针对八股遗风而发的，而不是对论事文体的否定。他说："我并不说论事文不该学做，论事文可以磨炼理解力、判断力，如何能绝对排斥？但我以为不要专做，不要滥做，不要速做。等到学生对某一项义理某一件事件某一个人物确有他自己的见解——见解对不对倒不必管——勃郁于中，不能不写出来，偶然自发的做一两篇，那么，便得有做论事文的益处而无其流弊了。"② "我主张一学年有两学期，一学期教记叙文，一学期教论辩文。由简单而复杂。记叙文先静后动，论辩文先说喻、倡导，而后对辩。论小事的在先，论大事的在后。使学生知道理法，可以事半功倍。"③ 可见，梁启超反对的只是那种无视学生思维发展的状况，盲目地专做、滥做、速做论事文的教学方法，提倡循序渐进、注重教学的实际功效的学习，科学、合理地安排教学内容。

---

① 梁启超：《为什么要注意叙事文字》，见《饮冰室合集》专集第15册43卷，82页，上海，中华书局，1936。

② 梁启超：《为什么要注意叙事文字》，见《饮冰室合集》专集第15册43卷，84页，上海，中华书局，1936。

③ 梁启超：《中学以上作文教学法》，44页，上海，中华书局，1925。

当然，在中学阶段，叙事文教学与论事文教学的比例、课程的安排等问题，还可作进一步的研究。但是，梁启超的贡献，并不只是在于对教学文体与教学结构所做的探索，而是在于他把这种探索置于一个较之以前远为广阔的背景上，把作文教学与人的发展与塑造联系起来，发现了作文教学对于教育培养人才的特殊意义。

（三）养成整理思想的习惯。

对学生基本写作技能的培养，传统写作教学重视语言基本功训练远甚于思想逻辑性的训练，这主要是因为受到根深蒂固的"载道"说的影响。文章既然是"代圣贤立言"，是"从道中流出"，所以学生文章有无自己的思想内容，就变得不那么重要了。加之我国逻辑学的不发达，教师大多缺乏逻辑学的素养，这样便导致作文教学重心的偏离，把语言技巧的训练置于教学的中心地位。这就是叶圣陶所谓的"鹦鹉学舌，文字游戏"式的作文训练。

关于学生写作技能的培养，梁启超则认为"最要是养成学生整理思想的习惯"。[①] 这一看法，与他的只重视"规矩"不重"巧"、作文教学就是教"怎样的结构成一篇妥当文章的规矩"等认识是一致的。要结构成一篇妥当文章的根本原因则在于"文章的作用在于把自己的思想传达给别人"，换言之，就是作文的要害在于思想或思路。

什么是文章的思想？梁启超解释说：思想有两种要素，一是指有内容，这可以从反面说，学生心中本没有要说的话，便是无内容的，是空的，是不能算数的；二是有系统，思想不会单独发生，做一篇文的时候，心中必定有许多思想，若是没有系统地写出来，便算是无思想。好文章是拿几种思想有条理地排列起来。散乱的思想不能算思想。他认为"有思想"即"言之有物，言之有序"，"有物便是内容，有序便是系统。"[②] 可见梁启超"思想"这一概念是有其特定的内涵的，是指经过合理组织起来的文章内容。

[①] 梁启超：《中学以上作文教学法》，52 页，上海，中华书局，1925。
[②] 梁启超：《中学以上作文教学法》，2 页，上海，中华书局，1925。

梁启超以文章的作用（把自己的思想传达给别人）作为学生作文技能训练的标准，从而就把教学过程中"教"与"学"双方的活动，在"有思想"这一个基本点上统一了起来。

从"学"的一方看，须学会如何组织思想、构造文章。梁启超说："我们拿着一个题目，材料也有了，该说话的范围也定了，但对于所有材料，往往就苦于无法驾驭，有时材料越发多越发弄得狼狈，闹到说得一部分来丢了一部分，把原有的意思都走了，又或意思格格不达，写在纸上的和怀在心中的完全两样。想医第一种病，最紧要是把思想理出个系统来，然后将材料分层次令他配搭得宜。想医第二种病，最紧要是提清主从关系，常常顾着主眼所在，一切话都拥护这主眼，立于辅助说明的地位，这又是作文最重要的规矩。"① 从某种意义上说，梁启超的作文教学法，就是文章的组织构造法。他把思维能力的培养看作作文的第一等大事，主张让学生练整理思想的工夫。为此，他认为一方面须让学生自己将事实搜集齐全，然后组织成篇，做到令人一目了然，而且感觉叙述之美。由此"磨出缜密的脑筋，又可以学成一种组织的技能"；另一方面须由教师提供散乱的材料，让学生自己去合拢。他说这是训练整理思想的最切实可行的方法。此外，他还十分重视"分类法"的运用和训练，因为"分类法"是记载条理纷繁之事物、欲令眉目清楚的最好方法。虽然分类本来是一件极难的事，但要想学生心思缜密非叫他们做这层工夫不可。我们认为，梁启超对"磨出缜密的脑筋"的重视程度，似乎更甚于"学成一种组织的技能"，这也正是他的睿智不俗之处。

从"教"的一方看，须重视对学生思维能力的培养，以教学生如何整理思想为首务。梁启超说在每学期开始时先要教学生以作文理法，"先教学生以整理思想的主要条件，使他知道看文如何看，做文如何做，等讲到一类文章的时候，便特别详细说明这一类文章的理法"②。"教员不是拿所

---

① 梁启超：《作文教学法》，见《饮冰室合集》专集第 15 册 70 卷，5 页，上海，中华书局，1936。

② 梁启超：《中学以上作文教学法》，44 页，上海，中华书局，1925。

得的结果教人"①。也就是说，教师一方面要说明写作思维的特点；另一方面要揭示教师自身形成思想的思维过程。这样，学生便可以从两方面受益，促进思维能力的发展。这种看法无疑是相当精辟的。

作文教学离不开评改文章，梁启超在这一问题上的看法也体现了对思维的偏重。他说："评改宜专就理法讲，词句修饰偶一为之。改文时应注意他的思想清不清，组织对不对，字句不妥当不大要紧（因为这是末节）。偶然有一两次令学生注意修词，未尝不可，然教人作文当以结构为主。"②

显然，梁启超的"重思路，轻修辞"的作文评改法也是对传统教法的一个修正。在作文技能上，组织思想与语言修辞二者孰为轻重，我们认为梁启超的看法比起当时的陈望道、叶圣陶等人更有特点。陈、叶等人的看法基本上还是传统的，常常给人一种讲求"用词适当"更甚于"篇章调顺"的感觉，或者取一种二者并重的态度。当然，就一篇文章而言，这两方面都是需要的，但是，若是从理论或教学的角度看，还是有明确轻重、主次的必要，这关系到如何把握思想内容与语言技巧这一矛盾。而梁启超视思想内容的组织构造为根本、语言修辞为末节的看法是值得重视的。他的看法与后来朱光潜的看法不谋而合。朱光潜认为语言的实质就是情感思想的实质，语言的形式也就是情感思想的形式。"就我自己的经验说，我作文常修改。每次修改，都发现话没有说清楚时，原因都在思想混乱。把思想条理弄清楚了，话自然会清楚。"③ 朱光潜的这个意见，大约可作为梁启超注重思想条理化教法的注脚。

在所有的作文能力训练环节中，梁先生把整理思想、组织构造文章、培养思维能力视为中心环节。我们认为，这实际上是开写作教学"以思维为中心"之先河。

（四）作文须求真求达。

---

① 梁启超：《中学以上作文教学法》，44页，上海，中华书局，1925。
② 梁启超：《中学以上作文教学法》，53~54页，上海，中华书局，1925。
③ 朱光潜：《朱光潜美学文集》，第2卷，88页，上海，上海文艺出版社，1982。

梁启超对学生作文的要求，总的来说是比较实在的。他说："最要牢记者仍不外我从前说的求真求达两句话。事迹要真，写出来还要逼真，务要完全达出自己所想讲的。"① "真"是就内容而言，"达"是指形式上的要求。"求真求达"既是对学生作文的要求，也可看作是梁启超的写作美学观。

何谓"真"？它包括两个方面的内容：一是指事实的确凿无误；二是指人的真情实感。前者强调的是客观性，后者着眼于主观性。关于第一种意义上的"真"，梁启超说，要客观的忠实。记载文既以叙述客观为目的，若所记的虚伪或伪舛或阙漏，便是与目的相反，所以对于材料之蒐集要求其备，鉴别要求其真，观察要求其普遍而精密。尤要者，万不可用主观的情感夹杂其中，将客观事实任意加减轻重。他认为能不能做到对事实、读者负严正责任，事关"文德"，而把"文德"的基础立得巩固，十分重要。② 第二种意义上的"真"是指"要绝无一点矫揉雕饰，把作者的实感，赤裸裸地全盘表现"，这种作品是"完全脱离模仿的套调，不是能和别人共有"③ 的。

内容的"真"只是一个前提条件，问题还在于要逼真地写出来，并且使人看得明白，这便是"达"，其实也就是作文的目的所在。梁启超"达"的标准，一是指要说的照原样说出。关于这一点，他强调的仍然主要是组织构造的问题。学生未能将要说的照样说出，是苦于无法驾驭材料，只要能把思想理出个系统，将材料分清主从关系，便能较好地将要说的说出。二是指所说的令读者完全了解。说了而让人不明白，原因在于故弄玄虚，或缺乏逻辑学的修养等。他说："我不主张文章作得古奥，总要词达，所

---

① 梁启超：《作文教学法》，见《饮冰室合集》专集第15册70卷，35页，上海，中华书局，1936。
② 梁启超：《作文教学法》，见《饮冰室合集》专集第15册70卷，6~7页，上海，中华书局，1936。
③ 梁启超：《陶渊明》，见《饮冰室合集》专集第22册96卷，1页，上海，中华书局，1936。

谓'词达而已矣',达之外不再加多,不再求深。"① "为什么要做文章?为的是作给人看,若不能感动人,其价值也就减少了。"②

可见,梁启超不但把表达问题看作是思维问题,而且把文章是否达意,放到读者的接受状况中检验,用今天的话说,就是注意到"传者"与"受众"的矛盾。在"照原样说出"与"令读者完全了解"二者之间,更为强调后者,这对"达意"的理解是较为全面、深刻的。对学生灌输读者意识,在教学中确实是十分必要的。

梁启超"求真求达"的要求,比起作文教学求"通"来看,更具明确性与针对性。"通"是个非常含糊的概念,而"真"与"达"的内涵就相对地清楚了。同时,梁启超所说的"真"与"达"也都有不同于前人之处,且都是有感而发,与叶圣陶关于好文章须"诚实与精密"的见解有异曲同工之妙。

综上所述,梁启超的作文教学论的最鲜明的特色在于它的科学性。由于他对科学性的追求,无疑地使他的研究成为我国现代写作学研究的一个重要组成部分。当我们对写作教学作历史的回顾时,梁启超的写作教学理论理应得到更多的关注。

第四节　胡　适

胡适(1891~1962年)是我国现代有着多方面建树、影响广泛的学者。在写作教学方面,他也许未必称得上专家,但是,他对写作教学所发表的见解,也与他在其他领域中的建树一样地引人注目。他当年提出的一些问题,给我们留下了长久的思考。

胡适在1920年发表的《中学国文的教授》和1922年发表的《再论中学的国文教学》两篇文章,对语文教学的改革阐述了自己系统的看法,集

---

①② 梁启超:《中国历史研究法》(补编),见《饮冰室合集》专集第23册99卷,27页,上海,中华书局,1936。

中体现了他的语文教学观和写作教学观。他在一些有关文化教育方面的文章中，也多次论及中学语文教学，其基本见解与这两篇专论是一致的。胡适的语文教学观在发表之初就不被一般人所理解，引出了许多反对意见；在20世纪50年代的那场大批判中更是被上纲上线，被斥为"反动思想"，是"以实验主义来抵制马克思主义"。从今天的教学实践看，胡适的见解有的已不再被视为异端，但是，有些合理的、有价值的看法却依然难以被人们理解与接受。

（一）用"看书"来代替"讲读"。

写作教学与阅读教学密切相关。传统阅读教学基本上以"讲读""串讲"为主要教学方法，千篇一律的"讲读""串讲"，严重窒息了学生学习的主动性与积极性，这是有目共睹的事实。胡适认为这主要是由于教师过分低估了学生的自学能力，未能有效地挖掘学生的学习潜力。

胡适说："现在学制的大弊就是把学生求智识的能力，看得太低了。现在各级学堂的课程，都是为下下的低能儿定的，所以没有成绩。现在要谈学制革命，第一步就该根本推翻这种为下下低能儿定的课程学科。"[①] 他所说的把学生求智识的能力看得太低，归纳起来说，主要表现在两个方面：一是阅读教学所选的文章量少；二是文章不论难易一律采用"讲读"的教学方法。

胡适认为单靠教学中细嚼慢咽少量的选文，是不可能造就文字明白通畅的人的。他说："据我们的观察和研究所得，可以断定许多文字通畅的人，都不是在讲台上听教师讲几篇唐宋八家的残篇古文而得的成绩；实在是他们平时或课堂上偷看小说而来的结果。"[②] 他自己学会做文章，也是因为"自小就爱看小说，看史书，看杂书"的缘故。可见，要提高教学效果，就必须增加阅读量。

---

① 胡适：《中学国文的教授》，见《胡适文存》卷1，316页，上海，亚东图书馆，1921。
② 胡适：《再论中学的国文教学》，见《胡适文存二集》卷4，247页，上海，亚东图书馆，1924。

为此，胡适分别拟出了国语文（白话文）与古文的教材内容，这里我们权且列出国语文教材，他所设想的阅读量之大，只此便可见一斑。

（1）看小说。看二十部以上、五十部以下的白话小说。例如《水浒》《红楼梦》……此外有好的短篇白话小说，也可以选读。

（2）白话的戏剧……

（3）长篇的议论文与学术文。

从这样庞大的教材中，我们可以看出，胡适在阅读教学方面的指导思想是"博取"。

关于阅读必须"博取"，胡适有一极精辟的见解："读一书而已则不足以知一书。多读书然后可以专读一书。"① 这也就是说，读书的效应，实际上是一种综合效应。对所读之书，"知"之多少，取决于读者的阅读背景。他举例说："譬如读《诗经》……你若先读过社会学、人类学，你懂得更多了；你若先读过文字学、古音韵学，你懂得更多了；你若读过考古学、比较宗教学，你懂得更多了。"② 当然，这些关于读的见解，并不是专门针对中学生的，我们引用它，只是为了给胡适的阅读教学观作一点诠释。

古人虽然也讲"多读"，但还没有谁能像胡适那样去研究阅读的机理，讲出"多读"的所以然来，更没有人敢于把它付诸教学实践。而一旦把它付诸教学实践，它对整个阅读教学的影响便超出了这一变革本身。

阅读量成十倍地增长，传统的"讲读"法便不再能担起组织教学的重任，新的教学法必然应运而生。充分挖掘学生"自学"的潜力，是胡适教学法新构想的逻辑起点。

胡适明确提出了"用'看书'代替'讲读'"的主张。他认为经过两级小学七年（当时的学制）的阅读训练后的中学生，是完全能够胜任自学的。因此，在课堂上"没有逐篇逐句讲解的必要，只有质疑问难、大家讨论两件事可做"，"只有讨论，不用讲解，注入式的教授，自不容于当代的

---

①② 胡适：《读书》，见《胡适文存三集》卷2，231页、231~232页，上海，亚东图书馆，1930。

新潮流。"胡适的这一看法,将学生的学习,从被动灌输,变为主动参与,还其学习主体的位置。其中不无现代西方教学论的影子。

把学生摆在教学的最重要的位置上,这对教师的作用同样也要重新加以确认。在新的教学关系中,对教师的主导作用的要求不是低了,而是更高了。教师必须对学生作原则性的引导,在讨论中随时加入一些参考资料,作必要的提示,指出学生的某些错误或与论题不相干的内容,为学生释疑解难,等等。这种教法,显然比按部就班的"讲读""串讲"要困难得多。这实际上也预示着在新的教学结构中,教师的学识素养与组织教学的能力,都将受到严峻的挑战。

胡适的上述看法,就细节而言,也许并非无可挑剔,但是,他的阅读教学观念的合理性,却是显而易见的。

(二) 没有趣味所以没有成效。

语文教学耗时多、效率低,这是一个老大难的问题。要真正提高教学效率,需要做的事情很多,但其关键还在于学生自身能否保持持久的学习热情,在于他们对教学内容的兴趣程度。胡适对学习主体的重视,也体现在激发学生学习兴趣这一点上。

从阅读教学看,胡适说以往"古文的选本都是零碎的,没头没脑的,不成系统的,没有趣味的。因此读古文选本是最没有趣味的事。因为没有趣味,所以没有成效"。[①] 这就一针见血地指出了教学内容的"没有趣味"是教学"没有成效"的症结所在。

那么,何以使学生感到有趣味呢?胡适主要注意到了两个方面:一是要以美文、好文为教材;二是所选文章须可解、易懂、完整。

在国语文中,这两个方面都具备的,以小说为多,所以,胡适多次肯定了小说的功效。在他所列的教材中,小说所占的比例之大是惊人的。既然没有哪一个学生会拒绝看小说,何不因势利导,让学生在快乐的精神享受中获得学业上的益处呢?

---

① 胡适:《中学国文的教授》,见《胡适文存》卷1,316页,上海,亚东图书馆,1921。

对教材的挑选，胡适取十分严肃、慎重的态度。他认为应选那些"用气力做的文章"，不可挑那些"一时游戏的作品"。他批评有些教科书把"日报上的党国要人的演说笔记"选作教材，这些缺乏细心考究的文章，势必削弱学生的学习兴趣，并造成不良的影响。

对于古文，他认为教材中所选的古经传，不应是艰涩难懂的，必须限于那些公认为可解的部分。许多入选古文连王国维那样的一流学者都感到费解，作为教材是不妥当的，是让学生浪费时间去猜古谜。所选的应该是古人的好文章，是代表一个时代的好文学。他说："使青年学子知道古经传里也有悱恻哀艳的美文，这是引导青年读古经最有效的法门。"①

不论是国语文还是古文，是小说还是经传，胡适都极强调完整性，因为从某种意义上说，完整也便意味着优美与易解。他说："与其读王安石的《读孟尝君传》，不如看《史记》的'四公子列传'；与其读苏轼的《范增论》，不如看《史记》的《项羽本纪》；与其读林琴南的一部古文读本，不如看他译的一本《茶花女》。"② 完整地"看书"，也在于更能得其好处。

此外，胡适的关于教学法改革的一些见解，也是以激发学生学习的兴趣为标准的。如让学生互相质疑问难，让学生通过阅读来掌握文法与论理（逻辑），避免枯燥、抽象的讲解，选取所读戏剧的精彩部分由学生扮演戏里的角色，等等。

再从作文教学的一面看，胡适认为作文"最好是令学生自己出题目"，教师命题的首要条件便是"要能引起学生的兴味"。他对学生作文的内容与形式并不加以限制，他说："学生平日做的笔记，杂志文章，长篇通信，都可以代替课艺。教员应该极力鼓励学生写长信，作有系统的笔记，自由发表意见。这些著作往往比敷衍的课艺高无数倍；往往有许多学生平日不能做一百字的《汉武帝论》，却能做几千字的白话通信。这种事实应该使

---

① 胡适：《读经评议》，载《新中华》第 5 卷第 9 期。
② 胡适：《中学国文的教授》，见《胡适文存》卷 1，316 页、322 页，上海，亚东图书馆，1921。

做教员的人起一点自责的觉悟!"① 顺乎自然,让学生写自己平时最喜欢写的东西,学生当然会乐于去搜集材料,调动自己的经验学识。学生如果把作文真正看作是一种需要,而不是痛苦,那么,他们的文章的长进,难道还值得怀疑吗?

"兴趣"是学习的最重要的内驱力,按理说,这已经不算是新鲜的发现。但奇怪的是,就是这么一个尽人皆知的道理,竟未能在语文教学实践中得到充分的实行。没有人怀疑传统的阅读教材形式——"文选",提出可以《红楼梦》等长篇巨著取而代之;以前的许多语文教育家,都未能跳出学生作文由教师命题的樊篱,他们原本就没想到学生作文原来可以由他们自己命题,他们平日兴至之作都可以代替正规的作文训练。胡适提出了,想到了,所以他是值得钦佩的。

(三)以能作文为第一标准。

在语文教学中,阅读与写作究竟是什么关系,这个问题一直困扰着语文教学界。长期以来,写作处于阅读的附庸地位,这似乎已成"定势",将写作从阅读中独立出来的尝试,大多以失败告终。

传统的"以阅读为本位"的语文教学观,是由封建教育的目的所决定的。封建教育的目的是明道宗经,所以学生必得以读圣贤之书为首务。尽管时代已发生了根本的变易,但是,在语文教学界,不论过去还是现在,"以阅读为本位"的观念却还是根深蒂固的。

而胡适却把"人人能用国语自由发表思想——作文,演说——都能明白晓畅,没有文法上的错误"② 列为中学语文教学三条理想标准中的第一条,也是国语教学唯一的一条标准(其他两条均是针对古文教学而言),这种提法,从反传统这一点上看,确有其不同寻常之处。

在胡适的有关语文教学的论述中,他一般不强调培养学生的阅读能

---

① 胡适:《中学国文的教授》,见《胡适文存》卷1,316页、322页,上海,亚东图书馆,1921。

② 胡适:《再论中学的国文教学》,见《胡适文存二集》卷4,246页,上海,亚东图书馆,1924。

力,却多次将作文能力作为衡量语文水平的标准。例如,他在谈到小学语文教学时说:"国语代替文言以后,若不能于七年之内,使高小毕业生能做通顺的国语文,那便是国语教育的大失败。"① 可见,胡适的读写观已经超越了传统的"重读轻写""以读代写"的范围,由"重读"转向"重写"。这种把作文能力的提高作为语文教学的主要目标的看法,我们称之为"以写作为本位"的语文教学观。

胡适对读写关系的看法是基于以下两个方面的认识的:(1)他把"读"看作是"吸收",把"写"看作是"发表","发表"不仅是为了交流思想,而且,"发表是吸收的利器";(2)"写作"是一种实用性的技能,但写作训练,又是一种重要的思维训练,是使学生思想系统化、严密化的一个有效途径,即"手到是心到"的法门。

胡适认为古人所说的读书三到"眼到、口到、心到"是不够的,须有四到:眼到、口到、心到、手到,"手到才有所得。"他说:"发表是吸收智识和思想的绝妙方法。吸收进来的智识思想,无论是看书来的,或是听讲来的,都只是模糊零碎,都算不得我们自己的东西。自己必须做一番手脚,或做提要,或做说明,或做讨论,自己重新组织过,申述过,用自己的语言记述过,那种智识思想方可算是你自己的了。"②

从"三到"到"四到",这看来只是修改了一个字,但实际上将整个读写观颠倒过来了。以往人们大多只讲"读书破万卷,下笔如有神""熟读唐诗三百首,不会作诗也会吟","大意主乎学问以明理,则自然发为好文章。诗亦然"③,即强调"读"对"写"的决定作用。很少有人注意到"写"对"读"也同样是不可或缺的。"发表是吸收的利器",大约可以说是胡适的发明(胡适所说的"发表",不完全是古人的"不动笔墨不看

---

① 胡适:《中学国文的教授》,见《胡适文存》卷1,316页,上海,亚东图书馆,1921。
② 胡适:《读书》,见《胡适文存三集》卷2,229页,上海,亚东图书馆,1930。
③ 《朱子语类·论文上》。

书"那种意义上的"手动",也包括写出可供交流的文章来)。

胡适的"写"能促"读"的见解,除了含有须"边读边写"的意思外,也指写作水平的提高,有助于阅读能力的发展。这种认识也反映在他的教学构想中。他认为学生在"国语文到了明白通顺的程度,然后再去学习古文,所谓'事半功倍',自然是容易得多"。

胡适对"写"的重视,还出于对培养人的思维能力的考虑。他说:"我们相信,文字的记录,可以帮助思想学问:可以使思想渐成条理,可以使智识循序渐进。例如我们几个人在江滨闲谈《尚书盘庚》的文法,我们都读过《盘庚》,都可以加入讨论。但谈过就算了,不会有什么好结果。假使有一位朋友把我们的讨论记载出来,加上编次,再翻开原文,细细参证,写成一篇《〈盘庚〉的文法的研究》,——这么一来,这位朋友不但把自己研究这个问题的结果变成有条理的思想,并且使我们曾参加讨论的人都可以拿他的文字做底本,再继续讨论下去。"① 他认为,由于一切感想,一切书籍的泛览,一切聪敏的心得,都像天上浮云江中流水,瞬息之间便成为陈迹。所以,"勤笔"可以"助我思想"。

至此,我们便不难理解胡适为什么把"能作国语文"作为中学语文教学的首要标准了。胡适的读写观与作文教学观都体现了较强的现代意识,他把写作不仅看作是为了交流思想,而且把它看作是增长知识、开发智力的有效途径,是人进行学习的一种基本素养。他的这种认识,显然已经超出了传统的对写作的狭隘理解,更为接近今天西方教育界所倡导的"学习通过写作"的大写作观。

(四)用活的语言作活的教授法。

语言作为一种交际工具、符号系统,它的本质就是应用的。语文这门课既然培养的是学生运用语言的能力,它必然也就有很强的实践性与实用性。在语文教学法研究中,胡适对语文教学的实践性与应用性给予了较多的关注。

---

① 胡适:《吴淞月刊发刊词》,见《胡适文存三集》卷2,975~976页,上海,亚东图书馆,1930。

胡适说："用演说，辩论，作国语的实用教授法。国语文既是一种活的文字，就应当用活的语言作活的教授法。演说，辩论……都是活的教授法，都能帮助国语教学的。"① 胡适主张用"活的语言作活的教授法"，切中了传统语文教学僵化呆板、脱离实际之积弊，将"学"与"用"归于一途。这种思路，对于我们今天的作文教改，也仍然具有启发作用。

胡适提出中学生在中学前两年教完国语文，过了三四年，则以演说、辩论课取代它。这一方面是因为"演说和辩论都是国语与国语文的实习"；另一方面也是为了达到思维训练的目的。他说："凡能演说能辩论的人，没有不会做国语文的。做文章的第一个条件只是思想有条理有层次。演说辩论最能帮助学生养成有条理系统的思想能力。"② 可见，胡适所构想的演说、辩论课，是中学语文课程结构中最集中地体现语文教学本质要求的一门课。它一方面与学生的日常生活衔接，体现了语文教学的应用性特征；另一方面与语文知识、能力衔接，体现了语文教学的实践性特征。这两个方面，又具体表现在胡适对演说、辩论的"择题"与"方法"的构想上。

关于择题，他说："演说题须避太抽象太笼统的题目。如'宗教'，如'爱国'，如'社会改造'等题，最能养成夸大的心理，笼统的思想。从前小学堂国文题如《富国强兵策》等等，就是犯了这个毛病。中学生演说应该选《肥皂何以能去污垢?》《松柏何以能冬青?》《本村绅士某某人卖选举票的可耻》一类的具体题目。"③

与同时代的其他的语文教育家只是对一些八股式的旧题目大加鞭挞不同，胡适不仅针对教学的"时尚"指出那些看似很高尚深奥的题目的不合理之处，还不避"浅俗"，列举出了一些他认为适宜于教学的题目。从这

---

① 胡适：《再论中学的国文教学》，见《胡适文存二集》卷 4，250 页，上海，亚东图书馆，1924。

② 胡适：《中学国文的教授》，见《胡适文存》卷 1，312 页，上海，亚东图书馆，1921。

③ 胡适：《中学国文的教授》，见《胡适文存》卷 1，312 页、312 页、312～313 页，上海，亚东图书馆，1921。

些题目可以看出，它们与中学生的现实生活密切相关，完全以应用、实用为出发点。因此，我们认为，胡适的源于生活实际的"活的教授法"，是具有不容忽视的教育学价值的。

关于教学方法，它重在思维训练，重在知识的组织与运用。就拿辩论教学来说，胡适主张把学生分成两三人一组，"选定主张或反对的方面后，每组自己去搜集材料，商量分配的方法，发言的先后"①。"辩论分两步。第一步是'立论'，每组的组员按预定的次序发言。第二步是'驳论'，每组反驳对手的理由。预备辩论时，每组须计算反对党大概要提出什么理由来，须先预备反驳的材料。他认为这种预备有两大益处：（1）可以养成敏捷精细的思想能力，（2）可以养成智识上的互助精神"②。在辩论时，师生则做好准备，把可批评的论点记录下来，在下次课上提出讨论。

胡适的这一教学设想，显然对学生思维的激活，对提高他们思维的批判性、灵活性与全面性等，都是有益的。这种训练形式，既能促进学生学知识、用知识，又能使他们得到学习的乐趣。自然，也有助于提高学生议论文的写作能力。

中学生议论能力差，其原因之一就是教师只让学生唱"独角戏"，说自家理。这就使学生往往执一面之词以为全面，视一己之言以为至理。讲道理时，既没有想到目的是要说服他人，也没有考虑到如何对付他人的驳难，这样，所写的文章，往往从思路到材料都是"死"的。因此，胡适的"活的教授法"是很有针对性的。它对纠正重知识、理论，轻实际能力的培养，"学"与"用"脱节的倾向，也同样有着积极的意义。

长期以来，胡适的许多教学观念与具体构想，不被语文教学界所理解、接受，除了政治原因外，也由于他的认识具有一定的超前性。他的以"看书"代替"讲读"的教学方法，加大阅读量、注重讨论法，以培养作文能力为第一标准等观点，不能不令习惯于照本宣科、以"传道授业解惑"为己任的教师们感到困惑；他的生动活泼的教学方式，用活的语言作

---

①② 胡适：《中学国文的教授》，见《胡适文存》卷1，312页、312页、312～313页，上海，亚东图书馆，1921。

活的教授法的设想，对当时教师的组织教学能力与专业水准期待过高，非他们力所能及。然而，我们也不能不看到，他的教学观具有本质的深刻性。

当年的胡适，不是一个语文教育家，因而他较少承受因袭的重负，能较为客观、冷静地审视传统语文教学的得失利弊。正如他在《中学国文的教授》一文开头所说："'内行'的教育家，因为专做这一项事业，眼光总注射在他的'本行'，跳不出习惯法的范围。他们筹划的改革，总不免被陈见拘束住了，很不容易有根本的改革。门外旁观的人，因为思想比较自由些，也许有时还能供给一点新鲜的意见，意外的参考资料。"我国语文教学改革，除了靠大批的语文教育家外，也许确实也需要一批像胡适这样的有眼光的"门外汉"！

第三编

20世纪30年代的写作教育

第三编　20世纪30年代的写作教育

第一章　写作教育概观

20世纪30年代是我国现代写作教育的成型期。经过五四以后在写作实践和理论方面的探索，经过二三十年代对国文"课程标准"的反复修订，现代写作教育已初具规范。其主导性的写作教育思想是提高白话文写作和写作教育的质量，反对守旧和复古。

从20年代初到30年代末，教育部对"课程标准"作了频繁的修订。先是于1923年6月颁布了《新学制课程标准纲要》，又于1928年5月召开全国教育会议，组织中小学课程标准起草委员会，制订中小学课程标准，于1929年8月颁布了《中小学课程暂行标准》，之后，又于1932年颁布了经审核修改过的《小学国语课程标准》，于1933年颁布了《中学国语课程标准》，在全国施行。经过三年的施行和征求意见，于1936年7月颁行了《修正小学国语课程标准》《初级中学国语课程标准》和《高级中学国语课程标准》。其间（1925年6月），还曾由全国教育联合会新学制课程标准起草委员会颁布了修订的《新学制课程标准纲要》。就是说，这十几年间，课程标准经过了5次修改和编订，国语课程标准已渐趋稳定，后两次的修订，改动已经不多。这表明，在写作教学方面新的规范已大致成型，至少在教学法规上是如此。因此，我们可以把20世纪30年代的写作教育称为"成型期"的写作教育。

"成型期"的写作教育，一方面表现为教育目的、要求、程序及教材、教法等逐渐趋于严整；另一方面，原来业已存在的矛盾也暴露得较为尖锐，有待于反思和清理。

第一节 关于"中学生国文程度的讨论"

　　五四运动之前,社会上和教育界对中学生国文程度低落的批评之声便时有所闻,《教育公报》第六年第一期《拟请教育部召集国文教授会议,议定国文教法建议案》中称:"中等学校国文退化殆为教育界所公认。以本校招考经验而论,考生文理多不通,甚者至于字体讹误,国文考卷真可入选者什无一二。根底既弱,及毕业时程度仍虑其不够,数年而后,凡高等师范之毕业生将无有能教国文者,至为可虑。"五四运动以后,在有关讨论国文教学的论著中,对国文教学的现状表示不满的,更是随处可见。直言不讳的如王森然:"现在的中学国文教育,糟,是糟透了。"① 委婉陈词的如夏丏尊:"无论如何设法,学生的国文成绩总不见有显著的进步。因了语法、作文法等的帮助,学生文字在结构上形式上,虽已大概勉强通得过去,但内容总仍是简单空虚。这原是历来中学程度学生界的普通的现象,不但现在如此。"② 及至30年代,抱怨之声依然不绝于耳。这种状况,终于引发了一场历时八个月的"中学生国文程度的讨论",而这很大程度上可以说是围绕着学生作文程度展开讨论的。

　　这场讨论是由《中学生》杂志发起的,时间从1934年11月至1935年6月。第49号(1934年11月)《中学生》上,刊出了尤墨君写的《你们能写出些什么》一文,文章开篇便向"中学生诸君"提出:"你们能写出些什么?"文中先列举了题为《夏景》的两篇"浙江省二十一年度第二学期初中毕业会考试卷",请读者评判能否及格;接着又列举了两篇"去年浙江初中会考试题",一篇题为《劝友用国货书》,一篇题为《说整洁》,请读者"细看一遍,看他们对于'服用国货'及'整洁'究竟写出些什么!"之后,"再谈一个文题:《衣取蔽寒食取充腹论》。这是今年上海市高

---

① 王森然:《中学国文教学概要》"自序",上海,商务印书馆,1929。
② 夏丏尊、刘薰宇:《文章作法》"附录三",杭州,浙江文艺出版社,1983。

中毕业会考试题之一。请问诸君，你们对此试题能写出些什么。"随即，作者一一否定了上述五篇作文，并举出"看了懂"的一张发票和一张"营造厂立的承揽据"，与前面五篇作文加以参照，认为这发票和承揽据之所以看得懂，"这完全是因纸上有物的缘故"，由此类推"写文章亦何尝不是这样"的道理。最后的结论是：

"'写得好'是学力上技巧上的事，然而亦必从'写得出'始。我们能写得出些什么，实在应该问问自己的，不管是写诗歌小说，或写抒情文和议论文。"这篇文章，就字面看，是意在纠正中学生作文中存在着看了不懂、言之无物的情况，提请他们写文章时应先提醒自己"能写出些什么"。

在同期的《中学生》杂志的"卷头言"中，刊发了叶圣陶（署名为"编者"）的《中学生的国文程度低落吗？》一文，文章开门见山地表明了想要把中学生国文程度是否低落的问题彻底摆清楚的意图。"从前中学生的国文程度怎样，现在又怎样？低落的现象是普遍的还是特殊的？其原因又在什么地方？"他列举了人们对中学生国文程度"行"与"不行"的种种看法，认为之所以有此分歧，是因为对国文科的认识不同所致。说"不行"的人，有两种情况：一种是"似乎都不很顾到学生的阅读能力方面而只偏重在写作能力方面"，而且考察他们的写作能力又只用《秦皇汉武合论》《说新生活运动的意义》《模仿〈醉翁亭记〉作〈校园记〉》等题目。另一种是"往往把责任完全推在学生身上，仿佛现今一班青年的脑子生来就异样，特别不适宜于写作"。他表明了自己的看法："记者编辑本志，有幸读到各地中学生投来的文篇，大概所选题目类似课艺式的，往往是陈语滥调，而写一点亲历的经验跟实有的感想，虽然不见得怎样纯粹，但一篇里总有多少部分是出色的，如刊载在《青年论坛》跟《青年文艺》两栏里的就是。……从这一点推想开去，前途的光明似乎并不微弱，所以记者不是'不行''不行'的悲观论者。"他请"贤明的国文教师以及中学生诸君"把国文程度低落的叹息认作一个课题，精密地、仔细地加以考核，请中学生对于国文一科有什么困难或者希求也提出来共同讨论，"然后可以解决低落不低落的问题，然后可以进一步提高中学生诸君的国文程度"。这篇文章虽然没有明确指出是针对尤墨君的《你们能写出些什么》，但实际上是把尤文作为讨论的"靶子"。

在《中学生》杂志上第一次刊出《中学生国文程度的讨论》的专栏，首先杀进这是非之地的不是"贤明的国文教师"，而是一批中学生。《中学生》第51号（1935年1月）上发表了苏州女师吴潜英的《学习国文之经验》、江西省立南昌师范王克让的《我们拿什么来写？读了尤墨君先生的"你们能写出些什么"以后》、北平大同中学周渺的《试卷能作中学生国文程度的标准吗？与尤墨君先生商榷》等八篇中学生的文章。这些文章也表明两种不同的看法。

吴潜英的文章主要对国文教学持批评的态度。她在回顾了自己学习国文的经历后说："这十多年来学习国文的结果究竟得了些什么？什么原因使吾们写不好作文，这是吾要问的问题。"她认为写不好作文原因有三：一是"吾觉得吾们的读国文无异于穿紧鞋子"；二是"吾觉得吾们的读国文也就是读教训"；三是"吾觉得吾们学习国文时最感苦痛的便是吾们所读的范文不顾到吾们的程度和容量"。如果说吴潜英的文章还只是对尤墨君作委婉的批评，周渺的文章就是直言不讳地针锋相对了："……假若有位中学生很虔诚地问道：'尤墨君先生！请你告诉我，你能写出些什么呢？'那么先生怎样回答呢？即就《你们能写出些什么》这篇文而论吧，在不善于理解的我读起来，也以为是很宽泛而立论不稳固的。几篇应付会考的文章，硬被先生拉去来判定了中学生的国文程度不行，岂不和见到甘肃的大姑娘不穿裤，决定了中国的大姑娘不穿裤一样滑稽吗？这里是恐怕先生是站在尊严的师长的地位，忘却了中学生所处的境遇吧！因之硬把试卷来度量中学生的国文程度。"从全部参加讨论的文章看，"行"与"不行"的看法大致持平。

在这一期《中学生》杂志中，叶圣陶（署名"编者"）也发表了《读了〈中学生国文程度的讨论〉》一文，对讨论情况作了评述和概括。他把学生的意见归纳为三点：（一）从这8篇看来，学生对国文科的目标是认识得很清楚的。国文科的目标在养成阅读能力跟写作能力，阅读跟写作又须切近现代青年的现实生活；有几位说出了这样的意思。（二）从这 8 篇看来，学生并不需要读那些力所不及的或者没有这许多闲工夫去读的文章。（三）这 8 篇看来，学生颇相信考试的成绩不就是实际的优劣。如果别字连篇，文法不通，那当然是平时太不注意，不能说不劣；然而像尤墨君先生所举的究竟是特殊的例子，我们不能就说凡是应考的学生都这样不济。

第二次《中学生国文程度的讨论》发表在《中学生》第 54 号（1935 年 4 月）上，仍然没有国文教师参加讨论的文章。在这期杂志上，叶圣陶（署名"编者"）也发表了《再读〈中学生国文程度的讨论〉》一文，对 6 篇参加讨论的文章一一作了评论："读了渔舟君跟植之君的文章，可以见到大部分中学生学习国文，实在不明白是什么一回事。这并非由于学生愚笨，只因为教者根本没有认清什么是国文教学的目标。""吴锡泽君的意见也很重要，他说明考试时候的命题作文因为有及格不及格的关系，极容易把学生引到揣摩风气的路子上去。跟揣摩风气相反的就是'言之有物'，这个'物'字好像有点儿玄虚，但是把它解作'自己的思想感情'，就很实在了，我们提笔作文，无非为了要表达自己的思想感情。""吴大琨君的话是不错的。吴君又叙述现在学校对于学生'感受'跟'思想'两方面都很忽略的情形，末了说，'感情与思想不但是做文章的两大泉源，同时也是做人的两大要素，然而对于这两者，现在的学校教育是不但忽略，而且阻碍了学生的发展。'这不只是国文教学的问题了"。"许淦君老老实实宣布有一些人所说的'通'，中学生并不需要。他要求'内容与形式的统一'，他说：'只有白话才能写"通"，到"通"的路必须是说自己的话。'""其扬君的意见可以供学生跟教师作参考资料。国文教学不只限于写作，除了写作，阅读也很重要；而其扬君的意见是兼顾到这两方面的"此次讨论的意见基本上都是不赞成"低落"的，或是对尤墨君的文章提出异议。

及至《中学生》第 55 号（1935 年 5 月），沉默了半年之久的"贤明的国文教师"终于不再沉默。这期杂志共载了3篇教师的文章：孟起的《中学生的国文》、刓髯的《给中学生杂志记者的一封信》和王忍的《也来谈谈中学生的国文》。

孟起的文章是此次讨论中较有分量的一篇。他把讨论从教学内部推向教学外部，把讨论引向深入。他说："从这8篇文章（指第一次讨论的8篇学生文章）里，吾找到许多有价值的意见。有一层意思想在这里提起的是：大部分的作者着眼于国文教学本门，吾怀疑他们是不是不知道或忘掉要从社会问题整个体系的立点去理解、处置这一问题的一层。例如国文教材为什么要选那些满纸大道理的经世名文？为什么叮叮当当的文章要被列入上选？这些那（哪）里是单纯的'见地'、'好尚'的问题！教育——当然包括国文教学在内——只是一种工具，一种维系现实社会的工具。全部的教育的实质和形式都被这种工具运用的本质的需要所决定。现在的国文教学就是现阶段反映的或一形象。吾们要了解这一点，才知道这问题最切要的解决方法在那（哪）里。""要是中学生国文程度真正低落的话，最大的责任，不能不让那些始终不问为什么这样做的决定中等学校国文教学大计的先生们和国文教师们负起！"在把问题十分尖锐地提出之后，得出的结论是："一言以蔽之，现行的国文教学，是'狭的笼'！"而关在这"狭的笼"中的学生是如此缺乏"滋养物"。

刓髯的文章取一种较为理性的态度："'行''不行'的问题：我固然不赞成一般'文以载道'的先生们慨然长叹所认定的'不行'，但同时也不敢附和贵记者（指叶圣陶）乐观主义所认定的'并不微弱'。因为我认为文字是应用的一种工具，如果和古色古香的夏鼎商彝开比例，当然可以不必，但是实际上也要抒情写景叙事论理能应用裕如才算及格。试问各地中学生能大多数这样么？……如果贵记者以刊在《青年论坛》的为据，而遽然断定不须悲观；试问贵记者凭什么方法证明收到的文件，没有师友的改削和先进者的授意？即便我们不以私心测人，前述可以断为必无，要知道既能投稿，可见来者都是能于课外求知并且常常自由练习作法的青年。那么，他的程度当然'并不微弱'，但是贵记者也曾计算向贵志投稿的青年，比较其他在校的青年占什么样的比例数么？我固然不敢以我所在的一校，断定一切，但就见闻所及，以大势测之，只怕贵记者之所谓'并不微弱'的也一定是少数罢！"

王忍的文章则是很干脆地对"低落"论调给予批驳，认为"低落"论者"只是为了看见中学生作文言文者日少的缘故"，他们所开的增加国文课本中的文言文分量，减少语体文的分量的药方，是糊涂透底了的。"大家要想想，现在是什么日子了，还在拌这种是非，分这种皂白！这真是'老狗教不会新把戏！'日人不是在'满洲国'提倡读经……吗？瞻前顾后，就是麻木似我，也觉得脊背上一阵一阵地凉起来。吾们自己就不想活，难道好意思叫孩子们也不要活！"

同期杂志上叶圣陶（署名"编者"）的文章《欢迎国文教师的意见》，一是对"那些决定国文教学大计的校长同专家想使青年抛开现实生活，而去想古人的思想，过古人的生活"表示愤慨和谴责；二是回答劭罴先生提出的意见："我们固然没有什么真凭实据可以证明一般学生的国文程度并不弱，可是我们接触好些学校的教师和学生，凡是教师对国文教学的认识比较高明的，教学能力比较强的，学生的国文程度就大致不坏。"这场由叶圣陶发起的"中学生国文程度的讨论"，至此接近尾声。在第56号《中学生》上，还发表了两位教师的文章：顾诗灵的《中学生国文程度的我见》和大岳的《国文教师眼里的国文教师》。顾诗灵的文章主要是抨击复古、读古书，从社会条件上为中学生国文程度的状况找原因；大岳的文章则从孟起所谈到的学生困于"狭的笼"，引出了国文教师本身也就是"瘦的鸟"的议论，对国文教师的素养和工作条件作了批评，认为"现在最急迫的问题，还是喂喂狭笼以外的'瘦的鸟'。要救救青年，先救救教师！"到这里这场历时8个月的讨论才告结束。

这场"中学生国文程度的讨论"，功绩主要不是在题内，而是在题外。因为自始至终没有一位论者证据确凿地回答了"中学生国文程度"是否低落，是"行"还是"不行"，实际上也不可能得出令人信服的答案。首先，如叶圣陶所说，大家对国文教学目标的认识、对中学生国文程度的评判标准，没能达成共识，结论自然也就不一样。其次中学生国文程度也不可比，"今"的中学生白话文言兼作，"昔"的中学生则全作文言文，拿"今"的中学生作的文言文与"昔"的中学生比，自然是"不行"；同样，拿"今"的中学生作的白话文与"昔"的中学生比，自然是"行"。这"行"与"不行"，都没有客观的标准。再者，没有人对中学生国文程度作必要的调查与统计，论者都只是从自己所处的小范围谈感受，这样的看法也就没有什么说服力。

但是，讨论所涉及的许多问题却是有价值的。从国文教学内部看，涉及国文教学的目标，选文标准，文、白比例，读文、作文的教法等。许多人认为国文教学的目标应包括培养阅读和写作这两种能力，国文程度并不能单看作文，一致反对增加文言文的分量和"国学"内容，认为现代人只要做通现代文即可。在教法上批评注入式的逐句讲书、"微言大义"，批评作文以"文"为佳，以古为佳，出不切实际的空泛之题，作空泛之文，等等。更重要的，还注意到教学外部的复古读经的思潮对国文教学的影响，注意到制订教育政策的人对教育思想的误导，注意到各种外部条件对国文教师的制约。学生被关在"狭的笼"中，缺乏"滋养物"，教师是"狭的笼"外同样缺乏"滋养物"的"瘦的鸟"，二者都是受当时社会环境压迫的牺牲品。这场讨论由浅入深推进到三个层面：先是探讨学生的国文程度，从学生一方就事论事找解决的办法，提出写文章要言之有物，要有思想、有情感；接着是从教师的教学思想、方法上找原因，批判陈腐的教学观念和方法；进而探寻其社会根源。能做到这些，此次讨论也算是颇有成绩了。

第二节　复古思潮与语、文论争

在进行这场"中学生国文程度的讨论"的同时，一场"语、文论战"也在紧锣密鼓地进行。

20世纪30年代中期,在特定的社会背景下,复古读经思潮死灰复燃,提倡学国学、古文的"国文复兴运动"悄然兴起,"中学为体西学为用"这光绪年间的老把戏,又成为当时施教要政。叶圣陶曾谈到当时情况:"最近上海有人发起什么存文会,据说是鉴于青年国文程度日益低落,希图设法挽救的。但是看他们的方案,无非写文言和读古书那一套,换句话说,就是使青年离开现实,忘却自己,而去想古人的念头,说古人的话语,作古人的文章。"①

守旧派的代表人物,是担任教育部课程标准编定委员会委员的汪懋祖,他的《禁习文言与强令读经》一文,力主中学生读经书、古书,写文言文,拉开了这场"语、文论战"的序幕。他在文章中说:"初中能毕读孟子,高中能读论语,学庸以及左传,史记,诗经,国策,庄子,荀子,韩非子等选本,作为正课,而辅之以各家文选,及现代文艺,作为课外读物。""大抵白话文长于描写物态,发抒柔情,文言文便于叙事,说理,议论,应用,而壮烈之节,激昂之气,尤有资于文言……则白话文佳者,要为文艺之一部。而教育目的,决非造就多数文艺作家与欣赏小说文艺者。""惟初级小学国语教材,自以合于儿童经验及口语为尚,高级必进行以浅易之文言,若犹以儿童中心为白话童话之护符,犹察秋毫而不见舆薪。""文言之省便,毋待哓哓,乃必舍轻便之利器,用粗笨之工具,吾不知其何说也。或谓学习文言,当较白话费力,曰然。但略加努力,以后之受用,必且倍蓰。"一言以蔽之,就是文言优于白话。

文章发表后,引起了许多非议,许多人纷纷撰文反驳汪文的观点。汪文及论战的主要文章,后来收在民众读物出版社1934年9月出版的《文言、白话、大众话论战集》中,共计55篇,可见这场论争的声势及影响之大。

与汪懋祖针锋相对、对其观点批驳最有力的是吴研因的《辟小学参用文言与初中毕读〈孟子〉及指斥语体文诸说》。吴文指出:"时至今日,我

---

① 叶圣陶:《再读中学生国文程度的讨论》,载《中学生》第54号。

们所怕的，不是教育界以外'笃旧之士'的反对声，倒是号称教育界名宿的笔尖儿。要是教育界的名宿到现在还逞其笔尖为'笃旧之士'张目，那就够惊骇了。"他着重就"小学高级参用文言"与"初中毕读《孟子》"这两点批驳如下："……小学不读文言，已十多年，我们的子女辈，在小学未习文言，也已有在高中或大学毕业，并且立身于社会的了。他们的古书或者读得少些，至于升学或应用，则实在并未发生障碍，此等事实，谁得否认呢？""我们以为初中确可选读《孟子》的菁华，但是决不可从头至尾毕读。孟子上有许多理论，固可供青年修养之用，但也有许多已不合时代潮流，读了反足以腐脑，或者好为大言不愿劳力，以文章论，《孟子》之文固很流畅，足以增进青年读作能力，但也有许多简短琐屑无甚结构，且不重要的章节。要是不加选择而毕读，那也徒费工夫，大背经济原则。"对汪文的其他论点也都作了逐条的批驳。

针对汪懋祖在《申报》（1934年6月21日）上发表的《中小学文言运动》一文中所持的文言比白话省力的论点，鲁迅先生特撰写了专文《此生或彼生》（见《花边文学》）加以批驳：

"此生或彼生"。

现在写出这样五个字来，问问读者：是什么意思？

倘使在《申报》上，见过汪懋祖先生的文章，"……例如说'这一个学生或是那一个学生'，文言只须'此生或彼生'即已明了，其省力为何如…"的，那就也许能够想到，这就是"这一个学生或是那一个学生"的意思。

否则，那回答恐怕就要迟疑。因为这五个字，至少还可以有两种解释：一，这一个秀才或是那一个秀才（生员）；二，这一世或是未来的别一世。

文言比起白话来，有时的确字数少，然而那意义也比较的含胡。我们看文言文，往往不但不能增益我们的智识，并且须仗我们已有的智识，给它注解，补足。待到翻成精密的白话之后，这才算是懂得了。如果一径就用白话，即使多写了几个字，但对于读者，"其省力为何如"？

　　我就用主张文言的汪懋祖先生所举的文言的例子，证明了文言的不中用了。

对提倡文言文批判最为深刻的是叶圣陶。他在《杂谈读书作文和大众语文学》一文中说："……读一点古书做什么呢？至多像他们一样，自己陷在没落的退潮里，同时给前进的船只一点轻微的阻力罢了。这是实在的情形，可是他们决不肯相信。他们的生活决定他们的意识，从他们的意识出发去处理教育上的问题，不能不得出这样的结论，就是把古书的内容和形式一股脑儿装到青年的头脑里去。他们以为这样做是最合理的，否则就对不起青年。……但是，显然的，他们没有理会到人是常常跟着环境而有改变的，他们没有理会到人的生活的改变从来没有像现今这般的迅速和剧烈，他们更没有理会到生活有了改变，而其他应当跟着一同改变的却停顿着没有改变，在个人方面是多么大的不幸。"这便从社会历史变革的角度，阐明了复古思潮的荒谬。

这股复古思潮给国文教育带来了很大的冲击，各学校应注重"四书""五经"，中小学要用文言文的教本等意见，已在提倡或实行中，会考或其他考试所出的作文题目也是古气盎然，压缩语体文、增加文言文的意见仍时有所闻。如1935年4月2日，江苏省教育厅召集了第一次中学师范教育研究会，到会的除教育厅的职员外，有校长13人，专家9人，研究改善现行中等教育，提案中有一条是关于国文科的，文中说："今日中学生国文程度甚为低落，而国学常识尤为缺乏，论者多归咎于语体文讲授太多，此虽非定论，然今日中学国文课本是否需要部定之语体文分量似为一可研究之问题。"该提案发交"课程教学组"研究，议决的原则为："中学国文应增加文言成分，尤应以初中为基础。"这意思是中学国文课本要减少语体文分量，初中的国文教材，文言文要特别加多。

据1933年颁布的《中学国文科课程标准》的规定，初中是：语体文与文言文并选，语体文递减，文言文递增，各学年分量约为七与三，六与四，五与五之比例。高中是：应语体文言分授。语体文但选纯文艺及有关学术思想之文字。文言文第一学年以体制为纲。第二学年以文学源流为纲。第三学年以学术思想为纲。虽没有明确规定文、语的比例,但文言文的比重显然要大于语体文,如再要增加文言文,那么语体文的教学也就名存实亡了。汪懋祖就曾主张:"初中一年级文白比例,约为文六白四,并练习文白互译,俾作一种过渡。二年级文八白二,三年级则全授文言。"①难怪有人说这是"强迫着学生们搭上他们的开向帕米尔高原的倒车"。

这种复古倒退的行为自然要受到广大教师的抵制和谴责,论者大多认为"文"是跟时代、社会"进化"的,是跟现实生活相联系的,在这20世纪将要进入中期的时代,而要去读、写那些已经落在时代背后的文言,这哪里是青年生活上所需要的?叶圣陶义正词严地指出:"揭开天窗说亮话,那些决定国文教学大计的校长同专家想使青年抛开现实生活,而去想古人的思想,过古人的生活……还有什么国学常识缺乏的话,依他们的意思,最好每一个青年化作一部《国学常识辞典》,谁问他国学常识之类的时候,总能够回答出来……我们可以在这里告诉那些决定国文教学大计的校长同专家:你们如果怀着这样的愿望,那是无论如何达不到的。青年生在现代的社会里,从多方的体验和实践,决不能不想现代人的思想,不过现代人的生活。读几篇文言,甚至读几部古书,只能浪费他们宝贵的精神和时间罢了。然而,光是这一层,你们的罪过已经不小了。"②

这一场"语、文论争",实际上是五四以来思想文化领域和教育领域的反帝反封建及白话文运动的继续,也是国文教育界新、旧教育观念的再一次交锋,它跟"中学生国文程度的讨论"一样,提高了人们对五四以后国文教育改革的认识,对复古论调给予了回击,明确了写作教育应以写作白话文为目标,进一步肃清写作教育中的八股遗风,对提高白话文写作质量和改善白话文写作教学起了一定的推动作用。

---

① 汪懋祖:《与阮乐真先生书》,见阮真《中学国文教学法》"附录",南京,正中书局,1936。
② 叶圣陶:《欢迎国文教师的意见》,载《中学生》第55号。

第三节　对白话文写作的再认识

人们也开始认识到，要真正坚守白话文的阵地，使之保持活力，必须改造现行的白话文，使之真正明白如话，成为人人看得懂、听得懂的"大众话"。

夏丏尊说："五四以来的白话文，因为提倡者都是些本来惯写文言文的人们，他们都是知识阶级，所写的文字又都是关于思想学术的，和大众根本就未曾有过关系，名叫白话文，其实只是把原来的'之乎者也'换了'的了吗呢'，硬装入蓝青官话的腔调的东西罢了。凡事先入为主，白话文创造不久就造成了那么的一个腔壳，到今日还停滞在这腔壳里。当时提倡白话文的人们有一句标语叫'明白如话'。真的，只是'如话'而已，还不到'就是话'的程度。换句话说，白话文竟是'不成话'的劳什子。"[①]他认为白话文最大的缺点就是语汇的贫乏，"写小说时一不小心，农妇也高喊'革命'，婢女也满嘴'恋爱'了。"[②]"'爷娘妻子走相送'，唐人诗中已叫'爷娘'了，我们现在倒叫起'父亲''母亲'来，这不是怪事吗？"[③]所以，"要改进白话文，要使白话文与大众发生交涉，第一步先要使它成话"[④]。具体方法是用词应尽量采取大众所使用的话语，在可能的范围内尽量吸收方言。凡是大众使用着的话语，不论是方言或是新造词，都自有它的特别情味，往往不能用别的近似语来代替。他主张在此后的词典里，应一方面删除古来的词语，一方面搜列方言。

陶行知对怎样写大众文，也发表了很好的意见。他说要知道怎样写大众文，先要知道白话文的毛病在哪儿。"白话文，教人聋；读起来，听不懂。"因为它写的不是大众的事，语句不含大众说话的口气，不但大众听不懂，读书人也很难听得懂。所以大众文应该写大众需要知道的事并应当

[①②③④] 夏丏尊：《先使白话文成话》，见《夏丏尊文集》"文心之辑"，587页、587页、588页、588页，杭州，浙江文艺出版社，1983。

照大众说话的口气写。他认为"写大众文的一个好办法是请我们的耳朵出来指导我们。凡是耳朵听得懂,高兴听的才把它写下来:'根据大众语,来写大众文。文章和说话,不能随便分。一面动笔写,一面用嘴哼。好听不好听,耳朵做先生。'"① "工人、农人、车夫、老妈子、小孩子的耳朵都靠得住。你做好一篇文章,读给他们听听,如果他们听不懂,你要努力地修改,改到他们听懂了,才算写成大众文。……如果小众高兴听而大众不高兴听,决不能算为好的大众文。"②

叶圣陶的看法与陶行知相似,他主张"语体文要写得纯粹",以"上口不上口"作为评判的标准。他说:"区别语体和文言固然可以从逐个词句下手,但是扼要的办法还在把握住一个标准。这个标准简单得很,就是'上口不上口'。凡是上口的、语言中间通行这样说的词句,都可以写进语体文,都不至于破坏语体文的纯粹。如果是不上口的、语言中间不通行这样说的词句,那大概是文言的传统,只能用在文言中间,或者是文言传统里的错误的新产品,连文言中间也不适用。"③

上述见解对白话文写作和教学都很恰当,要成话才算是白话文,成不成话,自然大众的耳朵才最有评判权。要是写的让人听不懂,这就跟文言文没有太大的区别了。

第四节 写作教育在总体上有所进展

这一时期虽然新旧两种国文教学思想仍在尖锐地斗争,在一些重要问题的认识上仍存在很大分歧,但时代终归在前进,国文界的观念也终归在变革,"论争"也使人们澄清了对一些问题的看法,因此,这一时期的写

---

①② 陶行知:《中国大众教育问题》,见《陶行知教育文选》,234~244页,北京,教育科学出版社,1981。

③ 叶圣陶:《语体文要写得纯粹》,见《叶圣陶语文教育论集》,423页,北京,教育科学出版社,1980。

作教育还是有一定的进展，这主要表现在以下几个方面：

（一）写作教材和辅导书更趋严整和多样。

这一时期占主导地位的是阅读和写作合二为一的综合性教材，较有代表性的有复兴初级中学教科书《国文》（六册）、复兴高级中学教科书《国文》（六册）（商务印书馆 1933 年初版），夏丏尊、叶圣陶合编的初中国文科教学、自修用的《国文百八课》（开明书店 1935 年初版），朱公振编的《基本国文》与《模范国文》（世界书局 1939 年初版）。这几部教材，都是取选文和写作知识穿插编列的体例，有的选文与写作知识没什么联系，有的二者则联系得较为紧密，但总的来看均已打破了以往课本单列选文的格局。另一类是专门性的写作教材，较有代表性的有黄洁如的《文法与作文》（开明书店 1930 年初版），胡怀琛等的《文章作法全集》（世界书局 1934 年初版），张石樵的《开明实用文讲义》（开明书店 1935 年出版）及陆高谊主编的"作文自学辅导丛书"，全书共六册（商务印书馆 1939 年初版），这几本写作教材旨趣不同，各有特色，适应写作教学的多方面需求。此外，还有两本很受欢迎的写作辅导书，一本是夏丏尊、叶圣陶合编的《文心》（开明书店 1934 年初版），一本是唐弢的《文章修养》（文化生活出版社 1939 年初版）。加上前一时期留下的《作文法讲义》《文章作法》等，写作教材的选择空间就更大了，教材的多样性可谓空前丰富。

（二）对写作教学已有较为严密的规定和要求。

除了部颁"中小学国文科课程标准"对写作教学有较前一时期更为翔实周密的规定外，许多省和学校，通过调查研究，还提出了更为具体的教学要求。例如在江苏省中学师范各科教学研究委员会"国文组报告"中，对"习作方面"提出了十条很详细的要求，内容涉及初中、高中、师范每学期作文次数，作文于课内、外作法，作文命题注意事项，作文簿附表格填注各次作文情况，文言习作的分量，纠正思想紊乱语无条贯毛病的方法，改订作文的原则，作文过差者的自省方法，发还习作时的指导，学生于课外应多看书作文等方面。① 再如沪东中学国文研究会对"作文"也有自己的规定,在第一部分"题范"中就有三点具体要求:(1)需切合实际——徒尚高论,无当要旨,为文人之通病,是要切实纠正。采取题材,务于可能范围内,力求切合实际,以免虚浮之病。(2)不可过于广泛亦不可过于狭隘——鸿文无范,古人所讥,而枯窘乏味,亦应设法避免。假令命题过于广泛,势必一放难收,漫无羁勒。……过于狭隘,则局促拘执,发舒为难,枯窘乏味,使学生望而生畏。(3)多出传记叙事之题,少作议论辩难之文——中小学学生年事甚轻,判断难期准确,理想不免幼稚。作文范围,自当多从实际着手。传记叙事之题,尽可多出,至于议论辩难之文,略略试作则可,多作则不可。同时为切合实用起见,正可加入应用之题,俾此实习。② 此类规定和要求,自然会对教学起一定的规范和指导作用,使教学内容和方法趋于严谨和统一。

(三)教学实践在总体上有所进展。

虽然各地各校的教学情况不很平衡,也还有一些食古不化的教师,复古思潮对教学有一定的影响,像《礼义廉耻国之四维》《衣取蔽寒食取充腹论》这类文题仍作为会考或其他考试的作文题,学生"是也论,不是也论;学生不得不论,于是有话说也论,没话说也要论,被认为论得好,第一名毕业生,奴化教育成功万岁,论不好,不及格,'中学生国文程度低落!'"③ 这一类情况还有相当的存在。但是从总体上看,写作教学还是有所改观,正在向好的方面发展。据淮师附小采用"问卷法"对苏皖两省小学所做的调查,从搜集来的文题看,绝大部分文题都是较为切合学生生活实际的,如《我的故乡》《风筝比赛记》《记大扫除》《淮阴市街的速写》《黄花岗七十二烈士纪念日演讲稿》《劝同胞储金救国》《拟运动会的开幕词》《约同学比赛拍球的信》《拟新民区区长就职宣言》等。据对1586道

---

① 《中学师范各科教学研究总报告》,载《江苏教育》第5卷第7期。
② 陈梧顺:《沪东中学国文科研究会提要》,载《教育季刊》第15卷第4期。
③ 渔舟:《从我学习国文的经过谈到中学生的国文程度问题》,载《中学生》第54号。

文题的统计，记叙文占51.3%，论说文占37.9%，实用文占8.3%，欣赏文占2.5%，与前一时期比较记叙文略有增加，论说类有所减少。与部颁标准中的要求进行比较大致情况如下："（一）低级童话类文题的分量嫌少。（二）低中级故事类文题，均占记叙文的最多数，甚是；但低级图画故事的说明，及中级图画、模型等的说明，文题均太少，或竟付阙如，未免可惜。（三）高级计划类的文题嫌少。（四）中高级读书报告及读书笔记，竟不多见，似于读书太形隔离。（五）中级书信类文题分量占实用文的最多数，甚当。（六）低级实用文题，分量太少。（七）中级欣赏文的文题分量，较高级多至百分之十，似有未当。（八）高级及中级儿童刊物拟稿的分量均太少，此或系文题上无从看出之故？"① 这些文题虽然不完全符合课程标准的要求，但大致情况尚好。有的不符合之处，其实是"课程标准"的问题，如对小学生而言，读书报告、读书笔记、为儿童刊物拟稿等，要求偏高。小学作文教学能做到这样已属不易。中学的作文教学，由于受文言文写作的干扰，情况可能较小学略差，但整体上的进展还是显而易见的。

（四）写作教学研究更为细致化和科学化。

这一时期写作教学研究在教材建设上取得了突出的成绩，教学法研究方面也有较大的收获。除了在各类教育刊物上发表了大量有关写作教学的文章外，1930年夏丏尊创办的《中学生》杂志更是为写作学习和教研提供了一个极好的园地。1931年叶圣陶参加了《中学生》的编辑工作，在杂志上开辟了"写作杂话""文心""文章偶谈""文艺鉴赏""文章修改""文章病院"等栏目，给予中学生和中、小学国文教师以很大的帮助，深受他们的欢迎。这一时期的写作学论著也相当丰富，较受重视的有阮真的《中学作文题目研究》（民智书局1930年出版）；《中学国文教学法》（正中书局1936年出版）；施畸的《中国文体论》（立达书局1933年出版）；夏丏尊、叶圣陶的《文心》（开明书店1934年出版）；《文章讲话》（开明

---

① 淮师附小：《小学作文题目的调查研究》，载《江苏教育》第6卷第5期。

书店 1938 年出版）；《阅读和写作》（开明书店 1938 年出版）；茅盾的《创作的准备》（生活书店 1936 年出版）；叶圣陶的《文章例话》（开明书店 1939 年出版）；唐弢的《文章修养》（文化生活出版社年出版）等，比起前一时期，品类更为多样，质量也有所提高。阮真的《中学国文教学法》是同类著作中出类拔萃的一本；《中国文体论》《中学作文题目研究》《创作的准备》《文心》《文章修养》等著作也均给人耳目一新的感觉，所讨论的问题不少是前一时期所未涉及的。

第二章　写作"课程标准"和教学实践

从 20 世纪 20 年代末开始，教育部就着手组织人员重新编订中小学课程标准，经过几年的起草整理、试验研究、修改订正，1932 年颁行了《小学各科课程标准》，1936 年颁行《修正小学国语课程标准》；1933 年颁行了《中学课程标准》，1936 年修正颁行了《中学课程标准》。1934 年还颁行了《师范学校课程标准》。可见，这一时期"课程标准"的制订颇受重视。"课程标准"对写作教学方面的规定也较前更为具体明确，不断得到提高和改善。

第一节　小学国语"课程标准"有关写作教学的规定

1932 年颁行的《小学各科课程标准》中的"国语"部分，教学目标是：（一）指导儿童练习运用国语，养成其正确的听力和发表力。（二）指导儿童学习平易的语体文，并欣赏儿童文学，以培养其阅读的能力和兴趣。（三）指导儿童练习作文，以养成其发表情意的能力。（四）指导儿童练习写字，以养成其正确、敏捷的书写能力。

"作业类别"中"作文"部分的规定是：（1）利用环境随机设计，使儿童口述或笔述，练习叙事、说理、达意。（2）使儿童对于普通文实用文的格式、结构、文法、修辞、标点等，能理解和运用。

"各学年作业要项"中"作文"部分的规定是：第一、二学年：一，图书故事的说明。二，故事和日常事项的口述或笔述（包括日记）。三，简易普通文实用文的练习。四，其他作文的设计练习。第三、四学年：一，图画、模型、实物等的笔述说明。二，故事和日常事项偶发事项的记述。三，读书报告。四，儿童刊物拟稿。五，普通文实用文（注重寻常书信的练习）的练习。六，普通标点符号的运用练习。第五、六学年：一，日常事项和偶发事项的笔述和讨论。二，读书笔记。三，儿童刊物和级报或学校新闻的拟稿。四，演说辩论的拟稿。五，诗歌、故事、剧本等的试作。六，普通文实用文（注重计划书和报告书）的练习。七，标点符号的运用练习。

"教学要点"中"作文"部分的规定：（1）至（12）为"说话""读书"部分的规定。（13）无论口述或笔述，都要注重内容的价值，而不仅着眼于方式。（14）口述应和笔述常相联络。例如同一题材，先演讲（口述），继以记述（笔述），再继以讨论（研究）；或先演讲，继以记述；或先记述，继以讨论。（15）低年级作文的指导可多用"助作法"，中年级可多用"共作法"。（16）要养成起腹稿的习惯。（17）命题方法应注意：①利用机会命题；②常由儿童自己命题；③多出题目，以备选择。（18）命题性质应注意：①合于儿童生活的；②便于儿童发挥的；③富于兴趣的。（19）批改成绩应认真，应多保留儿童本意，并予儿童以共同批改研究的机会。并得于高年级中酌用"订正符号"，使儿童自己修改。（20）订正错误应多个别指导，要用归纳的过程，用国语中已习过的材料做基础。并搜集类似的材料，比较研究。（21）文法语法的指导，要用归纳的过程，用国语文中已习过的材料做基础。并搜集类似的材料，比较研究。（22）作文的范例，须以模范（思想无误、层次清楚、格式恰合……）的实用文、普通文为主。（23）开始练习作文时，就应指导儿童练习日记。

1936年7月教育部颁行的《修正小学国语课程标准》，所拟各项较前略有改动。国文教学的"目标"中有关"作文"的第（四）条是："指导儿童体会字句的用法、篇章的结构、实用文的格式，习作普通文和实用文，养成其发表情意的能力。"比前增加了文法方面的要求。

"作业类别"中"作文"的规定较为简略：（1）应用的普通文、实用文格式、结构、文法、修辞等的理解和运用。（2）经历、计划、感想等的叙述抒发。（3）普通文、实用文等的习作。主要是从文法、文体方面提出要求。

"各学年作业要项"中"作文"的要求则较前具体：第一、二学年：一，对照图片实物等的口述或笔述。二，日常生活偶发事项、游戏、动作、集会、故事等的口述或笔述。三，简易说明文、书信等分析并试作。第二、三学年：一，对照图片、模型、实物等的笔述。二，日常生活、游戏、动作、偶发事项、集会、故事、时事、读书要点等的记述。三，对于家庭、学校、社会的建设改进，计划或感想的发表。四书信等的分析试作。五，普通标点符号的运用练习。第五、六学年：一，日常事项、偶发事项、读书心得等的笔述。二，各种小问题的评述。三，继续第三、四学年的第三项。四，演说、辩论等的拟稿。五，应用的普通文、实用文（注重书信报告书）的分析习作。六，文艺文的试作。

"教学要点"中的"作文"要求也更加明确和完整。例如原来"（16）要养成起腹稿的习惯"，改为"须养成起腹稿或先做大纲的习惯"；原来"（21）文法语法的指导，要用归纳的过程……"，在"文法语法的指导"后面加上"须在需要时提出；指导时"等文字。在原有各条外另补充两条：（30）须随机或特殊设计，多多指导儿童习作实用文。（31）作文须与各科（如笔记各科的讲述等）联络，并须与课外活动（如学校新闻、学级刊物的讲述等）联络。

总的看，基本要求较前没有什么提高，只是"各学年作业"规定得更加生活化、多样化，"教学要点"也更趋完善。

第二节 中学国文"课程标准"有关写作教学的规定

1933年颁行的《中学国文课程标准》，与1936年修正颁行的《中学国文课程标准》，其"作文"部分的规定，二者差别不大。现摘录1936年6月修正颁行的"标准"的有关内容如下：

《初级中学国文课程标准》的"目标"为：（一）使学生从本国语言文字上，了解固有文化。（二）使学生从代表民族人物之传记及其作品中，唤起民族意识并发扬民族精神。（三）养成用语体文及语言叙事说理表情达意之技能。（四）养成了解一般文言文之能力。（五）养成阅读书籍之习惯与欣赏文艺之兴趣。教学"时数""精读"一年级每周三课时，二、三年级每周四课时，"略读指导"每周一课时（"文章法则"于略读时间内讲授之），"习作"每周一课时（1933年"课程标准"为每周二课时）。

"教法要点"：（三）文章法则部分：（1）采用适当材料，须使学生自由研究，以便定期在课室内讲解讨论。（2）所举范例须与精读文联络比较，使学生获得充分的练习与理解。（3）就学生习作中摘出其文法上、体制上谬误之实例，令其改正。（4）应注重语体文法与文言文法之比较及各种体制之异同。（四）作文练习：（1）教授作文方法，应时有变化，但不论记叙或议论，均以实质为对象，力避空泛、玄虚之习气，略举数例如下：（甲）命题　由教员命题或由学生自拟教员择定之。题材须取有关于现实生活而偏重记叙描写并与精读文之文体有切实关联者。（乙）翻译　翻文言文为语体文，或翻古诗歌为语体散文。（丙）整理材料　由教员供给零碎材料，令学生作一有系统之文字。（丁）变易文字之繁简　示以简约文字，令学生就原意演绎；或示以冗长文字，令节简之。（戊）写生　分学生为数组，由教员提示事物，实际描写。（己）笔记　教室听讲及课外读书之笔记。(庚)记录　如日记，游记，演说及新闻等记录。(辛)应用文件　书札，契据，章程，广告及普通公文程式之习作。(2)习作以每星期一次为原则，于课内行之。每次练习，必须有个别或共同之批评，改正以先加各种符号，使自行修改。(3)口语练习，于课外行之。或由教员命题指定学生演说，或由学生自由发表意见，或组织辩论会分组辩论。演说或辩论后，应批评其国音上语法上理论上及姿态上之错误，予以纠正。(4)书法练习，除于课内略为说明用笔结体等外，应注意课行楷之练习与临摹，先求整洁，次及美观。笔记与作文簿亦可为考查书法成绩之资料。

《高级中学国文课程标准》的"目标"为：（一）使学生能应用本国语言文字，深切了解固有文化，并增强其民族意识。（二）除继续使学生能自由运用语体文外，并养成其用文言文叙事说理表情达意之技能。（三）培养学生读解古书，欣赏中国文学名著之能力。（四）培养学生创造国语新文学之能力。教学"时数""精读"每周三课时，"略读指导"每周一课时（"文章法则"包括文法、修辞学、各体文章作法等项，于略读时间讲授之。）"习作"每周一课时。

"教法要点"：（二）文章法则：（1）文法应继续注重语体文与文言文之异同。古书上文法特例，亦应分别说明，以为学生读解古书之助。（2）修辞应注重文章之组织与体制；遣词之方式，词格之类例。关于文学作品之玩味，作家风格之识别，亦应注意，以培养青年欣赏中国文学名著之能力。（3）辩论术，应注重辩论之方式，证据之搜集，判断之正确，敌论之反驳，以及音调姿态之运用等。（三）作文练习：习作以每星期一次为原则，于课内行之。（1）命题作文　养成学生作文缜密敏捷之习惯与尽量发挥之能力。（2）翻译　为训练学生作文技术上之精确计，应注重翻译。例如：译（甲）文言文为语体文，（乙）语体文为文言文，（丙）古韵文为语体散文，（丁）外国短篇文为中国文言文或语体文等。（3）读书笔记令学生将读书心得或疑问等，写成系统的或片断的笔记，以养成其勤勉审慎之习惯。（4）游览参观之记载　养成学生观察，取材，判断及描写之能力。（5）专题研究　提出研究题目，由学生搜集资料，试写论文，应注意其思想之条理与材料之排列等。（6）应用文件　凡宣言，契据，章程，广告及其他公文书札等，皆可令学生习作。（7）文学作品　凡小说诗歌戏剧，皆可令学生试作。

20 世纪 30 年代国文"课程标准"，与 20 年代《新学制国语课程纲要》中的有关写作教学的内容相比较，在重视语体文写作，重视话法、文法等的联络教学等方面的基本方针没有改变，但也有几个明显的特点：

（1）"教学要点"（或称"教法要点"）规定非常具体。在《新学制国语课程纲要》中，"方法"的指示极为简单，如小学的作文"方法"只有一句话："注重应用文的设计、研究和制作。"而新的小学、中学的写作教学（教法）要点均多达十条以上，对教法的规范作用明显增强。

（2）"语言"技能的训练更受重视。《新学制国语课程纲要》虽然有"说"的练习要求，但在"目的"部分没有这方面的规定，而新的"课程标准"的"目标"部分，小学的第一条就是："指导儿童练习运用国语，养成其正确的听力和发表力。"初中的第三条是："养成用语体及语言叙事说理表情达意之技能。"而"语言"技能的练习与写作练习有极大的相关性。

（3）习作的体裁相当广泛，但要求偏高。小学不但要求作应用的普通文、实用文，而且还有"文艺文的试作"。高中要求作命题作文、翻译、读书笔记、游览参观之记载，还要求作专题研究、应用文件和文学作品等。在高中的"目标"中有"培养学生创造国语新文学的能力"的规定。"专题研究"和"文学作品"的写作，对于中学生来说显然要求过高。

（4）文言文写作教学的要求略有提高。课程名称，初中和高中均改"国语"为"国文"。《新学制国语课程纲要》的"目的"部分，高中要求"继续练习用文言作文"，新的"课程标准""目标"部分，则规定高中："……并养成其用文言文叙事说理表情达意之技能。"这一要求自然是不可取的。

第三节 旧、新写作教学思想和方法的并存和消长

这一时期的写作教学，由于在一定程度上受到复古思潮的影响，且教员的成分极为复杂，对国文教学目的认识颇不一致，因此，教学情况也难以一概而论。

国文教师比其他任何学科的教师，在人员构成上都更加复杂，有法学士、教育学士，有冬烘秀才，失意政客，有做过县长、科长的，有才子，也有诗人，当然也有一班文学士；但也有校长兼授国文、教务主任训育主任兼授国文的。国文好像是随便什么人都可以上堂教的，他们对国文的认识自然莫衷一是，如叶圣陶所说："如果一百位国文教师聚在一块，请他们各就自己的见解，谈谈国文科到底是什么性质，纵使不至于有一百个说法，五十种不同的见解大概是有的。对于动物、植物、物理、化学那些科目，就绝不会有这样的情形。"①阮真在《中学国文教学目的之研究》一文中，就曾详细讨论了他所搜集到的较为重要的二十种国文教学目的，"这二十种之中，各种意见已是无奇不有。大的其大无外，小的其小无内；简的只有二三十字，繁的长至一千余字。"②虽然有部颁"课程标准"，但在教学实践中还不能做到较好地统一到部颁"课程标准"上去，旧派教师和新派教师各自按自己对课程的认识施教，教学在一定程度上变成了一种教师的个人行为。

教学上的新旧杂揉的状况，从渔舟的文章可见一斑：

民国十六年，我们乡里办了一个小学，一种新的刺激使我踏进了

---

① 叶圣陶：《中学生的国文程度低落吗？》，载《中学生》第49号。
② 阮真：《中学国文教学目的之研究》，载《教育季刊》第1卷第1期。

新的园地。智识的供给换了一个方向，从前学的老思想和老腔调似乎不中用了；重新从教科书里学来了一点白话，"的哩吗呢"不致胡乱地用，可以说，我已能够运用新的表情达意的工具了。可是教师们从没有指明学习国文的正确的目标和途径。老实说，他们也在迷恋骸骨，会把《春赋》里的句子搬上学生的国文课卷；有时却像很新鲜，在课卷上批上"词尚俪语体好排比戒之勉之"的评语。因此我虽学会了一种新的工具——白话文——却没有新的内容来充实这新的形式。爽快地说，学习国文到底是甚么一回事，我只是茫然，连教的先生也是茫然；小学是这样，直到高中还是这样，不，越到上一级越莫名其土地堂，八股气息越加浓厚起来（少数教师算是例外），让我描出一些轮廓吧：

进了初中，首先映入眼帘的，是古色古香的国文教材：庄子的《养生主》、孔子的《季氏章》、孟子的《谓戴不胜章》、韩愈的《原道》以至蒲松龄的《聊斋志异》里的《张诚》；国文教员的拿手好戏，是拉着平板的腔调把课文逐字逐句地解释，口讲不出的用手写："××者，××也。""××、××貌。"碰到白话文，他们真有庖丁解牛的气魄，"简直是目无全文，解罢，为之四顾，为之踌躇满志"。……同时他们也以同样的态度对付学生的写作。于是我从私塾学校里学来的八股调，大受他们的欢迎，博得不少的浓圈密点和连篇累牍的好评。跟着就是学校当局的称誉。我写得起劲，索性和"的哩吗呢"绝缘，只要是前人用惯了的套语，念起来叮叮铛铛的，就不管自己的意思是否这样，牺牲一点来转弯抹角地搬运这一类心目中的"佳句"。

从这闷人欲死的朽腐气息中教我出来的，我真要感谢我们的李师了！他是我们初中三年级的国文教师，当他上第一次国文课时，就发表他的主张说："做文章就是把自己的思想和情感用适当的文字表出，这思想或感情就是内容。一篇文章没有内容是不行的。我最讨厌有些作品，写上一大套还没说出什么东西，写景不过'花儿草儿'，写情不过'吾爱我爱'。在你们的课卷中发现这种文章，我是不看的。"这一席话使我得到新的启示,我知道从前是上当了。尤其使我难忘的,是李师讲书时的精神的焕发和声调的抑扬;他起初把教材朗诵一遍,告诉我们阅读能力的增进可帮助理解,次摘出难的字句加以解释,然后说明各段的大意,进而说明全篇的中心点和每段对于这中心点的效用,我们知道一篇文章是一种有机的结构。可惜我的"文章病"还没有给李师完全治好,就完毕初中的阶段升到另一个学校了。

我升入的是职业学校,是不重视国文的,每周两点,到三年级就没有这一门。我们的教师是一位在当地最高教育行政机关当科员的,始终没有换过。这先生真是耐得烦,上课老是一套循环的机械动作。……一次,我还有幸看到他改作文卷。他翻开卷子就毫不思索地一路椭圆圈打到底,轻易不动笔改窜的。

某一学期,我们的教育当局者,不知是审查教员和学生的言论,看奴化教育实施到什么程度,还是听了中学国文程度低落的叹息而关心到学生的成绩,把我们的作文卷搬去,据说请些专家(?)在那里评阅,两星期后才发还。我们只在课卷上看见用纸条写着许多评语。一位学生在文章里用了"狗屁"两字,被评为"太粗鄙"。此外还看见过"俚俗不堪""糊涂已极""胡说"……

在这种夜色茫茫的境地里,我不想从教授中得到国文的进境,于是选读各种课外的读物,终于在黑魆魆的路上发现一盏明灯,那就是我们的《中学生》杂志。它诚恳地告诉我许多关于国文的理论,使我赶上时代的潮流。从此我知道国文并不怎样神秘,只是整个的对于本国文字的阅读和写作能力的修养;能从一种文字上理解他人的思想感情,能用一种文字发表自己的思想感情,就算是达到学习那种文字的目的;此外在阅读时,怎样去理解和欣赏,在写作时怎样使自己的见解与感触容易引起读者的共鸣,也懂得一点大概;至于"利用自己的生活实感以充实作品的内容,把深刻的印象代替浮浅的感觉"这些话,既用作自己写作的信条,又用作欣赏他人的作品的标准。从这些理论,我认定国文和其他的任何种文字一样,不过是应付实际生活的一种工具，进而认定白话文是目前的一种最便于表情达意的工具；在他方面，我企图从各方面去体味生活，进而认识人生。

在国文的园地的围墙外摸索了十几年，直到这时，我才敢大胆地说：我已走上光明的坦道了。①

这里所叙述的，大体上反映了这一时期写作教学上的真实情况：新旧教育思想、教学方法相互纠葛、相互消长、相互斗争。但从总体上看，写作教学仍是进步的。新的教育思想正在克服旧的教育思想，新的教学方法正在取代旧的教学方法。新的教育思想和方法正在冲破迷雾和阻力，引导学生正确认识国文和写作，引导他们走上"光明的坦道"。

第四节 "国文"教材写作教学意识增强

较之20年代，这一时期的国文教材体现了更强的写作教学意识。多数国文教材都是将文选与习作混编，或取文话、文选、文法（或修辞）三位一体的体例。专门性的写作教材也很有新意，有取文法与习作相结合的，有取一题数作的，有以文体作法分程训练的，有多体全集式的。既注意到基本型文体的教学，又注意到实用文体的教学。以下对几部有代表性的教材作以简单的介绍。

先看综合式的"国文"教材：

（一）傅东华编的复兴初级中学教科书《国文》（6册）、复兴高级中学教科书《国文》（6册）。这部教材经教育部审定，由商务印书馆1933年9月初版发行。这是当时最为流行的一套教科书。初中《国文》"编辑大意"中说：该书供初中6个学期国文精读及习作教材之用。每周精读3小时，略读1小时，习作2小时。文章作法与作文练习每隔1周更换教学，各册一律包含精读教材40课（每学期以20周计算，平均每周授2课），

---

① 渔舟：《从我学习国文的经过谈到中学生的国文程度问题》，载《中学生》第54号。

习作教材 20 课（每隔 1 周授 2 课），二者穿插编排，俾使依次讲授。文选内容"依新标准教材大纲之规定，力求思想不违背时代潮流及体裁风格堪为模范者，又在可能范围，尽量采用新颖之作品，期能增进教学双方之兴趣。译品一律不收。"文体第一年偏重记叙文抒情文，第二年偏重说明文抒情文，第三年偏重议论文应用文。高中《国文》"编辑大意"则规定，每册分 18 周，依内容难易及分量轻重，每周支配 1 课至 3 课，备精读 3 小时内讲授。每单周备文章作法 1 课，供作讲授文法、修辞学及辩论术之教材，于习作时间内用之；每双周备作文练习 1 课，拟就文题、翻译题及其他练习材料，以供采择。

现将高中《国文》第一册目录摘录如下：

第一周

一　典论论文（曹丕）

二　古文辞类纂序（姚鼐）

文章作法一　文章体例

第二周

三　六月（诗经）

四　无衣（同上）

五　民劳（同上）

作文练习一

第三周

六　诗教上（章学诚）

七　诗教下（同上）

文章作法二　古助词用法

第四周

八　白马篇（曹植）

九　书志篇（陆游）

一〇　正气歌（文天祥）

作文练习二

第五周

一一　南将军庙行（王士禛）

一二　秋日田园杂兴八绝（范成大）

一三　七律四首（杜甫）

文章作法三　诗歌的形态与类型

第六周

十四　牧誓（书经）

十五　金縢（书经）

作文练习三

所列"作文练习"的内容，有古文翻译，有命题作文等。如"作文练习一"中要求"试将《六月》篇演作一个故事"；"作文练习二"要求"任作一题（在课室内）：（一）述志（语体散文诗），（二）说奋斗精神，（三）不朽论，（四）时事感言"。这些题和文选结合较紧密，且有一定的时代感。

全书编排严谨，有较强的可教性，只是文言文分量太大。

（二）夏丏尊、叶圣陶、宋云彬、陈望道合编的《开明国文讲义》，由开明函授学校出版，开明书店印行，初版于1934年11月，共3册。

这部讲义，第一、二两册注重在文章的类别和写作的技术方面，第三册注重在文学史的了解方面。在第一、二两册里，每隔开4篇选文有1篇文话，用谈话式的体裁述说关于文章的写作、欣赏种种方面的项目；比较起寻常的"读书法""作文法"来，又活泼，又精密。在第三册里，每隔开3篇选文有1篇文学史话。文话、文学史话和选文互相照应：前者阐发后者，后者印证前者。

在第一、二册里，每隔开4篇选文有一篇关于文法的讲话，文法完了之后，讲修辞。这两部分注重理解和实用，竭力避免机械的术语和过细的分析，务使读者修习之后，对于语言、文字的规律具有扼要的概念，并且养成正确、精当地发表的习惯。文话、文法等的后面附有练习的题目，有的是属于测验性质的，有的是待读者自己去发展思考能力的。逐一练习过后，不但对于选文和讲话可以有进一步的理解，并且可以左右逢源，发现独自的心得。

选文大多取现代白话文作品。如第一册选文共52篇，除了选自《西游记》《红楼梦》《儒林外史》《资治通鉴》的内容及一些古代诗歌散文共12篇外，大多是现代著名作家、学者胡适、梁启超、朱自清、徐志摩、叶圣陶、鲁迅、夏丏尊等人的作品，很有可读性。

文话部分综合读、写、练于一体。文话的行文很平易，注重实用。如"文话——记述文"部分，对何谓记述文，作者说："我们自己觉知了一个或多数的人或物，更想叫别人知道，倘若那人或物就在别人眼前，就非常容易，只消指点一下罢了。但是，倘若那人或物并不在别人眼前，我们就得用语言或文字来告诉别人。为着这种需要写成的文字叫'记述文'。"接着作者结合文选中的各课内容加以评说，一一阐明记述文的特点，最后概括为："记叙文大概的格局是：开头提出所讲的人或讲明物的品目，统说全体，随后分部述说。"所附的"练习"是："试自拟一题（一个或多数的人或物）作一篇记述文，依着自己对于该题材分部看认的次第分部述说。"

（三）夏丏尊、叶圣陶合编的初中国文科教学、自修用的《国文百八课》（开明书店1935年初版），是这一时期较具科学性的教材。

该书"编辑大意"说："本书用分课的混合编制法，共六册。每册十八课，供一学期的教学。"全书共108课。编书的目的是出于这种想法："在学校教育上，国文科向和其他学科对列，不被认为一种学科，因此国文科至今还缺乏客观具体的科学性。本书编辑旨趣最重要的一点就是想给予国文科以科学性，一扫从来玄妙笼统的观念。""从来教学国文，往往只把选文讲读，不问每小时每周的教学目标何在。本书每课为一单元，有一定的目标，内含文话、文选、文法或修辞、习问四项，各项打成一片。文话以一般文章理法为题材，按程配置，次选列古今文章两篇为范例；再次列文法或修辞，就文选中取例，一方面仍求保持其固有的系统；最后附列习问，根据文选，对于本课的文话、文法或修辞取复习考验的事项。"这套书选文力求各体匀称，不偏于某一种类，某一作家。内容方面亦务取旨趣纯正有益于青年的身心修养的。只是运用上较为注重形式，对于文章体例、文句程式，写作技术、鉴赏方法等，讲究不厌详细。编者特意不在选文中附注释，留下余地给教者学者利用工具书解决问题。

下面是初中第一册一至四课目录：

第一课

文话一　文章面面观

文选一　读书与求学　孙伏园

文选二　差不多先生传　胡适

文法一　字和词

习问一

第二课

文话二　文言体和语体（一）

文选三　孙策太史慈神亭之战　《三国演义》

文选四　语录八则

文法二　词的种类（一）

习问二

第三课

文话三　文言体和语体（二）

文选五　希伯来开辟神话（一）

文选六　希伯来开辟神话（二）

文法三　词的种类（二）

习问三

第四课

文话四　作者意见的有无

文选七　广州脱险记　宋庆龄

文选八　我的新生活观　蔡元培

修辞法一　求不坏

习问四

由上可知，该教材是以文章理论知识为线索，将文章体制、文句程式、写作技术、鉴赏方法、古今文章、语法修辞等统筹成一个教学单元的体例。每一个单元有一定的教学中心，教学双方目标明确。学生能以理论为前导，围绕中心，掌握有关的知识和技能，通过"习问"，复习检验并巩固有关的知识和技能。后来叶圣陶在《关于国文百八课中说："本书问世以来，颇得好评。至于缺点，当然难免。我们自己发觉的缺点有一端就是太严整、太系统化了些。……步骤的完密是其长处，平板是其毛病。例如把文章分成记叙、叙述、说明、议论四种体裁，按次排列，在有些重视变化兴味的人看来，会觉得平板吧。"

（四）陆高谊主编、朱公振编著的《基本国文》和《模范国文》，世界书局1939年出版。

这两本教材是陆高谊主编的"中学活用课本"中的一种。这套活用课本完全是为了适应战时教育的需要编写的。

抗战以来，各地学校停办甚多。为学生出路计，于是补习学校、职业学校、短期中学等特种学校应运而生。各地学校的学生，虽学级相同，但程度不一，所以在采用教科书上深感困难；补习学校学级较少，时间又短，要找到适合的教科书就更为困难。而正式的中学教科书，均是按照"承平时代"的情形编制的，初中三年、高中三年，迂回重复，缓不济急。于是陆高谊产生了编写"活用课本"的构想。他在"中学活用课本编辑旨趣"中说："首将现行初高中课程标准混合为一，然后去其重复，存其精华，提纲挈领，综合编制，庶使教者有事半功倍之妙，而学者得举一反三之益，读完一科，即有该科中学相当程度。""各书内容编制特别，合教科书，教授法，参考书三者于一炉，可详可略，弹性极大，庶使一月二月教之不嫌多，半年一年教之不嫌少。班级制，讲演式固可适用，导师制，自修用，亦无不可。"

朱公振编写的《基本国文》《模范国文》就是根据上述指导思想编写的。《基本国义》全书一册，完成教学，即达到中学阶段国文教学的基本要求。学毕《基本国文》，如还需进修，可继续学《模范国文》。两书编法相似，均以分体文作法教学为中心。

《基本国文》全书共分5编：第一编记叙文，第二编说明文，第三编议论文，第四编诗歌，第五编应用文。每一编均先列"内容一览"，说明本编中所选范文的篇名、学习各篇所要掌握的文法、修辞法、标点符号、作业练习等内容；其次是"作法向导"，具体讲述本编所学文体的性质、功用以及写作上的要则等；最后是"范文选读"，列出范文供写作上参照。

该教材较为注重学生的实际应用，所选"应用文"范文共8篇，占了全部40篇范文的五分之一。应用文体包括书信、发刊词、计划书、建议书、调查报告、章程、告启等。

《模范国文》也分5编：第一编记叙文，第二编说明文，第三编议论文，第四编抒情文，第五编应用文。每一编先是"引言"，对某一文体作总括的说明；其次是"作法"，详细列举技法的要点一一说明；最后是"范文"。全书共50篇范文，以"应用文"范文最多，共计15篇。"每类范文，更选取其篇法不同之代表作，供学者短期内之阅读；不惟得窥吾国文学全豹之缩影，并可了解各种体式文章之篇法。"在每篇范文之后，介绍其他与范文有相关性的精读或略读文若干篇，注明其出处，学生如有余力可自行检取阅读。在范文后面还附有"诠注""作法"和"练习"三方面内容。"作法"与"练习"两项均属写作指导范围。"作法"揭示每篇范文的题旨，说明其写作要点，精究其篇章结构、语句组织等，使学生对范文的形式内容"获得整个彻底之明了"。更于每类范文之前，说明其定义、性质、种类以及写作上的一般方法，使学生更进而知各体文章的形式与内容，借得举一反三之益。"练习"即拟举若干作文题，并就其一题，指示其文题主旨、写作要点、篇章结构等，供学生自行构思布局，练习写作，以收学以致用之效。

第五节　写作教材类别齐全，渐趋完备

再看专门性的写作教材：

（一）黄洁如的《文法与作文》，开明书店1930年出版。该书的"文法"是作为"作文"的基础的，因此，仍可视作专门的作文教材，是初中国文科的一种"工具教材"。

作者在编述大意中说："本书把文法与作文混合成编，目的在使文字分析的研究和综合的应用发生关系——便是希望学生懂得一些言语的规律，便能纠正一些言语的错误；懂得一些文字组合的法度，便能解决一些写述和阅读时的困难。"该书较为注重实践性，反对"只发挥一些抽象的理论"的作文法。作者认为"造句作文是一种技能；只知道些方法和规律，而不去练习应用，还是无裨实用的。本书的目的不但使学生有所'知'，更想使学生进于'能'；所以理论从略，练习必多。"

全书分为9章，每章作为教学的一单元。"假如每周有两小时的课堂讲授，平均两周可毕一单元，一学期可毕全书。"在"本书使用法"中，对训练和作业批阅等作了一些说明："每章短文写述的题目不止一个，这样，便能使学生有选择的余地，而且复习时还可应用。但写述的题材尽可不受这些题目的拘束。有效的作文练习，须利用学生写述的动机；作文时如遇相当的动机，自以另出文题为宜。""……惟作文的练习有时须由教师代为删改，却不宜多。……须知改文的目的，在使学生自觉其错误，以期逐渐减少。错误必令自觉，所以全由教师修改，不如参用标记令自改，或提出共同订正。"

该书的文法和作文部分是相互照应的，如文法讲句法、词类，作文部分就先学习"填进主语和述语""用完全句作答语"，然后学习辨认中心思想（用一语句概括中心思想），并利用"造句练习"中规定回答的问题的内容，分别拟出3个题目，要求学生写成短文。这样，作文时既重温了文

法教学的内容,又应用了文法方面的知识。

该书在指导思想上是立足于训练,文法部分每一个知识点都配有大量的实例和练习题,作文部分更为注重提供实例和练习题,在练习的设计上,煞费苦心,体现了较强的目的性和实效性,对学生写作能力的培养是有帮助的。

将文法和作文混合编列,这一尝试值得重视。

(二)张冥飞著的《国文百日通》(上、中、下),是一部供自学用的写作教材,1934年4月已出至增订版。中华图书集成公司印行,中华国学研究会发行。

《国文百日通·凡例》中说:"本书要旨,在使未通文理者,能凭自修之功,以窥学文途径。于辨字析词造句诸节,言之最详。""词既能析,句既能造,则运笔谋篇,不可不讲,而笔既有起承转合之辨,篇更有正反顺逆之分,虽直造精微,但可意会,而金针度与,不嫌其详。故本篇于此二部分,其解亦倍多于前节,凡所以便利后人,昭兹来学也。"这表明该书也很注重文法与作文的联系。

该书有较强的系统性。全书上、中、下3卷,编次为:卷一,文学通论。分12节:"文学浅说""作文浅说""文法浅说""论文一(文学与语言)""论文二(性质与需要)""论文三(美的观感)""论文四(作文以前之我)""论文五(古今少纯粹记事之文),"论国学,论诗"(附"古律吕之说"),"明体""达用"。全卷系提纲挈领地说明为文之要义。卷二,"文法概论",分上、下两部分,"上"包括辨字、析词、造句;"下"包括笔法、章法、篇法,为文章构成法的分析和认识。卷三,"修辞学"。在总论下分为"命意篇"和"遣词篇"两大部分,"命意篇"包括审题、明分、择体、立意、布局、谋篇;"遣词篇"包括练字和练句,为写作技能的分析和认识。卷三还附有"古今论文精华",共辑录了从韩愈到梁启超的共计34篇短文。

(三)胡怀琛等的《文章作法全集》,世界书局1934年11月初版发行。是当时最为完整的一部写作教材。

"全集"包括这几本书:《抒情文作法》(胡怀琛编)、《说明文作法》(胡怀琛编)、《记叙文作法》(徐国桢编)、《论辩文作法》(汪倜然编)、《公文作法》(邹炽昌编)、《国语文法》(邹炽昌编)、《修辞方法》(胡怀琛编)、《标点符号使用法》(胡怀琛编),这是一个由多本书构成的"文章作法"课教学体系。

这几本书的编辑要点,《抒情文作法》为:"完全是文学的","本书所说的抒情文,只以抒情散文为限。""在形式方面,'即文言或白话'我并不注意"。《说明文作法》"本质论中有'中国说明文小史'一章,把以前的所谓'论说',按照时代,叙述它们的变迁和派别,并估定其价值;使读者对于'论说'有很清楚的认识"。《记叙文作法》"第一章泛论记叙文的一般性质,第二章总论记叙文的作法,最后提出'人'、'动物'、'景色'三者,更加以单独的讨论。"《论辩文作法》认为"论辩文(亦称论说文)为文章中最繁难之一种,亦为最有学术价值之一种","本文系参考国外关于作文法,修辞学,辩论术之名著多种,并本历年教授经验编成;故理论与实际并重,有解说详明指导切实之长,而无叙述芜乱徒托空论之弊。"《公文作法》认为"公文文体,自成一格。它的结构是特殊的,它的作法自然与寻常文字不同。从前学公文的人,总是先从看公事入手,因为能看得多,便容易去作了"。但看,也要经过几步工夫:第一先求看得懂,其次就要看得通,这两层工夫做到了,方可说作。"本书对于一篇公文的作法,用分析的方法来研究,先举例子,后详作法,使学者知道公文的章段如何截分,脉络如何连接,主脑如何点出,说话如何发表,意见如何提出,何者是虚,何者是实,如何是反,如何是正。"《国语文法》谈到"本编于文法之中兼及造句,以句的成分为纲,词的分类为目,更以句的分析为纬,似乎纲举目张,经分纬析,于纵横两方面都兼顾到了。""本编的编制,先举例,次说明,次总括,末了,殿以练习。实例之中有说理,说理之中有实例,不致偏枯,不致无味,颇合初学之用。"由上述编辑要点可知,编者对所述内容均有较深入的研究,并较为注重对教学方法的探讨。

（四）张石樵编的《开明实用文讲义》，由开明函授学校 1935 年 9 月出版，开明书店印行。封面标明为开明中学讲义，但"用作自修及学校教本均宜"。

"编辑例言"中说："本讲义分书信、契据、规章、公文、广告五编，重要的实用文体例，大抵完备。其余如柬帖、联语、庆吊文等。或不必多费研究，或在现代生活中甚少实用意义，故均未论及。"这里所谓实用文实即应用文，较之于 20 年代张鸿来编的《初级中学应用文》更为注重时代性。

该书在示例和论述上有其特点："本讲义所举各例分好坏两种，或应用各例，说明作法；或就各例加以批评，有时更添削示范。学者加意研究，不难得具体的门径；与普通应用文书籍多抄陈腐例文，以充篇幅者不同。"在这一点上可算是一个大胆的革新。例文分好坏两种，对于学生领会文章的优劣利弊是大有裨益的。

（五）陆高谊主编的"作文自学辅导丛书"，商务印书馆 1939 年出版。全书共 6 册：《记叙文一题数作法》《描写文一题数作法》《论说文一题数作法》《抒情文一题数作法》《文体综合的研究》《作文技巧的研究》。该丛书供社会青年自学用，也供在校学生作课外辅导教材用。

全书前 4 册，着重讨论文章的各种构成方法，属于基本训练；后 2 册着重研讨文体的变化和字句的修辞，属于变化应用。前 4 册卷首都有 1 篇"作法述要"，简要地介绍该文体的作法。每一篇范文前还有"说明"，指出范文在写作上的某些特点。范文中还附有一些评点文字，指出文章写作技巧上的长处。范文后面还画出文章的"结构表"，勾画出全文的层次构造。在作法讲述和示例之后，还有"例题"，供学生练习，编者拟出几道题目，让学生选作，每道命题还有指导性的说明。

所谓"一题数作"，就是一个题目用各种的作法。例如蒋祖怡编的《抒情文一题数作法》，共分 4 编："快乐之情""悲苦之情""感慨之情""闲适之情"。每编分 3 组，每组 1 个题目，每个题目编列 3 篇范文。如第二编"悲苦之情"，第一组题为《离愁》，里面就按因别离的"事"而发，因别离的"物"而发，因别离的"人"而发3种不同情况，编列了3篇范文；第二组题为《念亡友》，里面就按祭奠文、墓志铭、随笔3种不同的样式编列了3篇范文。主编陆高谊说："从来没有人教作文有像这样的，把同一题，用数种作法，俾学生得互相对照，大开心窍，以后遇到任何题目，就有方法可以着手。"

该书还有一个特点，那就是选文和撰文相结合。所用范文有的是采用现成文章，但多数是编者自撰的，这大约是为了更好地体现编辑意图，更易为学生接受。

上述各种教材可以看出有几个特点，一是较为注重文法修辞对作文的作用，把文法、修辞作为作文的基础，在教学中注意到二者的联系。二是重视应用文体的教学，在综合性教材中，应用文占了相当的比例。专门的应用文教材，较为注意时代性。三是普遍地强化了对作文训练的要求，将有关知识落实到练习中，尽量使知识、范文与练习统一起来。四是教学意识有所增强，注意到写作的外部与内部联系，教学系统趋于严整，教学形式更加多样化、丰富化。

各种教材，尤其是专门性的写作教材，可谓标新立异、各有特色，在相当程度上带有教学改革、教学实验的性质。教材编写空前繁荣，形成了自由竞争的局面，这又对教改实验起了促进作用。教材的繁荣，与这一时期所采取的由民间编写、教育部门审定，出版后由学校自由选用的政策有关。在教材编写上引入竞争机制，这种做法值得肯定。

第六节　权伯华和石昭锽的写作教改

这一时期在教改实验上较引人注目的有权伯华和石昭锽的观点和实践。

从事国文教学近二十年的权伯华，在教学上不断更新教学方法，致力于初中国文教学法的改革实验，作为实践的总结，写了《初中国文实验教学法》一书，中华书局1932年出版。

他的改革的核心思想，就是把"作文"放在国文教学的最重要的位置上。他说："作文一项，在国文教学中，要算主要的工作。因为平日精读略读，除去为读他人的文字外，其余都是为作文而设。而况能作的人，未有不能读；能读的人，不见得都能作；能读而不能作，虽读亦等于未读。所以在教学上，作文一项，也是要特别注重的。"这可谓抓住了国文教学的症结，国文教学效率不高，很大程度上是由于过于注重讲读造成的；过为强调阅读是写作的基础，没有想到打基础的目的是为了建高楼（写作），只有建成了高楼，基础才有存在的价值，否则，只能是劳而无功。"能读而不能作，虽读亦等于未读"，此言虽欠严谨，却是击中了重读轻写的要害。

权伯华对作文是否有"法"的问题见解精辟。他说："一般研究国文的人，常说：'文无定法'，或'文成然后法立'这一类的话，照这样说来，我国文字，似乎无法，或无定法了。教学文字，首重法理；既是无法或无定法，则教者学者，皆无从着手。殊不知所谓'无法''无定法'云云，是指高深的文字而言，中学以下教学文字，不但要有法，而且要有定法，而且要用科学的方法，分析得极清楚，指示得极确切。我国文字，无论如何繁难，教者断不能以'只可意会，不可言传'八个字敷衍塞责。"这一认识，显然是写作教学观念上的一个极重要的变革，在写作教学中如不打破"文无定法"这一传统观念，建立科学的教学方法，写作教学便没有出路。

他的作文教学法很重视实际效用，这主要体现在命题和批改要求上。他认为作文的命题，"第一，要迎合学者的心理，叫他们有话说；第二，要能借以发展他们的作文技术。"为此，出题时，宜"一次多出，一次少出"，多出时，可以出至一二十道不等，少出时，只出一道。多出题，如不合学生心理也可以由学生自拟题目。只出一题时，必须是极普通、极需要的，不使学生思想受束缚。"要限定两小时一律交卷"，这样"将来在社会上服务，或升学应考时才能应用"。他的批改原则是："多改不如多批，多批不如多讲"，"……教师批改作文，与其多改，致费时间，又足以消灭学者的兴趣，得不到真正的效益，反不如于批的方面，多多予以指示。""批改的目的，既在指示文字的优劣，用文字批评，又为时间事实所限制，不能十分详尽，则最容易详尽的，当莫过于语言了。因为语言可以迅速，在时间上最容易经济，而临时措辞，又极容易委曲达意。所以作者于批改完竣后，必于课外自修时发还学生，叫他们先自阅看一次，然后再逐一为之讲解，以补充文字批改之不及。"教师果能多批多讲，对学生作文的进步自然能见实际的功效。

权伯华的实验，还十分注重培养学生的自学能力。他说："教学上唯一的方法，便是要学者能够'自学'，教者才可居于辅导的地位。学者如不能'自学'，那么无论教者有多大的本领，都是无所措手。"他的每周6节课只作3件事：指导预习；问答；作文。即1节指导预习，3节问答，2节作文。预习课，是让学生完全自动地学习；问答课，即学生将预习中发现的、经过自己研究仍不明白的问题，提出询问，由教师给予解答；作文课则是国文教学中的主要工作。国文考试，分月考、期考两种，月考通过笔试、口试考查读文的内容，期考只考作文1篇。就是说，他把学生的作文程度，作为考察国文程度的主要标准。

权伯华的教改实验，无疑是一次大胆的尝试，他对重读轻写、文无定法等观念提出了挑战。尽管他的教学法还不尽完善，或者说还有不少欠缺，如对话法、文法、修辞等的忽略，但他能抓住作文教学这一主要矛盾，把作文课作为国文教学的主要工作，这一突破亦属难能可贵。

石昭锽的小学高年级说话与写作联络教学的实验，也可供参考。他的教学原则是：（一）说话是写作历程的起点，写作是说话历程的终结。（二）材料的获得，以儿童做主体，导师为助手。（三）材料的搜集，须采团体活动。（四）确定题材及范围，博采儿童意见。（五）须注重公开与批评。（六）须多利用机会，适应心理要求。（七）多注意于语文课外的语文活动。

"教学历程"要点如下：（一）说话教学方式之改变。不以教师为中心，由儿童自己选主席和评判员，使儿童自觉这是说话的机会，心怀权利竞争的兴趣。（二）说话题材由儿童讨论决定，教师补充。（三）说话材料的搜集活动要分组进行。每组二三人。（四）说话材料的准备教师要善为辅导。儿童一星期准备一篇说话材料，教师应提供参考资料并解答疑难。（五）（略）。（六）搜集说话材料注重笔记工作。（七）说话准备之笔记应送呈教师核阅。教师对学生笔记给予修正、补充并评出等第，作为课外阅读及写作成绩。讲演者于演讲时可将笔记的要点抄在黑板上，给听者一个轮廓。（八）讲演时听讲者须笔记讲辞或大意，导师予以抽阅。（九）提供机会举行辩论会。最良好的机会就是在同学中发生不易分辨的争执，供为辩论会的题材。会后各儿童须将所阅写成记叙文，作一次写作成绩。（十）说话结果须当场公开评判。由儿童自选评判员，其他儿童如有意见，亦可批评。最后由导师总评以作结束。（十一）写作的材料一部分采用"说话"的内容。这可收事半功倍的效果。（十二）选择佳良的写作作公开讲演。写作的优点可补说话之不足，选好的文章当众演说，可减少语言的无谓虚词，增进言词的修辞能力，并刺激学生的名誉心，更加注意写作的精美。（十三）对于语言艰涩的儿童应将"说话"与"写作"合一教学，就是让这些儿童将说话材料先写成文字，带上台宣读，慢慢引上说话有条理和词意完全的一条路上去。实验者认为，说话和写作联络教学，重在随时随处的利导，如每日的朝会夕会，每周的周会，抽定儿童作自治工作及见闻的报告，并写成日记等。①

石昭锃的实验，将说话与写作教学二者相互沟通，使之优势互补、融为一体，这一指导思想是科学的。不但小学生可行，中学生也有实践价值。在教学中，他时时注意到以学生为主体，努力适应学生的心理要求，激发他们的发表欲和名誉心，调动他们的兴趣和热情。一方面寻找有利的时机进行训练；另一方面又作"随时随处的利导"，在具体操作上的设计也都十分精细，注意到教学细节的方方面面，这些都很值得我们作进一步的探究。

总之，这一时期的写作教学，从课程标准、教学实践到教材建设、教改实践，都在逐步走上正轨。

---

① 石昭锃：《小学高年级说话与写作如何联络教学》，载《小学教师》第 3 卷第 13 期。

第三章 写作学研究述要

这一时期的写作学研究，在教材建设和论著的发表上，均保持了发展的势头，对许多问题的认识，也更加丰富和深入。

第一节 对国文科主要矛盾的认识

对国文科主要矛盾的把握，有三种不同的观点：阅读与写作并重；阅读重于写作和写作重于阅读。这三种观点，分别以叶圣陶、夏丏尊、黎锦熙为代表。

叶圣陶基本上是持阅读与写作并重的观点，他在《中学生的国文程度低落吗？》一文中曾批评道："……叹息着说'不行'的人似乎都不很顾到学生的阅读能力方面而只偏重写作能力方面。"指出"国文科的目标在养成阅读能力跟写作能力"。① 他后来在《国文教学的两个基本观念》中，又批评说，现在一说到学生国文程度，其意等于说学生写作程度。至于与写作程度同等重要的阅读程度往往是忽视了的。因此，学生阅读程度提高了或是降低了的话也就没听人提起过。这不是没有理由的，写作程度有迹象可寻，而阅读程度比较难捉摸，有迹象可寻的被注意了，比较难捉摸的被忽视了，原是很自然的事情。然而阅读是吸收，写作是倾吐，倾吐能否

---

① 叶圣陶：《读了〈中学生国文程度〉的讨论》，载《中学生》第51号。

合于法度，显然与吸收有密切的关系。单说写作程度如何如何是没有根的，要有根，就得追问那比较难捉摸的阅读程度。——这虽然把阅读程度和写作程度看作"同等重要"，但把阅读程度看作是写作程度的"根"，实际上天平已有所倾斜。

夏丏尊的"阅读重于写作"的观点就说得较为直截了当："理解与写作为学习国文的两大目标，一般人日常生活上阅读的时间多于写作的时间，故理解可以说比写作更重要。"①

黎锦熙则持相反的看法，他在《各级学校作文教学改革案》中说，各级学校本国语文科，其水准颇有江河日下之势，原因全在教学方法的陈陈相因，不凭经验以谋改革。现在要求改进，谨拟教学上的三原则。这"三原则"的第一条便是"写作重于讲读"。前述权伯华的"国文实验教学法"，也作如是观：作文一项，在国文教学中，要算主要的工作。……而况能作的人，未有不能读；能读的人，不见得都能作；能读而不能作，虽读亦等于未读。所以在教学上，作文一项，也是要特别注重的。

阅读与写作二者孰为轻重，的确很值得研究，这个问题没搞清楚，不但影响到写作教学，也直接影响到整个国文教学。

就读写关系而言，还牵涉到多读是否便能写好的问题，传统的"读书破万卷，下笔如有神"，"唯勤读书而多为之，自工"等认识正确与否，也同样需要澄清。

庞翔勋在《初中作文之练习问题》一文中，对把阅读作为写作的决定性的条件阐明了否定的看法："中国的私塾先生，有一种传统的教学法，一个儿童在红毡上拜过老师之后，便坐下来'读'书，由清晨'读'到傍晚，由春天'读'到冬天，一直'读'到老先生认为已够做文章的时候，才命他作文，这个术语叫作'开笔'。这种水到渠成式的作文教学法，是从他们的'读书破万卷，下笔如有神'的观点上产生的。他们认为要使学生会作文，唯一的方法便是叫他'读'书，肚里有了几卷经书，还怕做不

---

① 夏丏尊：《国文科的学力检验》，载《中学生》第46号。

出好文章来？学作诗的人不是有两句话吗？'熟读唐诗三百首，不会作诗也会吟'，也就是这个意思。读文跟作文有密切的关系，我们自然不能否认。读文的多少与作文的优劣成正比，也确有不少事实上的证明。但，说是只要注意读文，便可以收到作文教学的最大效果，我们可有点不敢相信。读文重在吸收知识，获得材料；作文重在学到方法，发表知识。得到了材料固然可以供给发表，帮助发表的能力，但说是有了材料便有了工具，这是说不过去的。读文与作文的关系固然异常密切，但毕竟是两个问题，教学的目的既不同，训练的方法复各异。所以，以前私塾先生的观点，是错误的。事实上我们常常可以看到，一个熟读经书的老秀才，往往写不通一封平常的信札。大学教授中也不少胸藏万卷书而下笔格格不吐的人。反之，书读得并不顶多而文章却写得怪漂亮的人，也时常会碰到。所以，我们认为：除从读文方面作根本的功夫外，还得专门注意作文的训练；而此种训练中最重要的，无过于练习。不注意练习而欲收作文教学之最大效果，那是缘木求鱼，毫无希望的。"① 庞翔勋对读、写关系的认识是相当中肯的，他既肯定了读文与作文有着密切的关系，但又深刻地揭示了二者的差异性："读文重在吸收知识，获得材料；作文重在学到方法，发表知识。""教学的目的既不同，训练的方法复各异。"在"以读代写"的错误观念还很盛行的时代（至今亦尚未根本改观），对此作严格的辨析和梳理，使写作教学得以正本清源，的确十分必要。

第二节　对写作教学本体的思考

论者对写作教学的本体思考也更加深入。不只是着眼于文字技能的习得，而是较多地注意到一些带根本性的问题，如写作智能的开发、写作习惯的养成等。

---

① 庞翔勋：《初中作文之练习问题》，载《江苏教育》第5卷第4期。

叶圣陶认为,写作实在是一种思考的训练一种观察的训练。他说:"学生平时的认识零碎而散乱,教师给他们出一个适当的题目,教他们作文,他们就得着一个机会,把零碎的散乱的认识做一番整理的审察的工夫。这一点如果能够达到,写作教学就收得了很大的效果,写几句欠通的话乃至写几个错字实在算不得一回事了。题目的适当不适当,只要站在学生方面去想,是很容易确定的:凡属于学生的认识范围以内的都适当,否则就不适当。譬如'我的家庭'这个题目是适当的,因为学生从小就有这种认识。在写作这个题目的时候,学生非把家里各人的状貌、性情、职务、彼此间的关涉等等在头脑里通通过一下不可,这就是一种思考的训练。又如'我家所在的一条街'这个题目是适当的,因为学生也从小就有这种认识。在写作这个题目的时候,学生必须特地留意,把平时忽略过去的格外看个清楚,弄个明白,这就是一种观察的训练。写作教学的目标固然在练成一种将笔代口的技能,借以应付生活上的种种需要。但并不是全般如此,训练思考跟观察也是不可忘记的目标。""训练思考跟观察当然不是国语科单独的责任。但国语科偏重在方法方面,含有综合的性质,尤其不应该放弃这个责任。写作教学是尽这个责任的重要路径,这一层必须永远牢记。"① 叶圣陶对写作教学,从单纯视为文字技能的培养,上升到人的智能开发上来认识,将思维能力和观察能力看作跟文字技能同等重要,这种见解,对现代写作教育有着极为重大而又深远的影响。

吴研因、王志瑞的研究,也注意到写作技能和智能二者的相辅相成:"作文教学的任务,不在制造纸片上机械的成绩,当然更不在制造'超成绩'或'伪成绩',而在乎使一个个儿童具有运用国语的发表能力。分析说起来:第一,要使儿童感到自发的作文的需要;第二,要使儿童能够有条不紊地构思。第三,要使儿童能够自动地努力地作文;另一方面要有积渐的字汇——能使用发表的工具,以使儿童在写作生活上感到便利。总而言之,作文,要有两方面的经验:其一要事理看得清楚,其一要工具使用

---

① 叶圣陶:《小学生的阅读跟写作》,载《小学教师》第 3 卷第 2 期。

得纯熟。工具如何使用，这在读书教学中，读了长时期的书，积了不少字汇，自然能够成功。事理如何能够看得清楚，那便非有社交等的各种实际的经验不可，更不是顷刻可以成功的。因此，教师一方面要指导儿童运用工具，一方面要使儿童知识丰富，思想发达。工具的使用，初年级儿童不能多用文字发表，可以多用语言发表，等到读书较多字汇逐渐增加的时候，乃多用文字发表。知识和思想方面，不是单靠读书所能济事的，必须从实事实物的观察、理解入手，使他们经验累积起来，有见解，有话可说。"① 他们不但看到在写作中"事理看得清楚"，"工具使用得纯熟"，二者缺一不可，看到观察和理解（思考）的重要，而且还从儿童写作心理素养的层面上，认识到"要使儿童感到自发的作文的需要"，"要使儿童能够自动地努力地作文"这两条的重要，能做到这一点，写作的成功自然不在话下，这当是写作教育的最高理想，而这，恰是写作教育中最难实现的。

第三节　对写作学习心理的研究

在写作主体写作学习心理方面，也有专文探讨。写作学习心理是写作教学的依据，这方面的研究，是写作教学逐渐注重主体性和科学化的一个标志。高人瑞的《小学作法学习心理的研究》（载《小学教师》第13卷第3期）一文，从两个部分作了较详细的分析。

第一部分是"作法学习的三个原则"。第一个原则是"应以口作为基础"。其根据是美国曾经作过的"以口作为基础是否增加作法的效率"的调查，结论是"效率的确大得多"。第二个原则是"重内容轻形式"。由于做法是要发表我们的意思以及各种情绪的，要有意思或情绪，才有发表的需要。"所以我们教学儿童作法，应特别注意如何增加儿童的经验，使儿童于发表时不致没有意思可发表，不怕没有话说；至于文字的组织，文法

---

① 吴研因、王志瑞：《小学作文教学漫谈》（上），载《小学教师》第3卷第1期。

的错误，尚在其次。"第三个原则是"利用儿童心理的特征"。儿童是活泼的，是有群性的，并且喜欢游戏的。我们平时在教学方面，总觉得犯呆板的毛病，不能使环境及教学方法适合儿童的心理；换言之不能心理化，所以儿童的兴趣不能提起，儿童的动机也不能提起，如此情形当然不能使儿童有相当的进步，因为不能有相当的进步，他们的兴趣也就格外的减少，这种因果是循环的，相互影响的。因此如果真正要使作法教学心理化，就得要利用儿童的群性及游戏。

第二部分是"笔作教学的心理的依据"。这又分为两点，一是"须先有充分的材料做笔作的基础"。"笔作方面要能和读法相联络；要和儿童生活的环境有密切的关系；同时也要具体化。……在未作文前也可以和学生拿一件事或一个问题先从各方面讨论，然后再确定一个题目教学生做。此外还可以出好几个题目，教学生选择一个，也是不可少的帮助。……如此学生决不会感到缺乏材料而没有话讲。此种方法在学生未能自由写作以前，虽然到了高年级还是应该相当的应用。"二是"由简单趋于复杂"。笔作的教学要有一个计划，这个计划要有系统，有组织，同时要根据心理和论理两方面去确定。……在一二年级我们只能注重简单语句的发表；或是用一个简单的设计，练习简单语句的发表。到了三四年级，作法的重心还是在简单语句的发表；不过对于实用文和记叙文同时占相当的地位，此种实用文和记叙文也是围绕"简单语句的发表"的中心。关于实用文方面利用设计而感觉有写条告通信契约等需要，把实用文和儿童生活发生密切关系，儿童学习方面能提起兴趣，并且能收到相当效果。至于记叙文方面可以利用故事，因为儿童对于故事十分感兴趣，……到了五六年级，实用文记叙文还是继续的，并且占更重要的位置，另外再增加一种议论文。议论文是属于见解方面的，是以有见解为第一要义。可是思想仍以事实为基础，所以对于议论文的教学要有两件工作：（一）是多供给材料；（二）是多给予讨论的机会。

上述对作文学习心理的阐述，虽然从今天来看尚较为肤浅，但有些观点还是有价值的，如"重内容轻形式"的原则，对作文教学中普遍存在的

"重形式轻内容"的倾向，有一定的纠正作用。儿童在写作中最感困难的是没有意思可发表，而教师又偏偏忽视了儿童的这一心理："作文题目或是不具体，或是不适合儿童的经验"，"偏重形式方面，对于文字的构造，及修辞方面特别注重，因此儿童对于作法的根本观念，发生一种错误，就是儿童的注意力集中在形式方面"。这种状况的确亟待改变。因此作者特别强调"须先有充分的材料做笔作的基础"，这样儿童的作文就有了动机，能感觉到需要，写起来就不会感到没有话讲。总之，从心理方面去寻求写作教学的依据，这是一个有益的尝试，它为写作教学研究开辟了一条新路。

叶圣陶也很重视护持学生写作心理的自然发展，他认为阻碍学生写作能力发展的一个重要原因，是把本来很一般的写作活动，看得过为了不起，太当一回事就变得不自然。他说："我以为写作能力发展的最大的障碍就在把写作看成一件了不起的事。小学生往往郑重其事地回家告诉父母说'这一学期起，我们要作文了'。从这一句轻描淡写的话中就可以看出学校里把作文看成一件了不起的事的光景。因为看得了不起，学生就觉得这也不值得写，那也不能够写，好像一定要找到一种非常特殊的作文材料，才可以提起笔来作文。于是搜索枯肠，结果没有什么，甚至于写日记的时候，也会说'没有什么好记呀'。要避免这种毛病，应当反过来把作文看成一件十分平常的事。这也并不难。从初年级说一句话就写一句开头，一直到有多少句话就写多少句，原是很自然的发展。教师只要稳妥地若无其事地护持着这种发展，那就不待学生知道'作文'这个名目，他的学生实际上早就很能够作文了。"① 这种"顺应自然"、也就是顺应学生写作学习心理和能力发展的写作教学观，是对写作教学过分人工化、复杂化的一个反拨。写作性质跟说话相似，为什么就不能把写作看得跟说话一样的自由、随便呢？如能做到这一点，大约写作教学真会有一个大的飞跃。

---

① 叶圣陶：《小学生的阅读跟写作》，载《小学教师》第3卷第2期。

第四节　以日记代替作文的教改研究

此外，在写作教改方面，高馨圃的《日记代替作文的研究》（载《小学教师》第 2 卷第 24 期）值得注意。长期以来，课内正式作文的效果不佳，一直是国文教师感到伤脑筋的问题。不少人提出各种改革的办法，如改课内命题作文为自由作文，作文一概拿到堂下去做，用日常随机的写作代替作文，黎锦熙也有"日札优于作文"的观点，但上述看法大多只是感想式的，并未加以详细的论证，高馨圃在这方面的研究则较为深入具体。

高文从 6 个方面对"日记代替作文"进行论述：（一）为什么要教学作文？（二）为什么要指导儿童做日记？（三）日记与文章的质的异同。（四）日记代替作文与部颁课程标准。（五）日记可以代替作文。（六）日记怎样代替作文。他认为教学作文的目的是"从他（或她）们先天赋予的说话的本能，渐进地指导和改善他们以文字发表情意的能力"。指导儿童做日记的目的是"因为儿童作日记，对于性行、知识方面，都有很大的利益，尤其是对于作文"。他引述了戴叔清的话说："日记的用处，实在是说不尽，可以帮助作家练习笔力，可以帮助作家储蓄材料，同时又可以完成历史的记载，又可以完成一些水墨似的短短的硬钩的小品文。"接着他分析了日记和文章二者的异同，列举了种种日记作品中的佳文，得出结论："凡文章所能抒写的，日记也未尝不能抒写。""假如以日记来代替作文，殊无碍于文章的技巧。"再从"课程标准"上看，"课程标准"为"指导儿童作文，以养成其发表情意的能力"，而"指导儿童做日记的目的，又何尝不是'养成其发表情意的能力'？"而且，做日记较之作文练习的机会更多。至于日记如何代替作文，他认为："第一，既叫做日记，就有日日做的意味……我们除万不得已外，最好采用逐日做的办法。第二，日记的时间，可将每周 90 分钟的作文时间，分排在每日课后，每次 15 分钟。这样，原有的作文时间不致空闲，而收发儿童日记的手续，也可以较整齐。

第三,订正日记的方法……跟以前订正作文的办法一样。"以上对日记代替作文的合理性、可行性的探讨较为切合实际,也能较好地释解教师心存的疑虑。

总之,这一时期写作教学研究,在研究的广度和深度上均有所拓展,对许多问题的认识,已有各种不同的看法,形成论争的局面,但同时也在一些问题上开始达成共识,如对作文教学的实践性特征、作文的命题、训练和批改等,均有不少相似的主张和做法,对写作教学研究已有一定的理论积累。

第四章　写作学论著简介

第一节　施畸的《中国文体论》

《中国文体论》，由北平立达书局1933年初版印行。这是一部较具理论性和系统性的文体论专著，在同类著作中颇有分量。

全书共分5章，依次是："文体与文体论""旧文体汇类说之略评"，"汇类文体之方法及新汇类之创制""新汇类与义例""结论文体论之功用"。其中第四章和第五章与写作教育关系更为密切。

第一章"文体与文体论"，带有总论性质，讨论文体的发生及意义，文体演变及汇类文体之动因和文体论形成及其价值3个问题。

作者认为文体的发生有3个原因：一曰由于持态之差，二曰由于心象之异，三曰由于表现之全。"文体之发生，盖由人类知有身分而起。人知身分之不同，则表现之态度自异。表现之态度既异，而言语文章之体类生矣。""且言语文章所表现者心象也。而心象之异，不可以计数。以是言语文章之表态，亦纷然多途。""且心象之表现，莫不务求完备。只言碎意不足以餍之。……故成体云者，特指心的因果具备，而首尾圆融者尔。其内在的要求如此。其表现于外者，又焉能不谨从之。"他又指出文体不能一成不变，"文体者乃随人类心象之变迁而变迁"。演变之迹，略有四端：一曰由粗而精；二曰由少而多；三曰由丑而美；四曰由狭而广。"汇类文体的第一动因，在欲整理此万殊文体而知之"，"其次则为求美的动机。……在欲整理此万殊文体而秩序之"，"再次则为适用之念所使。……在欲整理此万殊文体而使用之"。他接着对"文体"和"文体论"二者进行阐释："文体论者乃论究文体之性相，而彰其质业之系统的学问也。详言之，文体论者，认文体为对象，而施以科学的方法，欲探索其所以然之故者尔。故徒汇类文体不足谓之文体论。但文体论不能离文体之汇类。文体论者学也，文体之汇类者术也。学因术而生。术因学而进。学与术相因而相成。故文体论者，因文体之汇类而形成。易言之，即所以研究文体之如何汇类者尔。""文体论者，正因为文体之生生不已，而且脱化无穷，始欲凭恃科学的方法，为之整理，为之探索；庶吾人得知其所以然而用之。此文体论独存不能磨灭之价值。"——第一章对命题的阐释和界定是清晰得体的。

第二章"旧文体汇类说之略评"，是对已有的"文体汇类说"加以评述，内容包括古今汇类文体者的代表，《文选》分类的略评，《文心雕龙》分类的略评，骈文派分类的略评，散文派分类的略评，骈散混一派分类的略评，宗法西洋文章分类者的略评和结论8节。

作者认为古今汇类文体者的代表"可缩为十家"，别为新旧两组：

$$\text{文体汇类说}\begin{cases}\text{旧说}\begin{cases}\text{骈文派——孙梅、阮元等——本于《文选》}\\\text{散文派——姚鼐、曾国藩等——本于《文选》《文心雕龙》}\\\text{骈散混一派——李兆洛、章炳麟等——本于《文心雕龙》}\end{cases}\\\text{新说——龙伯纯、蔡元培等——本之东西洋之作文法}\end{cases}$$

作者认为《文选》以前文章汇类"分类之杂，标准之乱，以及脱略纷淆，乃普遍之现象"。与此相比，《文选》有三点不同：似可谓集合诸家之大成；且具勇猛之改进，其改进点，一为精细，二为普遍；则为确定诗赋为主体。"萧氏局限素材（即谓文章必"综辑词采，错比文华"——笔者注）之过，全在家法之误，是为其缺憾之大者。""文选分类，可议者虽多，然终不能谓其无功于文章之汇类。且后世言文章分类者，几无人不受其影响。"《文心雕龙》分类之得失约有四端：一曰取材繁博，不囿时论；

但未免于阿私所好。二曰"原始以表末",而流变仍多不清者。三曰"释名以章义",而名义有未能尽明者。四曰"敷理以举统",而纲目未明且或分合失当。"总之,刘氏之分类,虽已大进,然究未尽美尽善。……虽然,当刘氏之时,而有刘氏之作,终不可谓非杰出之士。此后世崇信之者,所以其众也。""骈文派分类,自《文选》以来,经唐宋元明直至清季,无若何进步。""若论中国文体汇类之谱系,应以散文派为正统。彼实为改造《文选》分类之大有力者。""虽然,散文派有一绝大错误,曰'门户之见太深'。彼所以具精美之进步者,固然以此,而衰谢亦原于此。"骈散混一派以章炳麟的《文学总略》的分类为代表,其得为明定义界、划清范围、博辨各家之得失和精析文章之内容,其失为方法不严、本原不澈,以至纲目纷杂,统系繁乱。"居今日而论究文体,理当继章君而迈进。不宜舍较通之说,而仍姚曾之旧;或骛新于西洋未备之论。"宗法西洋文体分类者渊源有二,一是间接取法于日本,二是直接取法于欧美,其失有三:一曰浅陋,二曰偏固,三曰忘己。但也有正面影响:使后起之士,不能不追求西洋文体论之所以然,不能不为故有的整理,及新的独创之努力。由以上观点的摘要可以看出作者对资料的搜集、整理和评判是十分谨严的,认识也较为客观、辩证。

第三章为"汇类文体之方法及新系统之创制"。在"汇类文体之方法"方面,作者讨论了"材料之搜集与文章之义界""方法之抉择与科学之意味""标准之选定与心象之分析""流别之考索与文章之演化"和"命名之审慎与性相之同异"等问题,对分类的方法作了深入的研究,然后提出了他的分类新系统:

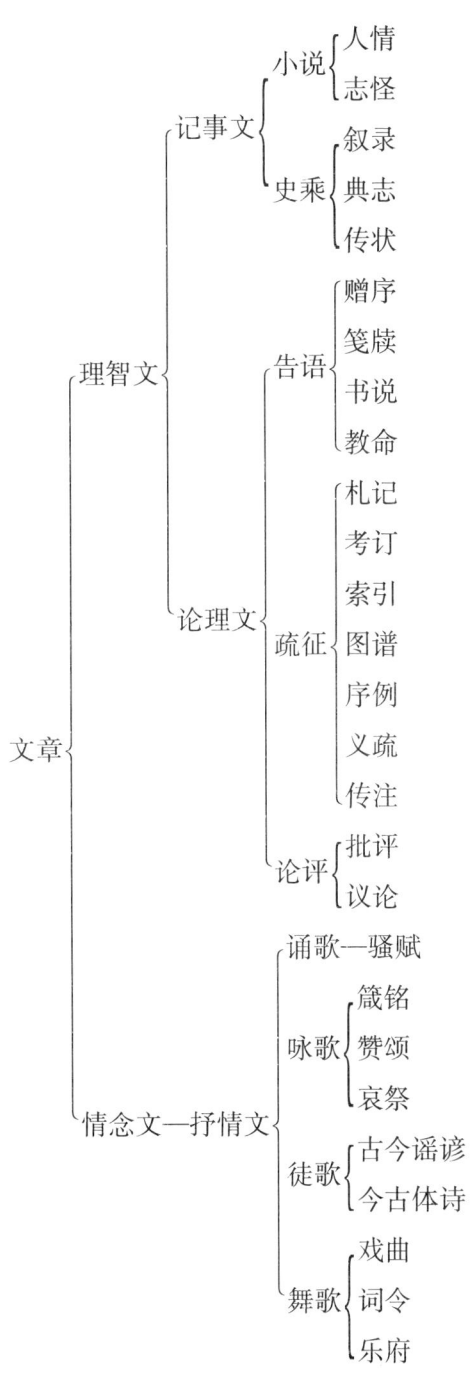

共 2 组 3 门 9 种 27 类。

将"记事文"一概归入"理智文"似为不妥。

第四章为"新汇类与文章之义例"。作者说:"前章所列各类之同点,究有若干条?各条之意义究竟如何耶?是即本章所欲综合排列以说明者。"他对论理文、记事文和抒情文分别加以探讨。先看论理文。论理文虽有3种13类,然其欲"适辨一理"则一也。欲达论理文相当目的,有两个须守之条件:一曰须明白自己之处境。二曰须澈知对方之心理。"凡作论理文,应先定读者,或假定读者,以为审酌心象,校核自处之计。既各有得,然后立意措辞以求目的之达。"作者提出,写论理文须谨守五义和八戒,对论理文写作讨究甚详。记事文虽有2种5类,然欲记述一事则同。……记事文的繁简、短长,以事之本身为主,不以作者之意见为断。即以事实决定情思,非以情思决定事实。……唯此只就形式的结构言。若内容,则以主观的情思为本;非以事实决定情思,乃根本情思以去取事实矣。"世间无纯粹客观的记事文。反之,凡记事文皆有作者之情思。"作者讨论了记事文的各种选材和结构的方法。抒情文所欲表现者,为一段情念。……惟即谓情念,自非单纯之感情或情操;乃含有重大意识性之复合情感。抒情文也有五义和七戒。作者在阐述了3种文章各自的特点和写法之后,又对三者要共同遵守的"义例"列举了10条:曰真;曰要;曰有宗旨;曰具个性;曰要为实际的描写;曰要为因果的分析;曰要为重点的确立;曰"虚一而静";曰"时利而义贞";曰情理归一。以上对各体文的研究虽然不无欠严谨之处,如上举10条中的第四、五、六3条就不是各体文均要遵守的,但从总体上看,分析还是比较透彻的,对习作者有一定的帮助。

第五章为"结论文体论之功用",包括"文章之创造与文体论"和"大学国文教学之改造与文体论"两部分。关于前者,作者认为:"创作文章,若不论体类,其势犹无轨之火车,失缰之骏马,虽在天才,不免危殆。为其行止不能随心,转变不能如意也。故曰,善为文者,莫不先定体。此古今中外之通义,亦即文体论天然之功用。"关于后者,这更是作者严重关切之所在。他认为学生国文程度低落当自改造大学国文之教学始,"按今大学国文教学之最大错误,在不知类。不知类则无以言系统。无系统则无以求义例。义例之不求,则所教者为何事?所学者为何事?师生间汲汲研讨,唯恐不及者为何事?皆茫然无所知矣。其知识如此,其教学焉得有当,其所定学程焉能不空疏,其分科又焉能不庞杂。""若本文体论以定大学国文之教程,以为大学国文之分科,使教者务明示所教之义例,而学者惟努力于原理之证明。其不完不善者,或待之以研讨,或加之以修正。如此,教学始有意向,师生间始能各有所守。若更持之以沈毅,行之以久远,然后将其所得,以教于中小学。十年后,文风或能一变,学程或可提高。不然,而欲挽今日国文程度日下之厄,是真'缘木求鱼',其无益明矣。"将文体论与国文教学的现状联系起来思考,这一思路较为独特,所论也不无道理,但是显然把国文程度低落的原因考虑得过于简单,把文体论视为治本之灵丹妙药,就显得太过武断了。

总的来看,该书对文体论的研究是颇有建树的,在20世纪三四十年代文体学研究领域,尚难看到能与之匹敌的论著。

第二节　夏丏尊、叶圣陶的《文心》

《文心》,开明书店1934年6月出版。这是一本很特殊的语文知识论著。作者将语文知识用生动的"故事"形式,深入浅出地写给中学生看,使他们在读很贴近于他们的生活实际的故事中,获得丰富的语、写知识。由于它将知识性和文学性融为一体,所以,多年来,它不但深受中学生的欢迎,而且,也使语文教师获益匪浅,深受语文界的推崇。

该书的特点和成就,在陈望道和朱自清二先生所写的"序"中说得很清楚。陈望道说:"这部《文心》是用故事的体裁来写关于国文的全体知识。每种知识大约占了一个题目。每个题目都找出一个最便于衬托的场面来,将个人和社会的大小时事穿插进去,关联地写出来。通体都把关于国文的抽象的知识和青年日常可以遇到的具体的事情融成一片。写得又生动,又周到,又都深入浅出。的确是一部好书。""这里罗列的都是极新鲜的极卫生的吃食。青年诸君可以放心享用,不至于会发生食古不化等病痛。假使有一向胃口不好的也可借此开胃。"朱自清说:"丐尊、圣陶写下《文心》这本'读写的故事',确是一件功德。书中将读法与作法打成一片,而又能就近取譬,切实易行。不但指点方法,并且着重训练;徒法不足以自行,没有训练,怎么好的方法也是白说。书中将教与学也打成了一片,师生亲切的合作才可达到教学的目的。……所以这本书不独是中学生的书,也是中学教师的书。再则本书是一篇故事,故事的穿插,一些不缺少;自然比那些论文式纲举目张的著作容易教人记住——换句话说,收效自然大些。至少在这一点上,这是一部空前的书。"

该书所涉及的语文知识相当广博,从大处说包括阅读和写作两个方面,具体地说,包括文字、词汇、修辞、朗读、习字、鉴赏、查阅工具书、读文学史、语感、修改、习作、创作、应用文、结构、风格等。正如陈望道所说,作者把"国文的抽象的知识和青年日常可以遇到的具体的事情融成了一片"。例如,第二十九章"习作创作与应用",作者从图画教师李先生为参加 H 市美术展览会创作大幅油画《母亲》谈起,讲李先生为此惨淡经营、几易其稿,一中师生听说他画完,许多人跑到他的房间去看。为供全校观览起见,将画移挂图画教室。一日课毕,锦华从图书室借了几本春假中想看的书正预备回家,遇到慧修,被拉到图画教室去。只见王先生(国文教师)立在画幅前面和李先生谈着话,几个别班的男女同学都围着听。由此引出了"应用之作""习作"和"创作"的话题,王先生说:"文章和绘画都可分这 3 个项目来讲。先说绘画,李先生在教室中作写生范画,替朋友画扇子,是应用之作;自己练习石膏模型或人体写生是习作;这次的《母亲》是创作。再说文章,诸君的写书信是应用之作;作文是习作;将来择定了题材自由地无拘束地去写出文艺作品来,便是创作。""习作是毕生随时都可做的,每次大概有一定的着眼点,一次习作,不必花过多的时间和劳力;应用之作是对付他人和事务的东西,有他人和事务在眼前,也不许我们多费时间,以致妨碍他人和阻滞事务;至于创作,全是自由的天地，可以尽自己的心力忠实地做去，做到自己认为满意了才放手。"这里截取了学校生活中的一个很平常的场景，师生议论美术老师的油画作品，很随意地谈到几种不同的写作方式和目的、要求，以绘画作喻，而避开抽象的说理，使学生既喜欢读，又容易懂。

为了让学生喜欢读，作者还尽可能把故事说得引人入胜。例如第九章《文章病院》中谈到同学们见到《中学生》杂志新辟的《文章病院》感到十分好奇，便七嘴八舌地议论开了：

"第一号病患者《辞源续编说例》。《辞源续编》是大书馆里的大工作，'一·二八'以前，报纸上登着大幅的出版广告；说例相当于序文，是编辑者的公开宣言，怎么会有了毛病，进了病院？"朱志清惊奇地说。

周乐华翻过几页，悄悄地说："更奇怪了，《中国国民党第四届第一次中央执行委员全体会议宣言》也在这里，成为第二号病患者。"他看着张大文说："去年我们一同看报，不是把它读过一遍的吗？"

张大文点头说："当时读下去似乎也能够明白，不知道这篇文字到底有什么毛病。"

"还有第三号病患者吗？"胡复初抢着再翻过几页。

"啊！还有，《江苏省立中等学校校长劝告全省中等学校学生复课书》。"几个人像发见了宝物一般喊起来。

"这一篇应该进病院，"周锦华掠着额发说，"我当时在报纸上看过的，糊里糊涂，不晓得说些什么。我以为我的程度不够，看了一遍再看第二遍，把它仔细地划分段落，希望捉住各段落的要旨，但结果还是糊涂。罢课不足以抗日，大家复课吧，这是很简单干脆的一句话。那些校长先生偏要东拉西扯写上这么多文字，真是可怪的事。我倒要看病院里的'医生'怎样给它诊治呢。"

这样的内容，中学生自然会被它所吸引，在津津有味的阅读中获得教益。

也确如朱自清所说："书中将教与学也打成一片……所以这本书不独

是中学生的书，也是中学教师的书。"教师可以从中获得很多语文教学法方面的启示。书中讲到的教师在传授语文知识时，极少取煞有介事的授课方式，更多的是课外师生间的随便漫谈，学生自发的讨论和演讲。就是课堂教学，也很注意启发和引导。如第三章"题目与内容"，讲到王先生上作文课，先在黑板上写出两个题目：《新秋景色》《写给母校教师的信》，然后说：

"——你们且慢抄题目，我还有几句话。对于这两个题目，我揣度诸君是有话说的，说得来的。我们经过了一个炎热的夏季，这十几天来天气逐渐凉快，时令已交初秋，我想大家该有从外界得来的一种感觉，从而想到'这是初秋了'。请想想看，有没有这种感觉？"

"有的，"一个胖胖的学生说，"我家里种着牵牛花，爬得满墙，白色的、紫色的、粉红色的都有。前一些时，早晨才开的花经太阳光一照就倒下头来了，叶子也软垂垂地没有力气。有一天上午，已经十点钟光景了，我瞥见墙上的牵牛花一朵朵向上张着口，开得好好地。从这上边，我就想到前几天落过几阵雨，我就想到天气转凉了，我就想到'这是初秋了'。"

"你如果作《新秋景色》这一个题目，你将说些什么呢？"王先生问，声音中间传达出衷心的喜悦。

"我就说牵牛花，"那胖胖的学生不假思索地回答，"牵牛花经得起太阳光照了，这是新秋的景色。"

王先生指着那胖胖的学生对全班学生说："这是他的文字的内容。这个内容不是他自己原来就有的吗？你们感觉新秋的到来当然未必由于牵牛花，但是一定有各自的感觉；也就是说，各自的文字各自有原来就有的内容，大家拿出来就是了。这是最便利的事情，也是最正当的事情。"

读了这些，想必教师是可以从中悟出如何出作文的题目，如何引导学生发掘各自的写作内容，领会到写作课堂教学的艺术。从这个意义上，我们也可以说《文心》是一部语文教学艺术科普读物。

第三节 薛凤昌的《文体论》

《文体论》，商务印书馆 1934 年 7 月初版，系王云五主编的"百科小丛书"的一种。较之于施畸的《中国文体论》略感单薄，且较少创意，但好处是比较简明，注意到现代文体发展情况。

作者在"序"中表明了作《文体论》的功用：

> 或问文有定体乎？曰，无有。无定体，而作此《文体论》者何也？曰，为后世习文者言之，不能不言体也。有体而后能揣摩，能摹拟，能复古，能启新；故凡言体者，其后起也，而非文之古初有然也。……能文之士创体为上，因体次之，昧乎体与乖乎体者，斯为下矣。今之所论，为昧与乖者计也。由乖而合，由昧而明，玩而习之，安知不由因而创乎！

就是说该书的目的在让习作者懂得文体要求，识而用之，所以作者的重心不是放在学术探讨上。

该书共分 4 章："文体的概观"；"文体的纵观"；"文体的分别"；"现代文体之变革"。

在第一章"文体的概观"里，作者从讨论"体之定义"入手，指出"体"就是"式样"，"天下不论做哪种事情，成哪种物件，都有一个体"，表明了识"体"的重要。然后转入正题，讨论"文体的缘起"，实际上说的是文体的重要："文句不合体裁，即不能适用。不适用，那文的效用，完全丧掉。这不是一个极重要的问题吗？我之所以要将这问题横说竖说，说到一个明白！将来作文的人，都晓得种种的体裁。没有不合体裁，即没有一篇不适用的，才是我编《文体论》的主旨和希望咧！"接着对"文体始于六经之一说"表示认同："故文体始于六经这句话，可以作文体的缘起；却不可以作文体的定论。"而本章的论述重点则放在"历代辨别文体的著作"这个部分。作者的着眼点主要放在对有关著作的介绍上，介绍的著作有梁任昉的《文章缘起》、梁刘勰的《文心雕龙》、梁萧统的《文选》、宋李昉等的《文苑英华》、宋真德秀的《文章正宗》、明吴讷的《文章辨体》、明徐师曾的《文体明辨》、明贺复征的《文章辨体汇选》、清姚鼐的《古文辞类纂》、曾国藩的《经史百家杂钞》等。作者对文体分类作了一个概括:"……文体的分别,始于梁代,繁于宋明,而论定于近代。梁以萧统《文选》为极则,明以吴讷《文章辨体》、徐师曾《文体明辨》为大备,近代以姚鼐《古文辞类纂》、曾国藩《经史百家杂钞》为正宗。又可知明代以前,诗歌乐府皆入选录。明代以后,诗文分途,这是文体的大概。而刘彦和的《文心雕龙》的上篇,辨析源流,别裁同异,差不多是文体论的祖祢,后世自不得不奉为金科玉律。论文诸家,都从此胚胎而出,这又不可不知的。"由此可见作者对文体论著作旨在辩说源流,研讨得失、分析批判略感欠缺。

第二章"文体的纵观"共分 5 节:"总论历代文体之优点";"三代以上的文体";"秦汉时的文体";"魏晋六朝时的文体";"唐宋以来的文体"。所谓"纵观",按作者说的也就是"纵说":"纵说所以见历代文章的趋势,与种种体格的嬗变而来,即所谓穷源以竟委。"之所以要纵说,因为一个时代就有一个时代的文学,某体的文字要以某时代为极致,以后任何能文家,所万万不可跂及的。是不独能力问题,实亦时代问题。"要而言之:古尚朴而今尚华,古尚简而今尚繁;惟尚朴故情挚而语真,惟尚简故文不繁而意自足。"从时代讨究文学的特点,这是对的;而对古、今文的特点的认识尚值商榷,"朴"和"简"未必就一定"语真""意足"。该章对历代文体的介绍,可以说就是一篇中国写作简史。作者主要叙述了各代文体的嬗变兴替的情况,极少作评论和概括,缺乏对内在规律的揭示。

第三章"文体的分别",是对各种文体的分类说明。在"分别的总论"部分阐明了文体分类的指导思想:

> 历来分别文体,大概不外两途。一为广义的,一为狭义的。所谓广义的,则文辞之外,兼及诗歌;狭义则诗在文外,不相混杂。大率

> 明清以前的总集，都属于广义的，如昭明《文选》而下，如《唐文粹》《宋文鉴》《金文雅》《元文类》《明文衡》，皆先诗而后文。独真德秀之《文章正宗》则先辞命、议论、叙事而后诗赋，则先文而后诗。明清以下的总集，都属于狭义的，如《古文辞类纂》《经史百家杂钞》，不独诗歌不兴，且多属散文，不含骈体。且辞赋一类，亦仅古赋，而律赋不兴焉。此分别文体有古今的不同。至兹章所述，亦师法姚曾，而属于狭义的。
>
> 姚氏《类纂》和曾氏《杂钞》所分文体，虽大致相似。惟姚分序跋、赠序为二类，曾则合为序跋一类，姚分箴铭颂赞辞赋为三类，曾亦合为辞赋一类。曾氏于姚所分之杂记类外，增出典志叙记二类。其增损的意思，在第一章内已经述明。兹所论者，先依姚氏，后则及于曾氏之所增者。所谓"宁失之详，无失之漏"。庶读者明其体要，不致恍惚而失所依据。

可见，作者的分类只是集姚、曾于一体，并无自己特殊的见地。在"分别的总论"之后，他分别探讨了15类文体：论辩体、序跋体、奏议体、书牍体、赠序体、诏令体、传状体、碑志体、杂记体、箴铭体、颂赞体、辞赋体、哀祭体、典志体和叙记体。对于各种叙说，作者征引了各文体学著作中有关的界定和评述，作了一些概括和归纳，自己的见解也不多。

第四章"现代文体之变革"，包括"语体文之勃兴""我国语体先于文言"和"今后语体文之推测"3节。

作者认为语体文的兴起，是西学东来和科学思想冲击下的产物，他说："科学一入了我国，全国青年，都受着科学的指导。而一切思潮，无一不因之而生变化。于是我国旧有的文学，渐渐引起反对的声调。有的说：'现在科学要紧，那里有这些闲工夫，来研究这不痛不痒的老古董！'有的说：'旧时文学，不适于现在的潮流。现在学术，那一种不受科学化？文学亦须经科学化，才有用咧！'……这些话头，一唱百和，无非是厌弃旧文学。"当'语体文'初创之时，未尝不有著声文学界的人，如林琴南章行严一辈人，来同他反对……但青年学子，既苦于课程繁多，无力专营,又乐于语体文之便易,可以振笔直书,以故都趋入'语体'一途。"

作者进而说明语体文之源起,认为从文章的发源来说,是语体先于文言:"'语体'与'文言',从现在看来,却成了一个对待名词。若从他发源说来,却是语体先于文言。因为生民之初,未有文字,先有语言;未有语言,先有音声。故在六书未兴的时候,情动于中,自然声发于外。纵使讴吟歌咏,拍手顿足,或且和著土鼓苇籥。犹之现代所见猺獞的跳苗歌,有声无辞罢了!这不是语体文的远祖吗?""如今所传六经,以《诗经》《尚书》为最难读,最不易解;实则《诗经》就是古人的白话诗,《尚书》就是古人的白话文。"他以为从孔子以后,文言代兴,语体遂废。但间或在有些著作中仍可见采用部分的语体,但只不过在文言之间的片言只语罢了。至通体纯系白话,要算是起于宋,盛于元,至现代而犹未尽其变化。

最后作者对推行语体文谈了自己的看法,他说:"依我的鄙见,施行'语体',固甚便利;但我国固有学术,万不可因此抛却,最好有深于国学的人,将我国甲部、乙部、丙部中,切实有用的书,分门别类,以语体注释,或竟用语体来演述,务使仅习语体的青年,都可以看得明白,懂得学术。如此进程,然后语体作品,不入于空洞,不流于浮滑,庶足以开一文体的新纪元。这是我很希望的!若不务学术,仅以然则变那末,如何变什么,去也,矣,焉,哉等字,而代以的,呢,吗,唎;或加了不少闲字闲句,将我国从前的经史子等有学术的书,都束之高阁,而不去读,再隔数年,即读亦莫名其故。是施行语体,不独亡固有的文学,抑且丧固有的学术!这等流弊,恐比秦始皇的焚坑,还要厉害唎!"这大约也反映了当时知识界的普遍的希望和忧虑。

总之,《文体论》作为一部普及文体知识的书是合宜的。

第四节　张资平的《文章构造法》

《文章构造法》,商务印书馆1935年11月初版,系王云五主编的"百科小丛书"的一种。该书所谓"文章",专指古代诗、文;所谓"文章构造法",实指"句子构造法",这也算是该书的特点。

全书共分11章:"总论""主词和目的词""代名词之特别用法""倒装句法与动词""颠倒与助动词""否定助动词与疑问副词(一)""否定助动词与疑问副词(二)""前置词之功用""后置词之功用""表示时限之方法""疑问文的形式"。由这目录也可以看出该书说的主要是"语法",而不是"文法",这"语法",作者称之为"句法",他认为文章构造法中"句法"是最重要的,这有一定的道理,但以"句法"取代文章构造法显然有失偏颇。作者在第一章"总论"中便阐明了"句法"的重要性:

> 凡文章积字而成句,积句而成章,积章而成篇,此在任何国的文章构造法都是一律的。故凡是文章,皆一样有篇法,有章法,有句法,有字法,但在这四法中,又以句法为最重要,若能够完全了解句法,则章法、篇法便无问题。至于字法当然是构造句法的准备。

在"总论"中,作者主要对"句法"作字数上的分析。他将句子分为长句和短句两种,一二三字而成一句的谓之短句,八九字乃至二三十字而成一句的谓之长句。认为"古来短句之例甚多","长句则是三代以降的作家所惯用的","但古今最常用的句法仍为四字句"。他说四字句之应用范围,不单限于散文,即在韵文中,亦多用之。盖一字句大概是主词省略了的,不能算是完成的句法。至二字句、三字句则仅有简短的主词和说明词,尚未有目的词。唯有四字句始具备有种种的形式,能够将我们的一切意思表现于字句之上。此即是四字句所以为一切句法的基础,亦为古今所最常用的原因。故知五字以上的句法是以四字句为基础,插入前置词、后置词、接续词等虚字而扩延其句的形式而已。四字句的形式是散文和韵文所共通的……至五字句和七字句则因散文和韵文之不同而有特种的用法。即凡文章家当用五字句时,务必规避与诗之五言相类似的文句,用七言句时亦须规避与诗之七言相类似的文句,此是唐宋以后文章家的习惯。他对散文与韵文中的五字句、七字句的各种句式作了细致的分析比较。

第二章"主词和目的词"是对句子基本成分的分析:"凡文章之构成,以主词、说明词及目的词三者为要素。"这主词、说明词及目的词即今之主语、谓语和宾语。作者主要讨论了单主词、双主词、无主词、无目的词、提起目的词、修饰的主语、修饰的目的词和变则这些问题。

在第三章"代名词之特别用法"里,作者说:"代名词既是名词的代用词,故用法亦与名词相同,有主格、目的格、所有格等位置。"他指出:"《马氏文通》里面称'我''予'两字可通用于上述之三格,而'吾'字则仅能适用于主格和所有格,不能适用于目的格,'余'字则限用于主格和目的格,不能适用于所有格。此实马氏之错误。"他认为代名词除了与名词的用法相同外,仍有两种特别的用法:第一,作目的词之人代名词及指示代名词可置于动词的前面。第二,限于疑问代名词之例,目的词与主词同样在动词的前面。

第四章"倒装句法与动词"讲的是从修辞目的出发的句子变式:凡文法上,主词与目的词各有相当的地位,是常式。但是文章家多不喜拘泥于方式,而陷于平凡。务避平板而好趋奇拔,本是文章家的理想。故有置目的词于说明词之前的。这叫作倒装句法。"倒装的方式是自然一定的。第一用'之'字,第二用'是'字,第三省略'之'或'是'字,第四用'于'字。"第五章"颠倒与助动词"所讲的与第四章相似,因为"倒装"也是一种"颠倒"。第五章所说的"颠倒",专指"因助动词与副词的位置之颠倒而其含义大有差别",主要的例子是"不必":"……副词之'必'字为助动词所否定了。但在意义上仍然是肯定的。若'副词'和'助动词'颠倒了位置,则各文句的意义便成为否定的了。"此外,"'敢'与'不'两字相连,而又不用疑问符号时,则容易引起读者的误解。因为'敢'字在'不'字之前,是表示反问的意思,应置疑问符'?'。若颠倒其位置,便成否定的叙述文了。"

第六章、第七章均为"否定助动词与疑问副词"。在第六章中,作者提出了与马建忠不同的见解:"《马氏文通》以此等否定性的文字(指无、毋、无、莫、亡等——笔者注)为'状字',即'副词',因为与英文的

no 或 not 相当。至本书的作者则以此等否定性的文字归入助动词的部类。""中国文字本有虚实两种。表示时限、场所、方法、程度、范围的副词，都具有一定的意义，即是实字。至于否定性的文字，不能独立保持一定的意义，故为虚字。此即是否定性的文字不能归入副词部类之理由。""与否定格助动词归着于同一的终点者，有疑问副词，例如'曷''何''胡''奚'等字或成语。此等所以成为副词者，因为皆具有'何处''何物''何时''何故''何为'等意义。"第七章讨论的内容较多，涉及半虚半实、研究音韵之必要、"无"与"莫"无区别、音系相同、"何""胡""乌""恶""焉""安""曷""害""岂""几""奚""庸""宁"等问题。

第八章、第九章的"前置词之功用"和"后置词之功用"是相关的一组。前置词是冠于名词代名词之上而与动词形容词相联结的，其功用或完成副词形，或作成受动格，或作成比较法。主要讨论了"于""乎"和"自""从""由"等的用法。前置词是位于上下两品词之间，有接续的功用。至后置词则稍为不同，有时骤观之，似有接续的作用，但究其实，是附属于上面的品词，而无接续下面的品词之作用。主要讨论"之"字、"者"字和"等"字的用法。

在第十章"表示时限之方法"里，作者认为文句没有时限变化是中文的一个特点。他说：欧洲文字对于时限（Tense）之解释极严。至我国文表示动作之时限如何呢？关于过去、现在、未来三时限，在文句本身是一点没有变化的。这是中国文章的特征。中国文的时限之表示，第一要借用副词，第二要借用助动词，第三要借用歇尾词。作者分别阐明了借用副词、助动词和歇尾词的各种情况。

第十一章"疑问文的形式"讨论的是疑问词的用法。疑问词有疑问代名词、疑问副词和疑问歇尾词等三种，疑问代名词和疑问副词在前面章次中已详述过，此章实际上专论疑问歇尾词。"用疑问歇尾词以作成疑问文时，必须使用乎、与、邪三字。但由这三个疑问歇尾词所作成的疑问文亦有真的和假的两种。真的疑问是真的具有疑问的意思。假的疑问则并非胸中有所疑问,而是故意采用疑问的形式,以表示委婉的态度而已。""疑问歇尾词本有乎、与、邪三字,但至后世,有以欤字代替与字,而以耶字代替邪字,形式上虽有五字,实则仍然是此三字。此外,哉、也有时亦可准用为疑问歇尾词,但此时必有何字或谁字冠于哉或也之上。哉、也两字本身实无疑问的性质。"作者探讨了乎、与、邪三字的异同之处。

纵观全书,作者对古文辞、句的研究是较为深入谨严的,材料的搜集也相当宏富、全面,在直接归纳分析的基础上立论,往往有独到之见。不可视为一般的普及性读物。

第五节　茅盾的《创作的准备》

《创作的准备》,上海生活书店 1936 年 11 月出版,是"青年自学丛书"的一种,和习作者谈文学创作中的一些基本的也是较为重要的问题。茅盾既有深厚的理论修养又有丰富的创作经验,所以他能紧密结合创作实践,给读者以切实的指导。他说:"我想我还是自述我写小说得来的甘苦,或者比较亲切些,而且或者那是我大胆的希望,对于开始从事文学创作的年轻朋友们,也还足备参考。"

该书分 8 个部分:依次是"学习与模仿""基本练习""收集材料""关于'人物'""从'人物'到'环境'""写大纲""自己检查自己";"几个疑问"。这 8 个方面涉及创作的学识素养的提高、读写训练的基本方法、创作与理论研究的区别、创作的过程和检查方法等。

关于创作的学识素养,作者的要求是很高的。他认为,试笔以前所读的文学作品是不自意识到的最初的创作准备,但这只是狭义的说法,主要是就创作的技术方面来看,倘若是内容方面,那么,文艺以外的书籍,那时代的思潮,以及他个人的生活经验,都要起更大的作用。一个伟大的作家,不但是一个艺术家,而且同时是思想家。"在伟大的作家,是人类有史以来的全部智慧作为他的创作的准备的!"

他认为习作者须学会"读","他应当一边读,一边回想他所体验过的相似的人生,或者一边读,一边到现实的活人生活中去看。他应当把书中的典型人物和他所见过的类似的人物比较起来,或他未曾见过像书中所描写的那种典型,那么,就试到社会中去找找看。"他主张习作者须多做些基本练习,不要急于写通常所谓小说,不要急于成篇。"作为初学写作者的基本练习的速写,不妨只有半个面孔,或者一只手,一对眼。这应当是学习者观察中恍有所得时勾下来的草样,是将来的精致品所必需的原料。许多草样斗合起来,融和起来,提炼起来,然后是成篇的小说。"

他很注重收集材料的方法,认为"写自己所熟悉的事:这对于初学写作者,永远是一句正确的指示。"他反对那种急功近利的观察法和事先指定题目的搜集材料,不欣赏靠剪报、抄书、谈话记录、观察和"观光"时的札记为写作材料的"左拉惯用的方法",认为正确的方法是在观察一特定生活时,"必须从社会的总的连带关系上作全面的考察","你要忘记你是为了写作而'搜集材料',你的'搜集材料'就是你的生活!"他称这种方法是契诃夫的方法。他对此也有所保留,他说契诃夫"要写小说时就拿出札记簿来翻看,翻到了觉得合用的材料时就用了它;这种办法我却不大赞同。应该不是临到要用时去翻检,而是由这丰富的积累自然产生了题目,而且在写作时自然奔凑到你笔下来。"

他把"人物"作为小说写作的核心,以"人物"为本位,区别于以"故事"为本位或以"环境"为本位。他认为"应当'由人物生发出故事',不应当为了故事而'虚构'出人物来扮演"。对社会现象的观察和研究,作家和社会科学家是不同的,社会科学家可以在书房里根据各种资料得出结论,"文学作家却是从那些活生生的人身上,从他们相互的关系上,看到了某种现象,用艺术手段来'说明'它","故事"和"人物"是同时产生、同时成熟的。但值得注意的是,所写的"人物",必须是"立体的复杂性的活人",而不是"标本式"的人物。

关于"人物"和"环境"的关系,他认为"'人'是在'环境'中行动的。'环境'固然支配了'人',但由于这被支配而发生的反作用,能使

'人'发生破坏束缚的思想而形成改造环境的行动。由此可知'人'和'环境'的关系不是片面的;'人'与'环境'之间的作用,是交流的,是在矛盾中发展的"。所以,不能从"人"和"环境"的固定关系上,机械地、片面地表现"人在环境中行动",而应从交流的、在矛盾中发展的关系上去观察"人"和"环境"。他主张应"从'人'的行动中写出'环境'来"。

他很重视"写大纲"的工作,他谈到备忘录式的大纲包含下列数项:第一,将主要人物列一表。每个"人物"名下记着他的性格、出身、体貌的特点,他所受的教养、思想,他在作品中的地位,他的性格的发展的过程,等等。第二,故事的要点。这可以是极简略的梗概,但须详细记明各主要人物相互的纠葛和关系,以及故事的主脉何在,这贯穿于全部作品的繁杂动作中的主脉又应当如何使其有隐有现并且线索分明,不使读者迷乱。第三,故事发展中的重要场面,——在全书中居于主眼的场面,也先记录下来,甚至你已经想到的紧要的"对话"也记下来。……场面形式上没有变化是要避免的。第四,将作品的主题记下来。并要记明你是准备从哪几个方面去接近这主题而将它形象化起来。第五,分段。将预想中的全书的内容分了若干段,每段用一句话两句话来说明它的内容。这几点是小说写作动笔前的初步的"定型",对习作者来说是很有必要的。除此之外,他主张还需要来一个"万万不可那样写的"大纲,就是将写作上最容易犯的毛病列成戒条来警惕自己,这些自我检查的方法也是"必不可少"的。

茅盾从一个创作"过来人"的角度,给习作者的创作观念和方法上的细致的指导,对他们的写作行为有很切实的帮助。

第六节 阮真的《中学国文教学法》

《中学国文教学法》,正中书局 1936 年 12 月出版。该书系作者多年从事中学语文教学研究的成果的集中体现。"自序"说:"其间所论,多写前著各书之精粹处与作者八年来研究之心得。惟教本为实际指示之书，与研究著述不同。故于研究过程与讨论批判之处，多从省略。其有涉及讨论者，必为前著各书所未及者，乃始补论之。"实际上，这是阮真的最成熟的也是最后的一部著作。

全书共分 5 编：依次是"总论""论读文教学""论作文教学""论国文科辅助学程的教学""论国文科特设学程的教学"。除了第二编"论读文教学"外，其他各编均与作文教学有关。

"总论"的第二章中对作文教学目的作了如下说明：

一、初中作文教学目的：

1. 就学生的生活环境及经验所及者，能为简明而有层次的叙事文、说明文。

2. 能写述故事、新闻，饶有兴趣。

3. 能为生活职业上必要的应用文，合乎格式而畅达情意。

4. 做简短的论说文，有明晰正确的思维。

5. 所作文字能思想清晰，文意切题，语法通顺，辞语确正，段落分明，标点清楚。

二、高中作文教学目的：

1. 作描写记叙的文字，能有情趣而曲尽其态。

2. 作论说文能有合乎逻辑的思考判断。

3. 为职业上社交上的应用文，能简明修洁，情文兼至。

4. 所作文言文字，能文法通顺，论理正确，见解切合，结构谨严，修辞雅洁。

5. 一部分学生能了解修辞原则，应用于作文。

6. 一部分学生能略习各种文章作法，应用于作文。

7. 极少数的天才生能为几种文艺作品之模仿或创作。

这一教学目的总的要求是比较高的，但其基本精神仍跟部颁"课程标准"相一致。及至第三章"论作文教学"，作者又将上述各条目概括为："要养成学生的正确而有法度的表述能力。"据此拟定了 10 条教学标准：

1. 思想清晰；2. 文意切题；3. 论理正确；4. 辞语确当；5. 见解切合；6. 文法（或语法）通顺；7. 结构谨严；8. 修辞雅洁；9. 段落分明；10. 标点清楚。作者认为以上 10 条是达到中学作文教学目的必要的条件。"不过初中、高中作文教学的标准，还应有些区别；各条的轻重，还应有些不同。"因此，他又进一步拟定了初中、高中各学年的教学进程标准，使对标准的区分更加细致、具体。以下是初一和高三的教学标准：

初中一年级的教学标准：

（1）能运用常用字二千五百字。

（2）能运用常用的辞及成语古典，约与前条相当。

（3）能在一小时内，写成三百字左右的白话文字。

（4）文中思想清晰，文句组织完全无病，段落大致分明，标点大致清楚。

高中三年级的教学标准：

（1）能用常用字四千二百字。

（2）能运用常用的辞及成语古典，约与前条相当。

（3）能在两小时内写成七百字左右的文言文。

（4）所作文字在初中毕业标准之上，能文法通顺，论理正确，见解切合，结构谨严，修辞雅洁。

在这一教学标准下，作者还制订了相应的批分标准，同样体现了精密的区分度，这从下面"初中各年级作文批分标准表"可见一斑：

标准	一年级百分比	二年级百分比	三年级百分比
（1）思想清晰	40%	30%	25%
（2）语法通顺	30%	30%	25%
（3）文意切题	10%	15%	20%
（4）辞语确当	10%	15%	20%
（5）段落分明	5%	5%	5%
（6）标点清楚	5%	5%	5%

各年级在批分要求上的差异一目了然。同一篇文章，在不同年级的评分是不一样的，体现了各年级教学上的侧重点。这一标准，是作者对批分科学化的一个尝试。此前大约还没有人对此作过量化的分析。

此外，作者对"作文的拟题""作文的练习法""作文的规约及指导""作文的批改及发回"等方面的问题，也均有非常具体的规定和要求。

第四编"论国文科辅助学程的教学"中，涉及写作教学的有初中的"语体文作法"和"文言文作法"，高中的"修辞学和古文作法"等，"演说学"和"辩论术"与写作也有关系。

第五编"论国文科特设学程的教学"（"特设学程"指在"国文"每周教学规定时数以外特加时间进行教学的必修课程），包括初中的普通应用文，高中的公牍应用文、文学概论或文字学等。作者对当时应用文教学提出了很中肯的批评，认为"小学毕业不能写请假条子，初中毕业不能写普通书札文件，高中毕业还不能自办公牍，似乎也太说不过去了。初中毕业生，出校就业的，在社交上，职业上，处处要用普通应用文；高中毕业生做了区乡镇长，工商界职员或普通公务人员的，何能自请秘书文牍？所以在学生的需要上讲，却是非常重大，比任何文艺或文章更重大。"他主张在初中教普通应用文，高中教公牍应用文。

普通应用文的教学目的为：

（1）讲授普通应用文件的体例格式，使能实际应用。

（2）练习各类各体普通应用文的作法，期于纯熟敏捷而无错误。

（3）阅读各种模范应用文件，使学生于事理、人情、法规及办事的手续，能作分析的考虑、精密而周至的应付。

（4）附讲与各种应用文件有关的常识，使能遇事措置得当。

公牍应用文的教学目的为：

（1）熟悉公牍文字格式体例以及各种专用辞语，使能实际应用。

（2）练习各种公牍作法，期于纯熟敏捷而无错误。

（3）阅读各种模范公牍，使学生于事理、人情、法规及办事的手续，能作分析的考虑，精密而周至的应付。

（4）讲授各种政治机关及公民团体之组织及统属关系，与公民科联络，使能依据法令规章、充分运用国民公权。

总之，该书是一部研究较深入、构想较细致、论述较科学严谨的教学法论著，对写作教学中存在的问题针对性很强。

第七节　叶圣陶的《文章例话》

《文章例话》，开明书店1937年2月出版，系"开明少年丛书"的一种。内容原载于《新少年》杂志的"文章展览"专栏，汇编成书后才以《文章例话》为名。该书在当时受到学生欢迎，曾再版10次，印数达三四万册。

该书的体例是选文加评点。所选均为现代文，共24篇，均为名家之作，有朱自清、茅盾、徐志摩、苏雪林、郭沫若、夏丏尊、巴金、丰子恺、赵元任、韬奋、胡愈之、胡适、老舍、夏衍、俞庆棠、尤炳圻、蔡元培、沈从文、徐盈、鲁迅、萧乾、刘延陵、周作人、丁西林、卞之琳等人的作品。作品体裁、题材多样化，体裁有散文、速写、随笔、小说、说明文、议论文、传记、报告文学、书信、序、演说词、旅行记、诗歌、戏剧等，题材抒情、写景、叙事、说理兼备，各种题材中又有不同的表现侧面，如抒情的有抒亲情的《背影》（朱自清），抒异国他乡的恋情的《收获》（苏雪林），抒友情的《朋友》（巴金），抒离别之情的《水手》（刘延陵）等。

对于评点，编者说："这许多文章中间有些是文艺作品，但是我也把它们看作普通文章，就普通文章的道理跟读者谈谈。"评点各有侧重，"有的是指出这篇文章的好处，有的是说明这类文章的作法，有的是就全篇说的，有的只说到其中的一部分。读者看了这些话，犹如听老师在讲解之后作一回概说。于是再去读其他文章，眼光就明亮且敏锐，不待别人指点，就能把文章的好处和作法等等看出来。如果文章中有不妥当的地方或者不合法度的地方，自然也能随时看出来，不至于轻轻滑过。这不但有益于眼光，同时也有益于手腕。自己动手写作的时候，什么道路应该遵循，什么毛病必须避免，不是大致也有数了吗？"

在"序言"中，编者着重就"为什么要写作""为什么要命题写作""写作是怎么回事""怎样写作"等问题表明了看法。

关于"为什么要写作"，编者认为这有两种情形："自己有一种经验，一个意思，觉得它跟寻常的经验和意思有些不同，或者比较新鲜，或者特别深切，值得写下来作为个人生活的记录，将来需用的时候还可以供查考：为了这个缘故，作者才提起笔来写文章。否则就是自己心目中有少数或多数的人，由于彼此之间的关系，必须把经验和意思向他们倾诉：为了这个缘故，作者就提起笔来写文章。前者为的是自己，后者为的是他人，总之都不是笔墨的游戏，无所为的胡作妄为。"

关于"为什么要命题写作"，编者说："学校里有作文的科目。学生本来不想写什么文章，老师给出了个题目，学生就得提起笔来写文章。这并没有不得不写的缘故，似乎近于笔墨游戏，无所为的胡作妄为。但是要知道，学校里作文为的是练习写作，练习就不得不找些题目来写，好比算术课为练习计算，必须作些应用题目一样。并且，善于教导学生的老师无不深知学生的底细，他出的题目总不越出学生的经验和意思的范围以外。学生固然不想写什么文章，可是经老师一提醒，却觉得大有可写了。这样就跟其他作者的写作过程没有什么两样，学生也是为了有可写、需要写，才翻开他的作文本的。"

关于"写作是怎么回事"，作者认为写作不是什么神秘、艰难的事，而是很自然、很寻常的事。他说："只要有经验和意思，只要会说话，再加上能识字会写字，这就能够写文章了。岂不是寻常不过容易不过的事儿？所谓好文章，也不过材料选得精当一点儿，话说得确切一点儿周密一点儿罢了。如果为了要写出好文章，而去求经验和意思的精当，语言的确切周密，那当然是本末倒置。但是在实际上，一个人要在社会里有意义地生活，本来必须要求经验和意思的精当，语言的确切周密。那并不是为了写文章,为的是生活。"

这就涉及写作的目的了:"写文章不是生活的点缀和装饰,而就是生活本身。一般人都要识字,都要练习写作,并不是为了给自己捐上一个'读书人'或是'文学家'的头衔,只是为了使自己的生活更见丰富,更见充实。能写文章算不得什么可以夸耀的事儿,不能写文章却是一种缺陷,这种缺陷跟瞎了眼睛聋了耳朵差不多,在生活上有相当大的不利影响。"

还有很重要的一点,就是"怎样写作"。编者强调的是"养成习惯"。他说:"阅读和写作都是人生的一种行为,凡是行为必须养成了习惯才行。譬如坐得正站得直,从生理学的见地看,是有益于健康的。但是决不能每当要坐要站的时候,才想到坐和站的姿势该怎么样。必须养成了坐得正站得直的习惯,连'生理学'和'健康'都不想到,这才可以终身受用。阅读和写作也是这样。临时搬出些知识来,阅读应该怎么样,写作应该怎么样,岂不要把饱满的整段兴致割裂得支离破碎?所以阅读和写作的知识必须化为习惯,在不知不觉之间受用它,那才是真正的受用。"

上述这些观点,便是编者试图通过"例话"要传输给读者的。由于选文较具典范性,评点也能说在点子上,所以该书对提高学生基本的阅读与写作能力有一定的帮助。

第八节 夏丏尊、叶圣陶的《文章讲话》

《文章讲话》,开明书店 1938 年 2 月出版。全书 10 篇中除了《开头和结尾》一篇系叶圣陶所作,均为夏丏尊所写。该书在文章学研究上,可称为精心之作。

《文章讲话》的内容,是由《中学生》杂志中《文章偶话》一栏内的文章辑成的。该栏文章,夏、叶二人曾约定"每年各写若干篇,每期不必全有,决勿苟且塞责,敷衍读者",所以,文章的质量是很高的。陈望道在"序"中评论说:"他(夏丏尊)在这书里面很用过一些心。在几个问题上,如《文章的静境》《文章的动态》《句子的安排》《句读和段落》,都有他独特的见解,(圣陶先生的一篇《开头和结尾》也是如此,)在其余的几个问题上,也都说得非常深入而浅出。虽然只有短短的10篇,说的问题并不多,也不亏为语文教育上一种郑重其事的工作,我相信对于中等语文教育上一定有相当的贡献。"

该书所辑的10篇文章为:《句读和段落》;《开头和结尾》;《句子的安排》;《文章的省略》;《文章中的会话》;《文章的静境》;《文章的动态》;《所谓文气》;《意念的表出》;《感慨及其发抒的法式》。这些文章带有专题研究的性质。

该书不是泛泛之论,所谈的问题都较为具体、深入,让人读了的确感到见解不俗。例如讲《句读和段落》,作为一般的文章知识,说说如何正确使用标点、划分段落就好了,许多同类书就是这么做的。但是夏丏尊却深入到"技巧"的层面来探讨。他说:"凡是断落的地方,意味都会增强。一句句子,断落的地方越多,意味增强的地方也越多,这差不多可以说是一个原则。"根据这一原则,最合文法的,未必就是最佳的句读法,自古以来,颇有许多句读法不甚合论理的,但也不以为怪。"归结起来说,句读法尽可变化活用,不死守文法上理论上的规矩。但变化活用要有目的,要合乎情境。我们自己写作的时候不妨依照自己的意思情感的重点决定文章的句读。""分段的规则……在实际运用上也和句读法一样,可有种种的变化。有些时候,由于分段的不同,文章的意味和情调也会不同起来。""我们自己写文章任凭怎样分段都可以,只是要根据两个条件:一是文法的论理的法则,二是作者心情的自然流露。有时应注重前者,有时应注重后者。"这就从句读和段落的表层结构,深入到表现功能上加以探讨,抓住了问题的实质,使读者能得其要领。

再如,讲《文章的动态》,一般的理解是运用动词"记述事物的动作",但夏丏尊对此不以为然。他认为"事物的动作如果只用文字语言记述下来,未必就能在读者听者心里引起动作的印象。例如说'花落''鸟啼'，只是一种事物动作的记述，并不就能叫读者听者感觉到'花在怎样落''鸟在怎样啼'的光景，换句话说，记述事物的动作，并不就可算表达了事物的动态。"为了探寻表现动态的原则，他先把事物的动作分作两类加以考察："一是连续的动作；二是片断的动作"，接着进一步分别探讨"连续的动作"和"片断的动作"的动态表现的方法。他认为保持动作的连续紧凑常用的有两种方法：1. 利用短促的句读。2. 提示短迫的时间。片断的动作要想表达动态也有两种方法：1. 分析动作的顺序步骤。2. 摹写从动作得到的感觉。他对这些方法均作了详细的说明。对一个问题能有如此透彻的分析论述，这在一般文章知识类的书中并不多见。

尤其可贵的是，作者虽然注重理论，但不"理论化"，他的表达通俗平易，便于中学生阅读。这主要得益于两个方面：

一是借助大量的实例进行比较分析和验证，使结论自然而然地产生，不知不觉地为人所接受。如讲"句读法"时，作者先举朱自清《背影》中的开端一句"我与父亲不相见已二年余了，我最不能忘记的是他的背影"的4种不同的句读方法加以比较，得出"一句句子作一气读的时候，断落的部分意味比别部分强。作两口气读的时候，有两个断落的部分，就有两部分意味加强了"的看法。再举"仁者人也。仁者，人也"例加以验证，进一步得出结论："一句句子，断落的地方越多，意味增强的地方也越多。"接着又把上述《背影》例文分上半截和下半截各用3种"断"法断开，作比较分析，从而又推出新的结论："句读法尽可变化活用，不死守文法上理论上的规矩。"如此层层推进，步步为营，读来饶有趣味。

二是作者尽量把抽象的说理感性化。例如在讲"文章的动态"时，作者先讲电影的动态："……电影之所以能充分表达事物的动态，不外乎连续和展进两个原因。电影本身原是一张张的连续照片，因为转动得相当快速，观者眼里前一张照片的残像尚未消失，第二张照片又映到眼里来了。这样连续进行，于是观者觉得事物在那里动，完全看到了事物的动态。""文章以文字语言为工具，文字语言虽写在纸上或只是一种声音，却可以叫人一字一句地读去听去，逐渐理解，保持住若干的连续性、展进性，不像绘画、雕刻的在最初就全体展开在观者眼前,丝毫无连续展进可言。《髯客传》是用文字语言写的,读去虽不及看电影,却可以知道事情先是怎样,后来怎样,结果怎样。""由此可知……要在文章上表达动态,似乎也可以应用电影的原理归纳出几个原则来。"像这样深入浅出的表述,一般人均不会感到接受的困难。

《文章讲话》是一部既有一定的理论深度,且又雅俗共赏的文章学论著。

第九节　唐弢的《文章修养》

《文章修养》,文化生活出版社1939年出版,分上、下两编(两册),系陆蠡主编的"少年读物小丛刊"第一集,是同类著作中信息量较大的一部。

全书共分14章,上编6章,下编8章。作者在"序"中说:"在这一部小书里,上编6章,偏于叙述,下编8章,专谈作法。我的企图,是要使读者对文章先有一点认识,然后再从这一点认识出发,来研究写作的方法,这样,不但易于入手,而且也可以把握住问题的中心,不至于说来说去,摸不着头脑了。"

上编6章为:"开头语""从文字到文章""古文·骈文·八股文""白话文及其他""关于文体""句读和段落"。这6章包括文章学和文章学史的若干基本方面。

"开头语"部分,简述历代对文章的毁誉、传统以崇文为主流、文章与生活的关系以及文章的功用等,有提纲挈领的意义。"从文字到文章"部分,讲文字的起源、演变和文章的产生,文体的分际,言、文的矛盾等。"古文·骈文·八股文"部分,考订"古文"定义和"古文"的盛衰,描述骈文的缘起和变化,说明"八股文"的流变、形式及弊病。"白话文及其他"部分,讲历代"白话文"的应用及功效,讲现代白话文的兴起、各主要代表人物的主张和文字改革的见解等。"关于文体"部分，讲的是历代对文体的不同分类方法及文体分类的源流兼及西洋修辞学的文体分类。"句读和段落"部分，主要讨论的是句读的沿革、功用及其重要性，讲"制艺文章"与"现在的文章"分段的差异。可见，上编所涉及的文章知识相当丰富，对提高习作者的基本修养是十分必要的。

下编8章依次为："向书本学习还是从生活提炼""题材的搜集和主题的确定""字和词·土话和成语""句子的构造和安排""明喻暗示借代比拟""铺张和省略""怎样写会话""所谓'文气'"。下编这8章，称为"写作修养"也许更为恰当。

"向书本学习还是从生活提炼"部分，批评传统从读入手学习写作的方法，认为"所谓看，读，写，其实不过是书本，书本，书本，永远在白纸黑字上兜着圈子而已。""而且这圈子又太小，太偏，太离开了现实社会"，主张"写作的泉源，是还得从生活的高峰上出发的"。"一个初学写作的人，必须重视实际生活，同时也应该把读书当作实际生活的一部分。这样，书本上的记载，才不至于成为公式的存在，而可以匀和地融化在自己的生活里，融化在自己的文章里了。"在"题材的搜集和主题的确定"这部分中，作者较重视"观察"："观察虽然比不上体验的真切，然而范围却较为广泛，可以弥补体验的不足。""要使题材丰富，我们必须细心地观察事物，把所得的结果记下来。"认为"只要题材现成，这就可以确定主题，毫无困难地动起手来了。""字和词·土话和成语"部分，作者认为"用字和选词的主要条件是正确、明白、生动、质朴这几点。"主张多用民间的土话和成语。"句子的构造和安排"部分，讲的是单、复句的运用，常见的弊病，句法的变化和组织等。"明喻·暗示·借代·比拟"部分，是在文章通顺的基础上，"讲究适合、漂亮"。认为这4种修辞手法"在我们日常的口语里，是应用得很多的"。"铺张和省略"部分，讲的也是两种常见的修辞手法。铺张，包括"夸大"和"特写"；省略，即"使句子洁净的办法"。"无论铺张或是省略，都是一种调节文字的工作，在运用的时候，必须求其合乎分寸，这才可以免去铺张过甚时候的臃肿病，和省略太多时候的骨立症了。""怎样写会话"部分,分别介绍直接会话(独白、对话以及多人对话)和间接会话的应用及通过会话表现人物,强调会话的"确当",认为习作者"只要不断地学习,细心地向大众的口头听取,记住,分析,比较,删除不必要的空话,把最足以代表一个人个性的语言储集起来,分类记录,积久就能够应用,而且,这样一来,无疑地,是会适合各人的口吻,描摹出不同的个性来的"。"所谓文气"部分,作者解"文气"为文章的"气势","一句句子的构成,或长或短,或张或弛,彼此是并不一律的,因此读起来的时候,我们从这些句子所得到的感觉,以及读出来的声音,也就有高低,有强弱,有缓急,抑扬顿挫,这就是所谓文气了。"他认为标点、句法变化影响"文气","文气"的调理,主张用"默诵"的方法,"即使白话文不便于朗诵,但在文气的调理上,至少也得做到默诵的地步","再三默诵,使文章的气势强弱合度,缓急适宜,这才是作文的主要的门径。"可见,作者在"写作修养"的阐述上,是有重点的,不求面面俱到,只求对习作者能有所教益,一般只是点到为止。

总之,这是一部对提高习作者的修养很有帮助的著作。

第十节 魏应麒的《中学师范国文作文教学法》

《中学师范国文作文教学法》,完稿于1939年,商务印书馆1940年5月初版。因内容与20世纪30年代的"课程标准"对应,故归入这一时期。

作者有感于国文作文教学法之书为数虽多,而真正有参考价值的却很少,"大率失之空洞之理论忘却其编书之对象已耳",且有感于"中学毕业生国文程度之低落",因作是书。该书分上、下两编,上编为"国文教学法",下编为"作文教学法"。上编基本上是阐释部颁国文课程标准的诸项内容,没有多少自己的见解;下编作文教学法部分则有一些自己的思考,可资一读。作文教学法涉及6个问题:"作文方式""教学要点""命题作文""翻译""笔记"和"批改文卷"。其中对"教学要点""命题作文""笔记"和"批改文卷"这几个问题的讨论较细致。

关于"教学要点",作者首先讨论的是学生作文之次数、时间问题。作者在列举了梁启超、孟宪承二先生及教育部国文课程标准的有关意见后说:梁先生误解中学生作文练习为文学家文章写作(梁启超主张中学生作文次数宜少,且应放在堂下作——笔者注),陈义甚高,殊不适用。教育部规定能顾及学生多多练习之利益,而忽略教师工作繁重之辛苦,亦非良法。至每次作文时间为一小时,则匆迫之间,尤难收练习之益。故吾人为两顾学生教师之利益计,拟主初中每星期作文一次,高中师范则两星期作文一次,每次时间均为二小时。斯学生有益,而教员亦不至于太苦焉。至于作文应在堂上作完或在堂下习作,他认为在堂下习作"厥弊甚多",如(一)易养成抄袭之风;(二)常有倩作情事;(三)起懒惰躲闪之心理;(四)乏敏捷快干之精神;(五)学生课外工作颇多,无时间作文,致有欠缴;(六)堂下作文,将妨碍他科作业;(七)堂下作文质量未必佳,而数量必甚多,连篇累牍,蔓句枝词,教师批改,倍加繁难。故作文以在堂上作完为限,不仅可免上列之流弊,尤能敏速写作之心思才力,对于将来升学就业皆有莫大之利益。——这可谓经验之谈,较之梁启超的意见较为中肯,但作文该在堂上作或堂下作,亦不可一概而论,应视具体情况而定。他认为作文教学,不仅应注意其形式,亦当注意其内容。其要点有三:(一)写实事说实话。……文字本为心声,岂可违心而言,造作假言假事以自欺欺人。须知命意虽有浅深,遣词虽有巧拙,皆无伤于作者之人格,若乃诬罔矜夸,虚伪不根,则将见哂于明达,徒成浮薄之名,文章虽美,何所用之。(二)不违背时代之所宜。时代思潮,日新月异,不合时宜,恐成落伍。居科学昌明之世,而为迷信神权之言;当民治蓬勃之时,而有君主专制之辞;于抗战建国之期,而发妥协投降之论:此皆不合时代之所宜。(三)适合学生时代之身份。……学生方当青年之期,如日之初升,如花之初放,当有勇往直前之气,克服困难之愿,若乃叹晚忧穷,牢骚抑郁，则亦不合学生之身份。故凡浮躁自炫与颓废自伤之文字，皆当在纠正之列。上述对学生作文内容的要求，对塑造学生的写作人格和提高文章的思想品位是很有强调的必要的。

"命题作文"部分，作者对旧日教师的命题方式颇为不满，认为不少文题"不合时代之精神，即不切学生之需要，或违背学生之心理，或超轶学生之能力，在今日皆无采用之价值"。因此，他指出：故良好教师于命题之前，必当关顾时代之所宜，及学生之需要，心理与能力，以为命题之根据。教师于此时，应自行省问何种题目为学生所能作所当作？学生作此题后在作文之知识技能上是否能得到相当之进步？吾人何以在此时命学生作此种题目？吾人之教学目的及教学进程上是否必要出此种题目？

对每次作文命题的数量，他的看法是只出一题以昭划一，与多出数题以供选择，这两种方式宜更迭为之，"常多出数题，以便各呈特性，间只出一题，以便考核其进步"。他认为命题不可限于一隅，当随机应变，就各方面间迭命题，方足以引起学生习作之兴趣。这可从九个方面考虑：（一）与课文有关者；（二）就课外补充读物命题者；（三）以时事命题者；（四）以学校发生事项命题者；（五）使之记述写实者；（六）以通论性质命题者；（七）命其自由发表思想者；（八）使其自由叙述见闻或往迹者；（九）以应用性质命题者。他不赞成由学生自由拟题，认为由学生拟题的主张是忽略了学生作文只为练习之性质与忘记学生之非文学家，这样做有种种弊病，"有悖于教师教学整个之计划"。

关于"笔记"，他首先强调的是写实。他认为无论何种笔记皆为写实之技术，或以事迹为根据，或以言语为根据，或以生活为根据，或以物象为根据，不论有无关及他人或仅止于一身，皆不能凭空逞臆，为凿空之写作。明乎此，故教师教学学生则笔记之文字，必须注意于写实之一要素。既重写实，自不能驰骋虚词，故文句亦当力求朴质，无取华靡。他对读书笔记的作用尤为肯定，因为"读书'笔记盖一事而兼有多读多作之功用者，教师若能开导有方，则学生受益当非楮墨之所能计也"。开导之方有三：（一）当为其选定可读（指足以增长了解知识与写作能力者）之读物。

(二)当劝其恒毅之精神与认真之态度。(三)当使其视笔记为问疑质难、提要钩玄与发抒心得之工具。能做到这三点，可得四益：(一)读书笔记，可为了解知识与写作能力之助。(二)足以养成读书之习惯，可以持恒，可以深入，非徒医浅率者之良方，实亦治心之要道。(三)吾人取舍之能力，触于物而后能长，笔记之倾，或条录，或融贯，皆有增进判别力之功效。(四)作文时之比较，节约，分合诸作用，笔记可以助长之。他分别列举了8种读书笔记的方式：采录、撮要、跋尾、改纂、参证、答解、待问、图表，做了说明。

除了读书笔记，作者还讨论了听讲笔记、参观笔记和生活日记这3种笔记形式。听讲笔记好处是"于习作之外，更有习听之功用，可以养成心手耳目并用之习惯"。教师可时于作文时间内行之，以一小时为教师讲述学生简记时间，一小时为学生整理并录正时间，使时间不至于不敷。至讲题以故事或新闻为原则，高年级可兼及说理，以故事新闻易于听受，且易于笔记也。讲述时要注意：(一)语音须明亮，宁徐勿速；(二)人地名称及专门术语，应尽量板书；(三)讲题须适合学生能力，又不违反时代；(四)必须留有相当之时间，予学生以整理录正之余裕。参观笔记，他强调的是教师事先应有所准备，先制定参观表，分发学生，示以参观时应注意事项。参观表之内容，应以被参观之对象而异其制作，不可执一以概其余，致反有拘泥不通之弊。至于生活日记，其内容上至国家大事，中至闾里琐闻，下至己身言行，旁及戚友见闻，皆可记之。又或评骘古人，臧否并世，亦无妨记于日记之中，以为进德修业之助。由此可见生活日记，非仅仅记天气之雨晴，起居之适否也。予尝谓自孩提能执笔记之时，即开始记载生活日记，终身不断，及其老也，不仅其一己之历史备焉，即国家社会之史廓亦得以考见，诚传世不朽之业也。

"批改文卷"部分，作者的意见是文章包含内容和形式两个方面，比较而言应更注重形式方面的改进：中学生因年龄及学力关系，其思想见解自不同于教师，故教师改文时除其文之内容有违于：(一)实事实话、(二)时代精神、(三)学生身份、(四)事理论理四者之处，应加指正外，宜侧重于形式之改进。旧日教师多注重于内容，注重之太过，致将原作尽意涂抹使改而从我，是则越俎代庖，不仅不知学生年龄学力对思想见解之关系，抑亦不明学生作文乃一种练习，而非为传世之文字也。形式的改进当注意其文法之通顺，语意之明达，篇章段落之结构，辞句之确当与雅洁，字画之正确，标点之运用，如斯而已。其有违犯过多者，则略予说明，发还重作，以蕲达到练习之目的。这种文章评改重形式的看法，与夏丏尊的阅读教学重形式的观点，有相通之处，他们均更为关注文章作为一种书面表达方式的特殊载体形式方面，这也不无道理。

他较重视批语的写法，认为批语的目的有三：（一）作本文之评价，而定其高下；（二）示优劣之所在，而使其领悟；（三）含奖诫之作用，而促其改勉。（一）（三）可用总批，（二）可用眉批。凡关于一词一义之指示，皆应用眉批而不宜用总批；关于全篇之结构、文意，有所批评，有所指示，有所奖诫，有所补充，皆应用总批而不宜用眉批。批语最忌用抽象空洞及模糊笼统之语，是宜于改文之余，就文论文，而加以概括之评判，使学生方有切实之受用。批语之含有奖诫作用者，措辞尤当谨慎，应有分寸。若奖之不当，则易起学生骄矜之心；若诫之不当，亦易使学生灰心失意。

总之，魏应麒的作文教学法对教学情况考虑得较为周详，其理论不是很精深，但作为资深教师的经验背景却很丰厚，他的见解，对教师的教学有切实的参考价值。

第五章　代表人物的写作教育观

第一节　夏丏尊

夏丏尊（1886~1946年）是我国现代著名的语文教育家，他曾长期担任中学"国文"教师，其深厚的学识与高尚的人品为学生所景仰。从20世纪20年代末开始，他担任开明书店编辑所所长并主持《中学生》杂志编务，编书著文，成为当时青年公认的良师益友。夏丏尊语文教育方面著述颇丰，主要有《文章作法》（与刘薰宇合著），《文艺论ABC》，与叶圣陶合著的《文心》《阅读与写作》，《文章讲话》，与叶圣陶等合编的《开明函授学校讲义》《开明国文讲义》《国文百八课》《初中国文教本》等，以及大量的论文。他的有关写作教学的论著和见解，对我国现代写作教学的创立有着积极的意义。《文章作法》一书堪称现代写作教学训练教材的奠基之作。《文心》一书，曾被日本的《新中国事典》赞为"在国语教育史上划了一个时代"的著作。由于他对传统和现代的写作和写作教学思想有着广泛的了解和深入的思考，且熟悉中学写作教学的实际情况，使得他的写作著述能熔理论性与实践性于一炉，体现了精要、实用的特点。

（一）写作法则没用而有用。

在那一时代的写作学家中，夏丏尊可以算作"训练派"的代表人物。他既清楚地知道写作理论对写作学习的重要性，也清醒地看到在写作教学中理论与实践统一的必要性。他在《文章作法》的"绪言"中，深刻而辩证地阐明了写作理论与实践的关系："技术要达到巧妙的地步，不能只靠规矩，非自己努力锻炼不可。学游泳的人不是只读几本书就能成，学木工的人不是只听别人讲几次便会，作文也是如此，单知道作文法也不能就作得出好文章。"在肯定了技能习得的实践性特征的同时，他也明确地指出了理论对实践的作用和局限，他说："跟着渔父的儿子去学游泳，比之于跟着专门家去练习也不同，后者总比前者来得正确快速。法则对于技术是必要而不充足的条件，真正凭着练习成功的，必是暗合于法则而不自知的。法则没用而有用，就在这一点，作文法的真价值，也就在这一点。""法则没用而有用"，这可谓一语中的。说它没用，是因为它不能代替写作实践训练；说它有用，是因为它能提高写作实践训练的效能。因此，法则加练习，是写作技能习得的最佳途径。

夏丏尊认为，传统写作教学未必没有法则，问题在于那些法则与写作训练二者之间存在着隔膜。他说古代虽然有几部论到作文法的书，如刘勰的《文心雕龙》和唐彪的《读书作文谱》之类以及其他的零碎论文，不是依然脱不了"神而明之"的根本思想，陈义过高，流于玄妙，就是不合时宜。就是说，传统写作教学理论，在指导思想上仍倾向于"文无定法"，倚重于"多读、多作、多商量"的感性体悟。那么何谓恰当的"作文法"呢？夏丏尊对此有独到的见解。他认为文章本是为了传达自己的意思或情感而作的，所以只是一种工具。当有意思或情感，没有用文字发表出来，就只能保藏在自己的心里，别人无从得知。单有文字而无意思或情感，不过是文字的排列，也不能使人得到点什么。意思或情感是文章的内容，文字的结构是文章的形式。内容是否充实，这关系作者的经验、知力、修养。至于形式的美丑，那便是一种技术。严格地说，这两方面虽是同样地没有成法可依赖，但后者毕竟有些基本方法可以遵照，作文法就是讲明这些方法的。在这里，他把"作文法"限定在语言形式表现技术的范围内，而把作者的经验、知力、修养排除在外，这固然是狭义的界定，但也不无道理。这可以从三个方面看：（一）所谓作文法，实际上是于无法之中求有法，比较而言，"形式法"易得，"内容法"难求；（二）作者的经验、知力、修养主要属"诗"外功夫，而非"教"内功夫；（三）写作的特殊性，主要表现在载体特征语言文字的运用上，载体特征在一定程度上也包含着客体特征。

夏丏尊对写作理论与实践的关系的分析，和对"作文法"的界定，目的在于建立起一个符合写作学习规律并与教学情境相适应的"知行合一"的作文法教学体系。其最显著的特点在于"可教性"和"可操作性"，由教材的"知行合一"，求得教学的"教练一体"。在《文章作法》问世之前，陈望道已作《作文法讲义》一书（1922年开明书店出版），这是我国现代作文法的开山之作，其功不可没，但于教学，它有一个明显的不足，就是侧重于"知"而忽略于"行"。夏丏尊"知行合一"的"作文法"体系显然前进了一步，较好地体现了"作文法"的实践性特征。

从《文章作法》看，夏丏尊十分注重法则的"有用"性，在建构"知行合一"的写作训练新体例上煞费苦心。该书首先把"作文法"的基本要求精要地概括为两点：（1）真实；（2）明确。"真实"，即要表现作者在特定情境中的实感；"明确"，即所表现的要使读者易于了解。这两点确是一切文字表现的通则。然后再根据各体文的内在逻辑关系作分体述说，大体上是以对写作行为程序的描述为"经"，以对写作技术的知识特征的说明为"纬"，以便于学生理解和掌握写作技能为目的，构成一个由易到难、循序渐进的认知操作系统，基本上做到了法则说明、实例分析、练习设置三者浑然一体，使学生有法可依，有例可想，有文可作，看了能懂，懂了好练，练了有效。

在科学的系统结构中，"作文法"属于第三个层次，即"应用技术"的层次（三个层次依次为：基础理论、应用理论、应用技术），而"应用技术"的基本特征就是实用性和可操作性，因而，夏丏尊力避空言法则，抓住作文法的"应用"和"训练"的特性，当是得其要领的。

（二）为文不要忘记有读者。

写作是一种应用技能，写作训练的目的也在于应用。"应用"，从根本上说，就是应用于作者与读者的沟通交流，应用于特定的读者对象，因此，对于习作者来说，培养他们的读者意识至关重要。而在写作教学中贯穿着对读者意识的培养，正是夏丏尊写作教学观的另一个显著特点。

他在有关著述中多次阐明了写作应顾虑到读者的见解。他说："所谓好文章，就是达意表情，使读者读了以后能明了作者的本意，感到作者的心情的文章。"① "所谓好的文字，就是使读者容易领略，感动，乐于阅读的文字。诸君当执笔为文的时候，第一，不要忘记有读者；第二，须努力以求适合读者的心情，要使读者在你的文字中得到兴趣或快悦，不要使读者得着厌倦。"② 他将注重读者的接受状况，视作为文之根本："古今能文的人，他们对文章法诀各有各的说法，一个说这样，一个说那样，但是千言万语，都不外乎以读者为对象，务使读者不觉苦痛厌倦而得趣味快乐。所谓要有秩序，要明畅，要有力等等，无非都是想适应读者的心情。因为离了读者，就可不必有文章的。"③ 夏丏尊立下的一条最基本的法则，就是"为读者而作"。

由此出发，他认为写作首先须考虑：（1）读者的性质；（2）作者与读者的关系；（3）写作该文的动机等等。文字的好与坏，第一步虽当注意于造句用词，求其明了；第二步还须进而求全体的适当。对人适当，对时适当，对地适当，对目的适当。一不适当，就有毛病。这"明了""适当"，自然都是对读者而言的。

为求得适当，在执笔为文的时候，又可进一步探求六个问题：（1）为什么要做这文？（2）在这文中所要述的是什么？（3）谁在做这文？（4）在什么地方做这文？（5）在什么时候做这文？（6）怎样做这文？学生须对这六项逐一加以审究。适当的文字，也就是合乎这六项答案的文字。"为

---

① 夏丏尊、刘薰宇《文章作法》，3页，杭州，浙江文艺出版社，1983。
② 夏丏尊、刘薰宇：《关于国文的学习》，见《夏丏尊论语文教育》，48页，郑州，河南教育出版社，1987。
③ 夏丏尊：《作文的态度》，见《文章作法》"附录一"，杭州，浙江文艺出版社，1983。

什么要做这文",即审究作文的目的,以确定文章应给读者的是实用价值还是审美感受;"在这文中所要述的是什么",即审究文章的中心思想,排除芜杂,使读者明了;"谁在做这文",审究的是作者的地位问题,以明确自己应以何种资格向读者说话;"在什么地方做这文",审究的是作文的应用环境,以判定向读者所说的话是否适应特定的场合;"在什么时候做这文",审究的是作文的时代观念,以避免对读者说出不合时宜的话;"怎样做这文",审究的是作文的方法,以确定如何表现易为读者所接受。学生作文时依照这里面各项检查起来,都没有毛病,那就是好文字,至少不会成坏文字。我们写文章自然不可能篇篇作如此琐细的功夫,但这对于习作者的读者意识的养成,却不失为简便易行的好办法。在现代语文教育家中,注重培养学生读者意识的不乏其人,但能对此作周详的思考与策划的,却并不多见。

夏丏尊对读者意识的强调也体现在他的文体观中。在《开明国文讲义》的"文话"中,他对四体文作如下界说:"我们自己觉知了一个或多数的人或物,更想叫别人知道。……倘若那人或物不在别人眼前,我们就得用语言或文字来告诉别人。为着这种需要写成的文字叫作'记叙文'。""我们自己知道了一些事情,更想叫别人知道,为着这种需要写成的文字叫作'叙述文'。""除开这些,我们还有别种实际上的需要,不得不说话或作文。譬如有人问你:'大家说帝国主义应该打倒,到底帝国主义包含些什么意义啊?'你就得把帝国主义是什么详细地解说给他听。为着这种需要写成的文字叫作'解说文'。""我们需要说话或作文的处所还多着呢。譬如日本对我国多方逼迫,你以为非对他们宣战不可,就得发表你的必须宣战的主张;如果有人说宣战是不可能的,你又得驳斥他的不能宣战的谬误。为着这种需要写成的文字叫作'议论文'。"这种从传达与接受双方的需要的角度来阐明文体特征的文体观,改变了以往单纯按文章的表现功能进行分类的方法,既易为习作者理解,也有助于他们形成正确的写作观念。

夏丏尊非但于写作态度、文体界定上强调为读者着想,注意到作者与读者的关系,在其他有关写作的表述中,对此也时有提及,使学生时时感到读者的存在,以养成"目中有人"的自觉。

在夏丏尊看来,以读者对象为出发点求得文字的适当,这还只是第一步的"极粗浅的功夫而已","进一步的,真的文字学习,须从为人着手。'文如其人',文字毕竟是一种人格的表现,冷刻的文字,不是浮热的性质的人所能摹效的,要作细密的文字,先须具备细密的性格。……我愿诸君于学得了文字的法则以后,暂且抛了文字,多去读书,多去体验,努力于自己的修养,勿仅仅拘执了文字,在文字上用浅薄的功夫。"① 这就理清了写作上加强作者的自我修养与培养读者意识的关系。是否能为读者着想作出适当的文字,归根结底取决于作者的"为人",欲形之于外,须求之于内。在"文如其人"这一点上,他的认识还是执着于传统的写作主体观。

(三) 从试作小品文入手。

对写作教学不论有多么高明的见解,终究都要落实在训练上。最要紧的是训练,最让人伤脑筋的也是训练。夏丏尊一方面主张要练而有法,另一方面又对此取较为自然放松的态度。

就学生习作的范围来看,他的看法是应包括一切的文字传达交流活动,不应作茧自缚、人为地狭隘化了。他说:"照理说,凡用本国文字写记什么,都应该是'国文'。可是实际情形却不然,平常的人会写信,记日记,可是不自认能作文章;他们把作文章认为了不得的大事。即使自命会作文章的文人,也常把作文章与写信记日记分别看待,一提起'作文章'三个字,往往表现出非常的矜持的神情来。至于学校的教学上,不消说这矛盾更甚。国文科中的所谓'作文',在中学校里通常只是每月二次,其余如日常的写作笔记,日记,通告,书信之类,全不算在'国文'账上。真所谓'骑驴找驴'了。"② 他批评把作文的天地圈定在课内、圈定

---

① 夏丏尊:《关于国文的学习》,见《夏丏尊论语文教育》,50 页,郑州,河南教育出版社,1987。
② 夏丏尊:《国文科课外应读些什么》,见《夏丏尊论语文教育》,52~53 页,郑州,河南教育出版社,1987。

在煞有介事的"作文章",把日常应用之作排除在外,而认为作文应包括一切的文字应用,包括课内的正式训练和课外的日常写作。这种认识应是全面的、中肯的。

着眼于一切应用文字写作的需要,夏丏尊主张写作训练的最好方式是写小品文。因为这较易于打破学生对写作的畏难心理。他说:"作文也不是一桩特殊的事情,作文正同说话一样,是被包在生活里的一个项目。你若把作文看作特殊的事情,又想从不知什么地方去寻取作文的材料,那就只好永久搁笔了。你若已经有了这样的癖性,想要纠正过来,养成容易作文的习惯,最好从试作小品文入手。"① 就是说,小品文写作能把学生从"命题作文"和寻找"专供作文的材料"中解放出来,获得写作上的放松感。

夏丏尊所说的小品文,是指"外形的长短"而言,二三百字乃至千字以内的短文皆属小品文之列。他认为记叙文、叙事文、说明文、议论文等是从文章内容的性质上分的,长文和小品文的区别则在于外形。因此,小品文的内容性质全然自由,可以叙事,可以议论,可以抒情,可以写景,不受任何限制。小品文就是内容无所不可的短文。学生可以把每天的见闻,每天的思想、感情形之于笔墨,或者做日记,或者同家属、朋友通信,或者就是做笔记,那些材料并不一定连贯,就分开来写,一句话也行,数十字也行,纯任自然,意尽而止。这样,学生见到的作文的材料"俯拾皆是",只有须选择删弃,决不会"踏破铁鞋无觅处",且更将见到作文就是生活,决非生活的点缀。这一认识无疑深具启示性。它既使学生解除了对作文的畏惧,感到作文原来是如此轻松、自由的事情,可以不拘内容和形式,又从生活的内涵上揭示了写作的本质,使学生意识到"作文就是生活",作文是人生的一个组成部分,从而严肃地负起生活的使命,从心理上、思想上建立起写作的信心。

从学生写作能力的培养上看,小品文的写作练习有一举数得的好处:

---

① 夏丏尊:《开明国文讲义》,见《夏丏尊论语文教育》,159 页,郑州,河南教育出版社,1987。

其一是由于小品文可以视为长文的分解，因此可为作长篇文字的准备；其二是由于小品文对于细小简单的材料要有所说、有所写，必然观察到、思考到、感觉到精微的地方去，所以可增进观察力、思考力和感受力；其三是小品文所述对象细小简单，必须拣扼要、精练的方式表达出来，这可使文字简练；其四是小品文以日常生活为材料，篇幅短小，成篇又较易像个样儿，唯其像个样儿，就不惮继续习作，以期再尝成功的喜悦，故可养成作文的兴味。由此看来，小品文练习大体上可满足写作练习的一切要求，从内容到形式，从能力到心理，无所不至。尤其是养成作文的兴味这一点最为重要，因为它是习作者取得写作上成功的一个必要条件，习作者只有尝到写作的乐趣才能再接再厉，乐此不疲。

此外，夏丏尊还认为小品文练习对写作心智的开发与发展有极大的帮助。他说："读者如发心习作小品文，随时留心自己的所见所闻，随时留心自己的思想、情感。平时对于那些以为决非作文材料，轻轻放过了，却想寻另外的材料，于是叹息着喊'没有'。现在一留心，就会觉得这也是，那也是，一支笔差不多来不及写。但是，如果可能的话，最好尽量写下来。反正是习作，写的即使是无谓的东西也无妨。从这里，你会不知不觉地长进。起初对于许多材料无从选择，后来渐渐知道那一宗材料值得写，那一宗材料可以毫不顾惜地放过；起初觉得见、闻、思、感是一事，提笔作文又是一事，后来渐渐觉得两方接近，几乎完全一致了——这就是说怎样见、闻、思、感就怎样写。这样，作文对于你便有了真实的用处"[①]。这些表述看似平淡无奇，却揭示了写作学习的奥妙：我对于物从不留心到留心，再到无须留心；物与我从疏远到贴近，再到融为一体。习作者在无拘无束的"涂鸦"中长进，不知不觉地达成物与我的自然和谐。

（四）学"国文"应着眼文字形式。

从"作文法"看，夏丏尊把注意力主要放在表现上；从整个"国文"学习看，他也仍然认为着眼点应放在文字形式上。他对"作文法"的见

[①] 夏丏尊：《开明国文讲义》，见《夏丏尊论语文教育》，160～161页，郑州，河南教育出版社，1987。

解，是以他对"国文"学习目的的认识为背景的。他说:"我主张学习国文该着眼在文字的形式方面。就是说，诸君学习国文的时候，该在文字的形式方面去努力。"① 他的这种观点，在语文教学界独树一帜，有一定的代表性。

他认为"国文"科是语言文字的学科，除了文法修辞等部分以外，并无固定的内容。"只要是白纸上写有黑字的东西，当作文字来阅读来玩味的时候，什么都是国文科的材料。国文科的学习工作，不在内容上去深究探讨，倒在从文字的形式上去获得理解和发表的能力。凡是文字，都是作者的表现。不管所表现的是一桩事情，一种道理，一件东西或一片情感，总之逃不了是表现。我们学习国文所当注重的，并不是事情、道理、东西或情感的本身，应该是各种表现方式和法则。"② 这里，他所言及的显然是语文学科的特殊性，具体说来有两点：一是"国文"科的内容难以跟其他学科的内容严格区别开来，例如《项羽本纪》是历史科的材料，但也可以作为"国文"科学习的材料；一是"国文"科所凭借的材料，内容篇篇不同，难有一定之规，而形式上却有相同的地方。就整篇文字说，有所谓章法段落结构等法则，就每一句说，有所谓句子的构成及彼此结合的方式，就每句中的词说，也有各种的方法和习惯。此外，文字的体裁，也有共通的样式，例如，书信有书信的样式，章程有章程的样式，记事文有记事文的样式，论说文有论说文的样式。这两点，前者是从"国文"科的外部求其特殊性，后者则是从国文科的内部去求其特殊性。

当然，这也并不等于"国文"科或写作教学可以完全无视对文章内容的学习，夏丏尊认为，"凡是文字语言，本身都附带有内容，文字语言本来就是为了要表现某种内容才发生的，世间绝不会有毫无内容的文字语言。不过在国文科里，我们所要学习的是文字语言上的种种格式和方法，

---

① 夏丏尊：《学习国文的着眼点》，见《夏丏尊论语文教育》，81页，郑州，河南教育出版社，1987。
② 夏丏尊：《学习国文的着眼点》，见《夏丏尊文集》"文心之辑"，577~578页，杭州，浙江文艺出版社，1993。

至于文字语言所含的内容，倒并不是十分重要的东西。我们自己写作的时候，原也需要内容，这内容要自己从生活上得来……我们的目的是要从古人或别人的文字里学会了记叙的方法，来随便叙述自己所要叙述的事物……"① 这种看法也许不无可商榷之处，因为文章的形式是内容的形式，要离开内容学习形式实际上是难以做到的，同时，学习文章的内容，也不是不可以给我们从生活中获取写作材料以借鉴。但是，从"国文"科的性质特点上来把握学习的任务，对它的特殊性加以强调，也还是有其合理性的。

夏丏尊重文字形式学习的观点，另一方面也出于对学生实际学习情况的考虑。他认为许多学生中学毕业文字还写不通，原因就在于学习国文未得要领。"文字的所以不通，并不是缺乏内容，十之八九毛病在文字的形式上。这显然是一向不曾在文字的形式上留意的缘故。他们每日在国文教室里对国文教科书或油印的选文，只知道听老师讲典故，讲作者的故事，典故是讲不完的，故事是听不完的，一篇一篇的作品也是读不完的。学习国文，目的就在学得用文字来表现的方法，他们只着眼于别人所表现着的内容本身，不去留心表现的文字形式，结果当然是劳而无功的。"② 因此，他觉得关键是要把注意力放在文字形式的学习上来，这主要包括词的、句子的和表现方法的三个方面，词的意思情味辨别清楚了，句子的样式和句子与句子的关系弄明白了，表现的方法技巧熟练掌握了，就不但在理解上可以省却力气，而且在发表上也可以得到许多便利。

在文字形式的学习上，夏丏尊主张要发挥个性和创造力，反对模仿和抄袭。他说："文章是发表自己的意思和情感，所以不能将别人的文章借来冒充；抄袭的不好是大家都承认的，古来早已有人说过，不必再讲。至于模仿，古来却有不以为非的。什么桐城派阳湖派的古文呀，汉

---

① 夏丏尊：《学习国文的着眼点》，见《夏丏尊文集》"文心之辑"，578 页，杭州，浙江文艺出版社，1993。

② 夏丏尊：《学习国文的着眼点》，见《夏丏尊文集》"文心之辑"，579～580 页，杭州，浙江文艺出版社，1993。

魏的骈文呀，西昆体的诗呀……越学得像越好。其实文章原无所谓派别，随着时代而变迁，也无所谓一定的格式。仅仅像得哪一家，哪一篇，决不能当作好的标准。从另一方面说，文章是表现自己的，各人有各人的天分，有各人的创造力；随人脚跟，结果必定抑灭了自己的个性，所作的文章就不能完全自由表示自己的意思和情感，也就不真实不明确了。"① 夏丏尊对模仿的否定是相当彻底的。是鼓励创造还是提倡模仿，这是写作教学中的一个至关重要的问题，值得至今仍热衷于模仿式写作训练的老师们深思。

作为一个语文教育家，夏丏尊对语文学科的工具性和写作教学的实践性特征有着特别深刻的领悟，考虑问题能处处从教学和学生的实际情况出发，反对蒙昧主义的"神而明之"的玄虚化倾向，以科学求实的精神，建立"知行合一"的作文法训练体系，为写作教学的理论与实践相结合开辟了一条新路。夏丏尊是五四以后崛起的语文教育家中较为深厚机敏而又稳健务实的一个。

第二节　阮　真

阮真（1896—1972），又名阮乐真。他是20世纪30年代中学语文教育研究成果最为丰硕、最具批判精神和科学态度的一位杰出的语文教育家，也是我国现代写作教育研究的开拓者。

阮真毕业于东南大学，学习期间除了研究本行中国文学外，颇注意选习英文和教育学的功课。如他自己所言："真虽为专习文科之人，而幼受两重师范教育，复专习教育科一年。故以言头脑，则半文学而半科学也。而教学十六年中，自小学起，经初高中师范国专大学各级程度。故以经历言，则如百战老卒，行伍出身也。"（见《中学国文教学法》"附跋"。）这

---

① 夏丏尊、刘薰宇：《文章作法》，4页，杭州，浙江文艺出版社，1983。

份学历和经历，为阮真的研究打下了坚实的基础，也决定了他的研究的特色，从而使他能较一般的语文教育家更为注重研究的科学方法。

阮真曾任广西省教育厅《教育丛刊》编辑，1929年到广州中山大学任教，并任职于该校教育学研究所，在庄泽宣先生指导下，从事中学国文教学问题的专门研究。在不到10年的时间里，共出版了7部中学国文教学研究专著：《中学国文教学之问题》《中学国文教学研究》《中学作文教学研究》《中学国文各学程教学研究》《中学国文校外阅读研究》《中学作文题目研究》和《中学国文教学法》，还发表了论文20余篇，近30万字。阮真以其不信权威、唯信真理的执着个性，在20世纪30年代国文教学论坛上异军突起，纵横驰骋，锐不可当，使人不但为他的科学求实的精神所感佩，而且更为其认定目标、不屈不挠的人格力量所折服。

（一）批判、独立的理论品格。

比起那些活跃在国文界的大学者们，没有留过洋的阮真深感到人微言轻、知音难觅的苦恼。他说："今日中学国文教学，如集群医以治疑难重症，教育部犹病家主人，重视英国皇家医生，柏林医学博士，而有资格最低，行医最久，诊断最细，处方最慎之无名医师如真者，投其方而不见信于人，在门外窃叹焉。尽管如此，只要他认定是对的，就要据理力争，一辩是非"。这使他的著作，体现了很强的论争性和批判性。这是在同时代的论者中表现得最为突出的。

在这方面，一个很典型的事例是阮真与汪典存之间的论争。汪典存是当时教育界的元老，又是阮真《中学国文教学法》一书的推荐者与校阅者，但由于阮真与汪典存在关于初中教材文言与白话分量比例上看法相左，阮真特地在《中学国文教学法》一书后面加上"附跋"，对此问题详加论辩。他在"附跋"中说："兹编属稿初竣，蒙汪典存先生为之校阅，并为指正缺失，改补错脱数处，深致感谢。惟汪先生于课程标准主张，与作者原意颇有出入。作者于初中二、三年级文语教材分量标准，已略采其意，少有修改。惟于初中一年级教材，汪先生主张文六语四，而作者仍主张全教语体文。""惟汪先生以为今日高中学生所以不能作通文言文，病在初中时无切实之教学，故特重于初中之教学文言文。而作者则以为病在小学不能学通语体文，而初中文语兼教，夹杂不清。故至初中毕业，文语两不通顺。高中又复提高标准甚远，乃至教学全无成绩。故默察今日教育政策，教学环境，学生程度，认为初中毕业生，苟使文语夹杂，两皆不通，则不如先集中精力，学通语体文，以达其最低限度之工具应用目的。"他在《阮真与汪典存先生论中学国文教学书》中，把自己的这种特立不群的学术个性作了直言不讳的阐述："……而真于主张，则毫无自是之成见，亦绝无意气存于其间。学者主张固有幽没于一时而光显于后世者。故真之主张从不摇旗呐喊，依附大师，亦不率而发言，贻误后学。"能做到这一点，实属难能可贵。

他对许多问题都能以批判的眼光加以审视，直率地表明自己独立的见解。例如，他对教育部规定的课程标准和教材大纲也多有批评，他在《中学国文教学法》"自序"中说："作者之所以未编教科书者，实有二因：一则作者极端反对教部规定之课程标准和教材大纲，与当世之士，不敢苟同，欲遏流挽澜而不欲推波助澜也……"在谈到教学情况时，他批评说："今日中学国文之病，在课内则有教而无学，是教者行其远而学者足不履其地也；在课外则有学而无教，是教者不示以途径而令学者自由之也；以此教学，安得不败乎？"在讲到课外阅读时，他批评说："时人倡言课外阅读，其意诚善。然按诸实际，教者示以经史子集而学者多读下等小说闲书也；教者开书数千百卷，而学者一书不读也。是何也？教者徒知广开书目，而不察学生之学力时间一也；徒执己意而不顾学生兴趣需要二也；空言阅读而不详为计划指导督责三也。"在讲到作文练习法时，他对梁启超、胡适的见解表示不以为然。他说："民八以前，旧式国文教师教中学生的作文，都是课内练习的。民八以后，有些名人主张作文在课外练习。如梁启超先生在《中学以上作文教学法》第51页上说：'每一篇要让他充分地预备，使他在堂下做。看题目难易，限他一星期或两星期交卷。'胡适先生在《中学国文之教授》篇中也说：'作文都概拿下堂去做。'因此，有好多教师也主张作文当在课外练习了。我以为作文各样练习的性质不同,课内或课外的练习,应视练习的性质而酌定。例如带文艺性质的文章,或者必须观察实际事物或参考书籍的文章,关在教室内是做不好的。有些演说的稿子,笔记的练习,也要课外去做,易于搜集材料。但是,如短篇快做练习,应用文字练习,听写练习,翻译练习,重写练习,都该限定时间在课内做好的。而且教初中学生应该多做课内练习;教高中高年级生,课外练习或可多些。因为初中学生在课外多误时间,未必能做出好文章,而且他们的作文,还是重在文法作法的练习,根本不用多做长文章,所以也无须在课外做一二个星期。"① 诸如此类的批评论争,在阮真的论著中比比皆是,堪称其研究的一大特色。这也使他的观点特别地引人注目,展示了别具一格的思想魅力和藐视权威的富有挑战性的理论品格。

虽然阮真对自己的研究颇有自信,但是他也不得不对自己的"冒犯",经常地表示一些歉疚,以获得人们的理解。他说,作者(指称他自己)立论最重逻辑。条分缕析,颇有系统。凡所言者,最切实际。自谓所贡献于今日之中学国文教学者,不无精到之见地与实际之指示。虽尝博览各家之说,而不肯贸贸然采取之。故恒有严格之批判。为真理之探求,而不免获罪于师友与世学者,此则当表其歉忧者也。而最能理解他的,则当推他的导师、中山大学教育学研究所主任庄泽宣,庄说:我觉得以阮先生的学识来做这种研究,在现在中国是已经不可多得的了。不过他的研究既是一种逢山开路、逢水造桥的工作,当然也有许多极不妥、极粗糙的地方。我还相信,凡是这类实际教学问题的研究,必须要有丰富教学经验的人来做,才不至于空论。阮先生有了将近十年的教学经验,他对于国文教学所定的标准,有的或者似乎觉得太低,但是如果我们足踏实地地去考察一下一般教学的情况和学生的程度,觉得他的话比之好高骛远徒托空言的要切实得多。至于他因为要想得到他的观点,不得不把别人的主张过于批评,这也是要请大家原谅的。——不论阮真的研究是否有"许多极不妥、极粗糙的

---

① 阮真:《中学国文教学法》,89~90页,南京,正中书局,1936。

地方",也不论他是否"把别人的主张过于批评",他对中学语文教学的全方位的研究,则确确实实是一种"逢山开路逢水造桥"的开创性的工作,他的勇气和革新精神,无疑地给国文界带来了一股清新的空气。

(二)科学、严谨的研究方法。

实际上,确如阮真自己所言,"而真于主张,毫无自是之成见,亦绝无意气存乎其间",从不轻率论断。他的治学态度和方法都是非常严谨的。他十分注重调查研究,注重对资料的搜集、分析、统计和整理。可以肯定地说,在自觉运用教育科学研究方法于语文教学研究这一点上,同时代的国文界是无人可与阮真相提并论的。

为了了解国文界的研究现状,阮真曾搜集了民国八年以后,散见于杂志或专书的有关资料不下百篇,对 60 余位作者的长的数万字、短的千字的著述,作了总计 16 万字的内容提要。他出于研究中学国文教学的目的,曾费两个月时光,搜集国内学者教师所发表的意见以及全国教育会教育部课程标准委员会所拟的目的共 20 种。为分析统计的研究,还参考了 1917 年美国全国英文联合委员会的报告。在进行中学作文题目研究时,他"初拟计划,欲搜集国内各级中学之实际作文题三万,发出调查表二百七十余份(每份可录百题),惜乎填写寄来者,仅十三校,只得一千零九十五题。合各书局历年征集之全国中学作文成绩十一部,录得五千零四十五题,共计仅有六千一百四十题"[①]。由此可看出他在占有资料方面所做的努力。

他对中学作文题目的专题研究,较为集中地体现了他的研究方法上的特点。他首先制定了研究目的:(1)从国内各中等学校历年实际作文题目中选取比较优良的题目,按年级程度分类排列,以供各校作文教学之取材;并可在各类选取题目的程度判别统计结果中,察见各类题目在各年级教学上所占的比例数量。(2)根据各期题目分等鉴别之结果,加以批评,可以察见各期中学作文教学思潮及方式,以供研究中学国文教学之一部分

---

① 阮真:《中学作文题目研究》"自序",上海,民智书局 1930。

参考资料。(3) 根据各期文题鉴别统计之结果,为比较的研究,可以察见各期中学作文教学之进步状况,以供中国教育史家及中学国文教学研究专家之一部分具体的教学历史研究资料。然后他将研究方法分为 4 个步骤:第一步,搜集材料。用两种方法:(1) 搜集各书局历年选辑之全国中学生作文成绩,录出题目。(2) 分发调查表,寄往粤、桂、闽、浙、皖、赣各省教厅数十份,托其代发代收,并以私函寄往各所知学校,调查收集。第二步,分等鉴别。将搜集题目,划分 3 期,先为分等鉴别批评及统计研究。第三步,判别程度。将选取甲乙 2 等题目,判别其适合何年级之程度,再按年级程度,分类编次,并将各类题目在各年级所占量数做成统计。第四步,比较研究。根据各期作文题分类统计结果,比较各类题目所占百分比,以察见各期中学作文教学之变革;根据各期作文题鉴别统计结果,比较各期各等题目之百分比,以察见各期中学作文教学之进步;根据各期选取文题程度判别统计结果,比较各期各类题目在各年级之百分比,以发现各类题目在各年级教学上所占的比例量数。此外,他还制订了 3 条研究标准:(甲) 分类标准;(乙) 分等鉴别标准;(丙) 判别程度标准。即确定各个题目的文体类别,对各书中原来的分类法作一统一的整理归并;再确定每一类文体内部各文题的等级标准,将各类文体的所有文题分为 4 等(甲等、乙等、丙等、丁等);进而判别哪些文题适合于哪些年级,制定各年级文题程度标准。在上述目的、步骤、标准的指引下,阮真将所有的文题划分为 3 个时期(民国十年前、民国十年至十三年、民国十四年至十八年)进行整理和鉴别,对题目的程度作判别统计,最后对各期情况作综合的比较研究,得出结论。

可见,阮真的研究是经过精密的思考和准备的,在方法上是很注重科学性的:从搜集第一手资料入手,尽可能做到全面地占有资料,注意调查的覆盖面和数量,注意分类的严谨,注意量的统计和质的判断的精确,力图通过多层次的分析和综合,产生科学的论断。

阮真对研究方法科学性的追求,到了近乎苛刻的地步。对他人对自己,都是如此。他在批评王森然的研究的缺失时说:"王著《中学国文教学概要》,都十余万言。长在兼收并蓄,搜集宏富。其短在不为逻辑之分类与问题的剖析,仍无系统可寻。而于科学的研究,王氏似犹未注意及之。唯其实地经验,则间有可资研究者耳。"① 他认为自己的《中学作文教学研究》《中学国文校外阅读研究》《中学国文各学程教学研究》等著作,虽然是对中学国文教学作分门别类的研究与系统的论述,中间对现行教学之批判与教学实际问题之讨论,最为详尽,但是,这些还只能算是科学研究的整理预备工夫,而不能算是严密的科学研究。在他的著作中,已采取科学方法进行研究的,唯有《读文教材之分析》《作文程度之批判统计》与《作文题目之鉴别》(已著成《中学作文题目研究》),此外如《国文教学目的之分析统计研究》《国文教学基本问题研究之提示》,则是"稍稍近于科学研究者"。这些都表明阮真的研究标准是很高的,对他人严,对自己也严。这跟他曾经受过教育学方面的训练有关。

(三)崇实、致用的教育思想。

在研究方法上,他与那些"大师"们有一个很大的不同,这就是对中学国文教学问题的研究是以什么为出发点:是以小学程度为出发点还是以大学程度为出发点。他说:"……而真于中学国文教学之观点,则与大学教授派之观点不同。何则?真之研究中学国文教学,以小学程度为最低出发点,顺行而上;非以大学程度为最高出发点,逆行而下者也。"② 这的确是国文教学研究中的一个带根本性的问题,"顺行而上"与"逆行而下",两种不同的思路,必将产生两种不同的结论。"顺行而上",将更多地注意到中学生的现实状况,由此制订出的教学目的、标准、程度、方法等,可能较为符合学生实际;"逆行而下",将更多地注意到大学生的学业程度,这就可能对中学生产生过高的期望,提出的要求容易脱离中学生实际,因为中学生未必都能发展到大学生的程度,而且是"国学专科学校"的程度。相形之下,自然阮真的研究方法是较为可取的。但如果能将这两种方

---

① 阮真:《中学国文教学法》"自序",南京,正中书局,1936。
② 阮真:《阮真与汪典存先生论中学国文教学书》,见《中学国文教学法》"附录",南京,正中书局,1936。

法结合起来，也许效果更好。因为"顺行而上"的方法，主要考虑的是学生的可能性，"逆行而下"的方法，主要考虑的是学生的必要性，而实际上，在看到可能性的同时，也不能忽略了必要性，否则，也是一种认识上的片面。

而实际上阮真的研究还是能考虑到中学生语文程度的必要性的，并非一味地"顺行而上"。他不仅注意到中学生的实际程度，而且也注意到初中生和高中生毕业之后走向社会或升入大学的种种需要，例如他十分注重应用文的教学，这就是从学生将来的实际需要出发来考虑的。他说："我何以把应用文特别重视呢？一则因为社会各种职业界的人以及学生父兄，都知道应用文的需要特别大，而现在中学毕业生对此特别欠缺。二则现在的中学国文教学，还有大部分的文人教育的因袭的势力。"①"……然而小学毕业不能写请假条子，初中毕业不能写普通书札文件，高中毕业还不能自办公牍，似乎也太说不过去。初中毕业生，出校就业的，在社交上，职业上，处处应用普通应用文；高中毕业生，做了区乡镇长，工商界职员或普通公务人员的，何能自请秘书文牍？所以在学生的需要上讲，却是非常重大，比任何文艺或文章更重大"② 为了适应学生的种种需要，阮真在应用文的分类上颇费斟酌。他说："在应用文的材料上，还有一件需注意的事，就是因为应用文的范围太广，所以各人编辑应用文，各有出入。有的注重这几部分，忽略了那几部分；有的又注重那几部分，忽略了这几部分。这中间参差复杂的出入很大，我认为要全部包括，是不可能的。所以我在拙著《中学国文各学程教学研究》中，把应用文分为三种：一种是普通应用文；一种是公牍应用文；一种是职业应用文。即此三种分教，亦尚不能包括。因为办教育的，尚须另编师范应用文，办司法的，尚须另编司法应用文；而还有一种应用文艺，在庆吊祝辂用的，又须另编。而为大学文科生专门研究的，尚可编一种古代应用文选。因为应用文须分别来教，所以我主张，在初中教普通应用文，在高中教公牍应用文，这是视学生需

---

① 阮真：《中学国文教学法》，134 页，南京，正中书局，1936。
② 阮真：《中学国文教学法》，136 页，南京，正中书局，1936。

要的缓急而分的。"① 上述对应用文的看法和区分，便较好地体现了中学生程度的可能性与必要性的统一。

正因为他做到了这一点，所以他的见解给人的感觉是很实在，很有实际针对性，能切中教学中存在的弊病和难点，没有纸上谈兵的空论。例如他在谈到作文批分标准时，便是从存在的问题切入，认为现在一般教师，对于学生作文的批分是难定标准的，甚至完全没有标准，把60分以下至0分的一律批60分，一学期平均下来，作文平均是个个及格，以至学生对国文学习不努力。为了改变这种状况，他为初中、高中6个年级分别制定了"作文批分标准表"，表中精确地体现了文章中6个方面要素所占分数的百分比。这6个方面，初中为思想清晰、语法通顺、文意切题、词语精当、段落分明、标点清楚；高中为思想清晰、文法通顺、论理正确、见解切合、结构谨严、修辞雅洁。每一年级的批分标准，在各项中所占的分数比例均不相同，根据各年级的作文教学要求和学生写作能力的发展水平加以确定。如果学生某一方面的能力有所提高或大致具备，该方面所占的分数比例就下降，或完全取消；在某一方面教学要求提高了，其所占分数比例也就上升。例如高中生在"思想清晰""文法通顺"这两方面已具备一定的能力，所以这两方面所占的分数比例便逐年下降。而在教学要求上，"结构谨严""修辞雅洁"这两方面的标准提高了，所占的分数比例也就相应地逐年提高。阮真所拟的这个分项"作文批分标准表"，可以称为作文分项批分的创始，比今天的高考作文分项批分标准还要精密，量化的程度更高，更有可操作性。当然，这种分项批分的方法和他所制订的分数比例是否科学，还可商榷，但在纠正作文随意批分之弊病这一点上，当不失为一种可供一试的方法。

再如关于作文的"拟题"，这也是语文教师的一项经常性的伤脑筋的工作。严格说来，有相当部分的国文教师还不能胜任这项工作，而所拟文题的优劣，又直接关系到作文训练的成效。因此，阮真对此也作了极其认

---

① 阮真：《中学国文教学法》，136~137页，南京，正中书局，1936。

真的探讨，提出的看法也很有参考价值。他说："古往今来，许多文章的题目，何止千百万计？这是取之不尽，用之不竭的。那么拟题的问题又何必再来讨论？但是，我们要达到教学的目的，替学生拟题，是要有计划的，所以决不能毫不思索地随意写一个；替学生拟题，是要斟酌时地环境和学生的程度的，所以决不能抄袭模仿；替学生拟题，是要根据学生的学识经验与生活需要的，所以决不能根据教师的学识经验。那么作文的拟题确是极困难的问题了。"① 他将"拟题"工作分为4项，分别提出具体要求。这4项是：拟题的预备；拟题的方法；题面的修辞；题目的限制。其中许多看法，仍有现实意义。如他谈到"拟题的方法"时说：我们为学生拟题，要给学生一些良好的刺激，引起他们作文的动机和兴趣，使他们有话要说，不能不说；有文要做，不能不做；那么我们的题目在教学上可算发生了功效。……拟题的方法，除了利用学生个人的实际需要事项而外，就不能不用设计。所谓设计，就是从各方面假设一些环境或问题，使学生在这些环境或问题中感到作文的需要。他还为拟题提示了5种可利用的机会：（1）利用学生的实际需要事项；（2）利用读物；（3）利用定期刊物；（4）利用校内服务事项；（5）利用社会服务事项。他认为这些方法，"总说一句，就是要生活化，实际化。有实际生活需要的机会，我们固然要利用；没有实际生活需要的机会，我们也要假设环境，造成机会，去做问题设计。"② 作文的题目能做到生活化、实际化，使学生感到作文是生活的需要，自然会受到学生的欢迎，他们自然会喜欢写作，会努力把它写好。做到了这一点，可以说是写作教学成功了一半。只要是有一定的教学经验的教师，对阮真的观点和教法，都很容易产生共鸣，并乐于接受。阮真的研究，不但有很强的批判性和科学性，更为重要的是，它对教学实际有很强的针对性和适应性。

　　五四以后的语文教育论坛，阮真所做的工作堪称典范。他的成就，一方面归功于他的"半文学而半科学"的头脑；另一方面也归功于他长期的

---

① 阮真：《中学国文教学法》，82页，南京，正中书局，1936。
② 阮真：《中学国文教学法》，87页，南京，正中书局，1936。

教学经历。他既不迷信权威,也不主观自是,从中学生实际出发,遵循教育科学的研究方法,对几乎所有国文教育中的问题作分门别类的最基础的研究,不惮烦琐,条分缕析,由点及面,集腋成裘,形成了自己对语文教育的系统化的认识。阮真的贡献,不仅在于他的研究成果,而且在于他的研究方法。他的研究方法,对缺乏科学头脑的广大语文教学研究者来说,有着极为重要的启示。

第三节　鲁　迅

鲁迅(1881~1936年),在我国现代的大学者、大作家中,是最看不起"文章作法""小说教程"之类的书的一个。然而,他又是最热心指教青年学习写作的一个。他不屑的只是那些不切实际的高头讲章式的"写作理论",而所注重的是给青年们的写作实践以切实的、具体的指导和帮助。作为一个具有高度的社会责任感的敏锐的现实主义作家,鲁迅的写作教育观也同样体现了严肃求实的精神和深邃的洞察力。

(一)应以思想、文学修养并重。

鲁迅是从旧教育中过来的,对传统写作教育的痼疾,看得分明。他说:"中国的作文和做人,都要古已有之,但不可直抄整篇,而须东拉西扯,补缀得看不出缝,这才算是上上大吉。所以做了一大通,还是等于没有做,而批评者则谓之好文章或好人。"① 封建时代教育出来的人,有些文字是"通"了,立意也是清楚的,之所以做了一通仍旧等于一张白纸,是由于所作乃"代圣贤立言",并无自己的见解和充实的内容,这就造成了一代又一代没有独立写作人格的文人。

鲁迅对中国国民的劣根性——阿Q式精神胜利法的批判,也反映在他对中国文人为作文而作文、不敢正视社会人生的"怯弱,懒惰,而又狡

---

① 鲁迅:《做古文和做好人的秘诀》,见《二心集》,69页,北京,人民文学出版社,1973。

猾"的性格的抨击上。他说中国的文人，对于人生，——至少是对于社会现象，向来就多没有正视的勇气。我们的圣贤，本来早已教人们"非礼勿视"的了；而这"礼"又非常之严，不但"正视"，连"平视""斜视"也不许。于是，他们万事闭眼睛，聊以自欺，而且欺人，那方法便是瞒和骗。他认为要疗救这一痼疾，作者唯有取下假面，真诚地，深入地，大胆地看待人生并且写出他的血和肉来。

基于对封建写作教育的批判，鲁迅的写作教育观极为强调思想与文学修养的并重，讲求"阶级性"与"文学性"二者的统一。

所谓思想修养，主要就是如何做人、做什么样的人的问题。他说："我以为根本的问题是在作者可是一个'革命人'，倘是的，则无论写的是什么事件，用的是什么材料，即都是'革命文学'。从喷泉里出来的都是水，从血管里出来的都是血。"①"如果是战斗的无产者，只要所写的是可以成为艺术品的东西，那就无论他所描写的是什么事情，所使用的是什么材料，对于现代以及将来一定是有贡献的意义的。"② 这便从本质上揭示了"做人"与"作文"的关系，指出习作者确立正确的人生观、加强自我改造和提高的重要性。

在这个前提下，鲁迅也十分重视文学写作所应遵循的规律，认为文学要真正发挥其作用，并不是靠提口号、发空论，而要学会运用文学的特性："当先求内容的充实和技巧的上达，不必忙于挂招牌。'稻香村'，'陆稿荐'，已经不能打动人心了，'皇太后鞋店'的顾客，我看见也并不比'皇后鞋店'里的多。……一切文艺固是宣传，而一切宣传却并非全是文艺。……革命之所以于口号，标语，布告，电报，教科书……之外，要用文艺者，就因为它是文艺。"③ 这文学的特性，首先指的便是内容的充实和

---

① 鲁迅：《革命文学》，见《鲁迅全集》，第 3 卷，408 页，北京，人民文学出版社，1958。
② 鲁迅：《关于小说题材的通信》，见《鲁迅全集》，第 4 卷，293 页，北京，人民文学出版社，1958。
③ 鲁迅：《文艺与革命》，见《鲁迅全集》，第 4 卷，68 页，北京，人民文学出版社，1958。

技巧的上达。

鲁迅认为对无产阶级文学的"内容"的理解不应狭隘化，而是"广泛到包括描写现在中国各种生活和斗争意识的一切文学"，"懂得这一点，则作家观察生活，处理材料，就如理丝有绪；作者可以自由地去写工人，农民，学生，强盗，娼妓，穷人，阔佬，什么材料都可以……"① 关于"技巧"，鲁迅虽然反对"为艺术而艺术"，但却是极力提倡艺术的学徒须通过实践，去采取有益的旧形式，探求必要的新形式，努力将传统的精华，溶化于新作品中，"恰如吃用牛羊，去其蹄毛，留其精粹，以滋养及发达新的生体"。② 鲁迅对具体的写作技巧，如怎样取材、立意、想象、谋篇，怎样写人、状物等，也多有讨论和传授。

（二）要从读中作比较鉴别。

从科举时代一直到五四以后，如何从读中学写始终是人们关注的一个问题。传统的写作教学基本上是"模仿——试误"的反复递进。鲁迅对此曾作这样的描述："从前教我们作文的先生，并不传授什么《马氏文通》，《文章作法》之流，一天到晚，只是读，做，读，做；做得不好，又读，又做。他却决不说坏处在那里，作文要怎样。一条暗胡同，一任你自己去摸索，走得通与否，大家听天由命。"③ 从读中学、写中悟，对于天资较高的学生来说，自然也不失为一种写作学习的途径。但这种方法，主要还是与科举考试相适应的，八股策论的考试，不读经典、不揣摩时文便写不出合式的文章。而在"废科举"以后，写作教学也还因循着模仿经典、古文学写作的老路，这就使五四以后的写作教育仍然八股阴魂不散。

对此，鲁迅一不赞同"非'读破几百卷书者'（"书"指"古书"——

---

① 鲁迅：《论现在我们的文学运动》，见《且介亭杂文末编》，103页，北京，人民文学出版社，1973。
② 鲁迅：《论旧形式的采用》，见《鲁迅全集》，第6卷，19页，北京，人民文学出版社，1958。
③ 鲁迅：《做古文和做好人的秘诀》，见《二心集》，67页，北京，人民文学出版社，1973。

笔者注），即做不出好白话文"的见解；二对读古文"选本"的传统颇不以为然。他说：凡有读过一点古书的人都有这一种老手段：新起的思想，就是"异端"，必须歼灭的，待到歼灭不了，便转而去考订出"无论什么，在我们'古'里竟无不包含了"①。就是说，接受了古书的影响，将妨碍人们对新思想做出公允的评判。同时，便是文章，也未必独有万古不变的典则。泥古不化，无非是想显摆自己，以图"不朽"。鲁迅对读古书的作用也并不一概抹杀，因为"菲薄古书者，唯读过古书者最有力……正如要说明吸鸦片的弊害，大概惟吸过鸦片者最为深知，最为痛切一般。但即使'束发小生'，也何至于说，要做戒绝鸦片的文章，也得先吸尽几百两鸦片才好呢"②。至于读古文"选本"，他说读者自以为由此得了古人文笔的精华的，殊不知却被选者缩小了眼界。因为"选本实际上是借古人的文章，寓选者自己的意见"，所以"读者虽读古人书，却得了选者之意，意见就逐渐和选者接近，终于'就范'了"③。可见，鲁迅对这种读书法的不满，主要是因为它窒息了思想、缩小了视野，被古人、他人牵着鼻子走而不自知。

其实，鲁迅所批判的只是传统读书习作法专事模仿因袭的弊端，而不是主张不读书可以写出好文章，实际上，他自己就不但通今，而且博古，只是在对读古文与读今文的择取上，更注重读今文罢了，因为多读今文，可与古文参照比较，不致受旧思想的拘束。他在谈到写小说的经验时，提到最多的是读外国的书，即外国的作品、文学史和文学批评。在读什么书这一点上，鲁迅是提倡"古今中外法"的，即读各种各样的书，从多方面汲取，打破片面性，形成开放式的认知结构，通过分析、批判和鉴别，提高认识能力和写作能力。

阅读对写作的作用，无非是两个方面：一是丰富作者的学识素养和写作素材，二是获得文体形式和写作方法上的借鉴。以上主要是针对前者而

---

①② 鲁迅：《古书与白话》，见《鲁迅全集》，第 3 卷，153 页，北京，人民文学出版社，1958。

③ 鲁迅：《选本》，见《鲁迅论创作》，331 页，上海，上海文艺出版社，1985。

言，从文体形式和写作方法上的借鉴这方面看，鲁迅主张不但要"多看大作家的作品"，还要看"那同一作品的未定稿本"，认为凡是已有定评的大作家，他的作品，全部就说明着应该怎样写。只是读者很不容易看出，也就不能领悟。"在学习者一方面，是必须知道了'不应该那么写'，这才会明白原来'应该那么写'的。"①"应该那么写"，必须从大作家们的已完成了的作品中去领会，"不应该那么写"，最好是从同一作品的未定稿本去学习，此外，"新闻上的记事，拙劣的小说，那事件，是也有可以写成一部文艺作品的，不过那记事，那小说，却并非文艺——这就是'不应该这样写'的标本"②。可见，从读中学写，除了广泛阅览外，具体还包括大作家的"成品"和"半成品"，"文艺"和"非文艺"这些不同形式的读物。

将"不应该那么写"与"应该那么写"二者作参照比较，它们的区别不只是表面上的优劣，而是写作行为、写作思维水平和表现目的、形式上的差异。通过对写作的"半成品"和"成品"的比较，可以领悟到写作思维从不成熟到成熟的过程，揭示写作行为的奥秘；通过对"非文艺"与"文艺"作品的比较，可以领悟到不同文体的写作在表现目的和特征上的异同，形成清晰的文体形式感。这两方面都是提高习作者的写作悟性和能力极其需要的。

（三）先写"能写"的再图变革。

阅读终归不能代替写作，习作者要提高写作能力，离不开对写作本体的研究和写作实践活动。在进行写作的时候，习作者往往首先面对的是"写什么"这个问题。

每一时代都有着那个时代被认为"有意义"的写作主题和题材，而这些主题和题材，如果超出了习作者有限的认识水平和生活范围，强不知以为知，写不出来勉强去写，那势必要走向反面。尽管鲁迅对作家作品的内容中所体现的时代感和思想性极为关注，但他对习作者并不苛求，而是从

---

①② 鲁迅：《不应该那么写》，见《鲁迅全集》，第6卷，247页，北京，人民文学出版社，1958。

他们的实际情况出发，示之以切实可行的逐步提高的路径。鲁迅在文学青年就自己的写作应采取什么题材求教于他时说："现在能写什么，就写什么，不必趋时，自然更不必硬造一个突变式的革命英雄，自称'革命文学'；但也不可苟安于这一点，没有改革，以致沉没了自己——也就是消灭了对于时代的助力和贡献。"①

这实际上对习作者"写什么"这个问题，作了一个阶段性的描述：首先是"各就自己现在能写的题材，动手来写"，不应趋时，不应"硬造"；然后再图变革，图发展，探求写作的新路。显然，习作者立足于自己对生活的认识、理解和感受，写自己所熟知的事物，这是在写作上从幼稚走向成熟的必由之路。因为"作者写出创作来，对于其中的事情，虽然不必亲历过，最好是经历过。……天才们无论怎样说大话，归根结底，还是不能凭空创造"。②鲁迅多次阐明"写不出来的时候不硬写"，"做不出的时候，我决不硬做"的看法，便是基于这种认识之上的。写不出，便意味着对所要写的不熟悉或认识较浅陋，硬写，必然是胡编滥造，这对己对人均无好处。

习作者"现在能写什么，就写什么"，这对于形成良好的写作习惯至关重要。要是急功近利，想做出大的成绩一举成名，那是一入手便误入了歧途，要改正也就很难了。"'文学家'倘不用事实来证明他已经改变他的夸大，装腔，撒谎……的老脾气，则即使对天立誓，说是从此要十分正经，否则天诛地灭，也还是徒劳的。"③

当然，习作者也不能"苟安"于现状，看到什么，想到什么，就写什么，而应该不断思考探求，不断完善提高自己的认识能力和写作水平。鲁迅一方面建议文学青年写自己能写的题材，同时又告诫他们："不过选材要严，开掘要深，不可将一点琐屑的没有意思的事故，便填成一篇，以创

---

① 鲁迅：《关于小说题材的通信》，见《鲁迅全集》，第4卷，293页，北京，人民文学出版社，1958。
② 鲁迅：《叶紫作〈丰收〉序》，见《鲁迅论创作》，202页，上海，上海文艺出版社，1983。
③ 鲁迅：《文学上的折扣》，见《鲁迅论创作》，647页，上海，上海文艺出版社，1985。

作丰富自乐。"①"选材要严，开掘要深"，这就从"能写什么写什么"这个较低的要求上提高了一步。

鲁迅认为，即使"熟悉"，却未必就是"正确"，因此，一个严肃的作者，对自己熟悉的材料，尚需严格筛选，努力开掘。就是说，不是只要"能写的"写什么都成，还得在写得"正确"上下功夫。所写的东西既"熟悉"，又写得"正确"，这才是习作者追求的理想目标。从"现在能写的题材"入手来写，以实现写得"正确"的理想目标，关键在于"抱着对于时代有所助力和贡献的意志"，"逐渐克服自己的生活和意识"，提高自我修养，探寻材料的意义和表现的方式，这自然不是短时间内所能奏效的。习作者不可能脱离自身思想和生活的实际，一蹴而就成为一个"革命文学家"，而要立足于现实状况，从所能写的动手写，一步一个脚印地向理想的目标前进。

（四）文章要使人能懂爱看。

从写作的内容看，鲁迅主张须就能写的动手写，选材要严，开掘要深，从语言表达形式看又应如何呢？

鲁迅说传统的做古文的秘诀是：一要蒙眬，二要难懂，就是要使读者三步一拜，这才能够达到一点目的的妙法。他认为"做白话文也没有什么大两样，因为它也可以夹些僻字，加上蒙眬或难懂，来施展那变戏法的障眼的手巾的"②。他严肃而又不失幽默地批评当时的一些脱离大众需要的作者："文艺本应该并非只有少数优秀者才能够欣赏，而是只有少数的先天的低能儿所不能鉴赏的东西。倘若说，作品愈高，知音愈少，那么，推论起来，谁也不懂的东西，就是世界上的绝作了。"③ "……据说文学愈高超，懂得的人愈少。高超之极，那普遍性和永久性便只汇集于作者一个人。然

---

① 鲁迅：《关于小说题材的通信》，见《鲁迅全集》，第 4 卷，293 页，北京，人民文学出版社，1958。
② 鲁迅：《作文秘诀》，见《鲁迅全集》，第 4 卷，474 页，北京，人民文学出版社，1958。
③ 鲁迅：《文艺的大众化》，见《鲁迅全集》，第 7 卷，579 页，北京，人民文学出版社，1958。

而文学家又悲哀起来,说是吐血了,这真是没有法子想。"① 这就把传统与现实中的贵族化的写作倾向,批判得入木三分。

针对这种倾向,鲁迅明确表达了自己的观点:"……所以在现下的教育不平等的社会里,仍当有种种难易不同的文艺,以应各种程度的读者之需。不过应该多有为大众设想的作家,竭力来作浅显易解的作品,使大家能懂,爱看,以挤掉一些陈腐的劳什子。"② "为了大众,力求易懂,也正是前进的艺术家正确的努力。"③ 尽管现在我们不再处于教育不平等的社会,但我们仍应承认人民大众的文化水平是不高的,坚持工农兵方向仍是我们写作的目标,因此,鲁迅所说的"应该多有为大众设想的作家,竭力来作浅显易解的作品,使大家能懂,爱看"这些话,并没有过时。

何以能"使大家能懂,爱看"呢?鲁迅认为"和'障眼法'反一调"的是"白描"的手法:"有真意,去粉饰,少做作,勿卖弄而已。"④ 他在《我怎么做起小说来》一文中,谈及自己的创作经验时,对此作了较详细的说明:"……我力避行文的唠叨,只要觉得够将意思传给别人了,就宁可什么陪衬拖带也没有。中国旧戏上,没有背景,新年卖给孩子看的花纸上,只有主要的几个人(但现在的花纸却多有背景了),我深信对于我的目的,这方法是适宜的,所以我不去描写风月,对话也决不说到一大篇。"⑤ "倘要明白,我以为第一是在作者先把似识非识的字放弃,从活人的嘴上,采取有生命的词汇,搬到纸上来,也就是学学孩子,只说些自己

---

① 鲁迅:《看书琐记(二)》,见《鲁迅全集》,第 5 卷,432 页,北京,人民文学出版社,1958。
② 鲁迅:《文艺的大众化》,见《鲁迅全集》,第 7 卷,579 页,北京,人民文学出版社,1958。
③ 鲁迅:《论"旧形式的采用"》,见《鲁迅论创作》,665 页,上海,上海文艺出版社,1985。
④ 鲁迅:《作文秘诀》,见《鲁迅全集》,第 4 卷,474 页,北京,人民文学出版社,1958。
⑤ 鲁迅:《我怎么做起小说来》,见《鲁迅论创作》,43 页,上海,上海文艺出版社,1985。

的确能懂的话。"① "不生造除自己之外,谁也不懂的形容词之类。"② 可见,鲁迅对"能懂,爱看"的文学的基本要求是精练和平易。这并不意味越浅、越俗就越好,他认为恐怕也只能到唱本那样,否则就不是文学了。

鲁迅一方面反对"为艺术而艺术"的贵族化倾向;另一方面也反对"标语口号"式的非艺术倾向。他主张语言表达应取"做"与"不做"之间。他说:"太'做',便不但'生涩',有时简直是'格格不吐'了,比早经古人'做'得圆熟了的旧东西还要坏。"③ "太做不行,但不做,却又不行。用一段大树和四枝小树做一只凳,在现在,未免太毛糙,总得刨光它一下才好。但如全体雕花,中间挖空,却又坐不来,也不成其为凳子了。高尔基说,大众语是毛胚,加了工的是文学。我想,这该是很中肯的指示了。"④这种看法无疑是辩证的。习作者往往存在两种状况:一是为了显示自己的才华,故意把文章"做"得晦涩艰深;一是对写作取马虎敷衍的态度,文不加点,信笔挥洒。这两种状况显然都不符合写作的语言表达要求,都不可能使大家"能懂,爱看",前者写出来的东西,读者既不好懂,也不爱看;后者写出的东西,读者也许能懂,但也同样不爱看。

因此,习作者动笔为文之初,便要心存读者,为大众着想,力戒谁也看不懂唯有自己能欣赏的"奇文",或虽能看懂而语言粗糙乏味的"俗文",寓丰富于精练,融生动于平易,养成良好的语言习惯,使文章能为读者喜闻乐见。

鲁迅的写作教育思想深刻而又辩证,往往从剖析和批判传统和现实的写作现象的消极面入手,揭示写作和写作教育的本质和要害。鲁迅既注重"做人"的思想内涵,又注重"作文"的"文学"内涵,阐明了写作主体修养的双重任务;既主张写作学习要从"应该那么写"中学,又强调还得

---

① 鲁迅:《人生识字胡涂始》,见《鲁迅全集》,第6卷,235页,北京,人民文学出版社,1958。

② 鲁迅:《答北斗杂志社问》,见《二心集》,147页,北京,人民文学出版社,1973。

③④ 鲁迅:《做文章》,见《鲁迅全集》,第5卷,427页、427~428页,北京,人民文学出版社,1958。

从"不应该那么写"中学,将写作的成品与半成品、文学与非文学联系起来,探寻写作和写作教学的规律和方法;对习作者的写作既要求从"能写"的题材入手,又要求写得"正确","选材要严,开掘要深",兼顾到写作学习初始阶段的可能性与发展提高阶段的必要性,注意到习作者写作智能的发育状况;既把写作的表达要求定位在能使大家"能懂爱看",又把它限制在一定程度的通俗性范围内,指出了在"做"与"不做"之间这个修辞原则。

在现代写作教育史上,还很少有人能把辩证法运用得如此得心应手。

第四编

20世纪40年代的写作教育

第一章　写作教育概观

20世纪40年代国统区的写作教育处于困顿期。30年代后期直至整个40年代，是中华民族灾难深重的时期。先是八年抗战，接着是三年内战，战争频仍，百业凋敝，民不聊生，教育自然也不景气。这一时期，国统区的写作教育发展缓慢，国文界有识之士仍致力于白话文写作教育的改进，对一些重要问题的思考也有所深化和拓展。旧的写作教育观念，尽管已处于明显的颓势，回天乏术，但仍然坚守着文言文读、写这一最后的据点。

第一节　对中学生国文程度的再认识

在整个40年代，中学生国文程度低落的问题，依然是严重困扰着国文界的一个重要问题。

1939年高考放榜后，考选委员会副委员长沈士远发表谈话，认为国文考试"间虽有佳卷，然就一般而论，则甚属平庸，例如国文技术恶劣，思路不清……"中学生的国文程度问题，再次成为教育界、国文界关心的焦点。1941年，当时的教育部通令中等学校"改进国文教学方法"，改两周作文2次为每周作文1次，以期提高学生的国文程度。蒋介石也于同年9月手令教育部通饬各校，"现在中学国文程度低落，应令各中学校长切实注意，并设法提高；以后凡大学招生，如有国文不及格者，不准录取为要。"

1942年高考之后,《国文杂志》第2卷第1期发表了罗根泽的《抢救国文》一文,该文从高考国文试卷的成绩不好,论到国文该从中学阶段抢救。他举了成绩不好的七个例子,这七个应试者犯了同样的毛病,就是看不懂题目。他提出:(一)请求教育当局减少中学国文教员负担。(二)请求中学国文教员选讲适合学生程度的文章。(三)请求中学学生以相当时间读作国文。该刊第2卷第3期上,又发表了陈卓如先生的《从抢救国文说到国文教学》,文章说:"我只希望现在从事国文教学的人,'躬自厚而薄责于人'。对于学生程度之劣,只有反省忏悔,努力寻求教学上的缺陷与学生的困难,加以纠正。"某报副刊文章也批评罗文:"要是一定要救的话,我看还是先把那些出题目的先生们救一救的好。"

叶圣陶为这场论争发表了《读罗陈两位先生的文章》,他说:"在写作教学上,必须绝对摆脱八股的传统。……八股的传统摆脱了,出出来的题目必然改观;那必然是练习者与应试者'应该有话可说'的题目,虽然由教师与主试者出出来,却同练习者与应试者自己本来要说这么一番话一样。我还要重说一遍,唯有出这样的题目,在平时才真是督促练习,在考试时才真能测验写作能力。"[①]"在八股的传统还没有摆脱的时候,练习者与应试者只有吃亏,这是无可免的悲剧。可是,自己明白落在悲剧中间,总比糊糊涂涂混下去好些;明白了之后,自己加上努力,未尝不可以打破悲剧的圈套。……不过考不上高考,作不成官,在我看来,都无关紧要。只要在需要写信的时候写得成一封明白畅达的信,在需要作报告书的时候写得成一份清楚确实的报告书,在意见完成的时候写得成一篇有条有理的论文,在灵感到来的时候写得成篇像模像样的小说,诸如此类,都是写作练习的实效,自学的成功,这种实效与成功,将终身受用不尽。"[②]

这些,实际上是30年代中期的那一场"中学生国文程度的讨论"的

[①] 叶圣陶:《读罗陈两位先生的文章》,见《叶圣陶语文教育论集》,41~42页,北京,教育科学出版社,1980。

[②] 叶圣陶:《读罗陈两位先生的文章》,见《叶圣陶语文教育论集》,42页,北京,教育科学出版社,1980。

继续，只不过这次讨论完全是自发性的。一批极具责任感的国文教师，身处战乱之中，不失赤子之诚，仍在呕心沥血地求解国文教学这道难题。应该承认，叶圣陶是对三四十年代国文教学状况思考最多的几位学者之一。在20世纪30年代的那场讨论中，他始终认为中学生国文程度"低落"的观点是一种偏见，到了20世纪40年代，他不得不接受这样一个现实：国文教学没有成绩。

叶圣陶在《国文杂志》发刊词《认识国文教学》一文中说："如果认真的检讨我国的学校教育，谁都会发现种种不满意处：训练不切实，教学不得法，是两大项目，分开来说，细目多到数不清。在各科教学方面，若问哪一科有特殊优良的成绩，似乎一科也指不出来。……而国文教学尤其成问题。他科教学的成绩虽然不见得优良，总还有些平常的成绩；国文教学却不在成绩优良还是平常，而在成绩到底有没有。……这并不是说现在学生的国文程度低落到不成样子的地步了，像一些感叹家所想的那样；而是说现在学生能够看书，能够作文，都是他们自己在暗中摸索，渐渐达到的；他们没有从国文课程得到多少帮助，他们的能看能作，当然不能算是国文教学的成绩。另有一部分学生虽然在学校里修习了国文课程，可是看书不能了了，作文不能通顺；国文教学的目标原在看书能够了了，作文能够通顺，现在实效和目标不符，当然是国文教学没有成绩。"

围绕"低落"现象，许多论者作了具体分析。其中分析得最为中肯透彻的是朱自清。他说："所谓'近年来中学生的国文程度低落'，自然意在和前些年的中学生相比。但没有人指出年代的分界；我们问，中学生的国文程度从什么时候才低落起来的呢？我想要是拿民八的五四运动作分界，一般人也许会点头罢？他们觉得，从那时候起，中学校一般的课业训练比从前松弛得多，国文科似乎也不能例外。单就中学生的文言写作而论，五四运动以来，确有低落的情形，我承认这个。但这种低落有它特殊的原因，和学校里训练的宽严好像没有多大关系的。"[1] 这"特殊的原因"，他

---

[1] 朱自清：《中学生的国文程度》，见《国文教学》，121页、122页，上海，开明书店，1947。

认为是因为五四以前的中学生，入学校之先，大都在家里或私塾里背过些古文，写作过些窗课——不用说是文言。这些是他们国文的真正底子。到了中学里，他们之中有少数能写出通顺的文言，大半靠了这点底子。到了五四以后，这种影响渐渐消失，所以文言的程度低落，是必然的。"可是低落的只是文言的写作，白话尽管在这样的情形之下，还是有长足的进展。前几年一般人还相信，必须写得好文言的，才写得好白话；因为新文学运动前期的作者，大都是半路出家，确是文言白话都会写的。但这些年青年作者出现了不少，我们从不曾见过他们写文言；偶然还见过一两位写的文言很糟，远不如他们写的白话。可见白话须有文言作底子那意念并不是真理。"① 他还认为，比较而言，现在的中学生比过去的中学生"说话"的能力增进了，这一是因为新派教师一般演讲能力较强，学生耳濡目染，受到影响；一是因为白话文的流行也帮助说话不少。朱自清从时代和现实的情况出发，对中学生的国文程度所做的分析，是较有说服力的。

事实上，以后的论者，对中学生国文程度的认识，大多与朱自清的看法相似。例如叶苍岑说："现在中学生的国文程度，并不是全部低落，只是一部分低落了；这一部分是限于文言方面，尤其是古代文言方面。"②《国文月刊》第48期"编者的话"中也说："由科举改变为学校，使国文教学的标准与方法，起了一个很大的变化；由文言转移到白话，同样的，也使国文教学的标准与方法，起了一个很大的变化。在这变化的过程中间，最易使人感到的就是国文程度的低落。我们现在听到一般人高喊国文程度低落，恐怕也有一部分是这个关系。科举时代有科举时代的国文教学标准；制度改变了，一般人却依旧用旧眼光来衡量新事实，当然觉得不够标准，当然觉得低落了。由文言而转移到白话，也有同样的情形。所以，我觉得一般人所谓国文程度低落，恐怕有用了文言眼光，站在文言立场，来批评的关系。"这些看法，也都认为国文程度低落只限于文言。

---

① 朱自清：《中学生的国文程度》，见《国文教学》，121页、122页，上海，开明书店，1947。
② 叶苍岑：《中学生国文程度低落的分析》，载《国文杂志》第3卷第1期。

第二节　国文程度"低落"的原因与改进的意见

尽管如此，国文教学效果不佳却是公认的事实。为了改变这种状况，许多论者都在探寻造成这种状况的原因。

孙毓苹认为，国文教学效果不佳原因是多方面的：第一是大学入学考试国文试题的不合理；第二是社会风气的诱惑和学校奖励的不当；第三是小学生国语程度的低落；第四是中学课程的繁重；第五是国文教师的时常更换；第六是国文教材的不合适；第七是国文教学的不严格。其中第一点可能影响最大。他说："抗战以前，大学入学考试的国文试题，范围相当广，内容相当深，到了抗战开始以后，就渐渐地由广而狭，由深而浅了，一直演变到现在，许多大学仅剩下一个简单的作文题目。因此，考生中在中学不注意国文的，只要能够随便胡诌几句，乱写两行，便可以获得些分数；同时考生中在中学里爱好国文的，在一个简单的作文题中，却不能获得很高的成绩，因为作文的评阅是没有科学标准的，一篇很好的作品也不容易得到90或100分。……如此一来，就造成一种极不合理的事实，就是：在中学苦心学习国文的学生，都葬送了自己的前途；不甚重视国文学习的，反倒都升入了大学。这就无异告诉一般中学生说：'你如果看重自己的前途，请你赶快放弃国文的学习，国文成绩的好坏，与升学是无关的！'这岂不是一个笑话么？"① 他从国文考试的情况和学生国文学习的意愿上所做的分析，是有一定的道理的。

叶圣陶则认为国文教学没有成绩的原因，细说起来当然很多，可是概括扼要的说，那只是一个，就是对国文教学没有正确的认识。他所说的不正确的认识就是一般人以为国文一科，所做的工作包括阅读和写作

---

① 孙毓苹：《论中学国文教学》，载《国文月刊》第64期。

两项，正是旧式教育的全部，因此认为国文教学只需继承从前的传统好了，无须另起炉灶。旧式教育是守着古典主义和利禄主义的，读古书而不切实际，学古文只重模仿，培养的是"活书橱"和"人形鹦鹉"，继承着这种传统不能使学生的国文程度普遍的"高升"，正是当然的结果。因此，他认为达到正确的认识的先决条件，就是排弃旧式教育的古典主义和利禄主义。把阅读和写作看作是生活上必要的知能；知要真知，能要真能。"站定在语文学和文学的立场上：这是对于国文教学的正确的认识。从这种认识出发，国文教学就将完全改观。"① 叶圣陶是从批判传统国文教学的弊病上，分析国文教学没有效果的症结，这种认识自然是比较深刻的。

不少人也都提出了改进国文教学的方法，但在当时的情况下，一般都只能算是一种"理想"，是难以变为现实的。李广田的看法就较有代表性。他说："要使已经低落了的中学国文程度提高起来，我以为必须做到以下两点：第一，必须改订选择教材的标准；第二，必须改订教员学生的工作时间。关于第一点，选择教材，我以为应当以下三项为原则：一，比较旧的，应当更注重新的。二，比较记忆的，或教训的，应当更注重欣赏的。三，比较应用的，应当更注重创造的。关于第二点，改订教员学生的工作时间，我以为也应当有两个原则：一，减少教员改文时间，使教员有自修时间，以符'学不厌则诲不倦'之旨。二，增加学生学习时间，并使'教学做'互相联系。根据以上这些，我以为最理想的国文教学应当是：一，一个国文教员只担任一班国文，每班不得超过三十人。二，每周十二小时，每日二小时，每周作文一次，占二小时。三，除以课内讲授、堂上作文为主外，并注重课外工作指导、课内问题讨论，并当面批改学生文卷，或先改草稿，后改定稿。"② 以上看法，除了"应当更注重欣赏的"外，其他各条均虽然合理但却缺乏可行性。连作者自己也说"这办法在现在情况中是办不到的……所以我们尽管如此希望，却不能不把这希望放在未

---

① 叶圣陶：《认识国文教学》，见《国文教学》，69页，上海，开明书店，1947。
② 李广田：《中学国文教学的变通办法》，载《国文月刊》第48期。

来",殊不知这样的理想,即使在半个世纪后的"未来",仍然是可望而不可即的。

第三节　关于中学生文言写作的论争

这一时期国文界较为关注的另一个问题,是中学生要不要学习文言文的写作。按部颁"课程标准"是要的。"三三制"中学的"课程标准",要求高中"除继续使学生能自由运用语体之外,并养成其用文言叙事说理表情达意之技能"。"六年制"中学的"课程标准",也要求中学生养成"用语体文及文言文叙事说理表情达意之技能"。

对此,国文界赞成者有之,反对者亦有之。赞成写作文言文的,可以浦江清的观点为代表。他认为,作文可以注重语体文,但文言文功课也须有习作。理由是:"第一,教育的目的要顾到社会上的应用。我们虽把古文或文言比拉丁,但我们所处的时代是早前欧洲人所处的时代,却不能像现代的欧洲人读拉丁的目的只是为了读古书和明字源,绝不要顾到应用方面。第二,普通中学的毕业生有一部分要进大学的文法科。第三,裴根说'写作使人正确',我们说'眼到必须手到'。无论读那一种文字,都要做造句,翻译,作文的练习,否则所记得的,知道的,不会正确。文言的词汇比语体文广,现在有许多学生犯词汇贫乏之病,而且许多日常要用的字眼往往忘了写法,好比读英文的人,认识那个字而拼不出来,就是因为少做练习之故。文言有特殊的文法,句法,虚字用法,文气和声调,只读不写,不会熟悉,也不能体会。……假如一定要废文言习作,我赞成先废英文作文,因为多数人读外国文不过是以能看书为目的;而本国文中间的文言一体是在政法界,新闻界,商界,以及不论那一个机关的办公室里,都要应用的。"[1]

---

[1] 浦江清:《论中学国文》,见《国文教学》,204~205 页,上海,开明书店,1947。

不赞成文言写作的可以叶圣陶、朱自清为代表。叶圣陶的意见较为委婉，他说："依理说，假如真能运用语体'叙事说理表情达意'，已经足够了，不必再写文言。对于最具有亲切之感的语体假如还不能运用，就得加工修习，无暇再写文言。现在'高中国文课程标准''目标'项下有'除继续使学生能自由运用语体之外，并养成其用文言叙事说理表情达意之技能'一目，要高中学生写文言，这是迁就现状的办法；办法的制定又从一个假定出发，那假定就是初中毕业生已经有了相当的运用语体的技能。"①"所谓现状，指现在还有一些文字，如报纸公文和书信，用文言写作而言。那些文字原没有不能用语体写作的道理，但其中一部分现在还用文言写作，却是事实。既然有这事实，为中学生将来出而应世起见，就教他们学写文言。这该是主张教学文言写作的最正当的理由。若说要学生写各体的古文，期望他们成为古文家，那是大学国文系都没有提出的目标，对于高中的文言写作显然不适合。"②

如果说叶圣陶对"迁就现状的办法"还只是点到为止的话，朱自清的意见就丝毫不留余地了："我觉得中等学校里现在已经无须教学生学习文言的写作。在有限的作文时间里，教学生分出一部分来写作文言，学生若没有家庭的国文底子或特殊兴趣与努力，到了毕业，是一定不会写通文言的。不但不能写通文言，白话写作，因为不能专力的缘故，也不能得着充分的发展。若省下学习文言写作的时间与精力，全用在学习白话的写作上，一般学生在中学毕业的时候，大概可以写出相当流畅的白话了。拿这种白话写应用的文件，大概比现时的中学毕业生用他们的破文言写出的会像样得多。思路总该清楚些，技术也该比较好些。那时候社会上的一般人也许不至于老嚷着'中学生国文程度低落'了。社会上一般人大概只注重应用，文言也行，白话也行，只要流畅就好；这时代的他们，似乎已经没有'非文言不可'的成见了。过去他们拿应用的文言作批评的标准，只因为应用的文件多是文言写的；若是白话写的应用文件多了，他们的标准自

---

①② 叶圣陶：《论中学国文课程的改订》，见《国文教学》，54 页、54～55 页，上海，开明书店，1947。

然会跟着改变的。"①

对中学生学习文言写作的说法，国文界不少人持否定的态度。尽管如此，取消文言写作的呼声并没有得到教育当局的认可。这也是三四十年代学生国文程度始终没有得到提升的重要原因之一；语体文尚未写通，再加上学写文言文，其结果只能是两败俱伤。

不管人们承认与否，写作程度总是衡量国文程度的一个最重要的最直接的标准。三四十年代这一场旷日持久的对中学生国文程度的讨论，虽然关系到国文教学的全局，但其聚焦点不是在阅读上，而是在写作上，这是无可讳言的事实。尽管一些发起者多次有意识地要把讨论引到"阅读与写作并重"这一途径上去，可是，最有分量的证言仍然还是写作。实际上大多数论者的中心论题也是写作。因此，这一场笔墨官司，也可以看作是写作教育现代化进程中的新、旧思想的较量，是对旧的写作教育思想、观念和方法的检讨和审视，是对新的写作教育规范的建构。

第四节 对"大一国文"性质存在的不同看法

由于中学生的国文程度低落，这种危机自然便转嫁给高校。为了"补课"，从1938年开始，大学一年级普遍添设了国文课程，称为"大一国文"或"大学国文"。后来高校开设的"大学语文""文选与习作"及"写作"等课程，皆源于此。也就是说，今天高校的写作教育，最初是由"补课"性质的"大一国文"课发展而来的。

"大一国文"既为"补课性质"，所以叶圣陶认为，大学生读了一年的国文，如果够得上高中的标准，这就是不"差"了。即用高中国文课程度

---

① 朱自清：《中学生的国文程度》，见《国文教学》，126~127页，上海，开明书店，1947。

标准的第一项"目标"中所示的四条标准,作为衡量的尺度,达到这四条标准,即为合格:"要'使学生能'的,学生能了,要'养成'的'技能',养成了,要'培养'的'能力',培养好了。这就教师方面说,是教学达到了'目标'。就学生方面说,'能'了,被'养成'了,被'培养'好了,便是够上了高中的标准。大学里要考核学生的国文程度,唯有依据这个高中的标准。"[①]

但是,叶圣陶的"补课"说并未得到普遍的认同,国文界同仁的看法也不尽一致。朱光潜认为,大学国文不是中国学术思想,也还不能算是中国文学,它主要的是一种语文训练。这一看法代表了大部分人对"大一国文"的意见。朱自清则认为:"大学国文不但是一种语文训练,而且是一种文化训练。朱先生(指朱光潜)希望大学生的写作能够辞明理达,文从字顺;'文从字顺'是语文训练的事,'辞明理达',便是文化训练的事。这似乎只将朱先生所谓语文训练分成两方面看,并无大不同处。但从此引申,我们的见解就颇为差异。所谓文化训练就是使学生对于物,对于我,对于今,对于古,更能明达,也就是朱先生所谓'深一层'的'立本'。这自然不是国文一科目的责任,但国文也该分担起这个责任。——别的科目凡用到国文的,其实也该分担起语文训练的责任。——不过在一年的国文教材里,物、我、今、古,兼容并包,一定驳杂而琐碎,失去训练的作用。要训练有效,必得有所侧重;或重今,或重古,都有道理。重今以现代文化为主,全选语体文,必要时也可选一些所谓'新文言'(例如朱先生所提到的'《大公报》社评')。翻译的语体文或新文言,明确而流利的,也该选,而且该占大部分。重古以古典为主,所谓历代文学的代表作。"[②] 朱自清的意见侧重于文化素养的提高,并不以高中的课程标准为依据。

---

① 叶圣陶:《关于大学一年级国文》,见《国文教学》,83页,上海,开明书店,1947。
② 朱自清:《论大学国文选目》,见《国文教学》,113~114页,上海,开明书店,1947。

部颁的"大学国文"选目的"编订要旨"偏重于阅读,只从了解、欣赏、修养三方面说,不提"发表"方面,即不注重选文对写作的"示范"作用。教育部召集的"大一国文"编选会对于"大学国文"教育目的中却有关于"写作"的议决案:"在发表方面,能作通顺而无不合文法之文字。"就是说官方与半官方的意见也不一致。部颁的"编订要旨"重古,侧重选周、秦、两汉的文章,"编委会"的决议案因要照顾到发表方面,就不得不重今。

朱自清认为,不论重古还是重今,都有其困难。重今的选本,可以将文化训练和语文训练完全合为一事,这是最合理想的办法,也是最能引起学生兴趣的办法,可是办不到。一则和现行的中学国文教材冲突,二则和现行"大学国文"教材也冲突。重古的选本有久长的传统,自然顺手顺眼。但不能达成"示范"的任务。周、秦文也罢,汉、魏、六朝文也罢,唐、宋、明、清文也罢,都和现行的新文言相差太远。而一般人所期望于大学生的,至多只是能够写作新文言,那些古典既不易学,学会了也还不是应用的新文言,自然便少有人去学了。就是梁启超的文体,也已和新文言隔了一层,他的"常识文范"早已不是"文范"了。因此,他主张青年人连新文言也不必学,只消写通了语体文就成。

尽管如此,各校的"大一国文"的选本还是重古的为多,一般不怎么选语体文。像西南联大、燕京大学等校,在"大一国文"教材中选收语体文都很少。虽然语体文很受学生欢迎,但是重今的观念一时还很难被注重古典主义文化训练的人们所接受。因此,从普遍性上来看,重古重读,是"大一国文"的主流。写作训练是较被忽视的。以至到了40年代末,清华大学中文系在着手改革"大一国文"课程的时候,才意识到有加强作文教学的必要。他们认为"在目前一般同学的语文程度低落的情况下,作文教学在语文教学中是应该占有特别重要的位置的。过去各级学校的国文课程,形式上虽包括读本和作文两方面,而实际重点却放在读本上,作文成了附属的东西;学生在读本里所得的只是空泛的知识,对于实际写作很少有帮助"①。这便指出了"大学国文"乃至各级国文普遍存在的重读轻写的情况。

第五节　处于艰难之中的国统区写作教育

这一时期国统区的写作教育，总的来说是处于困顿的境地。由于战争的关系，许多学校受到了破坏，有的倒闭，有的内迁，师资严重短缺。许多小学教师就由小学毕业生来充任，师范学校的毕业生大多数做了中学教师。而抗战以来，为培养应急人才，全国各类专科以上学校数目大增，又使原有的许多好的中学国文教师升级当了大学教师，以至各级学校的国文教师水准大为下降。加之抗战时期，物价高涨，教师待遇微薄，穷得无法维持最低标准的生活，教师只好多上课、多兼课，教师有限的精力，只能勉强敷衍教学。教师都寻求到待遇较高的学校任教，导致教师的频繁调动、更换，中学国文教师，更换最勤的时候，还不止一学期一次，有时一位教师只教两三个月便又远走了。教师不能长久在一个学校任教，便不能安心教书；教师要在很短的时间里，明了学生的程度和个性，也是不可能的事；对学生情况不明了，便不能采用适当的教材和教法。就是说，教师只能凑合着教，这自然不可能提高教学质量。同时，教师更换频繁，学生也无法适应，前前后后的教师，各有各的个性、方法和偏好，各用各的教材，教材、教法五花八门，学生只感到眼花缭乱，却无所适从。

在动荡不安的生活条件下，要国文教师静下心来研究教学，这自然是很困难的。这一时期也有一些有关作文教学的著述，如裴小楚的《习作的方法》（世界书局1940年出版）；蒋伯潜、蒋祖怡的《章与句》（世界书局1940年出版）；蒋伯潜的《中学国文教学法》（中华书局1941年出版）、《文体论纂要》（正中书局1942年出版）；蒋祖怡的《文章学纂要》（正中

---

① 见朱德熙《作文指导》"序"，北京，开明书店，1951。

书局 1942 年出版）；刘兆吉的《初中作文教学法》（商务印书馆 1944 年出版）；朱光潜的《谈文学》（开明书店 1946 年出版）；李广田的《创作论》（开明书店 1948 年出版）和张粒民的《小学作文科教材和教法》（商务印书馆 1948 年出版）等。此外还有一批发表在刊物上的论文。虽然这些著述也有一些很优秀的，有的文章也有作者的新见解，但较之前一时期，整体研究水平未见有明显的提高。在教材编写上，也没有大的进展。

第六节　陕甘宁边区写作教育的初步发展

在国统区写作教育处于低潮的情况下，始于 30 年代后期的、共产党领导下的陕甘宁边区的教育文化事业，却从无到有，有了较大的发展。它虽然没有国统区那么"正规"，但"土"也"土"出了个样儿。立足于实际应用的陕甘宁边区的写作教育，也生机勃发、颇有成效。这是 50 年代以后的中国新教育的源头，也是当代写作教育值得重视的"传统"之一。

陕甘宁边区的教育，是从 1937 年边区政府成立之后逐渐发展起来的。此前，除绥德、米脂国民教育略有基础外，其他地区文化教育均很落后，初级、高级小学合计只有 320 所，但到 1941 年就发展到了 1198 所；中等教育原来只有绥德师范和米脂中学两所学校，后来发展成拥有延安师范、关中师范、三边师范、陇东中学和行知中学等 7 所学校。此外，还建立了一批高等院校，如中国人民抗日军政大学、陕北公学、鲁迅艺术学院、延安大学、华北联合大学、中共中央高级党校、军事学院、中央研究院等。陕甘宁边区的教育事业，经过十几年的建设，初具规模。

边区的学制，一般是初小 3 年，高小 2 年，中学 3 年。无论是中学、小学，国文（国语）课程均是最受重视的一门课程，在各科教学课时中占了最大的比重。例如 1946 年 10 月 1 日颁布的《陕甘宁边区中等学校的方针、学制和课程》，在"方针"中规定"不论现任区、乡级干部的提高或未来干部的培养，均以文化教育为主，文化教育又以国文为中心，提高学生阅读和写作能力"。① 中学班的课程,暂规定为国文、数学、政治、史地、卫生、自然、艺术、体育等项,加上第二学年的选修课共9项。第一学年每周共25课时,国文为7课时;第二学年每周23课时,国文为6课时;第三学年每周为21课时,国文为5课时。明确指出国文为各科课程中的最重要者,其学习时间占全部学习时间的三分之一。小学的国语科在各科中所占的比重就更大了,低年级的国语科,甚至占了总课时的一半以上。约在1938年编写的《国语教学法》称:小学教科,主要的是国语,在小学校的全部课程里面教学国语占时间最多,教学方法也比较繁难。"作法是教学国语的一个主要工作,它在读、写、作三者中具有更重大的作用"。② 可见,在边区教育中,国文(国语)是备受重视的,而在国文(国语)教育中,写作教育又占有特别重要的地位,写作教育可以算是边区教育中心的中心。

陕甘宁边区的教育,处于艰苦的战争环境,主要是以培养各级干部为目的,所以十分重视教育的实用性和实效性。边区的中等学校分为中学和师范两种,目的在培养小学师资、地方文化教育干部及边区在抗战与建设工作中区、乡干部人员,同时培养一部分进步青年研究高深的科学和技术,所以边区中等学校无论中学或师范,都带有干部学校性质,担负着提高现任干部与培养未来干部的双重任务。中等学校除接受小学毕业生外,并设地方干部训练班,接受现任区、乡干部。边区中等学校方针指出,各科教育内容和方法,必须从边区需要和学生现有程度出发,继续克服教育中残存的教条主义和主观主义偏向。《边区文教大会关于边区教育方针的决议草案》(1944年11月1日)也指出:"在教育方法上,必须把握和贯彻'联系实际'的基本原则,因为只有从事物和实践的过程,才能使学生更真切和深刻的理解所学的东西。此外,讲'故事'的方式也值得提倡。

---

① 《陕甘宁边区中等学校的方针、学制和课程》,见《陕甘宁边区教育资料》"中等教育部分(上)",235页,北京,教育科学出版社,1981。

② 《国语教学法》,见《陕甘宁边区教育资料》"小学教育部分(下)",11页,北京,教育科学出版社,1981。

对于'溜口歌',不重讲解、不会应用等老一套的教育法,则必须予以纠正。"① 在这种思想指导下,写作作为实用性最强的学科,自然也非常注重教学的实际效果。

刘泽如在文章中曾讲到边区教育的"写作指导的原则"为:"第一,掌握写作的正确方向:用大众的语言,写实际日常生活中的材料。反对'文人雅士'的残余思想。第二,教学与写作相结合:甲、从学生的写作中发现存在着什么困难,来规定应当教的东西。乙、从教的东西中,联系学生写作,进行指导。第三,分别对象,分清阶段,顺应学生写作的发展规律,逐步提高。第四,鼓励写作兴趣,提倡多读、多写、多商量。"②《初级中学课程教材讲授提纲》规定:"国文教学的基本要求:在'学用一致'的精神下,使学生掌握住大众语文读、写、说的基本规律与主要用途。"③"对于国文知识问题,要求语文知识不限于文法与修辞的狭小圈子,而应包括从观察、研究、分析、整理,一直到写出的全部活动范围。"④"写作指导应包括怎样从生活中发现问题,选取材料和怎样使用语文表达出来。写作应服从语言、思想与生活,应该用现实的语言写实际的事物和自己的认识。写作活动应与实际生活、所读课文联系起来。"⑤ 由此可见,边区的写作教育是以实际需要和实际情况为出发点,注重"学用一致"、写作与生活统一以及学生写作学习的具体困难。这与国统区国文界关于是否要进行文言文写作训练的争论,显然关注点大相径庭,边区国文界以应需为目的的教学思想与古典主义、利禄主义的传统教育思想是有着根本的区别的。

边区写作教育的一个显著特点是:需要写什么,就学写什么;学生学写中有什么困难,就着手解决什么困难。这是形势和环境的必然要求。客

---

① 《小学教育的方针》,见《陕甘宁边区教育资料》"小学教育部分(上)",196页,北京,教育科学出版社,1981。

② 刘泽如:《陕甘宁边区的普通教育》,见《陕甘宁边区教育资料》"中等教育部分(上)",204页,北京,教育科学出版社,1981。

③④⑤ 《初级中学课程教材讲授提纲》,见《陕甘宁边区教育资料》"中等教育部分(上)",327~329页,北京,教育科学出版社,1981。

观地说，这个标准是比较低的，但在当时情况下，能做到这些已经是很不容易了。为了实现这些目标，边区的国文教师确实也表现出了非凡的智慧，创造了许多行之有效的写作速成教法，形成了能体现自身特点的、有别于国统区的一套写作教学规范，这是难能可贵的。

边区的写作教育由于是初创，且不太受到传统教法的影响，所以在教学方法、方式上较为自由，能够较好地发挥教师的主观能动性，许多学校的教法富有创造性，带有一定的教学实验的性质，显得很有生机和活力。

在写作教学研究方面也颇有成果，发表于《边区教育通讯》《边区中等教育资料》《新华日报》《解放日报》等刊物上的有关文章，不下数十篇。较为重要的有：《国语教学法》（无署名，大约作于1938年，油印本）、辛安亭的《文从说话起》（《边区教育通讯》第1卷第4期）、张敬斋的《怎样教学生写文章记日记》（同前）、黑黎的《关于作文教学》（《边区教育通讯》第2卷第1期）、志匀的《谈作文教学》（《边区教育通讯》第2卷第4期）、《国文教学法经验汇集》（《边区中等教育资料》第3期）、《米中国文教学总结》（《边区中等教育资料》第3期）、延中国文小组的《国文教学上几个问题的初步探讨》（《边区中等教育资料》第8、9期合刊）、郭绳武的《读写结合的国文教学的一个实验——延中三年二级国文教学总结》（同前）、苏树铭的《关于中学生写作上语病的初步研究》（《边区中等教育资料》第10期）、刘泽如的《国文发展方向问题》（《边区教育通讯》第3卷第2期）、潘开沛的《如何进行国文教育》（同前）、杨典的《怎样指导学生的写作》（同前）等。此外，还有平生著于某解放区的《写话教学法》一书（1947年7月初版，10月再版，后由人民出版社1949年9月重印），系统讨论了在边区试行的、在实践中有一定成效的一种写作训练方法——写话，是一部深受欢迎、有一定的理论和实践价值的优秀写作教学专著。

在国统区写作教育困顿凋敝的情势下，共产党领导下的陕甘宁边区的写作教育却一枝独秀，得到了较大的发展。

第二章　国统区写作"课程标准"和教学实践

1939年4月，第三次全国教育会议通过了教育部交议之教育行政改进案及中学教育改进案，其中有"中等教育阶段内除原有三三制中学外，另设六年制中学，不分高、初中"之决议。由此开始酝酿编订六年制中学课程标准草案，于1941年9月印发实验各校试用。

第一节　《六年制中学国文课程标准草案》有关写作教学的规定

《六年制中学国文课程标准草案》所定的"目标"是：（一）养成用语体文及文言文叙事说理表情达意之技能。（二）养成阅读书籍之习惯，及读解古书之能力。（三）培养欣赏文艺之兴趣，及陶冶文学上创作之能力。（四）使学生能应用本国语言文字，深切了解固有文化，并从代表民族人物之传记及其作品中，唤起民族意识及发扬民族精神。这与1936年颁行的国文课程标准中的"目标"大致相同。

"时间支配"如下：国文科第一、二学年每周各6小时，第三、四、五、六学年每周各5小时，其中习作每周均为1小时。"教材大纲"规定，精读"第一、二学年以记叙文为中心，第三、四学年以说明文为中心，第

五、六学年以议论文为中心"。

"文章法则"包括：（一）语体文法（词性、词位、句式等）；（二）文章体裁及作法（即表中各项体裁之性质、取材、结构等）；（三）修辞学（文章之组织与体制遣词之方式，词格之类别等）；（四）辩论术（辩论之方式，证据之搜集，判断之正确，敌论之反驳，音调姿态之运用等），分别于各学年研究时间内讲授（第一、二学年讲授语体文法，第三、四学年讲授文章体裁及作法，第五、六学年讲授修辞学及辩论术）。应用文（书札、公牍、柬帖、契据、章程、广告等）于第三、四学年研究时间内讲授，并须作相当练习。

"实施方法概要"中主要有：（三）研究部分：（4）文章法则应注意语体文法与文言文法之比较，并说明各种体制之异同，及古书上文法之特例；学生习作中应摘出其文法上修辞上之谬误处，令其改正，并注意其思想，予以指导；口语练习时，于音调语法姿态上，亦应予以纠正。（四）作文练习：（1）教授作文文法，应时有变化，但以与精读、略读及研究各部分联络为主要原则。略举数例如下：

（甲）命题　由教员命题，或由学生自拟教员择定之。

（乙）绎译　文语互译，或译诗歌为散文。

（丙）整理材料　由教员供给材料，命学生实际描写。

（丁）（略）

（戊）重写　示以原文，令学生重写，或演简为繁，或节繁为简。

（己）听写　由教员演讲一事一题，令学生听后写成文字。

（庚）笔记　教室听讲及课外读书之笔记。

（辛）记录　如日记、游记、演说及新闻等记录。

（壬）专题研究　由教员提出研究题目，学生自行搜集材料试写论文，或就阅读之专书，将其心得、批评、研究撰成论文。

（癸）应用文件　于课内或日常实际需用时练习之。

（注）上举各项方法，由教员按照学生程度，分别选用，须与各学年教材配合恰当，对于一部分具有文学天才或兴趣之学生，可令为

小说、戏剧、诗歌之习作，或古文、诗词之仿作。

（2）作文每两星期 1 次，每次 2 小时，于课内行之（短篇习作小时可完者，每星期 1 次），每次练习，必须有个别或共同之批评，并采用各种符号，使学生自行修改。

"六年制"标准与"三三制"标准，在实质上没有太大的差别，其特点主要有三：

（一）六年制中学的写作教学，是在 6 年的时间内作统筹安排，大体上教学内容不重复。三三制中学，初中与高中的写作教学内容则有所交叉和反复。这样，六年制中学的"精读"和"文章法则"的教学任务似更明确，如"精读"（写作教学也与此配合）第一、二学年以记叙文为中心，第三、四学年以说明文为中心，第五、六学年以议论文为中心；"文章法则"第一、二学年讲授语体文法，第三、四学年讲授文章体裁及作法，第五、六学年讲授修辞学及辩论术。

（二）更为注重写作与其他教学内容的联络。在注意到写作教学中教授作文文法应时有变化的同时，特别强调："但以与精读、略读及研究各部分联络为主要原则。"三三制中学的"标准"也提及要相互联络，而未视其为"主要原则"。

（三）把培养文学创作才能限制在一部分天才生的范围内。规定"对于一部分具有文学天才或兴趣之学生，可令为小说、戏剧、诗歌之习作，或古文、诗词之仿作"。而"三三制"中学的"标准"只作笼统的要求："凡小说、诗歌、戏剧，皆可令学生试作。"这一修改是合理的。

第二节　修正公布的《小学国语课程标准》有关写作教学的规定

1948 年 9 月，教育部修正公布了新的《小学国语课程标准》。该标准只分两大部分：第一，目标；第二，纲要。

"目标"：一，指导儿童熟练标准国语，有发音正确、语调和谐流利的能力。二，指导儿童认识基本文字，欣赏儿童文学，有阅读的习惯、兴趣和理解迅速、记忆正确的能力。三，指导儿童运用语言文字，有发表情意的能力。四，指导儿童习写文字，有书写正确、迅速、整洁的习惯。这里关于写作的第三条，较1936年颁行的《修正小学国语课程标准》中，"指导儿童体会字句的用法，篇章的结构，实用文的格式，习作普通文和实用文，养成其发表情意的能力"的要求，有所降低，而与1932年颁行的"标准"则较为相似，1932年的"标准"为"指导儿童练习作文，以养成其发表情意的能力"。

"纲要"的内容非常具体。在"作文"栏目内，不但有分学年的不同要求，而且各学年的要求又分作"自由发表"和"基本指导"两项。

小学六个学年的"作文"要求是：

第一学年　1. 自由发表：（1）日常生活的口述。（2）对照画片、实物等的口述。（3）故事的口述。2. 基本指导：（1）语法的矫正。（2）字和词的运用。

第二学年　1. 自由发表：（1）日常生活，偶发事项等的口述或笔述。（2）对照画片、实物等的口述或笔述。（3）故事的口述或笔述。2. 基本指导：（1）字和词的运用。（2）主要标点符号的认识、使用。

第三学年　1. 自由发表：（1）日常生活、偶发事项以及集会等的笔述或口述。（2）故事的笔述。（3）布告、书信等实用文的写作。2. 基本指导：（1）字和词的运用。（2）单句构造的研讨。（3）简短实用文格式的研讨。（4）标点符号的使用。

第四学年　1. 自由发表：（1）日常生活、偶发事项以及集会时事等的笔述。（2）读书报告。（3）简易记叙文、说明文的习作。（4）学级新闻的拟稿。2. 基本指导：（1）字和词的运用。（2）各种单句和简单复句构造的研讨。（3）简短实用文格式的研讨。（4）标点符号的使用。

第五学年　1. 自由发表：（1）日常生活、偶发事项以及集会时事等的笔述。（2）读书报告。（3）各种小问题的评述。（4）书信、报告等实用文的习作。（5）演说的拟稿。（6）演讲的记录。（7）学级和学校新闻的拟稿。2. 基本指导：（1）记叙文、说明文、实用文以及韵文等的研讨。（2）简易语法和修辞的研讨。

第六学年　1. 自由发表：（1）日常事项、偶发事项以及集会时事等的笔述。（2）读书报告。（3）各种小问题的评述。（4）对于家庭、学校、社会的建设改进计划或是感想的书面发表。（5）书信、计划书、宣言等实用文的习作。（6）演说、辩论的拟稿。（7）演讲的记录。（8）学级和学校新闻的拟稿。2. 基本指导：（1）记叙文、说明文、议论文、实用文以及韵文的研讨。（2）简易语法和修辞的研讨。

除了"作文"教学中所包含的"口述"内容外，还有专门的"说话"教学，这也是各个学年都有的。

这个"标准"，可以说是五四以后制订得最为科学严整的小学写作教学的"标准"。各个学年教学活动的要求十分清楚，其内在的过渡和衔接也较为顺畅合理。一年级采用全部口述的方式，二、三年级是口述与笔述相结合，四年级以后，采用全部笔述的方式，但在整体上又和"说话""读书"教学相联络。写作中的习作活动，又是和文法学习同步推进的。习作活动先是直观形象的笔述，到故事、简短实用文的练习，和读书笔记、简短记叙文、说明文、学级新闻等的写作，再到评述、演说稿、记录稿的训练，又推进到各类感想、演说、辩论稿等较为复杂的写作。文法学习，由字、词到单句，再到简单复句及简易语法和修辞；由简短的实用文格式，到记叙文、说明文、实用文以及韵文的指导。——从中可以看出由简到繁、由易到难的教学程序。尤其值得重视的是，从一年级开始，就主张让学生"自由发表"，不论口述还是笔述，都放手让学生自己去说去写，以养成学生写作的独立性。此前的小学国语课程标准从未有过"自由发表"这种提法，论者也大多认为初年级学生应采取"助作法"，到了中年级以后才可采用"自作法"，因此课程标准中的这种提法是很大胆的，而且是有眼光的。

第三节　部编"国文"教材质量低下

写作教材编写，在经过 30 年代的兴盛之后，这一时期的情况大不如前。

40 年代初，国民党教育部为了加强对教育的控制，一改原来民间编辑教科书的"审定制"为"部编制"。这一限制，使原先各书局教科书编写的繁荣兴盛的局面变得冷寂萧条。且在"课程标准"中规定，教材应选录"总理传记及遗著"和"党国先进言论"，这也在一定程度上影响了选文的质量。

部编"国文"教科书至为难产，且质量低下。从 1942 年编出初中第一册到 1946 年才全部编成初中 6 册。内容增加了古文的比重，选进了"党国先进言论"，并无可观之处。很多在现代文坛上极有声誉的作家作品未被收进，收进了的，多是上自主席、院长，及某部某会的首长，以至张治中、张发奎诸将军的文札、公告和某纪念节日的讲演词或纪念论文之类。这自然引起了国文界的不满和批评。尽管教育部明令推行使用统一的"固定本"，实际上各校往往阳奉阴违，使用自己编的讲义，或仍使用各书局出版的教科书。

综合式的"国文"教科书，普遍存在以下几个问题：

（一）内容太深太难。选文一般都是从先秦经学、汉魏文学、唐宋文学、元明清文学，一直选到现代，体裁包括诗、词、歌、赋、曲、戏剧、小说、骈文、散文等，甚至于选入了南北朝佛学、宋明理学、清代文字音韵考据之学。无怪乎浦江清说："现有的高中国文教本太深，取来作为大学教本也可以，或者还太深。"[①] 这种太深太难的选文，教师讲得费力，学生听得费解，而且收效甚微。这大约是因了中学生国文程度低落的"误

---

① 浦江清：《论中学国文》，见《国文教学》，195 页，上海，开明书店，1947。

诊",未收其利,反受其害。

(二)讲读与写作脱节。教材内容太深太难,且文言文太多,与写作难以发生关系。学生反映说,教国文的先生,只是抱着一本国文课本,讲些与学生实际生活不发生关系的文字。我对上国文课,总怀着一种'恨'的心情,自己学了几年的国文,连一篇应用的文字都不会写,实在太可笑了。这是当时学生的一种普遍的感触。许多论者都要求选文要选足资学生写作上取法的作品。认为即使选古代的应用文,也不能为学生练习写现代应用文取法,讲读应以语体文为主,才能与习作打成一片。

(三)教材文、白混杂。从20年代"新学制课程标准"颁布后,国文教材大都采取文、白混编的方式。将不同文法规律的文言文与白话文合于一册课本内进行教学,既不利于学生掌握各自的文法规律,又使整个教学显得极不协调。叶圣陶说:"这种编辑方法并不是绝无可商之处的。前一篇彭端淑的《为学》,后一篇朱自清的《背影》,前一篇孟子的《鱼我所欲也章》,后一篇徐志摩的《我所知道的康桥》,无论就情趣上文字上看,显得多么不调和。"[①] 这种情况自然也会影响到写作,使学生写出的文字往往非牛非马,不文不白。

第四节　文、白分编教材的讨论和编写

文、白混编,20年一贯制的国文教材体例,在40年代初引起了众多学者的非议。最早提出文、白分编构想的是浦江清,他在《论中学国文》中主张把中学国文从混合的课程变成分析的课程,把现代语教育和古文学教育分开来,成为两种课程(名称待后讨论),由两类教师分头担任。这样,可以使教师发挥特长,教本的内容纯粹,作文的训练一贯而有秩序,而且有分别练习语体文、文言文两种作文的机会。这两类功课不必并重,

---

[①] 叶圣陶:《谈语文教本》,见《国文教学》,42~43页,上海,开明书店,1947。

随学校的性质而异，可以在功课表上增减钟点，自由调整。这种观点，得到叶圣陶、朱自清等人的赞同。叶圣陶说："这个主张着眼在学习的精熟，见到白话、文言混合学习，结果两样都不易精熟，就想法改革。效果如何虽还不得而知，值得试办却是无疑的。"① 朱自清也说："浦先生还主张将白话文和文言文分为两个课程，各有教本，各有教师。这个我也赞成。我赞成，为的这样办可以教人容易明白文言是另一种语言，而且是快死的语言。不管我的意见如何，这办法训练学生写作文言，不致像现在这样毫无效果，白费教学者的工夫，是无疑的。"②

基于这种认识，从1946年开始，一批"开明"同仁着手进行国文教本文、白分编的改革。1947年9月，出版了初中用的《开明新编国文读本》甲种本和乙种本。甲种本为白话读本（甲种本还分为"注释本"和"不附注释本"两种），由叶圣陶、周予同、郭绍虞、覃必陶合编，共6册；乙种本为文言读本，由叶圣陶、徐调孚、郭绍虞、覃必陶合编，共3册。1948年又出版了高中用的《开明新编高级国文读本》和《开明文言读本》，前者为白话读本，由朱自清、吕叔湘、叶圣陶合编，共6册（从第二册起，编者加上李广田）；后者为文言读本，由朱自清、吕叔湘、叶圣陶合编。原计划编6册，后来只出了3册。大约是顾忌教材"部编制"的规定，这一套文、白分编的教本，作者首先表明使用对象是自修者："我们编这部读本，预备给自修国文的人应用。如果教师认为可采取作学生的补充读物，或者径作讲读的材料，也可以。"实际上，这套教材受到了国文界的普遍重视和好评，而成为受欢迎的正式教科书。

《开明新编国文读本》"序"中说："我们编这部读本，第一，希望切合读者的生活程度。就积极方面说，足以表现现代精神的，与现代青年生活有关涉的，为现代青年所能了解，所能接受的，那些文篇才入选。第二，希望读者读了这部读本，自己去读成本的书，所以一部分的材料是从

---

① 叶圣陶：《谈语文教本》，见《国文教学》，44页，上海，开明书店，1947。
② 朱自清：《论教本与写作》，见《国文教学》，143页，上海，开明书店，1947。

成本的书中节录出来的。自修国文不能单靠一种读本，要多看成本的书才容易见功效。第三，既称读本，文字形式上应该相当完整，所选文篇如有疏漏之处，我们都加上修润的工夫。……在每篇文字之后，我们写了短短的几句，或是指点，或是发问，意在请读者读过以后，再用些思索的工夫。"可见编者很注重选文的时代性和生活化，编写态度是严肃的负责的。

每篇课文后面的"短短的几句"，一般是两三道思考题、练习题，或是对文章内容、形式上的特点的解说评点，也包括作法方面的提示和练习。如甲种本第五册第二课法布尔著的《蝉》后面的两道题是：（一）法布尔是经常与昆虫做伴的；精细观察的结果，他写了一部《昆虫记》；本篇就从《昆虫记》中摘出。研究生物，决不能单凭书本，必须与生物接触，才能得到真知识。（二）读者如果能够养成习惯，随时观察生物，把所见所知像法布尔一样记下来，这是一件极有兴趣又极有意义的事情。第三课沈从文的《常德的船》后面的两道题是：（一）谈常德的各种船，就有这许多篇幅。材料的来源，一半靠实地的观察，一半靠广博的调查。如果不作观察和调查的工夫，那是一句也说不来的。（二）读者不妨采取这一篇的方法，就某地的某种现象（如商市，车辆，小贩，气候变化）加以观察和调查，然后写成文篇。教材在读、写结合方面是做得比较好的。

《开明新编高级国文读本》在编辑思想上与前书相同，但在体例上略有不同。"编辑例言"说：每篇的后面分列"篇题""音义""讨论""练习"四栏。"篇题"，说明本篇的体裁，用意，性质和作者的经历与作风。"音义"就是注释。"讨论"全用发问的方式。"读者从这些问题里可以学习分析文篇的方法，知道怎样把握要点，贯穿脉络，怎样看字面，怎样看字里行间。这里其实要分析和综合并用才成。这样才能了解和欣赏，也才能学习怎样表现。'练习'除了背诵或默写以及指出某一类特别的表现法外，也都用发问的方式。这里提出结构的分析，词语的讲解，句式和比喻的运用等。"该书最显著的特点，就是采用了"讨论"和"发问"的方式，来启发学生的思考，培养其思维能力。在"讨论"和"练习"部分，又大多顾及"作法"和写作上的问题。如第一册第一课叶圣陶的《邻舍吴老先生》后面的"讨论"：(四)文中屡次提到"晒手提皮箱"，有什么作用？"练习"：(四)用你自己的话写一段吴任夫的速写。第二课男士的《我的学生》后的"讨论"：(九)本文叙述S的一生，分几大片断？比较每一大片断所占的时间。说明哪些描写是直接的，哪些是间接的。"练习"：(五)用你自己的话简单的写出S这个人。这些题目可以看出也都注意到将读、写融为一体。

在白话读本的选文上，所选多是当时青年喜闻乐见的能体现时代精神和现实生活的文章。这由《开明新编高级国文读本》第一册的目录可见一斑：《邻舍吴老先生》(叶圣陶)、《我的学生》(男士)、《华威先生》(张天翼)、《一封没写完的信》(康白情)、《在赣江上》(冯至)、《年画》(孙福熙)、《山水画》(承名世)、《动物的大小》(海尔丹)、《地球！我的母亲》(郭沫若)、《居里夫人小传》(陈衡哲)、《文人宅》(朱自清)、《社戏》(鲁迅)、《活在谎话里的人们》(李广田)、《我童年时的王国》(苏夫)、《离家》(苏金伞)、《希望》(北原)、《政党是干什么的》(费孝通)、《海德公园》(费孝通)、《蜕变》(曹禺)、《生辰纲》(《水浒传》)、《读书杂谈》(鲁迅)、《城市》(艾青)、《生活》(艾漠)、《多一些》(田间)、《泥土》(鲁黎)，这些多是名家名篇，在思想上也大都较为进步。选文体裁方面，既选文学文，也注意选实用文，包括游记、日记、演讲、随笔、书信、杂感、政论、文学评论、传记、通讯、读书笔记、科技小品、悼词、故事、小说、诗歌、散文等，兼具可读性和实用性，读来不感到厌倦乏味。

文言读本也有新意，注意到时代潮流和青少年读者的可接受性。《开明文言读本》"编辑例言"说："我们认为，作为一般人的表情达意的工具，文言已逐渐让位给语体，而且这个转变不久即将完成。因此，现代的青年若是还有学习文言的需要，那就只是因为有时候要阅读文言的书籍：或是为了理解过去的历史，或是为了欣赏过去的文学。写作文言的能力决不会再是一般人所必须具备的了。""我们把纯文艺作品的百分比减低，大部分选文都是广义的实用文。我们不避'割裂'的嫌疑，要在大部书里摘录许多篇章；我们情愿冒'杂乱'的讥诮，要陈列许多不合古文家义法的作品。我们既不打算提供模范文给读者模仿，而阅读从前的书籍又的确会遇到各种风格的文字，我们为什么不能这么办？可是我们的选材也有一些限制，凡是跟现代青年的生活经验相去太远，是他们无论如何难于理解的，一概不取。先秦的作品，生僻的词语太多的，也尽量少用。"这里所表明的对文言选本的见解，充满了大胆的革新精神，解决了长期存在的选文太深太难的问题，摆脱了什么都要选一点，把古文读本变成中国文化史教科书的习惯做法，真正明确了学习古文的目的只是为了获得阅读的能力，而不是为了获得写作能力。文言写作训练，大约就是从这时开始，才被摒除出中学国文教学领域。这无疑是对"课程标准"的冒犯。迈出了这一步，是写作教育史上值得一书的大事。从五四运动提倡白话文写作，到终于认识到"写作文言的能力决不会再是一般人所必须具备的了"，国文界花费了整整30年时间。

40年代后期由"开明"同仁编辑出版的这一套文、白分编教材，是国文界积多年对国文教学的经验和存在问题的思考所进行的一次重大的革新，对国文教学中的一系列重要问题，诸如文、白比例，选文标准，读写关系，文言写作等的认识，都大大前进了一步，这是值得充分肯定的。但是，从总体上看，这一成就还是无法跟30年代在教材编写上的大面积丰收相比的。

第五节　写作教学实践中存在诸多弊病

写作教学的实际情况没有什么进展。如前所述，由于战争和贫困，造成了师资质量低下和教师为了生计不得不到处兼课的境况，学校缺乏合格教师，而这些不合格的教师还不能专心致志于教学，无论怎样慨叹于"中学生国文程度低落""国文之技术极劣、思路不清"，也无论怎样苦心孤诣地探讨其原因、编写改革教材，必然都无济于事。

在写作教学中，许多教师不懂教学规律，在教学中存在如下弊病：

（一）喜欢出学生没法做的题目。所出题目常见的有：关于抗战的《抗战必胜说》《就敌我之各种情势论我国抗战之前途》《武汉撤退以后》《南宁之失陷无关抗战全局说》；关于历史的《论汉高项羽之成败》《汉唐为我国历史上最光荣之时代说》；关于一般修养的《宁静致远说》，《勤以补拙说》《君子不忧不惧说》《礼义廉耻国之四维论》等等。这些题目学生都不易作，自然也不愿作。第一类题目，论抗战前途，中学生除了从报纸杂志上摘取一点意见，别无办法；第二类题目，所列的范围之大，可以写论文或专书，中学生只能根据历史教本里一两句话加以随意扩充；第三类题目，原是从生活经验社会经验得出的结论，学生只能根据教师的讲说或书本的议论重说一遍罢了。归结起来，这些题目并不要求学生说自己想说的话，只是教学生把听来的、看来的话复述一遍。

（二）改文勾掉愈多愈满意。有些教师看学生文章只觉得它不通，整段勾掉的也有，全篇不要的也有。勾掉之后，按自己的意思在行间写上一些文字，就把练习本发还学生。为什么原文要不得，为什么一定要这样改才对，都没有说明，待学生自己去揣摩。学生接到这样的改本，见自己的文字差不多都包在向下一勾与向上一勾之中，大概是不大肯去揣摩的，望了一望，就塞进抽斗里去了。然而下一回的习作交上来，教师还是那一套，向下一勾，向上一勾，按自己的意思在行间写上一些文字。

（三）批阅作文不负责任。有些教师看学生文章，不问哪个地方该用句号或该用逗号，都打一个圈，表示眼光并没有在任何地方跳过。圈下去圈下去圈到完毕，事情也就完毕了。或者还加一个批语在后头，如"清顺""畅达""意不完足""语有疵病"之类。学生接到发还的练习本，大概也只是望了一望，就塞进抽斗里去，因为与交上去的时候并无两样，不过在旁边多了一些圈，或者篇末多了一个批语而已。①

这种不谙教学规律的教法，教学效果自然不会好。但造成这种状况的

---

① 参见叶圣陶《中学国文教师》，见《国文教学》，75~77页，上海，开明书店，1947。

主要责任不应由教师来负，教师不能钻研教学、不能提高教学能力，是由于环境所迫。

第六节　于在春的"集体习作"的教改实验

在教改实验方面，较有价值的是于在春的"集体习作"的实验。

于在春的实验情况，在《国文月刊》第45期的《集体习作实践再记》和第48期的《集体习作》这两篇文章中作了介绍，并由永祥印书馆出版了《集体习作实践记》一书。

"集体习作"这种习作教学法，是叫学习者先做充分的练习，然后接受积极的批评和指导，这为的是补救现况教学的（一）法则未经接受，（二）习作没有效果，（三）订正不起作用。它的全程包括这几个步骤：

第一步是命题。有了题目才可以给选材划出一个比较固定的范围，使工作的进行得到些根据和方便，不致茫无头绪。而且那题目的范围越小越好。一些令习作者最感材料枯窘的题目，却最能教习作者在发展文思、充裕题材上获得帮助。

第二步是材料的搜集。根据已经命定的题目，由全班学生各就自己的经验（直接的和间接的），书面提出他在写这篇文章时打算采用而又认为适用的材料。这样教每一个习作者都能为这个题目下一番思索的工夫，让他认清那个题目的范围，同时认清那个范围里有什么材料。这步工作对于思路枯涩的习作者特别有用处。

第三步是材料的整理。由教师指定一些必需数目的学生，根据全班同学提出的书面报告，把全部材料可归纳的归纳起来，可分类的分起类来，缮具一个总报告。于是这个题目的全部"题材"或"题义"一下子集中了。

第四步是材料的评议。从这一步起，开始采用集体商讨的形式，在教室里进行。根据整理后的总报告，把那些"题材"或"题义"逐点提付评议。那些取材偏僻用意晦涩的，即席由原提出人加以说明。评议的最后作用就是决定采纳或舍弃。

以上四步，是关于如何搜集、整理和判断哪些材料是否适用于某个固定的题目之下的训练，以补救习作者的作品不是没有内容就是内容支离杂乱的弊病。

第五步是选择主题。这一步也用口头商讨的办法，择定文章里的选材标准。把评议材料放在选择主题的前面，在工作程序上似乎颠倒了，因为倘先择定主题便可以做更具体的评议。但是这种一般性的评议也能使学习者彻底了解材料适用有效的范围，再则也使他们尽量推求种种不同的观点和论点。这些观点或论点的胪列正好帮助他们把主题选择得更精彩。等主题一确定，便把评论过认为在这种选材标准下适用的材料拿了来用，不须再加商讨。

第六步是材料的排列。先由学生个别的去考虑，再用书面提出他认为最好的排列方式。

第七步是确定大纲。参照排列方式的书面报告，在教室里商讨一个具体的大纲，留做文字商讨的根据。有了确定的大纲，共同来做文字的商讨才有可能。因为这样做时，参加的人的写作意向已经凝固，工作的目标只在如何把这些已经凝固的意向用文字适宜有力地表现出来。如果没有客观的标准，该这样写的便也不妨那样写，那样写了又无从知道这样写的需要和优点，自然失掉了一种强制的练习，不能养成正确表意的习惯和能力。作者认为，强制的练习最能产生正确的学习效果。

最后一步是文字形式的写定。这步工作做起来极其烦琐，在共同商讨之下，有起承转合的工作，也有咬文嚼字的工作。工作时严格依照大纲，从第一句起，都用会议的方式经过提出、批评和修改，最后才写定。每一单位的句子，先由习作者各自提出他主张的文字形式，教师将有代表性的列在黑板上，这可以把好坏是非比较得很清楚。通过热烈的讨论，习作者可以获得活的练习，从实际应用上接受一些文法和修辞的基本练习，让他们把从字词推敲、语句安排直到篇章经营上的一切随机应变的意匠工夫全从实际运用上亲切地加以体验。

作者认为,"集体习作"除了能使习作者注意内容同时注意形式外,还有以下5点作用。

(一)把学习者的习作态度在监督下训练得认真起来。

(二)使文思枯窘的充沛起来,使文辞芜蔓的谨严起来。

(三)在实际运用里教学文章作法以及修辞学上的诸般实用知识。

(四)把教师的分散于不受习作者注意的个别订正上的精力集中到写作方法的积极的辅导上。

(五)用实际参加订正的办法使学习者接受每一点订正的精义。

"集体习作"在时间上的花费较多,每一次"集体习作",课外做的(如材料的搜集、整理和排列)不计,大约至少要花6小时:材料评议1小时;主题选择和大纲确定1小时;文字商讨4小时。以每周1小时习作课计,大约每学期可做创作"集习"2或3次,翻译"集习"1或2次,再规定课外个别习作(即一般的作文练习)四五次,这样,习作教学的内容就很充实了。

这一实验,有些观念值得重视,如"令习作者最感材料枯窘的题目,却最能教习作者在发展文思、充裕题材上获得帮助","强制的练习最能产生正确的学习效果"等。就是说,要把训练的重点放在学生感到有困难的题目上,有针对性地提高他们的写作运思能力;写作运思应有"客观的标准"作为依据,学生有正确的思维目的,才能学有成效。这些虽然与论者们所倡导的"写熟悉"的命题观和"自由创作"的训练观似有抵牾,但是,不可否认,上述认识有一定的教育学价值。

此外,以下几个方面也值得注意:

(一)调动集体的智慧和每一个学生的积极性,共同参与教学活动,这对差生的帮助尤为显著。

(二)把习作过程变成严格控制下的有序且有效的一系列的师生行为,改变了以往习作中存在的盲目性和随意性。

(三)将语文知识与实际应用融为一体,真正做到学以致用。

（四）变教师对学生作文的消极订正为积极辅导，大大提高了教学效率。

"集体习作"的教学指导思想，跟梁启超主张的"作文做得少，然而做一篇得一篇的实效"的看法，较相吻合。但它不是唯一的习作方法，因为这种方法也有其局限性，这就是它限制较多，不利于培养学生写作上的独立性和个性，因而，它须和"个体习作"的方法结合运用。

总之，"集体习作"的教学法，是国统区写作教学中颇具创意的尝试，其指导思想和实际操作方法均有可取之处。

第七节　"大一国文"教材举隅

这一时期高校的"大一国文"的教学，从"部定大学用书"来看，"写作"教学未得到充分的重视，着眼点主要放在阅读上。

1943年8月，由国立编译馆编选、正中书局印行的"部定大学用书"《大学国文选》出版，这是官方推行的第一套大学国文教材。在"序"中，陈立夫称："大学一年级之国文学程，为共同必修科目，所以养成学者理解载籍之能力，与运用文字之技术，以期渐进而阐扬固有之精粹者也。"陈"序"尚顾及"运用文字之技术"，但在"本书编订要旨"中所列3条却无一涉及"运用文字之技术"（即写作）："（1）在了解方面，养成阅读古今专科书籍之能力。（2）在欣赏方面，能欣赏本国古今文学之代表作品。（3）在修养方面，培养高尚人格，发挥民族精神并养成爱国家、爱民族、爱人类之观念。"教材所选50篇文章，一律是文言文，"按四部次第排列"，面面俱到，什么都来一点，与其说是国文教材，不如说是中国文化史教材。这种什么都来一点的做法，后来受到许多学者的批评，自是理所当然。

倒是此前（1942年12月）中央政治学校国文教材编纂室编注、正中书局印行的《大学国文》，在编辑思想上尚有可取之处。

陈果夫"序"说：

> 假使中小学没有把学生的国文基础打好，大学固然不能不注重国文，就是中小学已经打好基础，大学也得要注重国文。因为大学有大学的国文，与中小学的国文，不仅程度上有深浅，性质上也有不同。依此推论下去，同一大学之中，高年级的国文与低年级的国文不一样，同一年级之中，社会科学与自然科学，同一社会科学之中，法政系与经济系，其所读的国文，都应该不一样。
>
> 古人说，学以致用。学国文当然也是为了致用而学的。所以学生学那一科，一定要和那一科的学习相配合着读，才能致国文之用。古人又说文以载道，文章中一定要载论很好的道理，这些道理又适合于学生所学的那一科。要读这样的文章，才是道不远人，也就会人能弘道了。
>
> 中央政治学校，是一个教政治的大学，一切功课，都是以管理众人之事为归宿。所以他的国文，应该是讨论管理众人之事的好文章，也就是普通所谓经世之文。学生读了，不但可以增进作文的技术，而且可以学得许多政治的大道理，致用不尽。

这里的大学与中小学国文教学在程度性质上不同的观点，大学国文要与学生所学专业相结合以达到学以致用的目的的观点，注重"增进作文的技术"的观点等，都有一定的道理，抓住了大学国文的特点。它既有别于叶圣陶的"补课"说，也不同于朱光潜的"语文训练"论和朱自清的"语文训练十文化训练"论，在对大学国文教学特殊性的认识上，是较为深刻的。

在这个教学思想指导下，该教材选文不求面面俱到，而限定在"经世之文"上。文章共分4类：政理类、典志类、传记类、治术类。选文从思想内容看，自然有可批评之处，但从专业特点出发选编教材，有其合理性。

以上两书所选均为文言文。在"大学国文"教材中，更为注重时代精神和实用性的教材之一，是燕京大学1940年出版的《近代文编》，所选的全部是应用的文言文和白话文，并注意到与作文取得联系。

该书"编例"中说："本编为燕京大学一年级国文课教材之一，目的在适合大学生一般之需要，故所选文篇重在应用。""文言白话之争，至今未泯，实则由文艺言之，白话文自占优势，由应用言之，文言文犹有其需要。故私人述作可用白话，公牍往来犹用文言，且就私人述作而言，商量旧学不妨文言，涵养新知宜用白话。凡此因人制宜、因事制宜之处，足征文言肄习，难遽废置，故本篇所选近代人士之作，文白互收，以便模楷。""学文训练或重思想或重技巧，原可分为二途。本篇内容既以现代生活为归，故于技巧训练之处，兼重思想训练。且所谓技巧训练云者，亦只注重运用语言文字之技能，与学文示例之兼重文学欣赏者不同。是以所选教材，务取明显，以便学生预习，俾增阅读能力；同时又以体式分组，俾与作文取得联系，庶于临文之顷，得有观摩之资。"这些观点，虽有可商榷之处，如关于文言、白话的见解，实属折中迁就之论，但从整体上看，能如此注重实际应用也是值得称道的。编者以"现代生活为归"，主张技巧训练和思想训练并重，阅读与写作兼顾，对"大学国文"教学目的的把握，是较为准确的。

该书选文按文体编排：1. 日记；2. 笔记；3. 游记；4. 传记；5. 叙记；6. 论说；7. 论评；8. 论辩；9. 题序；10. 书告；11. 论述；12. 疏证。这12类均是应用性很强的。在每一文体部分的开头，均对有关知识作简要的说明。如"1. 日记"："日记之体，小则记述身边琐事，大则有关一代掌故；其文或谨严似史，或诙谲类说部，述作兼备，庄谐互陈，德行才学，均可于是觇之，知人论世，此其选矣。清季湘乡以远，越缦湘绮，最为著称，饮冰集中，亦多可采；近人为之，厥体益放，盖且沦为报纸之通讯焉。""2. 笔记"："笔记之作，颇与日记相类，或作或述，或记叙，或论议，旧闻新知，罔不赅罗，盖亦文体中之博大教主也。吉光片羽，金屑纷披，殆所谓以寸铁杀人者欤？"这些说明，对阅读和写作均有一定的指导作用。

选文基本上均为近现代名家名篇，梁启超的文章最多，达14篇，还有鲁迅、叶楚伧、刘师培、周作人、谭嗣同、章炳麟、严复、叶绍钧、郑振铎、林语堂、蔡元培、钱基博、陈寅恪、王国维、吴宓、胡适等人的文章。这些文章大多能体现时代精神,内容广泛,风格各异,读了确能新耳目、长见识,有助于读、写能力的提高。因此,这部教材称得上这一时期"大学国文"教材的上品。

此外,燕京大学于1941年8月还编写了一套"大学国文教本",编者为郭绍虞,由开明书店发行,书名为《学文示例》,这是大学国文教材中较为罕见的一部写作教材,其构想和体例都很有特点。

该教材"编例"中说:"一,本书主旨欲使大学国文教学有较异于中学之方法,故略本修辞条例,类聚性质相同之文,理论实例同时并顾,俾于讲授之外,兼有参考教材。二,本书编纂既多比较参证之作,庶使教者指示易于启发,学者潜修易于领悟,国文一课或可不复有枯燥无味之感。三,本书教材,文白互收,俾适于语言文字之训练。韵散兼采,又蕲适合于文学的训练,学者可随其程度兴趣之异,各有所获。四,本书既兼重文学的训练,故于各体文章,无论骈散韵语,以及小说戏曲,佛经翻译文体,民歌通俗文体,无不采择,以备一格。五,本书原有序文,阐述编纂主旨,以此事涉及大学国文教学整个问题,编者爰汇集近年讨论此问题诸文另辑成书(《语文通论》),故不复列序,以免复出。六,本书原为燕京大学一年级生国文教本……"由此"编例"可以看出编者对该教材编写的有关问题有较为深入的思考,注意到的问题是多方面的:修辞、文体、理论和实例、文白、韵散、语言文字和文学的训练、学生的程度和兴趣、师生的教和学以及各体文的选择等。可以说编者的编写教材的态度是相当严肃的。

该教材分上、下两册,共5个部分。上册两个部分:"一评改例";"二拟袭例"。下册3个部分:"三变翻例";"四申驳例";"五熔裁例"。作者在"序目"中对各个部分的内容有所阐释:评改例——曹子建说过:"仆常好人讥弹其文,有不善者应时改定。"他所谓"讥弹",即摘谬之例;所谓"改定",又即修正之例。阅摘谬之例,可知疵病所在;阅修正之例,易悟锤炼之方。这是学文第一步的工夫……拟袭例——……昔人所谓夺胎换骨点铁成金诸法，也即从摹拟因袭变化出来，所以摹拟因袭原不足为病，病在从摹拟因袭入，而仍从摹拟因袭出……变翻例——变翻与拟袭，虽都有昔人的成文为标准，然大不相同。拟袭是根据旧作，变翻则改易旧作。……所以变翻之例，拟袭之成分少而创作之成分多。申驳例——申驳，则更进一步，成为补正旧作之例。……所以申驳之例又以议论文辞为多。不过，如补传后记之类，昔人文中往往有之，则在叙记文中也未尝不有续广之例。读古人书，都须经过自己的思索与考虑，这是我们读申驳例时所应注意的一点。熔裁例——熔裁即所谓"抒轴于予怀"，非惟无意于袭，抑亦无意于变。论辞则戞戞独造，论格则流露个性，所以又可用作比较。由比较中以窥昔人行文则熔裁之迹格外显著，初学于此，自易触处生悟。故又为比较旧作之例……这5个部分构成了一个循序渐进的文字基本训练体系。先由"评改例"知文章的优劣，由"拟袭例"学会根据旧作求变化，由"变翻例"学会在旧作之上的再创作，由"申驳例"学会补正、续广旧作，由"熔裁例"学会文章写作的独创性。这一体例可谓自成一格。

在各部分之下，又包括"理论之部"和"实例之部"。"理论之部"内容均为引各家有关的论述，例如"拟袭例"部分的"理论"，就引了刘勰《文心雕龙·通变》、刘知几《史通·模拟》、章学诚《文史通义·言公中》、宋濂《答章秀才论诗书》、吴曾祺《涵芬楼文谈·仿古》、刘师培《文史通义·言公篇书后》、林纾《畏庐论文·忌剽袭》、孙德谦《六朝丽指》（摘录二册）、苏轼《次韵孔毅甫集古人句见赠五首》等。"实例之部"又再作区分，如"拟袭例"部分的"实例"，"以规范体貌者为摹拟类，点窜陈言者为借袭类。摹拟类中分法式之拟与体格之拟二目；借袭类中分缀集与衍约二目。或套句式，或套篇式，或摹其体，或效其辞，无论实拟虚拟，要使昔人陈法都为我用，神明在心，变化由己，则摹拟自无摹拟之弊。"（见"序目"。）在每一目之下，附有多篇例文，可通过比较参照，加以体悟。如"法式之拟"的例文有陶潜《形影神》和梅圣俞《拟陶体三首》，江淹《恨赋》和李白《拟恨赋》，章学诚《古文十弊》和张鸿来《今文十弊》、林语堂《今文八弊》等。可见，编者对"理论"和"实例"的选择安排颇具匠心，能较好地体现教学意图。学生通过阅读理论和实例，是可以提高写作悟性的。但是，该教材也有明显的不足，只是在"熔裁例"部分的"理论之部"的结束处，附上一个简单的关于写作教学法方面的提示，对具体的写作练习，缺乏科学的设计和指导，缺乏将知识和感悟转化为写作能力这个重要的环节。尽管如此，《学文示例》仍可算是这一时期大学国文教材中最好的一部。

"大学国文"这门课，由于是新课，教师们对课程的认识各不相同，在许多问题上尚在探索，未能达成共识。"部定"教材，重古文，重阅读，无视白话文的阅读和写作，既不合时代潮流，又未体现"国文"的特点，用这样的教材教学，肯定不会有什么大的效果。但这一门课的创设，从总体上说，是有其现实意义和历史意义的，它使大学生继续得到国文教育，使他们在写作方面也受到不同程度的熏陶，提高了文字素养。它也为后来高校开设的《大学语文》《文选与习作》《写作》等课程奠定了基础。

第三章　国统区写作学研究述要

尽管这一时期条件极其艰苦，国统区的国文界没有忘记肩负的重任，仍在为写作学研究尽心尽力。在抗日战争枪炮声中，《国文月刊》和《国文杂志》这两份颇具影响的刊物诞生了，为我国写作学研究写下了值得纪念的一页。

第一节　《国文月刊》《国文杂志》的创办

1940 年 6 月，西南联大师范学院的一些学者提议创办了《国文月刊》，为抗日战争后方各大学的国文教师和中学国文教师开辟了一个研究教学的阵地。

在《国文月刊》创刊号的"卷首语"中，表明了办刊的宗旨："本刊的宗旨是促进国文教学以及补充青年学子自修国文的材料。根据这一个宗旨，我们的刊物，完全在语文教育的立场上，性质与专门的国学杂志及普通的文艺刊物有别。"该刊发表的文章大体上分为 4 个方面：一是国文教学通论，这是最主要的方面。"凡讨论国文教学的各种问题的文章以及根据教学经验发表改进中学国文及大学基本国文的方案的文字皆可入此栏，作为教学同人交换意见的园地，同时可备办教育者的参考。"二是语文专论。"关于文学史、文学批评、语言学、文字学、音韵学、修辞学、文法等等的不太专门的短篇论文札记。"三是古今诗文选注。"包括古文学作品及现代文学作品两项，均附以详细的注释或解说备学子自修研究"。四是写作谬误示例，即病文批改。此外还有通讯、习作、书报评介等。可以说，这是国文教学的雅俗共赏的普及性刊物。

抗战胜利后，西南联大等校先后复原；《国文月刊》出到1945年第40期停刊，后于1946年3月在上海复刊，由叶圣陶、夏丏尊、郭绍虞、朱自清等人联合编辑。直至1949年8月，出到第82期时终止。该刊出版时间，大体上贯穿了整个40年代。

为该刊撰稿的大都是国文界的知名人士，其中有不少是在高校任教的著名教授和在国文界享有盛誉的学者，如叶圣陶、夏丏尊、浦江清、余冠英、郭绍虞、朱自清、周予同、吕叔湘、周振甫、蒋伯潜、马叙伦、李广田、王了一、陈梦家、黎锦熙、罗常培、王伯祥、张世禄、李何林、傅庚生、魏金枝、杨振声等，可谓群贤毕至，少长咸集，《国文月刊》成了研究国文教学的乐土，对国内的国文教学产生了指导性的影响，对40年代国文教学做出了不可磨灭的贡献。

这10年间，《国文月刊》发表了一大批高质量的国文教学研究论文，内容涉及国文教学的几乎所有重要问题，其中与写作教学关系较密切的重要文章有：朱自清的《中学生的国文程度》（创刊号）、浦江清的《论中学国文》（第1卷第3期）、叶圣陶的《论写作教学》（第1卷第6期）、郭绍虞的《作文摘谬实例序——一个国文教学法中的新问题》（第13期）、黎锦熙的《各级学校作文教学改革案》（第52期）、孙毓苹的《论中学国文教学》（第64期）等。1946年4月23日，夏丏尊积郁成疾，病逝于上海，《国文月刊》第48期特辟为"中学国文教学研究专号"，以纪念这位国文界德高望重的学者和编辑家，共刊出了10篇关于中学国文教学方面的论文，其中也有一些讨论写作教学的好文章，如蒋伯潜的《习作与批改》、李广田的《中学国文教学的变通方法》、周振甫的《技能的训练和理论的探讨》等。上述文章，不少在今天看来仍有参考价值。

继《国文月刊》之后创办的《国文杂志》，也是一份在国文界很有影响的刊物。这两份刊物堪称40年代国文界交相辉映的璀璨明珠。

《国文杂志》有两种，一是 1942 年 1 月创刊于成都，被称为成都《国文杂志》。该刊由普益图书公司出版，编辑者为胡墨林，实为叶圣陶主编，出了 6 期就停刊了。二是 1942 年 8 月创刊于桂林，被称为桂林《国文杂志》。该刊由桂林文光书店出版，也由叶圣陶任主编。这两份杂志因系一人主编，所以编辑方针大体相同，只是后者出版时间较长，持续出版到抗战胜利，至 1945 年 9 月停刊，出了 3 卷 16 期。

《国文杂志》在办刊宗旨上与《国文月刊》略有不同，它的侧重点在于辅导学生学习国文——以"辅导中学生国文学习"为宗旨。叶圣陶在桂林《国文杂志》的发刊词《认识国文教学》一文中谈道："我们这个杂志没有什么伟大的愿望，只想在国文学习方面，对青年们（在校的和校外的）贡献一些助力。我们不是感叹家，不相信国文程度低落的说法，可是，我们站定语文学和文学的立场，相信现在的国文教学绝不是个办法，从现在的国文教学训练出来的学生，国文程度实在不足以应付生活，更不用说改进生活。我们愿意竭尽我们的知能，提倡国文教学的改革，同时给青年们一些学习方法的实例。所谓学习方法，无非是参考，分析，比较，演绎，归纳，涵泳，体味，整饬思想语言，获得表达技能这些事项。这个杂志就依照这些事项来分门分栏。……对青年的读者，我们希望凭着这个杂志的启发，自己能够'隅反'；把这里所说的一些事项随时实践，应用在阅读和写作方面。"[①] 这一宗旨，和《国文月刊》侧重于国文教学方面的研究，形成互补，使教、学双方都能得到切实的帮助。

该刊在指导中学生写作方面做了很多工作，开辟了"范文选读""未厌居文谈""文句检谬""习作展览""学习者的话"等栏目，对范文作分析评讲，对病文作剖析订正，指导学生修改文章的方法，刊登学生的优秀作品，并发表他们谈国文学习体会的文章。该刊还通过"编者的话"与"学习者的话"栏目中的"编者按"，与读者进行沟通，能抓住学生在学习国文中的一些关键性问题，对他们进行有针对性的指导，言词亲切、坦

---

① 叶圣陶：《认识国文教学》，见《叶圣陶语文教育论集》，89~90 页，北京，教育科学出版社，1980。

诚，堪称学生的良师益友。

除了《国文月刊》和《国文杂志》这两种刊物外，创办于30年代初的《中学生》杂志，对辅导中学生学习国文也发挥了很大的作用。《中学生》因1937年"八·一三"战火曾一度停刊，1939年5月，《中学生》战时半月刊在桂林复刊，由叶圣陶担任社长和主编。抗战胜利后，1946年初，《中学生》在上海复刊，一直办到1949年9月为止，前后持续了将近20年，共办了215期。给三四十年代的中学生留下了异常深刻、美好的回忆。

这一时期写作教学研究的热点，除了本章第一节曾谈到的中学生国文程度低落，中学国文教材的文、白混编，文言文写作训练等问题外，写作教学的基本观念、阅读和写作的关系、习作的批改等，也仍是论者所关心的。

第二节 对写作教学某些基本观念的认识

关于写作教学的基本观念，叶圣陶在这一时期有一系列较为成熟的观点。

（一）要完全摆脱八股的精神。他在《论写作教学》中指出，改变观念，头绪很多，但有一个总纲，就是：完全摆脱八股的精神。所有指导与暗示，合着八股的精神的，彻底抛弃；能使学生真实受用的，务必着力：这就不但改变了观念，而连实践也革新了。后来他在《认识国文教学》中，对此观点作了进一步发挥，他说："必须有正确的认识，国文教学才会有成绩。而达到正确的认识的先决条件，就是抛弃旧式教育的古典主义和利禄主义。古人的书籍并非不该读，为了解本国的文化起见，古人的书甚至必须读；但像古典主义那样死记硬塞，非但了解不了什么文化，并且在思想行动上筑了一道障壁，读比不读更坏。一个人的聪明才智并非不该用文字表现，现代甄别人才的方法也用考试，考试的方法大都是使受试者用文字表现；但像利禄主义那样专做模仿迎合的工夫，非但说不上终身受用，并且把心术弄坏了，所得是虚而所失是实。知道了这两种主义应该排弃，从反面想，自会渐渐地接近正确的认识。阅读和写作两项是生活上必要的知能；知要真知，能要真能。"这一认识，当是抓住了国文教学没有成绩的症结。使写作教学走上正轨，如果没有真正摆脱八股的精神，没有真正认识到古典主义和利禄主义的危害，不是为了"真知""真能"，只是作些局部的修补改造，写作教学是没有出路的。

（二）教学方法方面尤其应当注重。叶圣陶认为国文教学固然要重视文字的内容，但"假如超过了相当的限度，以为国文教学的目标只在灌输固有道德，激发抗战意识，等等，而竟忘了语文教学特有的任务，那就很有可议之处了"。"国文教学自有它独当其任的任，那就是阅读与写作的训练"。对这两种训练，他认为："第一，必须讲求方法。怎样阅读才可以明白通晓，摄其精英，怎样写作才可以清楚畅达，表其情意，都得让学生们心知其故。第二，必须使种种方法成为学生们终身以之的习惯。因为阅读与写作都是习行方面的事情，仅仅心知其故，而习惯没有养成，还是不济事的。国文教学的成功与否，就看以上两点。"[①] 叶圣陶把讲求阅读与写作的方法、养成正确的阅读和写作的习惯，当作国文教学"独当其任的任"，他对国文教学任务和方法的认识是正确的。

（三）教学国文并不等于教学文学。这是针对五四以前国文教材所选的偏于经史古文，五四以后偏于白话的小说、戏剧、小品、诗歌等，也就是选材的文学化。叶圣陶认为以上两派是一路的，都以为国文教学就是文学教学。李广田就曾提倡"中学国文教材应以文艺性的语体文为主"。[②] 叶圣陶的看法是：其实国文所包的范围很宽广，文学只是其中一个较小的范围，文学之外，同样被包在国文的大范围里头的，还有非文学的文字，就是普通文字。这包括书信、宣言、报告书、说明书等等的应用文，以及平

---

① 叶圣陶：《对于国文教学的两个基本观念》，见《国文教学》，3页，上海，开明书店，1947。

② 李广田：《中学国文教学的变通办法》，载《国文月刊》第48期。

正地写状一件东西载录一件事情的记叙文，条畅地阐明一个原理发挥一个意见的论说文。中学生要应付生活，阅读与写作的训练就不能不在文学之外，同时以这种普通文为对象。他主张："在初中阶段，虽然也读文学，但阅读与写作的训练应该偏重在基本方面，以普通文字为对象。到了高中阶段，选取教材以文章体制、文学源流、学术思想为纲，对于白话，又规定'应侧重纯文艺作品'，好像是专向文学了，但基本训练仍旧不可忽略。理由很简单，高中学生与初中学生一样，他们所要阅读的不纯是文学，他们所要写作的并非是文学，并且，唯有对于基本训练锲而不舍，熟而成习，接触文学的时候才会左右逢源，头头是道。"① 国文教学应以普通文为对象，注重基本训练，这里对教学内容的认定，也是十分必要的。

对于教学内容的定位，朱自清的看法也值得重视。他说，欣赏文学的兴趣和能力自然是该培养的，但是到处滥用文学的调子并不能算欣赏文学。这种兴趣是不正确的。这些学生既然不大能辨别文学和非文学的界限，他们的欣赏能力也就靠不住。但他又认为，这种文学的兴趣也有可取之处："不过有'创作'做目标，学生对于写作的兴趣好得多；他们觉得写作是有所为的，不只是机械的练习。固然，写作是基本的训练，是生活技术的训练——说是做人的训练也无不可。可是只这个广泛的目标是不能引起学生注意的。……一般地说，这二十年来中学生的白话文——特别是记叙文、抒情文方面——确有不小的进步，虽然实际上进步的还只是少数人。他们是找到了创作这个切近的目标，鼓起兴趣，有所为的写作，才能如此。"② 这又与叶圣陶的看法略有不同。朱自清虽然也反对"到处滥用文学的调子"，但他又认为学生以"创作"作为学习写作的目标是有益的；训练学生写作不应泛泛地写，泛泛地练，需要一个切近的、让他们感兴趣的目标，向着这个目标努力，才能有所进步。朱自清的看法虽与叶圣陶有

---

① 叶圣陶：《对于国文教学的两个基本观念》，见《国文教学》，11 页，上海，开明书店，1947。
② 朱自清：《论教本与写作》，见《国文教学》，147~148 页，上海，开明书店，1947。

些不同,却也不无道理。

(四)写作教学目的在养成习惯。叶圣陶认为,写作教学的目的是在养成学生两种习惯:①有所积蓄,须尽量用文字发表;②每逢用文字发表,须尽力在技术上用功夫。这实际上可归为一点,就是养成学生写作的主动性。他认为教师务必理解这一层:"当命题的时候,他必能排除自己的成见与偏好;惟据平时对于学生的观察与体会,测知他们胸中该当积蓄些什么,而就在这范围之内,拟定他的题目。学生遇见这种题目,正触着他们胸中所积蓄,发表的欲望被引起了,对于表达的技术,自当尽力用功夫;即使发表的欲望不甚旺盛,还没有到不吐不快的境界,但按题作去,总之是把积蓄的拿出来,决不用将无作有,强不知以为知,勉强的成分既少,技术上的研摩也就绰有余裕。题目虽是教师临时出的,而积蓄却是学生原来有的,这样的写作,与著作家、文学家的写作并无二致,不自然的便近于自然了。学生经过多年这样的训练,习惯养成了,有所积蓄的时候,虽没有教师命题,也必用文字发表;用文字发表的时候,虽没有教师指点,也能使技术完美。这便是写作教学的成功。"[1] 这就将教学情境下的写作活动与写作实践的行为特点联结起来,打破了写作训练的局限性。

叶圣陶的上述观点,是经过对国文教学和写作教学长期思考后得出的结论,对教学实践有重要的指导意义。他的观点,在同时代的论者中有一定的代表性和广泛的影响。写作教学如果不能走出八股精神的阴影,不能和古典主义、利禄主义诀别,把教学的重心放在科学的训练方法上,兼顾文学和实用的写作,重视应用的写作,并将写作教学与写作实践相沟通,那么写作教学是不可能有什么根本性的改观的。

---

[1] 叶圣陶:《论写作教学》,见《国文教学》,27~28页,上海,开明书店,1947。

第三节　对阅读与写作关系的认识

关于阅读与写作的关系问题，不少论者也都发表了精辟的见解，但他们的侧重点各不相同。

叶圣陶主要是从阅读教学对写作的作用一面来看二者的关系的。他说："教学生阅读，一部分的目的在给他们个写作的榜样。因此，教学就得着眼于（一）文中所表现的作者的积蓄，以及（二）作者用什么工夫来表达他的积蓄。这无非要使学生知道，胸中所积蓄要达到如何充实而深美的程度，那才非发表不可；发表又要如何苦心经营，一丝不苟，那才真做到了家。学生习染久了，自己有数，何种积蓄值得发表，决不放过；何种积蓄不必发表，决不乱写；发表的当儿又能妥为安排，成个最适合于那种积蓄的形式，便算达到给他们做榜样的目的。阅读的文字并不是写作材料的仓库，尤其不是写作方法的程式。说得深刻一点，在动手写作的时候，愈不把阅读的文字放在心上愈好。"[①] 叶圣陶说的主要是如何从阅读中学习写作，阅读时要入乎其内，写作时又要出乎其外，"愈不把阅读的文字放在心上愈好"，这一认识的确是很深刻的。

朱自清则着重谈了阅读教材的选择对写作的关系，涉及对文言文和白话文教材以及课外读物的看法。他认为，许多中学生、大学生对国文教学有一种共同的不满意，就是教材和作文好像是不相关联的。文言的教材，目的不外两个：一是给学生做写作的榜样或范本，二是使学生了解本国固有文化。为达到这两个目的，他比较赞成浦江清的主张，将《古文观止》或同性质的古文选本作高中的文言教本，为补《古文观止》的不足，再加两部书，一是梁启超的《常识文范》，二是蔡孑民的《言行录》。这两部书大部分是议论文，小部分是说明文，他认为这两部书说理比古文强。关于

[①]　叶圣陶：《论写作教学》，见《国文教学》，36～37页，上海，开明书店，1947。

白话文教材，他认为白话文的发展还偏在文学一面，应用的白话文进步很缓。记叙文（包括描写文）、抒情文，选起来还容易，说明文、议论文就困难，经济而条理严密的少，内容也往往嫌广嫌深，不适于中学生。现在教本里所选的有许多只是凑数。就是记叙文，也因篇幅关系只能选些短的，不无迁就的时候。至于其他应用的白话文，如书信等等，似乎刚在发展，还没有什么表现，自然更难选录。因此白话文教材主要的只是文学作品。这是受白话文发展这一客观条件所决定的。为弥补课内教本的缺憾，他提出了一个极具建设性的意见，就是用报纸杂志上的文章作为课外读物。他说："我觉得现在中学生的写作训练应拿报纸上和一般杂志上的文字作切近的目标，特别是报纸上的文字。报纸上的文字不但指报纸本身的新闻和评论，并包括报纸上登载的一切文件——连广告在内——而言。这有三种好处。第一，切用，而且有发展；第二，应用的文字差不多各体都有；第三，容易意识到各种文字的各种读者。而且文言文和白话文的写作都可以用这个目标——近些年报纸上种种特写和评论用白话文的已经不少。因为报纸上登载着各方面的文件，对象或宽或窄，各有不同，口气和体裁也不一样，学生常常比较着看，便容易见出读者和文字的关系是很大的，他们写作时也便渐渐会留心他们的假想的读者。……从事于新闻或评论的写作，或起草应用的文件登在报纸或杂志上，也是一种骄傲，值得夸耀并不在创作以下。……这种目标可以替代创作的目标，它一样可以鼓起学生的兴趣，教他们觉得写作是有所作为的而努力做去。"① 朱自清的"以读带写"的指导思想是很明确的。以报纸杂志上的文章作为课外读物，作为写作训练的目标，这一看法是很有实践价值的。

浦江清的意见也很中肯。他说："据作者个人的意见，认为中学读本以能帮助作文为前提。至少不分文理科的普通中学应该如此。关于中国文学史、哲学史、文化史、文字学、音韵学、国学概论等等，尽可以列出课

---

① 朱自清：《论教本和写作》，见《国文教学》，150~151页，上海，开明书店，1947。

外参考书,作为辅导读物,却不要把国文功课变为知识灌输的功课。"① ——"以能帮助作文为前提",这个界定可谓快刀斩乱麻,省去了选文标准上的因面面俱到所产生的一切麻烦。

对阅读与写作二者的关系作了最为全面、深入探讨的,当推张世禄的《读书和作文》一文(载《国文杂志》第2卷第2期)。

张文共分5个部分,依次是:"社会上一件重要的工具";"读书和作文的一种解释";"应用文字的能力和习惯";"应用文字的经济的原则";"读书和作文心理上的程序"。除了第一部分是一般性的说明外,其他4个部分的论述都很有新意。

作者认为,读书与作文是在社会生活中应用文字的两个方面,作文是处于发表的方面,读书是处于看受的方面。同一个人,在两个时候,也可以分做应用文字的两方面的。这两方面的机会,在社会上又常常互相增进,互相扩大。所写作的愈多,自然使阅读的机会也愈多;所阅读的愈广,也自然会使写作的产量愈增加。就是说,因写作而增广阅读的机会,因阅读而增广写作的机会。因此,学生不应局限在学校内的读书和作文,而应扩大读书和写作的范围。这就将读、写活动放在社会性的、整体的、互动的范畴内加以解释,这一定位是科学的,较一般论者的看法更为深刻。

他十分强调读、写的互动性。他说,读、写的机会是互相增进的、互相扩大的,读、写的能力也是互相增进、互相扩大的:阅读固然增加了读书的经验,却也无形中长进了写作的能力。而要阅读,得常常写作才能增进了解和批评的能力。这种理解,就比单单看到阅读对写作的单向作用更为全面、辩证。此前,胡适也曾看到写作对阅读的作用,他说"发表是吸收的利器""手到是心到的法门",而这也同样是一种单方面的强调,未能像张文那样,把这两种能力的发展置于一个互利互惠、交互递进、对立统一的过程中加以认识。对读、写关系的互动性的理解,将改变传统的以读

---

① 浦江清:《论中学国文》,见《国文教学》,199页,上海,开明书店,1947。

带写、以读促写的国文教学观念，对建构科学的国文教学体系有重要的价值。

文章提出的"应用文字的经济的原则"，是对读、写美学的理论概括。作者借用了经济学上的"以最少的消费获得最大的效果"的原则，恰当地说明了在阅读与写作中，须消耗最少的时间和精力，以获得最佳的传达效果这一理想的目标。他认为，由于学养得来的应用文字的能力，它的高下、强弱，大都也就是依据写作和阅读的时候，符合于这种经济原则的程度来判别的。写作的能力愈高，表达的手段愈妙，自然愈能运用极经济的方法来显示自己丰富的情意。同样，阅读的能力愈高，对于文字上的困难愈少，自然也愈能以极少的时间和精力，深切了解作者的情意和读物的内容。依据这种经济的原则来观察，阅读和写作的两方面，常常有一种"互惠"的现象，就是读者和作者之间，都应该互相节省对方所消耗的时间、精力等等，即"读者要对作者负责，作者又须为读者着想"。这一"经济"的原则，作为读、写活动的审美标准是恰当的，对指导学生的阅读、写作训练和一般的阅读、写作活动，均有很强的实践意义。

作者对"读书和作文心理上的程序"的分析，也颇为精当。他认为，写作和阅读这两方面，在心理上进行的程序正是相反的，写作是先有各篇各章的大意，而后有连缀字句的工作，即由篇章到字句；阅读是了解了各个字句的意义，而后才能通悟各篇各章的内容和意旨，即由字句到篇章。但有一点却是相同的，就是双方的目的，同是从应用文字上获得传达的效果。应用文字的能力过差，就收获不到互相通达的效果。所以，在学习的进程上，无论是写作和阅读，又得从字句上先下功夫，总是要先识字，后造句，再联结篇章。这就既说清了二者的差异，又抓住了二者的共同点，为指导读、写基本训练确定了路径。

《读书和作文》是五四以后研究读、写关系的一篇难得的好文章，也是国文教学、写作教学基础理论研究方面一篇难得的好文章。作者从不同的层面，辩证地论述了阅读和写作二者之间互为前提、相辅相成的关系，简洁明快而又鞭辟入里地阐明了读、写教学的矛盾性和统一性。所谈到的读、写机会的互生，读、写活动的互动，读、写能力的互进，应用文字的经济的原则及读、写的心理程序和教学进程等，均给予国文教学改革以深刻的启示。

第四节 对习作与批改方法的认识

关于习作和批改，也是写作教学研究的一个永久性的论题，在这方面也有不少很好的意见。

蒋伯潜在《习作与批改》（载《国文月刊》第48期）一文中对此作了较详细的讨论。他首先肯定了"习作"的必要，因为"凡是技术性的能力，不能单靠知识、理论来增进的，……'游泳必须从水中游泳学习'"，"所以习作是有效益的，是绝对需要的。"至于"批改"有无效益，是否需要，他列举了许多论者的不同看法加以分析，结论是："批改对于学生写作能力的培养，绝不是全无效益、绝不需要的。"

关于"习作"，他的看法是："中学生国文的'习作'，只是'习作'，不是'创作'，更不是'文学的创作'；国文的习作，应当注重文章的形式与技术，不应当偏重内容，各种文章都应当予以习作的机会，基本的写作技术，如用词、造句、组织篇章……尤其重要。"他认为习作的方法很多，但最重要的一项，还是作文。作文以两周1次为宜。作文应由教员命题，或由学生自由拟题，课内限时作文与课外不限时间的作文，当相间行之，要注意个别的指导。

关于"批改"，他认为也不限于作文，周记、笔记、书信，及文法练习的改正和批评，都应当包括在内。他觉得与学生假期内通信，将原信批改了寄还，很有效益。最重要的，自然还是作文的批改。他的原则是："多改不如少改，增加字句不如删减字句。"他认为眉批是愈多愈细愈好，总批则以批示全篇为主，如不需要，总批可以省却。特别好的作文，可以揭示或传观，以资观摩，以示鼓励。批改不限于教师，同学、朋友也都可以担任这种工作。针对"学生厌恶习作,教员厌恶批改"的心理,他的看法是这必须通过师生共同努力加以扭转,教师教不倦,学生学不厌,二者互相感应影响,是可以改善这种状况的。"最要紧的,还是使教员生活安定,使国文教员的工作不太繁重,有时间精力足以努力于批改而绰有余裕。"但这在当时显然是可望而不可即的理想。

戴强夫认为,批改文卷,教者要遵循"理解原则"与"兴趣原则"。所谓"理解原则"就是:第一,教者须了解学生;第二,教者应更进一步为学生所了解。"兴趣原则"就是,教者的习作批改第一须能鼓励学生,第二也要激发学生。"对于成绩不大很好的,教者须另眼看待,决不可持之以与优者相比,因而给予刻薄的修改或批评,只应依其程度与性格,给以可能的修正,以增加其学习的兴趣与成功的自信,知道自己不是低能儿,教师的修改,也并不是有意寻学生作难和'吹毛求疵'的!对于成绩较好,成绩较佳的学生,也应给以适宜的鼓励,而使其不致自满,或生了不得的想头。"[①] 这两个原则都是从学生的习作心理上考虑的,对于维持、激发学生的习作积极性,确是至关重要的。

吴奔星在这方面的研究则别开蹊径,采用"打油诗"对学生进行诱导和鞭策。他诱导"习作"的诗是:自动作文是人才,/被动作文是奴才,/愈作愈通,/不作不通!他说"学生看了,自然警惕自己,平日喜欢写作的将更加起劲,即不大写作的,也不甘作奴才,会自动地提起笔来。比你千言万语苦口婆心的劝告,来的一定有效!"他还作了"作文三部曲":

1. 学生作,/先生批,/批我好,/不得意,/批我坏,/不泄气,/钝铁磨成绣花针,/哪怕文章是狗屁!

2. 用自己的笔,/写自己的话,/伟大的作品,/产生在自己的笔下,/他人的文章,/贵食而能化,/"抄袭"是灵魂的强奸者,/丢那妈!

3. 不贵长,/只要通,/通者一字值千金,/否则寒窗白用功。/君不见黄河不通常混浊,/清泉滚滚畅无穷,/中学青年宜勉励,/慎勿当作耳

---

① 戴强夫:《初中语文习作批改》,载《广西教育研究》第 1 卷第 5 期。

旁风！①

用"打油诗"帮助学生树立正确的写作观念和写作态度，这种方式较易为学生接受并留下深刻的印象，这在教改上的独创性，是值得教师们借鉴的。

在习作和批改方面，叶圣陶也有多篇文章。他的关于习作的文章中，都贯彻着一个中心，就是把写作视作生活所必需，是生活的一部分，努力消除学生对写作的神秘感和畏惧感。他尽可能地把写作说成是极平常的事，说成跟吃饭穿衣一样的极自然的事，认为写作是"我说我的话""你说你的话"，说自己经验范围的话，没话而不勉强说话，或者把别人的话拿来，当作自己的话。总之，"'立诚'是最要紧的。"②

叶圣陶把"通"和"好"作为习作和批改的两个层次的标准。"'词'使用得适合，'篇章'组织得调顺，便是'通'。反过来，'词'使用得乖谬，'篇章'组织得错乱，便是'不通'。"③ 他认为"通"只是作文最低度的条件，认真不肯苟且的人，写一篇文章必求它"通"，又望它能"好"，是极自然的心理。他给"好"所定的要求是"诚实"与"精密"："诚实"是"有什么说什么"，或者是"内面怎样想怎样感，笔下便怎样写。""精密"的反面是粗疏平常。"但'诚实'的'精密'的好文章必导源于充实的生活，那是无疑的。"④ 叶圣陶把很复杂的写作标准表述得简单明了：最低限度的标准是"通"，"通"之后尚须求"好"。同时，他对"通"和"好"所做的解释也很容易理解，作为批改的标准，也很容易掌握，可收以简驭繁之效。

与叶圣陶求"通"与求"好"这两个层次标准较相似的，是陈志良的

---

① 见吴奔星《中学国文教学法的出路》，载《国文月刊》第23期。
② 叶圣陶：《写作是极平常的事》，载《中学生》战时半月刊第50期。
③ 叶圣陶：《"通"与"不通"》，见《叶圣陶语文教育论集》，400页，北京，教育科学出版社，1980。
④ 叶圣陶：《"好"与"不好"》，见《叶圣陶语文教育论集》，409页，北京，教育科学出版社，1980。

"三个步骤"训练法①：第一个步骤是"求清通"。他认为初中生作文首先要做到"清楚通顺"，为此要从"起腹稿""搜集材料""整理""誊正"这4个环节入手，做过细的工作，学生的作文一定能通顺。第二个步骤是"有中心"。要做到"抓住中心""段落分明""注意修辞"，这须是程度高的学生才能做到这一步，程度低的学生，能达到清通的目的，已算不错。第三个步骤是"明对象"。这也是对程度高的学生而言的。这对象主要指：1. 论文；2. 考试文；3. 投稿文。这一习作训练法，有助于因材施教。

第五节　对假想的读者与儿童写作心理的认识

朱自清的"习作要有假想读者"的看法，也是很有实践价值的。他说："训练学生写作而不给他们指示一个切近的目标，他们往往不知道是写了给谁读的。当然，他们知道写了是要给教师读的；实际也许只有教师读，或再加上一些同学和自己的父兄。但如果每回写作真都是为了这几个人，那么写作确是没有多大趣味。学生中大约不少真会这样想，于是乎不免敷衍塞责、潦草塞责的弊病，可是学生写作的实际的读者虽然常只是这几个人，假想的读者却可以很多。写作练习大部分是拿假想的读者作对象，并非拿实际的读者作对象。"②他还说："写作练习是为了应用，其实就是为了应用于这种种假想的读者。写作练习可以没有教师，可不能没有假想的读者。"③写作训练没有读者，便不符合写作是为了"应用"的目的。历来的写作训练都只有教师一个读者，这就造成学生写作的"目中无人"，以致不能适应真正面向社会人群的写作实践。朱自清的这一见解，对提高学生的读者意识，形成正确的写作观念，是很有益处的。

---

① 见陈志良《初中国文论》，载《广西教育研究》第 3 期。
②③ 朱自清：《论教本与写作》，见《国文教学》，148～149 页、149 页，上海，开明书店，1947。

此外，程法泌的《儿童作文心理》（载《广东教育》第 1 卷第 5 期）对儿童写作心理的研究也值得重视。他认为影响儿童作文的因素有 6 个方面：一，智慧；二，经验；三，字汇；四，读书；五，文法；六，说话。"智慧对作文关系最切。故作文教学应以智慧为分类的根据。优越者鼓励之使在作文方面求特殊进步，低劣者且不妨降低要求标准但求其能做实用文就行。""有丰富的生活经验才有充实的作文资料。故作文要和其他学习活动发生联系，在儿童经验范围内命题。儿童缺乏材料，教师应加供给。"关于"学习作文的现象"，他分析了 6 个方面：一，儿童喜欢写什么；二，儿童作文所采形式；三，作文字数的增加；四，作文错误的减少；五，错误的持久性；六，错误的普遍性。对"错误的持久性"他是这样看的："注意分散，见闻扩张超过其心理能力的发展，故其错误不随年逐减。"关于"教学作文的方法"，他也从 6 个方面加以探讨：一，儿童作文动机的引起；二，儿童作文错字的减少；三，儿童能力差异的适应；四，儿童作文之进行；五，儿童作文之订正；六，儿童作文之计分。他认为"儿童作文动机的引起"有以下方法：A. 使儿童直接经验有兴趣或有价值的活动。B. 供给儿童向人家表达意见的机会。C. 指导儿童记录研究心得。D. 使儿童知道自己作文里的错误。为适应儿童能力的差异，作文教学不按原有年级，采用活动分团制。介绍文题应具备难易不等的几个，分别适应。对低劣儿童，应诊断其困难所在予以特殊指导。儿童作文之计分用按错计分法，即专门以形式结构上的错误多少来衡度作文成绩优劣，而不计其内容。上述分析正确与否可当别论，但从儿童心理特点上去考察作文训练的规律，这思路无疑是正确的。

这一时期国统区的写作学研究，论文形式的成果较多，而专著方面未有大的进展。这可能与社会环境的不安定有关：学者们无法在较长的时间内集中精力研究某一课题。一些著作，实际上是"论文集"，如叶圣陶、朱自清的《国文教学》《中学生》杂志社编的《写作的健康和疾病》、朱光潜的《谈文学》等，就是如此。从总体上说，写作学研究的成果稍逊于前一时期。

第四章　陕甘宁边区的写作教育

早在土地革命时期，共产党的中央苏区就开创了自己的教育事业。但共产党的教育事业真正得到发展、壮大，则是在抗日战争和解放战争时期的陕甘宁边区：由军队教育、干部教育，进而到国民教育，初步形成了一套符合自身特点的学制、课程、教材和教法。

第一节　写作教育在边区教育中占有特别重要的地位

从20世纪30年代后期开始，陕甘宁边区的教育，从小到大地发展起来。因斗争和实际工作的需要，国文教育，尤其是写作教育，在边区教育中占有了特别重要的位置，受到普遍的重视。因此，写作教育与其他科目的教育相比，更有活力，也更见成效，逐步积累了一套能适应艰苦的战争环境的教学经验和实用速成的教学方法。

边区中学和小学的国文教育（主要是写作教育）在整个课程结构中所占的比重是相当大的。

1941年2月1日，边区教育厅修正公布的《陕甘宁边区小学规程》第四章第二十条"小学课程及教学时间的配备"规定，初级小学课程为国语、算术、常识、美术、音乐、体育6门，每周总的教学时间为1018分钟，其中国语教学时间为390分钟，占全部教学时间的三分之一强。高级小学课程为国语、算术、政治、自然、卫生、历史、地理、美术、音乐、体育10门，每周总的教学时间为1410分钟，其中国语教学时间仍为390分钟，占全部教学时间的三分之一弱。

由边区教育厅颁布，于1942年开始施行的《陕甘宁边区暂行中学规程草案》第六章第四十条规定："初级中学之教学科目，为公民知识、国文、外国语（英语或俄语）、历史、地理、数学、自然（动物、植物、物理、化学）、生理卫生、美术、音乐及军事训练（女生习军事看护）。体育、劳作两科，于课外进行。"每周教学总时数为30小时，国文科教学时数为每周6小时，为所有科目中最多。第四十一条规定："高级中学之教学科目，为社会科学概论、国文、外国语、中外历史、中外地理、数学、生物学、物理、化学、哲学、美术、音乐及军事训练（女生习军事看护）。体育、劳作两科，于课外进行。"每周教学总时数第一学年为32小时，第二学年为29小时，其中国文科每周教学时数均为6小时，仍为所有科目中最多。

第二节　《初中国文课程标准草案》有关写作教学的规定

对教学目的、课程安排、教学要求等考虑得较为周全的，是发表于1949年1月《边区教育通讯》第3卷第2期《中等教育专号》中，由边区教育厅编审室编辑初中国文课本时所拟定的《初中国文课程标准草案》，其中"（一）目标"部分指出："本科教学的全部活动，必须贯彻新民主主义革命的立场、观点、方法，以达到下列具体目标：提高学生对大众语文和新社会一般应用文字的读写能力，掌握其基本规律与主要用途，获得科学的读、写、说的方法，养成良好的读、写、说的习惯——这是本科教学的基本目的。"这个基本目的强调的是"大众语文和新社会一般应用文字的读写能力"的培养。《草案》规定国文科"占各科全部教学时间（上课与自习合计）的四分之一到三分之一，每周约十二至十六小时。""（三）教材大纲"表明："国文的选材除以语文规律为主要着眼点外，必须同时注意文章的思想内容与知识内容。在思想内容方面应包括群众观点、劳动观点、革命观点、集体观念、纪律观念、政策观点、科学观点、革命的人生观、批评与自我批评以及正确的学习态度、学习方法、工作态度、工作作风等；在知识方面应包括卫生、生物、地理、历史、理化、工艺以及社会知识等。"这些要求，与国统区的"课程标准"有着根本上的差别。"教材大纲"同时还要求"以语文规律为主要线索，组成各个教学单元，实现国文教学的科学性和计划性"。各学年语文规律的单元系统配备如下：

第一年

（1）生活、思想、语言、文字，（2）学习什么语文，（3）认字和写字，（4）读书和听话，（5）说话和写作，（6）简单的句子，（7）复杂的句子，（8）态度和语气，（9）词句的错误，（10）词句的正确。

第二年

（1）观察和分析，（2）六个什么，（3）材料的选择和整理，（4）事物的特点，（5）记叙的立脚点，（6）说明具体事物，（7）说明抽象道理，（8）议论和批评，（9）揭露和反驳，（10）文章的组织。

第三年

（1）语文的科学性，（2）语文的艺术性，（3）语文的阶级性，（4）韵文和散文，（5）怎样发挥主题，（6）内容与形式，（7）客观与主观，（8）语文的发展，（9）文告，（10）报告和总结。

这个"语文规律的单元系统"，大体上涉及语文科各个基本方面，编次上有一定的合理性。"（四）教学实施要点"中第三条"写作"方面的"要点"是：

1. 写作是生活、思想、语言、文字的统一。写作指导包括怎样从社会与学校生活中发现问题，正确地认识与分析问题，选取材料和怎样用语文适当地表达出来。

2. 精读指导（对语文规律的分析研究），实际上包含写作指导的意义和作用，应与之有计划地结合起来。

3. 写作活动需要一方面联系实际生活，另一方面联系所读课文，反复练习以求熟练。对写作的具体要求，应根据各个时期的教学中心与重点适当提出。

这个《标准草案》虽然还不是很成熟，但其特点也十分鲜明：

1. 明确提出"提高学生对大众语文和社会一般应用文字的读写能力"的目标，体现了边区教育的大众化和时代性特征。

2. 较为突出语文学科的工具性这个性质。把政治思想性方面的要求作为前提，把掌握读写的"基本规律与主要用途，获得科学的读、写、说的方法，养成良好的读、写、说的习惯"作为"具体目标"，这种区别是必要的，也是合理的。

3. 选文强调"以语文规律为主要着眼点"，"同时注意文章的思想内容与知识内容"，这一主次的区分也是合乎语文学科教学规律的。

4. "写作是生活、思想、语言、文字的统一"，"写作活动需要一方面联系实际生活，另一方面联系所读课文"的观点，是较为全面、辩证的。把"生活"放在写作指导和写作活动的首要地位，突出了写作本体性的要求。

第三节　边区写作教学的基本情况

边区写作教学的具体情况，即教学原则、要求、程序、方法等，大致如下：

1. 写作指导的原则：

第一，掌握写作的正确方向：用大众的语言，写实际日常生活中的材料。反对"文人雅士"的残余思想。

第二，教学和写作相结合：甲、从学生的写作中发现存在着什么困难，来规定应当教的东西。乙、从教的东西中，联系学生写作，进行指导。

第三，分别对象，分清阶段，顺应学生写作的发展规律，逐步提高。

第四，鼓励写作兴趣，提倡多读、多写、多商量。

2. 写作发展阶段：

第一，写作前，打破对文章的神秘观念，提倡想什么就写什么，怎样说就怎样写。文章就是写在纸上的话。

第二，初步写作的困难及其解决的办法：

甲、困难：1. 没有东西写。2. 想写一句话，但有一个字写不出来，就写不下去。3. 想起话，忘掉字。4. 为想一个字，忘掉下面的意思。5. 学的字，只会用在一处，别处用不上。6. 错别字多。7. 用字很难妥当。8. 语句不通顺（句子不完全，意思不明白，乱用名词）。9. 意思不连接。10. 若先练习造句，造句比写文章还难。

乙、解决的办法：1. 开始鼓励写一句或几句，写不上的字，教员给填上。2. 鼓励写自己经历过的事情。3. 如果不敢下手，可先看别人写的东西（要程度和他相等或相近的，看过高的东西，引不起兴趣，甚至畏难、却步）。4. 如意思多，写不成片段的文章的时候，可以一条一条地记流水账式地写，写好后，教员帮助组织成文章。5. 开始能写成片段的文章的时候，就提倡放手写，尽量能写多少就写多少。不要在文字上过事推敲。6. 错别字多的时候，不要多方面要求。7. 学会的名词不要乱用，并从平时语言上注意。8. 不强调文章的结构，不过早提出简练。

第三，写作中进一步的困难及其解决的办法：

甲、困难：字句写通顺了，但在写作习惯上还有些缺点。1. 有材料，但不会较好地组织起来。2. 抓起来就写，写不下去了，扯了再写，左思右想，致思想紊乱，难于顺利地写成文章。3. 想一句，写一句，想到那里，写到那里，想不起，就停笔，影响文章结构。4. 不会起头，不会收尾，或者开头收尾不是离题太远，就是要也可以，不要也可以，甚或写开去，收不了尾。5. 内容少，零碎，层次紊乱，和主题没有关系的，不知道省略。6. 过去拿句子凑文章，现在进步了，眼高了，想改变这些缺点，但还没有新的技巧来代替，这就产生了新的困难。

乙、解决的办法：1. 指出这种困难是写作上进步的表现，以免灰心。2. 鼓励多写。3. 写前多想，将全篇大意，分段内容，想出个方案来，再着笔写（想一句写一句，容易意思不连贯，想一段写一段，也影响文章结构）。4. 如说起来生动，就照说的话写。5. 对自己写的不满意，而又找不到适当的话来代替的时候：a. 可以保持原来的。b. 不要硬钻。脑子松动一下，再想。c. 找参考材料或和同学研究。d. 先写下面的。6. 非到万不得已的时候，不要写一段就放下，应当下决心写成。7. 不要追求奇迹。大场面，只着重一个问题的侧面写，免得场面大，内容少，下笔宽，离题远。8. 注意写熟悉的东西，亲身经历的事情，心里的话。文章的好坏，不在于词句的美丽，而在于反映事情的真实、具体、不夸大、不掩饰。9. 取材要抓住重心。不管什么都详细写，结果：累赘、罗唆、主题不明。

3. 写作过程：

第一，收集材料：在收集材料上，应当注意下面的几个问题：

甲、帮助学生找材料。

乙、发动学生在日常生活中找材料，留心事物，研究哪些可写，那些可着重写，那些可略去。

丙、组织访问：1. 讲解访问的要目。2. 发提纲。3. 分别进行访问。4. 访问后，互相汇报，由小组长整理。

第二，组织材料：

甲、初学写作的材料组织：主要组织写作范围、大意和中心。

乙、按事情发展的经过来组织（每件事情的发展是有规律的，可以按它的发展经过写出来，就是组织）。

丙、材料多，不知道先写那一些好的时候，应当做如下的解决：1. 先把材料列出来。2. 从这些材料中选出中心来，再把各个材料，按它和中心的关系，排列成次序。3. 按它和中心的关系，斟酌繁简。4. 写时，照顾前后思想的连贯。5. 考虑用语是否妥当。

丁、教员帮助组织材料：1. 听取学生报告材料。2. 根据材料，指导如何分段，使学生在思想中有个提纲，然后再写。3. 如果报告的材料很生动，就照他报告的话写。4. 如果写出来不生动，就照他口头报告的改。

第三，写作：打草稿。

甲、自己增删：草稿打好以后，要多念、多改。

乙、程度好的，不勉强打草稿。

4. 从范文上学写作：

第一，学习范文，是要领会范文的语言结构，看它如何表现材料，借以灵活运用。

第二，根据范文的语言结构，来研究自己的作品，看有哪些不好，试着改写。

第三，反对套范文，因为用范文来套实际，会歪曲实际。

5. 利用报纸练习写作：

第一，从看报中积累生字、生词，来丰富自己的语汇。第二，从看报中丰富自己的常识。第三，报纸中有丰富的实际生活报道，它的写作形式，直接帮助我们学习写实际生活。第四，因此，看报不仅是为了学时事，而且学文化，学写作。第五，因此，看报不仅是浏览，而且应当每天精读一段或一节。

6. 集体写作和个人写作相结合：第一，组织：以三，四人为宜，必要时，可以全班进行。第二，写前集体研究：甲、收集材料。乙、分析材料。丙、处理材料。第三，草稿写成后，集体修改，互提意见，互取所长。第四，全班收集同样材料，交每个人写，把写得好的和写得坏的，可以作为范文来研究。

7. 作文题：

第一，是否出题？甲、出题：原因：1. 有的学生习惯于出题作文，不出题没处着笔。2. 有时不出题，写得杂乱。乙、不出题：1. 自由写。2. 写后标题或不标题。3. 作文和日记统一起来。

第二，题目范围（或作文范围）：甲、和学生的家庭、学校、社会生活有联系的。乙、和讲的功课有联系的。丙、和读的报纸有联系的。丁、不要出空议论的题目。

注意：作文的内容，必须是学生熟悉的东西，因为熟悉，才能更好地写它，也才能更好地练习写。其次，除了初学作文，实在不能自己标题的以外，尽可能地指导学生练习标题，因为这样可以练习整理思想。

8. 写作时间：第一，指定时间写：甲、在指定的时间以内写成。乙、写长文的，可以在次日交。

第二，不指定时间，只规定在一定时间内交作业的篇数。这样做的优点是：便于思索、研究，集体互助，展开写作的局面。缺点是构思不容易集中，写了个头，放下了，第二天又开头写，四五天不能写成一篇文章。

七、改正作业

1. 改作业的方式：

第一，教员自己改。第二，当着学生的面改。甲、学生围着改。乙、把学生轮流叫来，边改边讲。第三，写的词意模糊的地方，问清楚以后，和他商量着改。第四，如问题太多，和他谈谈，给以指导，让他重写。第五，如写的太不接连，没法改，便教他口说，教员笔记，写完以后，和他的原文对照着让他看。

2. 改作业的方法：第一，注意作业的整洁。第二，尽可能保留学生原来的句子和意思。第三，对于初学写作的人，只要能说清一句话就好，以后再注意章句的接连。第四，语句能表达意思，上下贯通就行，啰唆的地方，可以迁就，以后再要求简洁。第五，不要多改，只要通顺，念着顺口，听着清楚就行。第六，在错处打符号，提出问题，让学生自己改。改后，再交教员改。第七，迁就地方惯用语。第八，改作业的字，要用正楷。第九，教员要时常检查自己改的作业，掌握学生的思想动态，要注意学生是用心写还是不用心写，进步快还是进步慢等等。第十，注意改错别字。第十一，注意指正作业中表现的思想：甲、对事物的不正确的观点。乙、对事物的不正确的形容。

3. 集体改作业：有时把典型文章写在黑板上，和同学共同研究着改。

4. 批语：

第一，批语要详细、具体，变成学生鉴别写作能力的武器。

第二，不仅要有尾批、眉批，而且要那里有问题，就在那里批。

第三，在初学写作的阶段上，应当注重在内容上提意见。不要偏重在形式上的指责（如起头、收尾、结构上的一些毛病）。

第四，侧重鼓励，少做枝节批评：甲、注意鼓励好的。乙、偶然写一次坏的，也不要过于批评。丙、开始不用心的时候，要刺激，稍有转变，就要表扬。丁、为了避免骄傲，到一定时机，着重指出缺点，并指导写作方法。

第五，圈点，要有鼓励作用。

第六，为了提高鉴别能力，可让批自己的文章。

第七，教员的批语，要用正楷。

第八，不要用抽象的、八股式的批语。

5. 发作业：

第一，方式：甲、个别发。乙、集体发。

第二，指导：

甲、个别的指出优点和缺点，给以耐心详细的解释。

乙、集体讲评：1. 指出通病、进步和个别好的。2. 将最好的与最不好的在课堂上讲评,讲坏的作业的时候,应当注意学生的情绪,不要使他太受刺激。3. 指出一般的错误,当文法讲。

第三,要快收快发,使作文本常留在学生处。

6. 观摩和研究:

第一,观摩方式:甲、传阅。乙、好的公布。丙、展览(展览好的或一般展览)。丁、教员介绍朗读。

第二,研究:甲、研究教员为什么给改。乙、教员和学生共同阅读改过的作业,看学生是否真懂。丙、和学生耐心研究写不好的原因。丁、改得不好或模糊的地方,发动学生问,教员要作自我批评。①

这里所引用的资料,来自刘泽如的《陕甘宁边区的普通教育》一文。该文写于1949年,是对边区普通教育的全面的回顾和总结,时限为"第一次整风运动后","是根据报纸、杂志上发表的各种创造,把它排列起来,探讨它在教育的理论方面,提出了什么新东西。"所述写作教学的情况有一定的普遍性和概括力。由上可知,边区的写作教育是受到高度重视的,写作教学的要求相当具体、细致,有很强的针对性,在教学思想、教学程序和方法上,基本形成了符合边区教育特点的规范,其中不少内容仍有参考价值。

第四节 边区写作教改经验和实验

边区的写作教改实验相当活跃,教师们积极钻研教学,立足于学生学习和运用中的困难和问题,大胆改进教学,开拓新的教学途径和方法,积累了大量的卓有成效的教学经验。他们的教学经验和实验,举其要者如下:

(一)根据学员所提出的写作上的困难,作为每一时期教学的重心。

---

① 刘泽如:《陕甘宁边区的普通教育》,见《陕甘宁边区教育资料》"中等教育部分(上)",204~211页,北京,教育科学出版社,1981。

史唯在文教大会（1944年）发言中谈到了这种教学法：学员反映说"我作文最大的困难是不会收局"，教员听了，研究了学员们的作业，果然不少同学在起头收尾上都有困难，仔细推敲，原来关键在于不会掌握中心。教员就选了几篇作文作为例子，专门在课堂研究了一次掌握中心即会起头收尾的要领。有的学员又提出："老写记事文，把事情记完了怎么办？""老是记事文，不会写描写文怎么办？"教员就与同学研究取材问题，指出事情是不会记完的，而描写文也不是满篇形容词，把事情或思想（心里的话）写得具体朴实就是生动。史唯认为"目前的困难是字词语汇不足，有的心里有话说不出，有的写起来拘谨展不开，有的能展开却又啰唆，有的会叙述而不会综合。这是下一阶段要注意解决的问题"。[1] 根据学生写作上的需要和困难确定教学重心的方法，使教学能有的放矢、解决实际问题。

（二）延安中学读、写结合的实验。延安中学"三班"所进行的新闻通讯、报告文学与总结报告3个单元的读、写结合的实验："新闻通讯单元内讲了单纯报道、综合报道及速写、特写等形式的新闻，就都练习了写作。报告文学单元内主要讲的是场面的连续、叙述与描写的配合等方法，就这样练习写了一些较生动的报告。总结单元主要讲的是怎样分析问题，怎样用恰当的事例来说明问题的方法，就这样写了'国文学习总结'。教学的效果很好，学生认为'学与用结合起来了'。"读、写结合教学的具体步骤是：①研究课文的语文规律。②运用所学到的语文规律去作文（不是从形式上的模仿，而是从规律方法上实践）。③综合课文的规律与学生写作规律提出主要问题来做总结或讲评（由感性到理性，由分散到集中）。④写作的进一步实践（把总结出来的经验与理论具体运用去指导实践，把实践更提高一步）。"整个教学活动过程是从'实事'到'是'，从'是'到实践，从实践到理论，再从理论到实践。……对语文规律的反复研究与实践是逐步提高与加深的过程。"[2]

---

[1]　见《国文教学法经验汇集》，载《边区中等教育资料》第3期。

[2]　延中国文小组：《国文教学上几个问题的初步探讨》，载《边区中等教育资料》第8、9期合刊。

（三）"重点修改"的实验。该实验的具体方法："在每一学期的开始，对每一个学生的作文要有具体了解，看作文里边存在着那些问题，把每一个问题分作一个单元，并且告诉同学，定出一定的时间，一个一个的去解决。比如把去掉作文中陈词滥调作为一个单元，规定一个月的时间，那么在这一个月中，学生自己的写作，教师的批改，都要以克服'陈词滥调'为重点，这样学生对自己的写作就有了个方向，缺点容易克服，成绩容易表现，兴趣也就自然会发生。在教师方面，改起来容易，信心也就会提高。但修改每一个同学的作文的重点并不是统一的，因为每个学生在作文中所发生的毛病并不一律，因此对这一个学生的重点是去掉'陈词滥调'，对另外一个学生的重点可能又是纠正'粗枝大叶'的作风。这是不可能全部一样的。"①

（四）由易到难的联句法。这是对初学写作的小学生的教法："最初，由教员读、学生记，慢慢到出字做题目，根据时间和学生的程度进行笔述或口述的造句；以后提倡娃娃们大胆的自由造句、记日记、写信，告给他们，句子、文章，就是话的记录，写信就是在纸上讲话（修辞、结构是以后的事），怎样说的、怎样想的，就怎样写，写完以后诵读，读了不通，再依照说话来改。"②

（五）"口里怎样说，纸上就怎样写。"绥师地干四班教师在指导学生练习写作时，在写作的方法上，"只教他们除了太土的话以外，'口里怎样说，纸上就怎样写'，写的文章念起来一定顺口，听起来清楚，自己还不完全懂得的新名词不要乱用。因此，他们写的文章，都比较朴素或'生硬'，没有复杂的长句子，也没有形容描写的字眼。③"有关的文章也谈道："地干班同学来自农村，对作文多抱着传统的旧观念，认为作文章是极不

---

① 杨典：《怎样指导学生的写作》，载《边区教育通讯》第3卷第2期《中等教育专号》。

② 《在摸索试验中成长的杨家湾小学》，见《陕甘宁边区教育资料》"小学教育部分（上）"，216页，北京，教育科学出版社，1981。

③ 《绥师地干四班国文教学总结》，载《边区中等教育资料》第4期。

容易的事，十年寒窗还学不通作文，考不取秀才。因此对作文很胆怯，提起作文就发愁，就头痛。延中地干班五班就是这种情形。对这些同学首先应打破作文难的观念，使他们了解作文就是用笔说话，就是把要说的话写在纸上。想说什么，就写什么；想怎么说，就怎么写；写出来就是文章。为了纠正他们的错误的观念，把作文改称日记或习作都可以。对他们应鼓励写作的兴趣和勇气，多给他们写作的机会，如多写日记，多作记录，多写书信等等。这是提高他们写作能力的道路。对他们所写的东西，要多从好的方面鼓励，少给枝节的批评，尤其不应偏重形式方面的指责。如写文章的起头、结尾、组织结构上有何毛病等等。"① 以"写文章就是用笔说话"这样的浅显化的解释，来指导成人写作训练，打破他们对文章的畏惧心理，迅速由"语"过渡到"文"，这在当时是一种较为普遍有效的写作教学方法。

（六）课外写日记和"十句话运动"。陇中地干班的程萍在这方面的探索较为细致和深入，成效显著。程萍认为在课外作业中，日记是最主要的。她对如何写日记确定了这样的原则：①要号召同学们写日记，但不强制写，并说明如果实在没法写，可以等一个时候，先看看别人的。首先摆脱一部分同学精神上的负担。②鼓励现有写日记的同学，加强对他们的具体帮助，在课堂上讲解他们的日记，借他们的影响去推动其他同学，刺激其他同学的写作情绪。③特别强调说话与作文的同一性，提出说话就是"嘴巴上的文章"的口号，打破同学对于文章的神秘性和畏惧心。④根据不同水准，订出具体计划，有步骤地去提高。具体办法第一是扩大日记的范围：①号召同学们走出一天生活琐事的圈子，说明日记不是单纯的起备忘作用，把它提到与每个人工作前途有关联的问题上。②确定除了重要的社会活动和学校有特别意义的事（如生产、防荒）可以记外，要把日记变成工作总结、报告、反省的园地。③记自己在工作中所听见、看见的某一个人、某一件事、某一个问题。④整理记录和读书心得。此外，教员还要

---

① 《关于地干班的问题》，载《边区中等教育资料》第 11 期。

经常注意有哪些东西可以写,随时告诉某一个或某几个同学,帮助他们随时获得材料。第二是对程度低的、从没有写过东西的同学,提倡记"流水账",教他们一条条地写,将有联系的或无联系的各项事情、问题写成一条条,写好后给教员作文字上的修改,意思能联系的有关的各条,就帮助他去组织一篇有系统的文章。第三是有计划地去提高他们,根据全班的水平确定这几个步骤:程度低的根本没动过笔的,第一步就是放手让他们写,不管写的是个啥,原则就是写。第二步就是注意句子的通顺。第三步就是全文清楚,能说明一件事情。最后就是要求能渐渐做到有组织和精练,能展开思想,提出问题。第四是配合写日记,发起一个"十句话"的记录运动,不论是周会、大报告、讨论会,每人都要练习作记录。"十句话记录"是练习做记录的开端。这十句话不要完整不要通顺不要中心,不怕错字,记一人的话也可,记十人的话也可,前拉后扯也可,总之,只要记下十句话就行。第二个阶段由十句话渐渐提高到二十句、三十句、五十句……第三阶段记一个人的或几个人的发言,并整理成一篇文章,记好后交教员改错字和记错了的意思。这样就成为同学们记日记的准备材料。在同学极端兴奋的情绪下,这个运动很快就普及了,差不多每会必记。学生反映说:"作记录对我帮助最大,将来出去工作,再不行,记录总能成!"程萍还对日记的批改摸索了一套很有效的办法,如个别改与集体改相结合,教员改和学生改相结合,重复改写,学生讲教师记录,哪里有问题哪里批,制订日记统计表等。① 程萍的试验,在边区国文教育界颇有影响。

以上这几种有代表性的教学方法,是边区教师在十分艰苦的教学条件下的新探索、新创造,有些虽然可能还比较粗糙,但从中所体现出来的创造精神却是弥足珍贵的。边区教师们从生活出发,从需要出发、从学生实际困难出发的写作教育思想,为新中国的写作教育的发展奠定了良好的基础。

---

① 程萍:《地干班国文教学》,载《边区中等教育资料》第1期。

第五节　边区写作学研究举要

边区语文教师在写作学研究方面也有一批有价值的成果。由于受到客观条件的限制，这些成果以经验性、实用性的教学总结、报告、记录、发言等居多，基本理论的研究较为缺乏。但尽管如此，也已经是难能可贵的了。

写作学研究方面的文章，主要刊于《边区中等教育资料》和《边区教育通讯》这两份刊物上，有些也散见于《解放日报》和《新华日报》。在《边区中等教育资料》和《边区教育通讯》中，国文教学研究方面的文章占据了较大的比重。《边区教育通讯》第2卷第1期还特辟"作文指导专号"。

由于边区的写作教育立足于"速成"，不但教学面向中、小学生，还要面向成年人，因此，"写话"的研究较受重视。这方面的代表作有辛安亭的文章《文从说话起》（《边区教育通讯》第1卷第4期），平生的《写话教学法》一书。（详见本编第五章第八节。）

辛安亭的文章谈到中小学生在作文中存在的问题，是因为教师出作文题不是根据学生的生活经验和兴趣，而是根据自己的主观要求；对作文的批改，又脱离了切合实际这一标准，偏重于词句的美丽。因而提出了"作文的第一步'文从说话起'"这一命题。他说："上述教员指导作文的偏向，虽然表现在各方面，但错误的根源却只是一个。那就是不了解指导学生作文的第一步，是教学生有话说，敢说话，拿起笔能够拉得开；是教学生了解作文就是用笔说话，想说什么，就写什么，话怎么说，就怎么写。这就是要使学生的作文向说话看齐，跟着说话走。这也就是'文从说话起'的意思。"他认为因为学生的话是从他们的生活中来，所以，文从说话起不但解决了语言问题，而且解决了内容问题。果真做到了这一点，学生所写的自然会是实际事物，会是他们所熟悉的事物与他们真正的思想与感情。

他分析了学生作文没话说的原因有几种：教员有意无意地不许学生作文时说他想说的话；学生说了想说的话，而教员不加鼓励，甚至抹掉了；教员不许学生作文跟着说话走，而要他们作文跟着课文走，鼓励鹦鹉学舌，鼓励模仿词句，睁着眼睛说瞎话，东拉西扯，胡说八道。"这是旧社会教学老八股的遗毒，那时候就是把'文从胡说起'当作指导作文的方针的。这是一条错误的路线。"为了纠正这种错误，他提出"首先是（非全部是）把他们想说的话，能够说出来，不是要他们说的怎样好。……本着这个精神，选课文时不应根据教员的要求，应根据学生的了解水平，同时要注意文章的内容是否切合实际。讲文章与批改作文时，都应当从是否反映了实际、反映得适妥与否加以指示；不应把力量放在词句的玩弄上面。出作文题时应该从学生的生活中、学校的各种活动中、学校附近的社会上找出适当的事件，发现一定的问题，加以指点，让学生自由去写；不应凭个人一时的感想随便拟题。这最后一点是最重要的"。这种从说话入手的写作起步训练的构想，对纠正写作教学中的不切实际和言之无物的弊病，是有较好的疗效的。

初版于 1947 年的平生著的《写话教学法》，将"文从说话起"的教学思想做了进一步的发挥，对写话教学的步骤作了较为细致缜密的安排，初步形成了系统的教学体系。该书的教学对象主要是"工农大众和工农干部"，兼及"小学里的儿童"。作者说："本书所提到的关于写话教学的原则和具体办法，对于小学里的国语教学，也都适用或至少可供重要的参考。特别是纠正小学国语教学在读和写方面存在着的语、文不一致的偏向以及'出题目，做作文'的一些流弊。"作者的这些意见，应当引起小学语文界的关注。

作者所提出的几个教学观念有一定的参考价值。

（一）要拿话做主来学，不要拿字做主来学。"现在还很普遍的学单字的办法，应该改用'写话'学字才对。"这种看法是有道理的，因为这样做对提高学生的识字效率和语感都有所助益，既能加深学生对"字"的意思的理解,又能熟悉文句的表达规律。

(二)写话学的字是顶有用的字。作者认为字里有顶有用的,有次有用的,有不大有用的,有完全没有用的。我们学字,总要先学顶有用的字,而顶有用的字都在平常说的话中,所以通过写话学到的字就是顶有用的字。

(三)写话教学容易打好阅读和写作的基础。作者认为写话教学因为话是现成的、大众的,我们的大众报和大众读物,照理也该用这些大众话来写,所以学会了这些大众话之后,就可说已经打下阅读大众书报的基础和写作的基础了。

上面这些看法,都很浅显很朴素,但却寄寓了很深的教学规律。"说"和"写"有很多的共同点,由"言"过渡到"文"的教学方法,不但在写作学习实践上,而且在教学观念上,都有待进一步的探索和提高。

对读、写结合教学的研究,也是边区教师教学研究的一个重点。在这方面延安中学国文教员郭绳武的《读写结合的国文教学一个实验》(载《边区中等教育资料》第8、9期合刊)较有代表性。他认为语文教学中存在着读、写脱节的现象:选文必名著而且多文艺作品,学生作文则多千篇一律,四不像的滥调,没有任何应用价值的"学生腔"充斥于作文簿之中;阅读上好高骛远,不求甚解,在写作上粗枝大叶,敷衍塞责。日久天长,都成了"眼高手低",而不知所谓阅读能力之高并非真高,而写作能力之低已经引起社会舆论的普遍不满,教学效果与工作需要大相违背了。"本来从语文规律上来说,阅读方面与写作方面是完全一致的,真正能够读得通,也就应该能够写得通,真正能够读得好,也就应该能够写得好。反之,其所以写不通、写不好,正因为本来就没有读通、读好。""如果在阅读上实事求是,发现了规律,就可以把这种规律应用在写作上,而很快提高写作能力。另一方面,在写作中又可以进一步掌握这种规律,而更增进阅读能力。这样阅读和写作就不是互相隔阂的,而是互相结合、互相促进的了。""语文规律适应着语文实际的一般性与特殊性,也有一般的与特殊的之别,而一般的又必然通过特殊的来表现。例如一般的叙述文有一般的规律，而叙述文中的特殊形式新闻通讯又有它的特殊的规律，必须既懂得一般规律，又懂得特殊规律，才能达到具体应用的目的。所以阅读与写作不仅应在一般的语文规律上结合起来，而且应在特殊的语文规律上结合起来。"基于这种认识，他进行了一次三个月的实验，"据学生的成绩和反映，对提高写作能力的确收到了很大效果。"有关的具体情况，他也作了极为详细的说明，可供参考和借鉴。

上面郭绳武的研究主要讲的是"由读而写"，志匀的文章也同样讲到读、写结合，但他注重的是"由写而读"。作者在讲到"作文教学和读书教学的关系"时说："关于处理材料，儿童有了材料不会处理，譬如写游记，有时只写出发时的情形有时只写回来时的情形，教员就要在读书教学中告诉儿童，一件事情，有它的开始、经过和结尾。还有儿童遇见困难，就沮丧灰心，教员要告诉儿童，看问题必须从两方面去看，困难渡过了就是胜利，如《添上一只小狗》（课文），这样可以使儿童的思考能力发达。然后再告诉儿童，文字要分段。如写游记吧，出发前一段，经过一段，回来时再一段，这样训练久了，文章就有条有理了……""关于丰富词句：儿童对有些事物，因词句贫乏，常常写出死板的不通的词句，我们在读书教学里，就要经常讲这一问题。第一，每遇到好的材料，让学生仿作。第二，将不通的句子写在黑板上，让大家改，然后教员改和讲。第三，将死板的句子和活泼的句子，写在黑板上，让儿童比较的看。"[①] 由读而写，由写而读，双管齐下，写作教学的效果可能更好。

边区教育以"学了就能用""和群众需要相结合"为教学原则，规定国语课，初小毕业要学会记账、开路条、写对联、写简单信；高小毕业要会写信、写合同、写报告、写通讯及群众婚丧事宜的一般应用文等。所以，写作教学与实际生活相联系这一点受到普遍的关注，摸索出了不少切实可行的教学方法。杨家湾小学在试验中体会到：在实际中进行学习，是很好的学习方式，如参观了织布，就讲纺织，乡政府过（收）公柴时，就

---

① 志匀：《谈作文教学》，载《边区教育通讯》第2卷第4期。

学大秤。学了之后，到实际中去应用，又是巩固成绩的最好办法，如发动娃娃回家去记账、打条、到识字组去读报纸，参加会议作记录等。米脂中学在国文教学总结中也谈道："作文内容能联系实际。如六、九班参观工厂，访问工人，十班请农场同志报告，写工人实际生活，十、六等班经常进行应用文的练习，发动写防旱备荒，并提出反对写作上无病呻吟等。由于题材实际，写起来也较容易，学生进步更快，全校绝大多数作文上说空话、脱离实际的现象是普遍减少了。"①

由于立足于应用，注重与实际生活相结合，在教法上就十分灵活。黑黎在《关于作文教学》（载《边区教育通讯》第2卷第1期）中谈到"打破课堂界限，那里都可以教学，趁学生到校外散步、旅行及其他各种活动的机会，来锻炼学生造句，引起他们对自然界及其他各种事物的认识，有时见景生情，也可给他们讲解点现成的诗文。这都能培养他们作文的兴趣。比如春天桃花盛开，学生到学校对面的桃林散步，教员形容桃花如何好看，他们也就跟着作起句子：''红红的桃花非常好看，我们很喜欢。''桃林旁边有柳树，我们拿树枝来做哨哨。''我们大家在桃林的草地上做游戏。'（二年级）……秋天里，学生种的南瓜结了一地，晚饭后他们去看，教员稍加启发，他们的兴头就来了。在南瓜上刻着'劳动的果实'，'自己动手，丰衣足食''黄金果'，'血汗的收获'，'生产打仗，争取胜利，好过太平年'。（四年级）"这种教法活泼，自然很受学生欢迎。

此外，启发式、讨论式教学也多有论及。

范永新在《我怎样教儿童作文》（载《解放日报》1946-07-12）中谈到启发式、讨论式教学的具体做法："先把草稿起好，以一个小组为单位进行讨论，讨论时自己把自己的草稿念一遍，大家提意见（最好是逐段讨论），大的方面有毛病散会后改写，词句上有毛病随时修改。在讨论时往往发生争执，但这正表示大家都认真。……这样使儿童在开始作文时，能正确了解事情，准确表达思想。同时先生要亲自参加，给以适当的启

---

① 《米中国文教学总结》，载《边区中等教育资料》第3期。

发。"杨家湾小学的做法是："教员先提出题目，学生发言讨论，教员再插问启发，最后得出的结论就是教材。这样娃娃通过了脑筋，印象深，教员也可以从中学习儿童心理，地方风俗习惯，群众的看法等。"应用文"看病介绍信"的教学是："由治病要什么手续引出题目，以后谈为什么要介绍信，做什么去，而写出'今介绍北郊乡杨家湾村居民×××前来看病'；再谈到以后要什么手续，信是写给谁的，再续上'请允挂号，此致　中央门诊部'的信尾；最后讲由谁写的介绍信，何时写的这封介绍信来完成'北郊乡乡政府，月日的下款。这样，应用文的结构，就会由于对内容的理解，而容易接受了。"

以上情况表明，边区写作教学研究和探索跟教学实际联系得特别紧密，有很强的实用性。它一般没有泛泛之论，条件不允许对教学实践作系统的整理和科学的抽象，但其中还是体现了许多带规律性的东西，"写话"，读、写结合和写、读结合，打破课堂界限，联系生活实际，讨论和启发式教学等，都很值得深入探讨。总之，边区的写作教学和研究，都更为切近人民群众对文化的需求和学习文化的实际，有极其鲜明的大众化、普及化的特点。

第五章 写作学论著简介

第一节 裴小楚的《习作的方法》

该书主要讨论的是文学作品的写作,世界书局1940年出版。

作者在"自序"中说:"本书共有十四章,除了第一章泛论外,第二章是研究用词的方法,第三章是论造句,第四章是论分段,这虽然在文法中可以讲到,但是在习作上讲,这是最基本的习作基点,我们不得不首先要说个明白。""至于题材的问题,在习作上更是占着重要的地位,本书第五章是讲述获得题材的方法,第六章是研究题材的配置,第七章是研究题材的各种表现方法。""结构和技巧的修炼,与一般的写作方法,这是习作者抓住题材后,下笔时的重要问题,我们把这三个问题,作为本书的中心问题,分别为第八、九、十共三章来详细的研究。""但是在习作上,各种文学作品的习作方法,我仍特别的提出的,如诗歌、小说、散文和报告文学、戏剧等,在末了第十一章至第十四章都有习作法的分述。"该书的框架和体例可见一斑。

全书大致可分为3个部分("泛论"除外),第一部分二至四章,讲的是词、句、段的构成,可称为"文章构成法";第二部分五至十章,讨论从题材的获取到表现的过程和方法,可称为"写作基本技法";第三部分十至十四章,对几种主要的文学体裁的写作方法作了说明,可称为"文体写作法"。第二部分该书的精华，其中对题材的研究尤为可取。

关于"怎样获得题材"，作者首先从"什么才配做作品的题材""一切材料的搜集""题材的估量""主题的确定"等4个方面进行论述，对文学作品题材的形象性特征和应具有积极向上的社会效果这两点加以确定，强调获得题材应注重观察、揣摩，并要"想象地补充经验的不足"，要善于对题材的利用价值作出判断，以"有力""动人"作为确立主题的基本条件。

接着从"题材的取舍""题材的结构和布置"两方面谈"怎样配置题材"，认为题材"要简洁不可拖泥带水"，其方法是：（一）不能重复。（二）不能多加无用材料。（三）不重要者，枝枝节节不需要保留。（四）章段的材料必须取舍得平均，不可过多，亦不可太少。（五）表现现实的材料应尽量采用，幻想的材料，设法排弃。（六）应该能自由活用材料使布置恰当。题材的结构和布置，要求在写作前作"通盘筹划"，这主要应考虑：题材的因果关系，题材中的主角和配角的轻重之分。在布置上应有从属主客的分别，主要部分要加重描绘和布置，就是说要能使主题有力地表现出来。所谓"有力"，须具备3项条件：一是要把握住主题；二是火力集中于主题；三是注意小主题。在"配置题材"之后，该书继续讨论"题材的表见方法"。作者先表明了写作前须研究一下"到底自己的作品适合那种表见"，然后分别说明了几种表现题材的方法：描写、对照、象征、暗示、典型等。

《习作的方法》在行文上较为简练，对各种"方法"一般只是点到为止，所举的例子也只是三言两语，这固然有简明扼要的一面，但对于习作者来说，有时可能会感到欠具体，对如何掌握这些"方法"不尽了然。

第二节　蒋伯潜、蒋祖怡的《章与句》

《章与句》（上、下册），由世界书局1940年出版，系陆高谊主编的

"国文自学辅导丛书"第一辑之三、之四。这部书在写法上类似于夏丏尊、叶圣陶的《文心》，也是用"故事"的形式来讲语文知识的，可视为《文心》的姐妹篇。

该书的编写意图，蒋伯潜在"自序"中这样说："……现在各初中差不多以《文心》《爱的教育》《文章讲话》《文章作法》《词和句》等，为学生的课外读物。可是这一册，那一册，各自独立，并不是按照中学生程度，由浅入深，整套编成的；就各书的形式和内容看，也分不出它们的深浅。所以甲校定《文心》为一年级的读物，乙校定《文心》为二年级的读物，丙校又定《文心》为三年级的读物，把它看成万应灵膏，什么人什么病都可贴的了。至于高中，尤其没有办法，许多教师只得将《孟子》《史记》《战国策》《通鉴纪事本末》，提起笔来随便替学生开一张书单子。""'我们得替中学程度的青年编一套适于自学的有系统的课外读物！'这是近十年来我和朋友们常说的话。""丛书"的"编辑例言"说："本丛书分一二两辑：第一辑六册，供初中三学年用；第二辑六册，供高中三学年用。各按学生程度，由浅入深，循序渐进。""本丛书第一辑共分三组，各自成一圆周：第一二两册为一组，以字与词为中心；第三四两册为一组，以章句构造为中心；第五六两册为一组，以文体及作风为中心。"由此可见，该书是为救历来学生自学书籍的系统性上的缺失而编的，《章与句》这两册，是专供初中生学习"章句构造"而编的，不是包罗全体语文知识的书。在这一点上，较以往课外阅读书籍的无序状况自然是一个进步。

《章与句》上册主要讲文章知识，如音调和节奏、句的构成、语气、词性、标点符号、古代修辞、比喻、夸饰、省略和婉曲、比拟和借代、模拟和创造、诗句与文句、今文十弊等；下册主要是讲写作技能的，如怎样写成一个好的开端、怎样写成一个好的结尾、动作与对话、字的艺术、文章构造、题材的觅取、谈诗（一）（二）、情感和性灵、记叙和描写、思想和想象、文章的动态和静境、翻译批评及其他、关于小品文、怎样写一篇好的论文、作文实习等。该书所介绍的文章知识和写作技能较为集中，且有一定的系统性，在体例上，有别于《文心》的广大丰厚和"读写一体"。

《章与句》在写法上明显受到《文心》的影响,通过抒写中学生熟悉的生活,适当地编织进写作知识,在知识性与情趣性的结合上,也做得较为自然、巧妙。

例如下册第五章"字的艺术",写的是一个礼拜天的清晨,国文老师李亦平因听到外国人的钢琴声,情绪不佳,便命儿子铁儿去写字,铁儿不愿意,而他的妻子韦玉却沉湎于钢琴曲中,拉着儿子听琴声,对他半理不理,夫妻二人因心绪不同就争吵起来:

"你老是忙着要他学字,学字有什么用呢?"

"写字是一种艺术,同时多练习写字,将来不容易写错字,这是第一点好处。多写字,手腕纯熟了,时间可以经济,这是第二点好处。字写得可以过去,将来别人看了你的字,便先有一个好印象,和你们女人平日涂脂抹粉的道理一样,这是第三点的好处。你明白了没有?"他故意将末句说得着重,意思是她已经没有反驳的余地了。

"你还是这样固执。"韦玉笑着说:"书法,在古代认为是一件艺术,但是近来已被逐出了象牙之塔了。文字不过是一种记言记事的符号,学好了不过是给布尔乔亚阶级赏玩,又何必去认真研究呢?"

"这是你的偏见呢!当然,我不希望每一个习字的人都成为名家,替别人去写匾额和账簿。我也不赞成清代科举的所谓'大卷子'字;同时,写字出名了,对国家社会也没有什么影响。但是小孩子们的习字,是要使他们每一个字笔画的熟练。将来写出字来,有他自己的一种风趣。……借此我们可以告诉他一些文字学最粗浅的常识。同时,例如写一封信,几个字写得太不像话了,使人感觉一种厌恶。"亦平倒了一杯茶,准备开始辩论了。

"你将书法比喻女人的涂脂抹粉,是一种错误,因为女人的涂脂抹粉是不应当的。文章的好坏在乎文章,同字有什么关系?同时字帖上错字也很多,学了反而使他多了一种错误。"韦玉的理由很充分。

"我所谓'涂脂抹粉'是代表女人爱美的观念的。你们艺术家不是崇仰'真''善''美'的吗?字不写错,合乎真的条件。虽然字帖上也有错的地方,你看我不是已将这魏碑改过了?文章的好坏在乎文章本身,这是对的,但是文字也可以帮助它一些的,让我提出几个证据来……"

"但是照艺术的眼光来观察,孩子们初学字的书法,未必见得比名人的钟鼎石鼓来的没有趣味,一临摹之后,反而俗不可耐了。"韦玉依旧不佩服亦平的议论。她一面在替孩子做衣服,一面和亦平辩论。

"但是童年的天真却不容易保持,年龄大了起来,往往会流成庸俗的一路的。像商贾开簿面的字,俗不可奈。所以能学,还是学的好。"

"那么你可以先叫他学钟鼎或者小篆好了,这不是于文字学更有关系了吗?"

"那理由很简单,因为现在通行的是楷书。"

亦平夫妇俩的争论直到一个朋友来了,韦玉提议由她当公证人来评判是非,这场辩论才算有了结果,这朋友说:

"现代习字是应该的。因为'字'含有相当的艺术性。但是应该着重于'字'本身的趣味,多临帖可以多一些参考。同时,我以为现代习字不应该像古代一样的求庄重求逼肖,应该着重于轻快和流利,这是我的意见。"

作者通过对一对夫妻间唇枪舌剑的场面的描写,很随意地就把当时人们对习字的不同见解解说得清清楚楚,让读者不知不觉地了解到了有关习字的种种看法。

该书对有关知识的介绍均较为严谨,古今中外取例宏富,论理透彻,旁征博引,左右逢源,有利于拓展学生的学识视野。

如果说《文心》是"读写的故事",那么,《章与句》更像"小说",作者在展示背景、刻画人物、构造情节等方面颇费心血,各章之间有张有弛,知识密度有大有小。这种知识性和情节性的结合,也可以从该书的目录中看出,在知识类标题中穿插着"孤儿之泪""在病中""中秋之夜"

"重阳的故事""生活的挣扎""重来""清明风雨""话旧""离情"等情节性标题。这大大增强了该书的可读性，避免了介绍知识内容必然产生的沉闷和枯燥，使学生从中也感受到抗战时期的世态人情，得到一份文学的浸染。

第三节　蒋伯潜的《中学国文教学法》

《中学国文教学法》，中华书局1941年出版。

书的目录为："绪论　国文教学的目的与国文教师的修养""本论一　课内讲读""本论二　习作批改""本论三　课外指导""余论　国文教师的进修"。"作文教学法"方面的内容，主要体现在"本论二　习作批改"这个部分。

该书将作文教学摆在较为重要的地位来认识。

这可以从作者的国文教学的目的来看，国文教学的目的有二：

（一）正目的——国文科所特具的教学目的是：

"使学生对于生活所需的工具——国文——能运用，能了解，且能欣赏。"

（二）副目的——国文科与其他学科同具的教学目的，又可分为两项：

（甲）"使学生了解我国固有文化之一部分——学术和文学的流变。"

（乙）"使学生明了我国固有道德的观念及修养的方法，并培养或训练其思辨的能力。"

作者在"正目的"中，首先提到的是使学生"能运用"国文，强调了写作能力的培养，在"副目的"中也提到"并培养或训练其思辨的能力"，这跟写作教学的关系尤为密切。

作者关于写作的基本观点是："写作是一种技能，是生活所必需的技能。……中学生作文就是习作，练习写作，不是创作。学生应当认清：作文是为自己，不是为教师，为学校；作文的目的是在学习将来实际生活所必需的熟练的写作技能，不是在获得分数。教师应当认清：指导批改学生的作文，是教师应负的责任，应尽的义务，无可诿卸的责任和义务。"

在"本论二　习作批改"中，作者分别对"命题""指导"和"批改"，作了较详细的讨论。

作者认为中学生作文，当以教师命题为原则，习作的次数，最好两星期1次，习作当限定时间。命题要注意四点：（一）顾到学生的能力；（二）顾到学生的生活经验；（三）顾到学生的心理与兴趣；（四）顾到学生的需要。总之，"命题当以学生为中心，使学生能作，易作，喜欢作，需要作。果能如此，则学生将以习作为乐事了。可是题目的范围，勿过狭窄，勿太宽泛。过狭窄了，易有枯涩拘束之弊；太宽泛了，易有肤浅浮滑之病。题目的形式，当竭力避去经义、策论等科举时代试题的遗形；其实，这类题目，并无可取。题目的内容勿过求新奇，也勿流于陈腐。至于作法，则议论、说明、记叙、描写、抒情五者，都须有相当的学习；大致记叙题，宜于低年级，说明、描写、抒情次之，议论题宜于高年级。题材的来源，不外学生的生活经验，阅读心得，耳目闻见，应有情感，以及其他各科的教材。"

作文的指导分为两类，一是指"一般的指导"，包括审题、立意、取材及用材、结构等方面的指导；二是指"特殊的指导"，即对某种文体加以特殊的指导。作者对"一般的指导"作了较为详细的说明。

关于批改，作者提倡"黑板练习"和"先叫学生自己改"这两种方法。"黑板练习"，即"先指定三四个学生，由教师命题，或不限题目，只限定体裁，或指定一段读过的文章，叫学生模仿。大约三十分钟，便须作完。他当场动手就改；随改，随把修改的理由讲给学生听。如其不到三十分钟，就做好了；他先叫别的学生改，改得不妥，或不能改时，他再加以补正，仍把理由讲给学生听。""先叫学生自己改"，即"学生作文缴卷以后，我先阅看一遍，在卷子上加许多记号，到第二周不作文的那二小时，发出去叫学生就有记号处自己改正，改后另抄一份，连原稿再缴给我，我再加以核对，未改者或改得不妥者，然后再来批改。批改那一个学生的作文时，便把他叫来，坐在我的书桌旁，一面改，一面讲，一面批，务使他们知其当然和所以然。这方法，一则先叫他们把自己的作文重新考虑一遍，则对于第二次的批改，印象自然较深刻，二则用个别的教学法，比较普通的班级教学，自然亲切得多"。"黑板练习"，实际上就是当场做当场批改，可收迅速反馈直接交流之效。"先叫学生自己改"的方法则较繁难，包括3道工序：教师在卷上加记号，学生自己修改，教师当面改、讲、批。这种方法如能实行，效果肯定不错。因为学生的参与程度较高，通过两次修改，文章自然会有较大改观；学生有所思考，对教师的要求和写作规律的体悟也就更深。只是在学生数较多的今天，教师恐难做到。大约只能对一小部分同学运用此办法。

在"本论三　课外指导"中，作者说："初中学生做日记，每苦于枯窘。我以为，与其叫他们做没话可说的日记，不如叫他们做周记。一则，七天之内，随意记述，决不会找不到可记的材料；二则，每天记，反容易养成敷衍塞责的潦草习惯，甚至于说谎造谣；三则，天天有日记，每班四五十人，便有四五十篇日记，无论由国文教师看，由训育人员看，其势不能篇篇都看一遍，改作周记便可以普遍地查阅了。"这种要求初中生做周记的课外练习，从现今学校学生所做的情况看，的确不失为一种切实可行的训练方式。由于周记没有什么限制，取材自由，学生往往做得比课内作文还好。此外，作者谈到假期作业时，认为"通信"是个好法子。每个学生，暑假里至少须和教师通信两次，寒假里至少一次。教师得了学生的信，不但须写回信，并且须把来信细加批改，寄去还他们。学生写给教师的信，或问候，或请益，或报告见闻，或研讨国文，都可以自由抒写；但不许全信作敷衍应酬的空话。教师批改回信，不论格式、文字、语句、意思，都得加以纠正和指导。这种假期作业有许多益处：一是书信的实地训练，可以把写信的格式和措辞学会；二是等于作文习字，可以练习写作；三是可以从教师的回信中获得许多知识；四是可以增进师生间的情感；五是可以引起写信的兴趣；六是可以趁此机会，督促指导其他假期作业。通信之外，还有一种收集的工作。"程度低的学生，可以教他们收集各地民间的山歌儿歌，或传说的故事，或特殊的风俗；程度高的，可以教他们收集本地名胜的史迹，乡贤的传记；假满回校，分类编纂，成绩如果良好，简直可以成为专书。学生的籍贯散布得愈广，则收集的材料便愈丰富，编成的书便愈有价值；而且集腋成裘，并不是十分困难的事。这不是一种很有趣味的假期作业吗？"这里所提到的"通信"和"收集的工作"，构想不乏新意，只是实行起来恐怕难度较大。

第四节　蒋祖怡的《文章学纂要》

《文章学纂要》，正中书局1942年1月初版。这是一本普及性的文章学著作。封面标示"国学汇纂之一"。"国学汇纂编辑例言"中说："本书汇纂大要，别为十种，供专科以上学子及一般程度相当者，阅读参考之资。"

该书共分20章："绪说"；"字的形态与意义"；"字音的变化"；"复词的组织"；"词性及其活用"；"实数与虚数"；"遣词的方法"；"句的构成式"；"句子的变化"；"明喻暗喻和寓言"；"夸饰"；"大名与小名"；"造句上应注意的事项"；"章篇的安排"；"开端与作结"；"动作的描写和感情的抒发"；"题目的研究"；"写作的准备"；"文章流变（上）"；"文章流变（下）"。作者在"绪说"中对该书的体例作了说明：

> 文章的基石，是文字。……所以论作文，不得不先就文字的音、形、义作简略的叙述。……句的组成，其分子是词；一个字的词，称作"单词"；两个以上的词，叫作"复词"。复词的组合，可以归纳出几个方式来的，所以又特立一章，加以讨论，带便可以纠正一般随意杜撰词语的疵病，也可使读者知道字与词的关系。文法上常将某一词归入于某一类，而通常作文时，大抵不拘于词类上的限制。所以讲文法修辞也只是相对而非绝对。所以本书在分述词类之后，注意的还在它活用的一方面。因为活用词性是文章中最常见而巧妙的事。全书开

端到第七章为止，讲从单字到词语的大概；以下六章讨论句语的结构与变化；再下五章研讨整篇的结构，及写作上诸问题。——作文上重要的事项，大抵已缕述无遗了。骈文与散文，文言文与语体文，形成了文章中的三大堡垒。一直到现代，还有人专学桐城，专事汉魏，或全拟六朝骈文。其实，语言和文章，本是一致；三代以前之"文其言"是写录的语言；三代以后语言和文字分离，即是散文；而散文之中又有更文的文体，是骈文；现代语体，又合语言文字为一，其始实肇端于唐宋之际。所以将它们的分合源流，略为两章，附于全书之后。文章历史的叙述也有帮助于作文的。

就是说，全书共分4个部分，第一部分二至七章，讲字和词；第二部分八至十三章，讲句子；第三部分十四至十八章，讲篇章结构和写作上的问题；第四部分十九、二十两章，讲文章源流。第一章"绪说"总领其要。

既为"文章学"，"绪说"部分首先对"文章"的意义加以考订：

"文章"两字的本义，即"彰"，是文采的意思。《考工记》："青与白谓之文，赤与白谓之章。"许慎《说文解字》中也说："文，错画也；像交文。"都是解释作文采的，后来引申作"文辞"讲，和"文采"两字一样。《礼·乐记》："广其节奏，省其文采。"《疏》："文采，谓乐之宫商相应，若五色文采。"而司马迁《报任安书》中亦作"文辞"解："文采不表于后世。"现代所用，都是它们的引申义。"文采""文辞""文章"三者的意义是相近的。

《史记·孔子世家》："约其文辞而指博。"杜甫诗："平生感意气，少小爱文辞。"文章是代表语言的，所以也可以称作"文辞"。《论语》中说："辞达而已矣。"即以辞代"文章"；《左传》中也有"言之无文，行之不远"的话，它将"言"和"文"混在一起讲，可见文章和语言关系之密切了。我以为三代以前言语和文章一致，语文并不分途，这也是一个证据。

作者接着探讨了古人以为文章之道是非常奥妙的原因：第一，因为他们作文的目的是学古，脱离了现实而专拟古人，便难以逼真，不能逼真，便慨然兴叹,说文章不易作了。第二,以为文章是"敷赞圣旨"的工具,因此文章便成为一种至高无上的东西,而"神而明之"了。"其实文章是代口舌的,是抒发自己的思想与感情的,只是日常生活中一个不可缺少的项目。它的功用倒不在'经纶宇宙'和'名传万世',他们既将它估计得太高,便供奉如神明,反而失却了文章本来的目的。"作者进而从作文的目的谈到古典文论中的一个最常见的概念——"文气",对此加以澄清,认为:"其实所谓'文气'即是语气。文章的流利和曲折与语气有关系。'文气'的流利,即语气的顺利;'文气'的强弱,也和语气之轻重成正比。"他对"文气"说的源流作了探讨,指出陆机所说的"文气",即刘勰说的"风骨",曹丕的"气"就是"风格",刘勰的《养气》篇和后代所谓"文须养气"之说相近。"到了韩愈谈'文气'便抽象化了。""而所谓修养,也无非是要参透圣人之道,所谓'行之乎仁义之途,游之乎诗书之源','不蓄道德,不能工文章','文章当从六经来','文者所以明道',如此而已。……自己对写作有了经验,而秘不告人,这几乎是古代文人的习惯了。"他认为文章有法则,但也不是一成不变的。他推崇的是王充说的"外内表里,自相副称",即是文章的内容外形要一致,打破内容外形两者自相隔离的错误。最后,他指出"文章的要点,即是使他能够达意。……在这'达'字中就包括了一切作文上的问题了。"各人表达的方式不同,但是求其能"达"的一个原则是始终不变的。可以看出,作者的"绪说"的基本内容是建立在对传统作文观念的批判之上,针砭将写作人为地拔高,使之异己化、神秘化、抽象化的倾向,这无疑是抓住了要害。

在第一部分中,作者比较看重的是词的活用。他在第五章"词性及其活用"中说:"词性的辨认,决不能单提出一个词来便可以决定的。我们应该看它在句中的地位和它的功能方能决定。""如果就它们的变化来说,上述几种界限几乎不能成立。'手',我们通常将它当作名词的;但是'手工业'这一词中,'手'字是被当作形容词的;'人手一编','手'字有'拿'的意思,变成了动词;'手摹'之手却变成为副词了。这些在古书中有更多的例子,足以证明词类是可以活用的。九品词中往往都可以互相通用的。"在第七章"遣词的方法"中,他把方法分为"积极"和"消极"两种,前者重在适当,后者但求无过。遣词消极方面应做到"明白""准确""平易"三个条件;积极方面应做到"适合"和"生动"。

第二部分着重点落在第十三章"造句上应注意的事项"上。他说:"我们造句,使它成为佳妙,应注意的有三个条件:(一)明白;(二)和谐;(三)生动。""能够做到上述这三个条件,文语上至少可以无大过了。""语句的单、复、长、短也没有一定的规则。总之,要能互相替用,不可拘泥于某种形式,求其有变化。""……所以文句的优劣,应该就全篇文章来看,看它在全篇文章中是否能发挥它所任的功能。如果徒然占据一个地位,那么整句就是骈枝赘疣了。"以上认识亦可谓精辟。

第三部分较为可观的是第十七章"题目的研究"和第十八章"写作的准备"。关于"题目的研究",作者首先认定"'题目'是全篇之中最简单的一句纲要","我们知道文章不一定需要题目,同时也是先有文章而后有题目的"。他注意到写作实践中存在的矛盾:现在习作,往往先有题目,后有文章,这也并非是不合理的勾当。因为练习写作,作者未必一定有作文的需要,因此请人或自己先下一个范围,使习作时不致超逸这个圈子或者散漫而无联系。但是流弊所及,使作文的人失却自己创作的能力,在作文之前,一定需要一个题目。固然我们作文,不能提笔就写,也先得考虑一个范围的。作者在对拟题中的弊病作了详细的检讨之后,提出拟题应注意"准确"和"平易",且不能太简或太长,也不妨援用现成的词语,"但最要之点,当在切合文义,如能象征文章中所述的风格和其印象,那么才是最佳妙最适当的题目。""我们可以先定一个范围,等到全篇文章完成之后,再考虑它的题目,这样才没有不切合的毛病。"第十八章"写作的准备",作者认为写作之前的准备"第一步就是储材……平时有了积储,一遇到写作,便可源源供给"。储材的途径一是观察,一是读书。"所谓观察,就是随处留心","读书应当有一系统,不单是阅读,处处应与自己的观察心得相参证;研读名著也是用以试验自己想象创造的能力。"有了题材,开始写作,"便须先自设计筹划,如画家在一张白纸上,先考虑了图画中的各个景物的位置，成竹在胸，然后下笔。所谓下笔，并非即是好文章了；我们先得做两步预备的工夫，一是先拟大纲，二是详加修改，然后才能成为水准以上的作品。""现代人做文章，大都主张'灵感论'；以为孜孜不倦在研究自己文章的大纲的，便是笨虫，这是极大的错误。""修改自己的文章，是写作时必须经过的步骤。作文不加修改，难免有什么讹误之处；同时自己修改了，也是有进步的。自己的思想和技巧天天在进步，阅读修改从前所做的文章，便是试你自己是否进步的试金石。""修改通常都着眼于文字的外形，尤重于字句。""也有自己的文章倩人修改的，如此可以互相研讨。"以上均不失为经验之谈。

第四部分"文章流变"在"绪说"中已见大概，不再赘述。

总之，《文章学纂要》不是一部纯讲文章知识的书，对写作实践的关注是其一大特点，称之为《文章写作学》也许更为恰当。

第五节　蒋伯潜的《文体论纂要》

《文体论纂要》，正中书局1942年6月初版。这是一本普及性的文体学著作。封面标示"国学汇纂之二"。

该书较多地采集、袭用各家之说，诚如作者所言："这本《文体论纂要》，是述，不是作。"但在"述"中还是偶有精见。全书共分20章，前有"绪论"，后有"结论"。关于该书编写的意图、体例和主要的内容、特点，作者在"结论"部分有详细的说明，从中可了解全书之概要，兹录如下：

> 本书纂述文体论的大要，原供初学中国文学者之参阅，故卑之无甚高论。综其内容，约可分为三部。第一部，评述以前各派的文体分类，先述旧派，后述新派。旧派中又有三种派别：一是骈文派，以《昭明文选》为代表；二是骈散兼宗派，以《文心雕龙》及近人章炳麟的《文学总略》为其代表；三是散文派，以姚铉的《唐文粹》及清人姚鼐的《古文辞类纂》、曾国藩的《经史百家杂钞》为其代表。旧

派的分类比较繁复，新派的分类比较简单；且两派所分之类，亦截然不同。其实，新、旧二派所分之类之所以不同，全由其所采分类的标准之异。旧派以文章的程式与用途为其分类之标准，新派则以文章的作法与心象为其分类的标准。所采分类之标准既不同，则其所分之类，自难比较评论其优劣。故本书自第一章至第五章，评述各派的文体分类，系就旧派的骈文、散文、骈散兼宗三派，及清末至现代各新派，分别评述，不加比较，无所轩轾。但以文体论的性质言，则文体分类，与其以作法心象为标准，毋宁以程式用途为标准。不过诸旧派的分类，未能一律以所定的标准为中心，以致参差错杂而已。第二部，自第六章至第十八章，作文体分类的新尝试，再就所分之类，逐一加以说明。我的分类标准，既仍采旧派的主张，注意于文章的程式与用途，则所分之类，自亦与旧派接近。我以为无句读无组织的文字，不能算作文章。文章必须组成章句，方足以表情达意，叙事传人论理说事的，这是广义的文章。狭义的文章则与文学当平列为二大部。前者可分著述、告语、记载三门，又酌分为十六类；后者可分为籀写的、咏歌的、记述的、表演的四类；共计二十类，各类中间有附庸。并于分说各类时，略述其特征、源流、作法等。这十三章当然是本书中最重要的部分。第三部，由文体推论及于文章的风格。从前古文家论文往往仅着眼于文章气象之阴阳刚柔，且多抽象玄虚之论。本书则分具体方面、抽象方面。论及文辞繁简、笔法曲直、意境动静、色味浓淡，以及章句之整齐错综，格律之谨严疏放，声调之缓急宏细；即就气象而论，阳刚阴柔之外，尚有所谓正大精巧之分。此在本书，已为余论，故于末二章及之。

由此可知，该书的第一部（一至五章）没有多少新意，第二部（六至十八章）和第三部（十九、二十章）是作者所看重的，有一定的创意。以下就第二、三部作扼要的介绍。

第六章"文体分类的尝试从'文字'说到'文学'"，是全书的精华。作者是这样给文字、文章和文学这几个概念加以区分的：

章先生的《文学总略》说:"凡有文字著于竹帛,皆谓之文;论其法式,谓之文学。"前一句所说的,是"文字",非"文章";后一句所说的是"文章学",是文法和修辞,不是"文学"。文章不仅皆有文字著于竹帛,必须著于竹帛的文字,加以有意义,合法式的组织,能成句语,成篇段,可以表示一种完全的意思的。文学不但不是论文章法式的,而且须是文章之中,有一种特殊性的作品。所以"文字"之范围最大,"文章"次之,"文学"最小。文章没有不用文字写成的,而文字未必尽是文章,广义的文章可以包括文学,而文章未必都是文学。这三者的关系,恰如图所示:

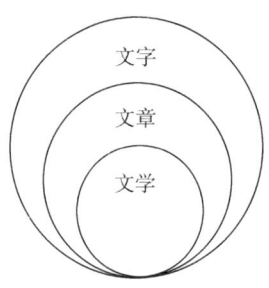

基于这一认识,作者作如下"文体分类的尝试":

文　字				
（甲）不成句读的文字	（乙）成句读成篇段的文字——广义的文章			
	（子）狭义的文章			（丑）文学
	（一）关于学识义理的著述	（二）关于世事酬应的告语	（三）关于人事文化的记载	(1) 籀写的——辞赋附寓言
	(1) 论说 (2) 颂赞 (3) 箴铭 (4) 序跋 (5) 注疏 (6) 考订附札记	(1) 赠序 (2) 书牍附广告柬启 (3) 契约 (4) 公文 (5) 哀祭 (6) 对联	(1) 传状 (2) 碑志 (3) 叙记附日记表谱 (4) 典志附法规仪注	(2) 咏歌的——诗歌 (3) 记述的——小说 (4) 表演的——戏剧

这一分类较前人有较大的进步，主要得益于对文字、文章和文学的界定，基本上避免了界限不明、交叉重合等文体分类中常见的毛病。作者就其分类做了说明：

> 狭义的文章，仍依曾国藩说，分作"著述""告语""记载"三门。著述门又分六类："论说""颂赞""箴铭""序跋"，姚鼐已有此四类；"注疏"、"考订"是新增的。告语门亦分六类："赠序"仍从姚氏列为一类；"书牍""哀祭"二类，原为姚、曾二氏所同有，仅于"书牍"类附"广告""柬启"而已；"诏令""奏议"二类，合为"公文"，至于"契约""对联"二类，则系新增。记载门所分四类，几全同曾氏；所异者，"传志"仍依姚氏分为"传状""碑志"二类，删"杂记"一类，分隶"碑志""叙记"之中，并于"典志"类附入"法规""仪注"。"辞赋"一类，姚、曾二氏俱有之；惟曾氏并入"颂赞""箴铭"二类，今仍从姚氏分出，隶于著述门。而"辞赋"则属之"文学"之部。"辞赋"为籀写的文学，"诗歌"为咏歌的文学，"小说"为记述的文学，"戏剧"为表演的文学。"寓言"虽也和"小说"有关，但其性质近于"辞赋"。话剧虽也是记述的，但终重在表演。——这二部（狭义的"文章"与"文学"）二十类，是我参酌新旧各派文体论所假定的文体分类。

七至十八章对上述 20 类文体逐一加以研究，无法展开来说，权且越过，径看十九、二十两章（"风格"）。

作者把文章的风格分为具体的方面和抽象的方面进行研究，十九章讲的是具体的方面。他说："如以文辞论，则有'繁缛'与'简约'之别；以笔法论，则有'隐曲'与'直爽'之别；以章句形式论，则有'整齐'与'错综'之别；以诗文格律论，则有'谨严'与'疏放'之别；以文章意境论，则有'动荡'与'恬静'之别。"他的观点是："文章繁简，不尽基于物质的原因，而是作风的不同。""无论是散文，是韵文，是发表意见，是抒写感情，凡是以吞吐喷薄的笔法出之的，都有'直爽'的风格；凡以回荡含蓄的笔法出之的，都有'隐曲'的风格。""章法上用排比层递的，便有结构严密、条理清晰的'整齐'之美。……反之，不用排比层递的章法的散文，也另有变化错落的'错综'之美，别成一种风格。""作家对于诗文之格律，既有'谨严'和'疏放'二种不同的态度，所以他们的作品，也有'谨严''疏放'两种不同的风格。""文章风格之动静，不在其题材与作法之不同，须从它们的意境去辨认的。"

第二十章从文章的抽象的方面讨论其风格："抽象方面，或从声调上辨别，或从色味上辨别，这二者尚有迹象可寻；或从神态上辨别，或从气象上辨别，则更是抽象了。"他的观点是"声调上'曼声'、'促节'与'宏壮'、'纤细'之分别常常是交错地织成各种不同的风格的。""味之或甜或苦，固然和题材有密切关系，而酸涩或辛辣，则大部分视作者的个性环境而异。""个性近于高明一路的，其见解多超脱，其态度多轻松，其丰神多潇洒而倜傥；个性近于沉潜一路的，其见解多沉着，其态度多严肃，其丰神多庄重而沉郁。……但是轻松者极易流于佻；必须于轻松的态度之下，隐藏着严肃的心情。""文章的气象，不但有'阳刚''阴柔'之分，还有'正大''精巧'之别；这是自来论文者所未提及的。有些文章，显示着高瞻远瞩，堂皇阔大的局度，便有正大的气象；有些文章，显示着遒劲精悍，小巧玲珑的局度，便有精巧的气象。……所以'阳刚'与'正大'，'精巧'与'阴柔'，是交错的，而不是完全一致的，或互相排拒的两类四种的风格。"

作者由文体论推广讨论文章的风格，对文体区分有辅助性作用。用平实的语言诠释何谓风格，这也是该书的一大长处。

第六节 刘兆吉的《初中作文教学法》

《初中作文教学法》，1944年11月商务印书馆出版。该书是这个时期出版的唯一的较全面讨论初中作文教学问题的著作。

全书共分9章：依次是"初中作文教学的重要性及其目的""初中作

文拟题的商榷""作文练习""作文的规约问题""作文教学与读书及其他各学科的关系""作文教学与教师及学校的关系""作文教学的程序及作文指导""改文""批文与发还"。

在第一章"初中作文教学的重要性及其目的"中，作者对作文教学给予了特别的重视，他说，向来国人有一种错误的观念，以为国文教学中，读文重于作文。其实作文一项，在国文教学中要算最重要的工作，尤其在初中时代，正宜助长学生构思及发表的时候，作文更为重要。因为初中国文科，平日精读略读，除去读他人的文字外，其余都是为作文而设。而况能作的人，未有不能读者；能读的人，不见得都能作；能读而不能作，虽读也等于未读；所以在教学上，作文一项，也应特别重视的。一般充当中学国文教师的人，对于作文及有关作文的教学方法，更当注意。这一看法，对纠正国文课中重读轻写的倾向是很有说服力的。他的认识与阮真一脉相承。

作者认为初中作文教学的目的，为教师的只要注意到以下4项规定也就足够了：（一）如何指导学生搜集丰富的材料。（二）如何指导学生选择并整理材料。（三）如何使学生发表的工具运用适宜。（四）如何教学生运用发表思想的方式。这里"发表的工具"指的是语言文字，"发表思想的方式"指的是文章的体裁。这4项中前两项是关于思想内容方面的，后两项是关于技术形式方面的。有了前者，才有后者；亦惟因有了后者，才能完成前者，它们是互相关联的。

关于"拟题"，作者认为一般人都认为先有题目，后有文章。其实原来题目的发生在文章之后。因为文章成于整套的思想，而不是由一个短短的题目产生的。"拟题"须有5个条件：（一）要具体自然。（二）文题所包含的知识，要符合学生的经验范围，为他们所能完全了解的。（三）要适合学生的发表力，就是为多数学生所能习作的。（四）要含有刺激力，为学生所愿意发表的。（五）要适合学生的年龄。这些看法与条件是切合实际的。作者还为各年级的拟题制订了更具体的要求，对拟题的种类和限制、题目的修辞等发表了自己的见解。

"作文练习"分为"普通文字作文练习""应用文练习""口语练习""札记"和"小品文练习"等5种，以"普通文字作文练习"为主。作者所拟作文练习的要则是：（一）练习的方法要多变化。（二）要与实际的生活相关联。（三）练习的次数要多。（四）教学过程要按着学生思想自然的进程。（五）扩大学生作文练习的机会。（六）……依据应付实用一方面去教学。"普通文字作文练习"又分为"课内作文练习"和"课外作文练习"两种，作者认为这两种练习各有利弊，应互相补充。

作者十分重视"应用文的练习"，主张它应作为三年级的必修课，教学的目的为：（一）讲授各种普通应用文件的体例格式，使能实际应用。（二）练习各类各体普通应用文的作法，期于纯熟敏捷而无错误。（三）阅读各种模范应用文件，使学生于人情法规及事实的因果，能分析考虑，精密而周到地应付。（四）附讲与各种应用文有关的常识，使能遇事措置得宜。这4条不仅着眼于一般的会写，而且（三）（四）两条还包含着对写作基本素养的培养。

作者认为"口语练习""与作文练习同样重要，或尤过之；因为事实上用口语表达比用笔写表达的机会多"。为此，他特制订了10条的练习标准和三方面（结构、语句、姿态音调）的批评标准，对练习和批评加以规范。他认为"札记"是帮助读书和写作的好办法，古今善读书及善写作的人，无不采用此法。他以为札记不一定是书上的材料，即谚语、歌谣、民间故事、名人谈话、偶然心得、寺庙碑刻、联句诗文，都可随时录之。他的"小品文练习"主要取自夏丏尊的《文章作法》一书中的意见。

"作文教学与读书及其他各学科的关系"一章见解不俗。首先，关于作文与读书关系，他说："'读书破万卷，下笔如有神'这话自然有相当的道理，不过你要善用这两句话，不要误解此语，致受其害。就是说：若将读书和作文适当的联络，即是善解此语；若只凭读书，想达到作文的目的，那便是误解此语。因为'作文'与'阅读'，在人生应用上，各有特殊的用处，各有特殊的目的，谁也不是谁的一种达到目的的工具。"其次，他又认为："读书不应当限于国文或文学书，其他各学科也当同样的重视。

注意其他学科，不但可以增广做人的知识，充实他的生活，对于作文教学，补益更大。因为学生通常所以写不出文章，大都是对于题目的内容晓得很少，或者不晓得，心中没有话可说；如果教师将作文和其他各科联络教学，利用听过的、讲过的关于史地或其他科的知识，为作文的材料，因为都是他们已有的知识，所以不至于见题受窘，无话可说，以致视作文为苦事。"上述看法，很值得国文教师思考。

刘兆吉的《初中作文教学法》一书主要是一部集大成的著作，在每一论题下，大量采用各家的精要的见解，其中采用阮真的见解最多。阅读此书，可了解20世纪20年代以来语文界在作文教学方面的许多有见地的观点，而且，作者本身的一些看法也同样有参考价值。虽然作者注重采用各家之说，但行文并不感到烦琐。

第七节 朱光潜的《谈文学》

《谈文学》，作于抗战后期，其中的文章在几个不同刊物上发表过，1946年5月由开明书店出版，共收单篇文章19篇，各篇均独立成文，但又有一定的内在联系。作者在"序"中说："这个小册子说浅一点不能算是文学入门，说深一点不能算是文学理论。它有时也为初入门者说法，有时也牵涉到理论，但是主要的是我自己学习文艺的甘苦之言。文学是我的第一个嗜好，这二十多年以来，很少有日子我不看到它，想到它。这些短文就是随时看和随时想所得到的一点收获。在写它们的时候，我一不敢凭空乱构，二不敢道听途说，我想努力做到'切实'二字。在这一点，我希望这个小册子和坊间一般文学入门之类书籍微有不同。我愿与肯用心的爱好文学的读者们印证经验。"也许正由于本书说的是作者自己的甘苦之言，并希望能与爱好文学的读者们印证经验，所以它深受读者的欢迎。

朱光潜与读者们印证经验的范围很广，包括文学修养与写作实践（也包括非文学写作）的方方面面：文学与人生；资禀与修养；文学的趣味；

文学上的低级趣味（上）、（下）；写作练习；作文与运思；选择与安排；咬文嚼字；散文的声音节奏；文学与语文（上）、（中）、（下）；作者与读者；具体与抽象；情与辞；想象与写实；精进的程序。作者把很深奥的道理说得很平易、很亲切，能引发读者的共鸣。例如在"作文与运思"这个部分，作者是这样提出问题的：

> 作文章通常也叫作"写"文章，在西文中作家一向称"写家"，作品叫作"写品"。写须用手，故会做文章的人在中文里有时叫作"名手"，会读而不会作的人说是"眼高手低"。这种语文的习惯颇值得想一想。到底文章是"作"的还是"写"的呢？创造文学的动作是"用心"还是"用手"呢？

这问题看似提得很随意、很简单，但的确是在和读者在"印证经验"，说的也正是读者曾感到困惑的问题，真要把这问题说清楚并不容易。作者接着说：

> 这问题实在不像它现于浮面的那么肤浅。因近代一派最占势力的美学——克罗齐派——所争辩的焦点就在此。依他们看，文艺全是心灵的活动，创造就是表现就是直觉。这就是说，心里想出一具体境界，情趣与意象交融，情趣就已表现于那意象，而这时刻作品也就算完全成就了。至于拿笔来把心里所已想好的作品写在纸上，那并非"表现"，那只是"传达"或"记录"。表现（即创造）全在心里成就，记录则如把唱出的乐歌灌音到留声机片上去，全是物理的事实，与艺术无关。如我们把克罗齐派学说略加修正一下，承认在创造时，心里不仅想出可以表现情趣的意象，而且也想出了描绘那意象的语言文字，这就是说，全部作品都有了"腹稿"，那么"写"并非"作"的一个看法大致是对的。

问题从"美学"理论深入，从"写作"经验浅出，然后在更具体、更浅现的层面上继续与读者沟通：

> 我提出这问题和连带的一种美学观点，因为它与作文方法有密切的关系。普通语文习惯把"写"看成"作"，认为写是"用手"，也

有一个原因。一般人作文往往不先把全部想好,拈一张稿纸,提笔就写,一直写将下去。他们在写一句之前,自然也得想一番,只是想一句写一句,想一段写一段;上句未写成时,不知下句是什么,上段未写成时,不知下段是什么;到写得无可再写时,就自然终止。这种习惯养成时,"不假思索"而任笔写下去,写得不知所云,也是难免的事。文章"不通",大半是这样来的。这种写法很普遍,学生们在国文课堂里作文,不用这个写法的似居少数。不但一般学生如此,就是有名的职业作家替报章杂志写"连载"的稿子,往往也是用这个"急就"的办法……

这是一个极端,另一个极端是把全部作品都在心里想好,写只是记录,像克罗齐派美学家所主张的。苏东坡记文与可画竹,说他先有"成竹在胸",然后铺纸濡毫,一挥而就。"成竹在胸"于是成为"腹稿"的佳话。这种办法似乎是理想的,实际上很不容易做到。我自己也尝试过,只有在极短的篇幅中,像做一首绝句或律诗,我还可以把全篇完全在心里想好,如篇幅长了那就很难……

我个人所采用的是全用腹稿和全不用腹稿两极端的一种折中办法。在定了题目之后,我取一张纸条摆在面前,抱着那题目四面八方地想。想时全凭心理学家所谓"自由联想",不拘大小,不问次序,想得一点意思,就用三五个字的小标题写在纸条上,如此一直想下去,一直记下去,到当时所能想到的意思都记下来了为止。这种寻思的工作做完了,我于是把杂乱无章的小标题看一眼,仔细加一番衡量,把无关重要的无须说的各点一齐丢开,把应该说的选择出来,再在其中理出一个线索和次第,另取一张纸条,顺这个线索和次第用小标题写成一个纲要。这纲要写好了,文章的轮廓已具。每小标题成为一段的总纲。于是我依次第逐段写下去。写一段之先,把那一段的话大致想好,写一句之先,也把那一句的话大致想好。这样写下去时,像上面所说的,有时有新意思涌现,我马上就修改。……这种折中的办法颇有好处,一则纲要先想好,文章就有层次,有条理,有轻重安排，总之，就有形式；二则每段不预先决定，任临时触机，写时可以有意到笔随之乐，文章也不至于过分板滞。

作者提供了三种写作方法：全不用腹稿；全用腹稿；"两极端的一种折中办法"。在叙述中，作者既注意调动读者的写作经验，又借助自己的写作经验与读者交流，似乎只是在随意地列举事实，并不把自己的意见强加于读者，全凭读者自己去作出判断。而实际上，通过阅读的比较，读者自然而然会接受作者的诱导，认为"折中办法"是最为可取的，因为，作者所示的三种情形，读者一边读，一边在自己的经验中"印证"过了。

该书可贵之处也在于，作者看似不经意地提出一些问题，但恰恰就是人们在写作中存在的似是而非的模糊看法的重要问题。如上面所谈到的"到底文章是'作'的还是'写'的呢？创造文学的动作是'用心'还是'用手'呢？"此类问题比比皆是：

> 拉丁文中有一句名言："诗人是天生的，不是造作的。"这句话本有不可磨灭的真理，但是往往被不努力者援为口实。迟钝人说，文学必须靠天才，我既没有天才，就生来与文学无缘，纵然努力，也是无补费精神。聪明人说，我有天才，这就够了，努力不但是多余的，而且显得天才还有缺陷，天才之所以为天才，正在它不费力而有过人的成就。这两种心理都很普遍，误人也很不浅。文学的门本是大开的。迟钝者误认为它关得很严密不敢去问津；聪明者误认为自己生来就在门里，用不着摸索。他们都同样地懒怠下来，也同样地被关在门外。（《资禀与修养》）

> 只阅读而不写作的人还另有一种误解，以为自己写起来虽是平庸，看旁人的作品却有一副高明的眼光，这就是俗语所谓"眼高手低"。一般职业的批评家欢喜拿这话头来自宽自解。我自己在文艺批评中鬼混了一二十年，于今深知在文艺方面手眼必须一致，眼低者手未必高，手低者眼也未必高。你自己没有亲身体验过写作的甘苦，对于旁人的作品就难免有几分隔靴搔痒。（《写作练习》）

作者心目中应不应该有读者呢？他对于读者应该持怎样一种态度

呢？初看起来，这问题好像值不得一问，但实在是文学理论中一个极重要的问题。文艺还只是表现作者自己就算了事，还是要读者从这表现中得到作者所要表现的情感思想？作者与读者的资禀经验和趣味决难完全一致，作者所自认为满意的是否叫读者也就能同样地满意？文艺有无社会性？与时代环境有无关系？每时代的特殊的文艺风气如何养成？在文艺史上因袭和反抗两种大势力如何演变？文艺作品何以有些成功，有些失败，有时先成功的后失败，先失败的后成功？这种种问题实在都跟着作者与读者的关系究应如何这个基本问题旋转。（《作者与读者》）

从这些看似很寻常的现象和问题中，作者所引发的讨论引人深思，耐人寻味，给人以写作观念上的启迪。

《谈文学》是一部品位很高，很耐读，很好读，而且很实用的著作，可谓是博大精深和清浅平易的完美统一，在众多的理论著作中，朱光潜的文风堪称典范。

第八节 平生的《写话教学法》

《写话教学法》，1947年7月出版，同年10月印行第二版，1949年9月由人民出版社重印一版，至1951年5月已重印六版，可见该书在当时是相当受欢迎的。

作者在"再版序言"中说："本书是给工农大众文化工作者或工农大众以及小学教师或学生们看的。本书所提出的'写话'，是在解放区广大农村里试行的，对象是工农大众和工农干部。本书又是在调查某些农村的群众教育，为对他们的文化学习有所帮助而写的，所以也着眼在成人。笔者以为对于城市里年长失学的工人和市民大众的学习文化，也同样有帮助的。"总之，该书的读者对象十分广泛，包括初学写作的小学生和成人，体现了鲜明的解放区教育的特点。

全书共分5章，依次是："什么叫写话"；"写话教学的基本精神"；"写话教学的效率"；"写话教学的步骤"；"写话与大众化及工农干部学习问题"。重点放在第四章。

作者首先对什么叫"写话"作了解说："'写'是写字的写，'话'是说话的话。我们说的话都可以用字写出来。有什么话，写什么话；话怎样说，就怎样写：这就是'写话'。"作者认为写话是初学识字和初学作文的好法子。以往用老法子识字效率很低，"如果改用'写话'的法子学字，不但学得快，而且学起来有兴趣，学了有用。""作文"对初学者也很费解，"但是改用'写话'……只要把话用字写出就是了。有不会写的字，学写那个字就是了，这有什么难呢？""'写话'到了一定程度，就是到了要多注意'写'的技巧的时候，可以把'写话'改为'写作'，但是'写作'仍要贯彻着'写话'的精神才是。"这种认识，对初始阶段的语文教学改革不失为一个新思路，尤其对速成性的写作教学有立竿见影之效。

第二章"写话教学的基本精神"主要讲三点：写话要拿话做主来写；写话要写土话；写话要用一般人自己的话。

关于第一点，作者说："学写话最要紧的道理，就是真正要学一句句的话，不要光学一个个的字。要拿话做主来学，不要拿字做主来学。要一开头就认也认一句句的话，写也写一句句的话。"这是因为"我们说话是先有一句句的话，后有一个个的字（中国字是一个音一个字的），因此我们应该在话里学字，应该一开头就教一句句的话，不要先教一个个的字。一个字的意义和作用，只有在话里才能够确切表现出来。字在话里是活的，离开了话就是死的了"。他认为现行的学单字的办法应改为"写话"学字才对，这一见解是符合语言学习规律的。

他所说的"写话要写土话"的"土话"，指的是"山东的土话，东北的土话"，都是属北方官话系统，几乎都可以写得出来。不是指一切地区的土话。作者认为只要根据土话来写就成，不必先去学了北京话再学写作。这当然是一种速成的观点。但在北方官话系统地区，还是大致可行的。又因为各人因年龄、性别、职业等的不同，大家说的土话也不完全相同，所以他主张要尽量用一般学的人自己的话来教学，学习起来才最快且最有用。

第三章"写话教学的效率"，主要是说明"写话"的优点。作者认为"写话"的好处有以下几个方面：一是单字学习要懂得读、写、讲三样，而用写话的法子学一个字，只要学一样——"写"。二是单字即使会读、写、讲，未必会用，因为一个字往往是多义的。用写话的法子学识字，是在用中来写，是主动地学，而且是很有兴趣的学，学了自然就能用。三是学单字靠死记，但是用写话学字，因为话是自己的，其中有个把不认得的字，顺口一念，不认得也认得了。四是写话学的字是顶有用的字，因为话中的字是常用字。学到了最常用的字就可以一面学，一面用，学起来有兴趣，进步快。五是写话教学容易打好阅读和写作的基础。写话教学因为话是现成的，大众的，我们的大众报和大众读物，照理也应该用这些大众话写，所以学会了这些大众话以后，就可以说已经打下阅读大众书报的基础和写作的基础了。上述几个方面还是有说服力的。

第四章"写话教学的步骤"，可算是"写话教学法"的主要部分。作者首先讨论的是学写话从什么时候开始。他认为学写话不必先学认字，再学写字，以后再学写文章，三样东西可同时开始。这可分为三个步骤：

第一步是"抄写"。就是抄写一句句的话，把"认"同"写"合一了。抄写的话，最好是学的人自己说的话，应该合乎这几个标准：（一）短的话，（二）常说的话，（三）难字少的话，（四）土音土调土字眼的话。抄写阶段要着重写字教学，许多最基本的字，难写的常用字和各种偏旁的字，都要很适当地编在里面学抄写。教学过程是：认全句→认写生字→认写全句；全部学习→部分学习→全部学习。写字教学过程是：（一）照笔顺写；（二）一次写熟；（三）一下抄一句话；（四）存心写快；（五）提出写字的标准；（六）标点照抄。教师用写话教学的时候，教师应该随时记录有意思的片断的话，庄稼话，流行的歌唱，以及短短的更完整的说一件事情、讲一件道理、讲一个新闻、故事、笑话等的东西，做写话的教材，使得学起来更有兴趣，更有用。要常在适当的时候，讲些写话的道理,使学的人对写话发生兴趣。"抄写"要达到三个要求:(一)打下写字的基础;(二)打下写话的基础;(三)懂得写话的道理。

第二步是"听写"。听写是由教的人说一句话,叫学的人写。这比"抄写"提高了一步。听写中遇到写不出的生字,或不会写的字,教的人就要把生字或不会写的字教他。可边学听写边教些抄写,提高程度,减少听写的困难。听写也可叫"记话",就是把别人的话记下来。开会时的"记录"就是记话,就是在听写,这也是很重要的本领。听写练习的主要方式有:(一)挑战式;(二)集体写;(三)自学互教;(四)问答式;(五)用问答式学问号和句点。听写阶段要做到能写最普通的话,写出来的不掉字,不掉标点,写字达到相当快相当好的地步。这至少要听写三五百句以上的话。

第三步是"边想边写"。就是一边脑子里想,一边拿起笔来写,这比听写更提高了。可多用"自说自写"的方式,再到"边想边写"。如有困难,最好再回到前面两个阶段,把抄写、听写的基础打得更好些。"边想边写"阶段最重要的一个教学目的,就是要把脑子里想的各种话和日常说的各种话都拿来写,要把写不出的字,一个个扫清。写话教学到此应该鼓起自学的热潮,奖励多写,一有空就写。要减少白字,学习标点。这阶段可以练习记账、写路条、写信,最好最经常的练习是写日记,写的日记最好有教师改。前两个阶段是把读、写结合起来教的,到了边想边写的阶段,读和写应明确地分头进行。一方面"边想边写";一方面要加强阅读。写话和阅读的关系为:

抄写→听写　　｛阅读（书报的文字,都该用写话的精神写）
（读与写合一）　边想边写（一切写作,都该贯彻着写话的精神）

"边想边写"就是要真正做到把差不多的话,都不费劲地写得下来。据估计,有人写过千把句之后,就能随意写写了。

写话教学法,作者认为宜于集体教学,也适用于分散教学,也适用于自学。在写话时常会写出不通的句子或意思说不明白的句子,这就要学的人先把话说对,说明白。教师要常常留意大家的说话,听到有毛病的话,就记下来，让大家研究错处，加以改正。并要学的人留心说话。这样既能改正说话的毛病，又能把话写好。

"抄写""听写""边想边写"三个步骤，抄写的基础最需打好。在抄写的时候，可奖励学的人自己说一句话自己写，把写不出的话教他。在听写的阶段，也可教些抄写，也可自说自写。在边想边写阶段，也常可教些抄写、听写。三个步骤可不必机械地分。但教的人必须有个标准，即何种程度须着重于抄写、听写，或边想边写。如有人已学过许多单字了，一开始就可以练习边想边写。

还可以办"写话墙报"。在练习写话时，常可将稍有意思的三言两语，贴到"写话墙报"上，这会引起写话的兴趣。

写话教学到了一般的话都会写了，就应该提高一步，不但要把话写出，而且要写得好，要注意写的技巧。这时可将"写话"的名称改为"写作"。初步"写作"的要求不能太高。开头只要能把一件事情说清楚，以后只要能把这件事情的中心意思说明白就是了。要注意以下几点：

（一）写一件事情先要有话说。

（二）把心里很想说的话、很熟悉的事情写下来，还要不啰唆。

（三）可以不按题目，只要把一件事情说清楚就算了。

（四）抓住"中心"，进一步把这件事中心意思说明白。

（五）发挥"中心"，由"中心"决定内容的详略取舍。

（六）起题目。有了"中心"，题目也就容易起了。题目作好，中心就更为明显。

写作的园地有墙报、黑板报、大众报等。像过去学校里"出题目做作文"的办法，是不宜于叫大众练习写作的。"出题目做作文"的练习，只做给先生看，只揣测先生的意思作，与为培养将来的写作能力作的练习，是有本质上的不同的。希望教国语的老师研究这个问题，克服自己旧的观点，创造培养学生大众写作的好办法。

以上的写话教学法，已经初具系统：有一定的理论依据，有循序渐进的操作程序，有具体训练的方式、方法，并注意到与阅读、写作的接轨。

在认识问题和处理问题上，有不少新的观念和思路，堪称写作教育的一大创造。由写话中识字，由抄写到听写再到边想边写，由写话向写作过渡，创造培养大众写作的好办法等观点，都很值得作进一步的深入研究。

第九节　李广田的《创作论》

《创作论》，开明书店 1948 年 9 月初版，是一本通俗的文学创作知识读物。名为《创作论》，但"论"的成分不是太多，适用于一般文学爱好者。

该书共分 10 篇，作者在"序"中对有关内容作了如下说明：

> 《创作记》十篇，是《文学论》里的一枝。1944 年 9 月 21 日起，12 月 23 日止，写于昆明。《文学论》中有《文学的创作》一章，其中第一节为"认识与表现"，第二节为"创作的过程"。这里的第一篇"思想与创作的关系"，第二篇"创作是怎么一回事"，就是根据那两节缩写而成，这两篇可以算是本书的总论。以下大致分为两部分：从"一论创作过程"到"四论创作过程"，共 4 篇，都是根据前两章举例解释，并做了一个简单的结论；从"论情调"至"论语言"，可以算是四篇分论，大致与前文互相贯通。

先看作为"总论"的两篇。

第一篇"思想与创作的关系"，实际上就是阐明写作主体与创作的关系。作者认为人们在认识生活中受到个人的人格或情调的影响，而在这些之上，还有那作为更根本的东西，那就是作者的思想，也就是作者的人生观、世界观。不同的作家对于同一事件也会有不同的看法，于是也就有不同的写法。思想是决定作品优劣的因素，所以作者要有好思想，才可以产生好作品。但是，思想要在具体表现中见出，而不应当明说，或用以教训。作者诚然应当把握那最好的思想，他不应当不意识，而是应当清楚地意识他的思想，但他的创作却是由生活出发，他在实际生活中，在种种经验中,他接触了千千万万的形象,这些形象譬如一些种子,这些种子在作者的生命中结合,融化,终至于萌芽,生长,而又形成一个新的,完整的艺术形象,到了他不得不表现的时候就表现了出来,这就是艺术作品的产生,而不是宣传或说教的开始。这涉及观念和生活什么是第一位的问题,也涉及文学表现生活的特性问题。

第二篇"创作是怎么一回事",作者意在阐明创作的基本问题,即创作的规律。作者说文学创作的目的是造成一个"完整的世界",这个完整的天地乃是用种种生活经验造成的,这些经验往往是杂乱的、繁复的、破碎的,等到作者创造的时候,经过了作者思想的调理与感情的涵孕,它们就成了一体,成了一个完整的世界。他认为在由经验到构成一个完整的世界这一过程中,起主要作用的是想象力。"而想象力最好的人,也就是所谓'天才'。……想象力有先天的优越与低下之分,然努力与涵养也可以补先天之不足。"他进而揭示了涵养中"最重要的当然是多体验生活,多思索,多读与多写。但只有这些工夫还不够,还须有一种更重要的工夫,就是忍耐"。他指出有些作者之所以写出了八股、公式、宣言、传单或劝世文,一方面是他们的创作往往只从观念出发,而不是从形象开始,而最不可恕的,还是他们不能忍耐,他们心急。最后,作者作了归纳:

……纯粹写实的既难成为很好的作品,纯粹理想的也不大可能。一切艺术都生根于实际生活,就连那最高的理想也是,在这一点上说,一切艺术都是写实的;然而无论什么材料都必须经过作者生命之熔铸而成为一种全新的东西,在这一点上说,一切艺术也都是理想的。而那最好的作品,就是那既把握了现实生活而写作,却又超越了现实生活而导出一种理想生活的作品,在这种作品中,作者也仍须以其正确的思想为基础。但无论如何,作者总要在现实生活中行动,由于经验的集中,由于作者的忍耐,而最终须创造"一个美而和谐的世界",这世界"好像神的世界"一样。

而"总纲"以下的 4 篇"论创作过程",如前所述,属举例解释性质。"一论创作过程",以爱仑·坡的《李奇亚》来说明"从观念出发的创造过程"。"二论创作过程",以果戈理的《外套》来说明"由于作者听到了或经验了一件真实的事件,作者便利用了这事件而写成他的作品,然而他的作品却已经换了面目,和那件原来的事实完全不同了"这个创造过程。"三论创作过程",以纪德的《浪子回家》来说明"由一个寓言或故事而创造为另一作品,作品成功之后,内容的事件不同了,而其中所含的意义也与原来的故事或寓言完全异样了"这个创造过程。"四论创作过程",以托尔斯泰的《保卫察里津》来说明"根据事实,加以剪裁生发而成的作品"这个创造过程。作者综上得出的认识是:

……我们未尝不可以把四种简称为两种,即理想的与写实的。写实的好处是:材料现成,仿佛可以省力,而且,它既是客观世界中的存在,它本身当然就表现一个真理,代表一种社会意义,或揭示一种人生问题。然而它有它的短处,就是,事实既已现成,有些地方就不易割爱,有些事物又不易补充,而且当作者写作的时候,他不能不为那件事所笼罩,不能不受它的压迫,因之,他的想象力就受了束缚,他容易变成了那件事实的奴隶,自己的思想,感情,以及文字,都不能达到非常灵动的境地,如托尔斯泰的《保卫察里津》。在另一方面,理想的就有它的好处,而唯一的好处就是作者可以自由运用他的想象,他不受任何压迫和拘束,他可以任意飞翔,他的天地无限。而它的短处则为既无现成材料就必须费力制造,制造的结果就往往不真实,往往有漏洞,往往血肉和灵魂不一致,不能浑然无间,如爱仑·坡的《李奇亚》。

要解决上述难题,他仍然强调"忍耐是最要紧的",在忍耐中工作:假如你有一种理想,一种观念,你必须切实生活,切实观察,切实体验,多思索,多回忆,忍耐着,等到有一些血肉,人物,事件,恰可以表现那观念,那灵魂的时候,等到经验已集中完毕,一个新世界焕然觉醒的时候,你才可以动手去写。而"忍耐"是为了获得经验和思想,经验和思想则来源于生活,"所以说生活第一,生活越现实,越勇敢,越充满,越坚实,越宽阔,就越好"。——这就是《创作论》的核心思想。

本书的另外 4 篇："论情调""论伤感""论描写"和"论语言"，是"总纲"的"四篇分论"。

"论情调"一篇，作者说这"情调"类似于作品中的滋味、氛围以及风格等等，我们为什么不讲滋味、氛围或风格，而只讲情调呢？这因为我们所讲的，都是希望它是从创作者的立场出发。其实，任何一件素材、一个故事、一个事件、一个人物，其中本来就有一种情调。但我们并不重视素材，比素材更重要而为我们所看重的，乃是作品的内容。那素材本身中虽也有一种自在的情调，但我们所要说的情调，都是那当尚未执笔之前即已存在于作者生命中的情调，那情调不但为即将表现的内容所决定，也为作者的人格所决定。用"情调"这个概念来表达作品内容的基调，比一般读者笼统地讲主题，要更为准确、新颖，体现了作者独特的感悟。

"论伤感"一篇，是针对"青年朋友们的作品中往往有所谓'伤感'的情形"写的。在该篇中，作者基本上是阐释了瑞恰慈的见解，并对其持否定的态度：虚伪，装样，模仿，陈腐的比喻，不恰当的比喻，门面话，口头禅，无聊的对偶，声调与内容不相称，勉强的押韵，表现的幼稚，可笑的通套，太容易的眼泪，不值钱的感情，感情的放纵，感情的琐碎，泛泛的感情，无所为的感情，最热情时候的写作，过火，自以为是天下第一号的可怜虫，没头没脑滚在充满了肥皂的感情的热澡中，等等，这都是伤感的表现。这一针砭仍有现实意义。

"论描写"一篇，作者主要是区别"创造的"与"非创造"，把"创造"与否作为描写优劣的标准。"论语言"一篇，作者强调的是"寻求那最适当的语言"和"活的语言"。

综上所述，李广田的《创作论》对思想、忍耐和生活的看重，对"情调"的看重，都有自己特殊的感悟。但总的来说，似乎"书斋味"重了些，相形之下，茅盾的《创作的准备》就更实在，更有可操作性，体现了更多的经验的印证。

第十节　张粒民的《小学作文科教材和教法》

《小学作文科教材和教法》，商务印书馆1948年出版。该书对小学作文教学法的讨论，具有较强的理论性和实践价值，整体水平较高。

全书共分13章："绪言""作文教学之沿革""作文心理""作文类别""演说与辩论之指导""作文之指导""各阶段作文指导之要点""儿童作文之内容分析""儿童作文之错误及其订正""教学原则""教学过程""作文教学之实验报告""作文科之簿籍研究"。其中尤以"作文心理""作文类别""教学原则""教学过程"和"作文教学之实验报告"等章较具特点，较好地体现了作者开阔的理论视野和现代科学研究意识。

作者较为精细地阐述了"口述心理"和"作文心理"的内在机制和特征，以此作为"教法"研究的基础。在"口述心理"部分，他认为儿童语言的特征有5个方面：一，自非社交的进至社交的，自个人中心进至社交中心。二，自身体的进至精神的，自生理的进至心理的。三，儿童的言语，形式虽为单语，而实质为文章。机构为单语，机能为文章。四，儿童语言上之错误，它的原因为：（一）知觉上之错误；（二）统觉上之错误；（三）筋肉作用之错误；（四）复现作用之错误。五，儿童语言以自发活动为基点。在"作文心理"部分，也分别论列了五个方面：（一）作文之动机（讲的是作者与其生活环境的关系）。（二）总念（讲观察和表现的综合性和分解性）。（三）推敲作用（讲写作的运思活动。具体包括材料的选择和排列，语法的妥善，用语的妥善，文调的优美，修辞的优美等）。（四）联想作用（讲的是联想规律，包括接近律、继续律、类似律、对比律等四种）。（五）暗示作用（讲的是对儿童文思的诱发）。

"作文类别"部分，较为注重"口语作文"，认为"口语作文"与"笔述作文"二者有密切相关之点，有些地方是互为因果的，"口语作文"可作为"笔述作文"的基础。因此，在作业的项目上，作者将其分为"基本练习""口语练习"和"作文练习"三个部分。"基本练习"包括：朗读练习；读快比赛；阅读比快；字句的基本练习；把别人的口语，笔记下来，用文法的原则去研究；撰拟纲要的练习；整理和组织的练习；文章格式分布的分析比较；朗读剧本演词。"口语练习"包括：单语练习、故事重述；演讲、辩论、表演。"作文练习"包括：各式文体的练习（指常用的记叙说明……而言，不常用的，可以不必学）；应用文的练习；其他。作者分别对"演说与辩论"（口头作文）、"作文"（笔述作文）作具体而详细的指导，并将低、中、高各级儿童的写作教法加以区别，较好地做到了按年龄特征施教。

作文教学原则是：（一）应以口作为基础。主张对于口作和笔作分量的支配，在低年级应以口作多而笔作少，高年级则笔作多而口作少。（二）重内容轻形式。认为儿童作文应特别注意如何增加儿童的经验，使儿童于发表时，不致没有意思可发表，不怕没有话说，至于文字的组织，文法的错误尚在其次。（三）利用儿童心理的特征。主要是利用儿童的"群性和游戏"，激发他们的动机和兴趣，须先有充分的材料作笔作的基础，由简单趋于复杂。（四）要加多练习的机会。（五）由助作共作而进至自作。（六）文法语法的指导须在需要时提出。（七）凡和作文有关系的环境和一切习惯要特别注意，免得破坏作文的进行和成效。这条原则大致上均注意到了作文教学的特殊性。

对"教学过程"，作者提供了一个较为合理的师生双向活动的模式：

助作的教学过程：

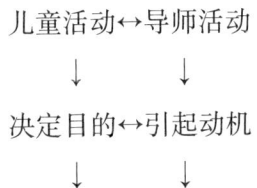

合拟文题↔审定文题
↓　　　↓
搜集资料↔帮助搜集
↓　　　↓
讨论整理↔合提要点
↓　　　↓
各自记述↔相机指导
↓　　　↓
共同订正↔汇集谬误
↓　　　↓
阅览誊清↔簿上订正
↓　　　↓
鉴赏成绩↔发表佳作

自作的教学过程：

儿童活动↔导师活动
↓　　　↓
决定目的↔引起动机
↓　　　↓
合拟文题↔审定文题
↓　　　↓
自构腹稿↔振导思路
↓　　　↓
自由记述↔备作顾问
↓　　　↓
推敲修改↔助集误点
↓　　　↓
共同批评↔提示通病
↓　　　↓

<pre>
          札记要项↔归纳通则
             ↓   ↓
          鉴赏成绩↔发表佳作
</pre>

对上述模式的各道程序,作者逐一加以解说。

此外,作者还提供了3个实验报告,供从事作文教学实验的同仁参考。这3个实验是:(一)先做纲要与否的比较实验;(二)高级日记指定事物或自由记述的比较实验;(三)轮廓抒写合一法的比较实验。这3个实验报告,均采用了教育科学实验与统计的方法,展示了作文教学实验的具体过程,得出了有较高可信度的结论,对教师从事作文教学实验有一定的指导作用。这方面的材料,在同类著作中甚为罕见,所以尤显珍贵。

总之,这是一部科学性较强的作文教学法论著,时至今日仍值得一读。

第六章　代表人物的写作教育观

第一节　朱自清

朱自清（1898~1948），是我国现代著名的文学家，也是一位颇有成就的教育家。他曾长期担任中学、大学的国文教师，有丰富的教学经验。他的语文教学观，尤其是作文教学观，很有创见。

（一）写和说到底是两回事。

朱自清在他的著述中多次明确指出："写的白话不等于说话，写的白话文更不等于说话。写和说到底是两回事。"① 他说，说的白话和写的白话绝不是一致的；它们该各有各的标准。他认为许多青年学生以为白话文跟说话差不多是一致的，照着心里说的话写下来就是白话文，这是一种误解。

朱自清这一观点的依据，归拢起来说，大致有以下几点：

1. 心里说的话等于独自言语。这种"独自言语"跟平常说话不同。不但不出声音，而且因为没有听者，没有种种自觉的和不自觉的限制，容易跑野马。在平常谈话或演说的时候，还免不了跑野马，独自思想时自然更

---

① 朱自清：《论诵读》，见《朱自清论语文教育》，114 页，郑州，河南教育出版社，1985。

会如此。说话是从思想到语言,写作是从思想到文字。①

2. 说的白话有声调姿势表情衬托着,字句只占了一半。写的白话全靠字句,字句自然也有声调,可并不和说话的声调完全一样,它是专从字句的安排与组织里生出来的。字句的组织必得在文义之外,传达出相当于说话时的声调姿势表情来,才合于写作的目的。②

3. 文章有种种书面表达的特殊程式。例如写信,这最接近于说话的信,也必须将种种不同的口气标准化,将"面谈"时的一些声调姿势表情等等标准化。因为"写信"究竟不是"面谈",所以得这么办:那些程式有的并不出于"面谈",而是写信写出来的。各色各样的程式,不是要笔头,不是掉花枪,都是实际需要逼出来的。③

4. 说话往往遵从于个别人的语言习惯,写作则必须用大众化的语言。过分依照自己的那"分歧的个别的语言",而不知道顾到"统一的文字",没有"统一的文字"的意念,只让自己的语言支配着,写出来的文章就可能自己读自己听很顺,别人读别人听就不顺了。④

以上几点又可归结为一点:口头表达与书面表达是各有其特殊性的。

作文教学固然应该注意到说与写的共同性,但更要着眼于二者的特殊性,说与写在本质上是有差别的。说与写都是一种表达方式,但是说话的表情达意不完全靠音频信号,它在相当程度上还要借助于说话人所处的特定的环境,与说话人的各种辅助性的表情、姿势、动作等,听众感受到的是一种综合效应。而作文的表情达意,则纯粹依靠作者所提供的文字符号,作者的一切信息都只有通过文字符号这个唯一的传媒,输送给读者。同时,说与写二者都有其长期"说"出来的与"写"出来的约定俗成的程

---

① 朱自清:《写作杂谈》,见《国文教学》,183页,上海,开明书店,1947。
② 朱自清:《中学生的国文程度》,见《国文教学》,128页,上海,开明书店,1947。
③ 朱自清:《如面谈》,见《语文影及其他》,28页,北京,文联出版公司,1985。
④ 朱自清:《诵读教学》,见《朱自清论语文教育》,105页,郑州,河南教育出版社,1985。

式。一个学生春游回来,将自己的所见所闻告诉家人,与正儿八经地写一篇记叙文是不一样的,跟写一篇说明文也不可能一样。可见,说与写是不能混为一谈的。

当然,也并不排除将"写话"作为一种作文训练方式的可能性。由于说与写毕竟还是有相通之处。当小学生还不明白作文是怎么一回事时,为了促进他们的口语表达能力转化为书面表达能力,以"写话"作为两种能力的过渡与衔接,自然还是有其合理性的。但如果把说与写等同起来,把"写话"作为一种普遍性的作文学习规律,那就势必掩盖了说与写的差异性,不利于学生形成正确的写作观念。

因此,朱自清是不主张写话的,主张直接从"朗读""诵读"(而不是一般的阅读、默读)中去掌握书面表达的规律。他说:"大概学写主要得靠诵读,文言白话都是如此;单靠说话学不成文言也学不好白话。"[1] 他认为只有通过大量地诵读别人的文字,才能形成"统一的文字"的意念。

朱自清所说的朗读包括两种内容:一是平常多读各家各派的文字,"用宣读文件的声调",从而获得那"统一的文字"的调子或语脉(或叫文脉),并学会如何润饰字句。这其实是通过认真揣摩规范的文章,以形成书面语的语感和文体形式感。二是将自己写成的文章或改过的文章"再三朗读",大概目的是对所写的文字进行检验,看它是否符合文章程式要求,以便进一步修改。朱自清认为,如果学生从小学时代起就训练这种正确的朗读,必将促进他们对写作特征的认识,作文也将容易进步。[2] 朱自清的这种"以读促写"观与传统的"以读带写"观有本质的区别,其合理性也是明显的。

(二)创作与写作性质不同。

说与写不同,写与写也有差异。朱自清认为创作与写作的性质是不同的。创作只针对文学作品而言,写作则针对一切文体,其中更大量的是非

---

[1] 朱自清:《论诵读》,见《朱自清论语文教育》,115页,郑州,河南教育出版社,1985。

[2] 朱自清:《写作杂谈》,见《国文教学》,185页,上海,开明书店,1947。

文学的应用性文体。

朱自清提出这个问题是有针对性的。他针对的是五四以后,新文学初创,写作的青年似乎都想在文学上试一试,把创作当作唯一的出路。他们不管自己才力如何,写诗,写散文,写小说、戏剧,而将论学论政的杂文列在第二等,将应用文不列等。这种把创作当写作的做法,导致了多数学生白费力气,其结果是非但创作不成,且闹得连普通的白话文也写不好。朱自清认为这实际上是一种"没有忍耐而求近功"的苟且的心理在作祟。总想创作,最容易浮夸、失望,这对学生的写作心理将造成不良的影响。

数十年后的今天,这种情形依然没有得到根本的改观。中学生喜欢写沾点文学味的文章,讨厌说明文、议论文和一般的应用文;大学生对报告、总结、评论、论文等的兴趣,远不如对小说、散文、诗歌等的兴趣浓厚。而对于大多数学生来说,显然他们最需要、最可能得到发展提高的并不是创作能力,而是实用性写作的能力。这关系到我们的作文教学目的,与整个语文教学如何对学生的学习作合理的引导这一至关重要的大问题。

朱自清认为,如果仅仅是使自己的写作受些文学的影响,带些文学的趣味,这是很好的,但不是必要的。"不带或少带情感的笔锋只要用得经济,有条理,也可以完成写作的大部分的使命。"① 朱自清作为一个与文学终身结缘的作家,能对作文教学作如是观,这对作文教学及广大偏爱文学写作教学的教师来说,应当是有警醒力的。

那么,写作教学应从何处着手呢?朱自清主张"初学写作,似乎该从广义的散文下手。先把话写清楚了,写通顺了,再注重表情,注重文艺性的发展。这样基础稳固些。否则容易浮滑,不切实"②。这强调的是语言基

---

① 朱自清:《论教本与写作》,见《朱自清论语文教育》,20页,郑州,河南教育出版社,1985。
② 朱自清:《答〈文艺知识〉编者问》,见《朱自清论语文教育》,171页,郑州,河南教育出版社,1985。

本功的训练。为写作计,首要的任务是要过好文字关。朱自清提供给青年写作者的经验之一是:"不放松文字,注意到每一词句,我觉得无论大小,都该从这里入手。控制文字是一种愉快,也是一种本领。……为一般写作者打算,还是不放松文字的好。现在写作的青年似乎不大在乎文字。无论他们的理由怎样好听,吃亏的恐怕还是他们自己,不是别人。"① 朱自清主张从广义的散文入手,目的是为了摆脱那种"没有忍耐而求近功"的偏颇的创作心态,使学生意识到即便是要搞创作,关键的问题也仍然是要先把"话写清楚了,写通顺了"。这也是很不容易的。朱自清从长期的教学实践中感觉到学生最大的毛病是思路不清,这种毛病在叙述文(包括描写文)和抒情文里不太明显,在说明文和议论文里就容易看出。因此,朱自清在主张作文教学从广义的散文入手的同时,也强调高中与大一的学生应该多练习这两体文字,这主要是训练学生思路,朱自清称之为文脉。具体的训练要从小的范围着手,从切近的熟悉的小题目下手,拣与实际生活有密切关系的问题练习写,像关于学校的伙食问题等。这些小题目只要抓住要点,清清楚楚地写出来,就是有条理的文章。可见,朱自清对于写作教学,最关注的是学生的基本能力的培养,这基本能力,一个是文字,一个是思维。此二者是作文的根本。有了这两种能力才有发展可言。

此外,朱自清还强调要学习报刊文体、新闻写作。这主要是从应用的角度对写作教学提出的要求。因为报刊文体是最见实用性的,且方兴未艾,有广泛的应用前景。他认为报刊文体简洁扼要,易于掌握,其写作价值决不在文艺的写作之下。当然,这并不是说要大家都去当记者,而是为那些迷恋于创作的学生指出了一条更易成功之路,为他们的作文训练提供一个切近可行的目标,也让他们意识到写作除了创作之外,还有广大的用武之地。

(三)写作要有切近的目标。

当了多年的国文教师,朱自清感到教授国文有三大困难,其一便是

---

① 朱自清:《写作杂谈》,见《朱自清全集》,卷2,108页,南京,江苏教育出版社,1988。

"无论是读是作，学生不容易感到实际的需要。……不感到实际需要，读和作都是为人，都只是奉行功令；自然免不了敷衍，游戏"①。这可谓一语中的，说出了读写教学效率不高的症结所在。

作文教学费时多，效率低，其中一个很重要的原因便是学生缺乏明确的学习动机，对写作训练毫无兴趣。处于被动或强制性学习状态的学生，是自然不可能学好写作的。朱自清认为，要解决这一问题，重要的是必须使学生意识到他们的作文训练是"有所为的"，而不是徒劳的。因此，写作教学要为学生确定一个他们可望而且可即的目标。

这个目标不能太宽泛。朱自清说，把写作训练看作"基本的训练，是生活技术的训练说是做人的训练也无不可"，但是，像这类"广泛的目标是不能引起学生的注意的"②；一般的课程标准，如"养成用语体文及语言（初中）以及文言文（高中）叙事、说理、表情、达意之技能"，这也是太宽泛，不如科举时代作文是为了做官，或一些学生把作文训练看作为了将来的"创作"这一类的目标来得实在。当然，这些目标是否正确又当别论。学生只有获得切近的学习写作的目标，才会有学习的热情，才能乐此不疲，才谈得上学习的主动性与积极性，才能不畏挫折，持久地、愉快地写下去，一直到实现自己的目标为止。

那么，究竟作文教学应以什么作为切近的目标呢？朱自清提议应以报纸上和一般杂志上的文字作为切近的目标，特别是报纸上的文字。这报纸上的文字，他认为，不但指报纸本身的新闻和评论，还包括报纸上登载的一切文件连广告在内。报纸上的文字作为写作训练的切近的目标有三种好处："第一，切用，而且有发展；第二，应用的文字差不多各体都有；第三，容易意识到各种文字的各种读者。"③也就是说，报刊文体不论对于学

---

① 朱自清：《文心》"序"，见《朱自清论语文教育》，6 页，郑州，河南教育出版社，1985。
② 朱自清：《论教本与写作》，见《国文教学》，147 页，上海，开明书店，1947。
③ 朱自清：《论教本与写作》，见《国文教学》，150 页，上海，开明书店，1947。

生的写作基本功的训练，还是对于将来的应用，都是有益的。朱自清提议以报刊文体作为中学生作文训练的目标，一个重要原因还在于报刊上的文章一般要求不是太高，大多数学生通过努力是能够达到的。而且，从事新闻或评论的工作，或起草应用的文件登在报纸或杂志上，也是一种骄傲，值得夸耀并不在创作以下。它跟搞创作一样，也可以鼓起学生的兴趣，教他们觉得写作是有所作为的而努力做去。

朱自清的这一见解肯定了写作教学应该为多数人将来的发展服务，写作教学应该激发学生的写作兴趣。朱自清能从学生的写作动机、学习的内驱力出发研究问题，是很有见地的。因为，一个人要在写作上获得成就，功夫不只是在课内的教学，主要在课外的自主努力。写作学习比起其他一些科目的学习，更需要成功的激励，这样，确定一个学生通过努力可以达到的目标就非常重要。

朱自清对学生学习心理的重视，对教学主体、写作主体的关切，集中体现了他"以学生为本位"的作文教学观。在这一教学观指导下，他对一些具体的教学方式的设想，也是从如何有利于学生的自由发展、调动他们的学习积极性这些方面来考虑的。

他对作文的命题、作文的完成方式等问题的看法，便不难使人得出这一结论。朱自清说："作文宜在课内，抑宜在课外？……我认为这是自由与干涉的问题，我是主张自由的。我的经验，出题命学生做，在教室内学生作文，都足以束缚学生的思想力，使他不能发展。这种方法只可偶一用之，使学生也体验一下限题限时的情境，俾将来遇这种情境时，也可适应。平常则以用自由的方式为宜。"① 训练方式的自由，是使学生能够达到"切近的目标"的一个必要条件。教师干涉过多必然会压抑学生的写作热情与创造力，学生动辄得咎，再"切近的目标"也将视为畏途。因此，应从教学方式上给学生提供更多的自由表现的空间，处理好"自由"与"干涉"这一对矛盾。

---

① 朱自清：《中等学校国文教学的几个问题》，载《教育杂志》第19卷，第7号。

（四）写作要有假想的读者。

学生对作文训练缺乏热情的另一个重要原因，是作文训练背离了以一定读者为交流对象的写作的一般规律。每次作文练习，往往都只有一个使他们感到惧怕的实际读者——老师。学生的作文训练，基本上是在没有什么写作冲动与发表欲望的情形下勉强应付的，也就谈不上形成较强的读者意识和文体感。尽管写作教学设置的终极目标是多么切近，但是，如果学生的每次作文练习都缺乏必要的交流对象，都变成一种可笑的自言自语，他们所要实现的终极目标，也就必然要变得十分渺茫。

因此，只有把作文练习置于正常的以传达为目的的写作情境中，学生才能意识到写作果然是有所为的。朱自清强调的学生写作练习要有假想的读者，便是基于这一认识之上的。

朱自清说：学生写文章"知道写了是要给教师读的；实际也许只有教师读，或再加上一些同学和自己的父兄。但如果每回写作真都是为了这几个人，那么写作确是没有多大趣味。学生中大约不少真会这样想，于是乎不免敷衍塞责，潦草塞责的弊病，可是学生写作的实际的读者虽然常只是这几个人，假想的读者却可以很多"[①]。所以，他认为，写作教学应主要以假想的读者为对象，这些假想的读者除了父兄、教师、亲近的朋友或同学外，还有全体同学、全体中学生、一般青年人、本地人士、各社团、政府、政府领袖、一般社会，等等。总之，学生作文练习，尽可能假定以任何人为交流对象而且必须以各类人为读者对象。

朱自清的这一看法的核心内容是："写作练习是为了应用，其实就是为了应用于这种种假想的读者。写作练习可以没有教师，可不能没有假想的读者。"[②] 这应该说是抓住了作文练习的本质要求。既然实际的写作活动有真实的读者，教学情境中的作文练习也就应有假想的读者，只有这样，

---

① 朱自清：《论教本与写作》，见《国文教学》，148～149页，上海，开明书店，1947。

② 朱自清：《论教本与写作》，见《国文教学》，149页，上海，开明书店，1947。

学生的作文练习才能与未来的应用相沟通。

然而,文章是为了读者而存在并体现出其价值这一简单的道理,在作文教学中往往被师生们忽略了。因此,增强写作教学中的读者意识,对教、学双方都是非常必要的。

在作文练习中,缺乏读者意识也必然会削弱教学效果。朱自清认为,学生"不意识到假想的读者,往往不去辨别各种体裁,只马马虎虎写下去。等到实际应用,自然便不合式"①。而且,"只知道一种假想的读者而不知道此外的种种,还是不能有辨别力"。② 可见,在训练中明确规定假想的读者,其直接功用又是为了提高对各体文章特点的辨析力,即形成文体形式感。而写作主体的文体形式感的优劣,则在相当程度上决定了他们写作质量的优劣。

要提高学生对文章体裁特点的辨别力,培养学生敏锐的文体形式感,朱自清主张要以报纸上的文字作为写作学习的范文,"因为报纸上登载着各方面的文件,对象或宽或窄,各有不同,口气和体裁也不一样,学生常常比较着看,便容易见出读者和文字的关系是很大的,他们写作时也便渐渐会留心他们的假想的读者"③。学生文体辨别力的提高确实有赖于经常的比较、鉴别,而报纸提供了这种便利。同时,报纸栏目多,读者对象多,读者面宽,认真阅读、揣摩,也有利于提高学生的读者意识。

此外,朱自清还特别提及报纸上所缺少的书信文体,认为应该把它补充在教材里。他在《如面谈》一文里,详细地讨论了书信的写法特点,十分完备地阐述了书信的程式及书信的读者对象对表现内容的制约。——书信这一文体之所以被许多有见识的语文教育家所重视,这大约也在于书信比其他文体有更确切的读者对象,有明确的传达目的,是有所为而作的。

---

① 朱自清:《论教本与写作》,见《国文教学》,149 页,上海,开明书店,1947。

② 朱自清:《论教本与写作》,见《国文教学》,149~150 页,上海,开明书店,1947。

③ 朱自清:《论教本与写作》,见《国文教学》,150 页,上海,开明书店,1947。

因此，书信的写作，在教学的假定性的情境中，更具有逼真性，更易诱使学生进入角色。从这个意义上说，书信当是作文练习的一个好体裁。

一个作家、学者型的教师，能倾心于教学，潜心研究教学，这在语文教学界实属罕见。朱自清这样做了，我们从中见到他人格的高尚！他以自身丰富的写作经验与学者的敏锐审视写作教学，这使他对许多问题的认识显得精辟而深刻。尽管由于他本质上仍是个作家，而不是教育理论家，因而他的写作教学观在理论阐述上显得不够充分，但是，综观他的写作教学论著，我们认为，他的见解与写作教学中存在的一些具体问题贴得很近，基本上是符合写作学习规律与教学的实际情况的。他的设想都很实在，而且不难做到，做了必有效果。

第二节 朱光潜

朱光潜（1899~1986年），半个多世纪来在美学、文艺理论等方面著作等身，堪称文艺论坛巨子。

早在二三十年代，朱光潜就以一个平辈人的身份与青年人谈文论艺，其精辟的说理，朴实的文风，如春风甘霖，使读者为之倾倒。在写作研究方面，他深知文学之奥秘及为文之甘苦，力避"高头讲章"式的指导，"努力做到'切实'二字"，既给读者以理论上的熏陶，又使他们在"印证经验"的思考中受益，这就是他的写作论著所独具的魅力。

（一）写作学习的程序。

由于写作学习"从初学到成家，中间须经过若干步骤，学者必须循序渐进，不可一蹴而就"[①]，因此，写作学习的程序问题，始终是写作学界普遍关注的一个问题。朱光潜把写作学习的程序划分为四种境界：疵境，稳境，醇境，化境。[②]

[①][②] 朱光潜：《精进的程序》，见《朱光潜美学文集》，第2卷，363页、364页，上海，上海文艺出版社，1982。

他认为习作者最初便处于"疵境",其特点是"驳杂不稳"。虽偶有好处,但就总体看去,毛病很多。通过学习,便能达到"稳境",写出来的文章平正工稳,合乎规模法度,却不精彩,没有什么独创。再经过荟萃各家各体的长处,造成自家所特有的风格,就进入"醇境",特色凝练典雅,极人工之能事。任何人只要肯下功夫,都可以达到这种境界。写作的最高境界是"化境",其标志是成熟的艺术修养与成熟的胸襟修养融成一片,不但可以见出纯熟的功力,还可以表现高超的人格。而这就不是一般人所能企及的了。

朱光潜把这四境"区别"为可借规模法度作导引的"疵境"和"稳境"(进而亦可扩展至"醇境"),有时失其约束作用的"化境"这两种情况。他说:"一个人到了较高的艺术境界,关于艺术的原理法则无用说也无可说;有可说而且需要说的是在'疵境'与'稳境'。从前古文家有奉'义法'为金科玉律的,也有攻击'义法'论调的。在我个人看,拿'义法'来绳'化境'的文字,固近痴人说梦;如果以为学文艺始终可以不讲'义法',就未免更误事。"① 这实际上指出了一般人写作学习的最高目标是"醇境",而要达到"醇境"往往是毕生事,所以,写作教学的目标,大约只能放在"有可说而且需要说"的"稳境"上。不论是要达到"稳境"还是"醇境",均需经过规模法度("义法")的学习。

朱光潜说:"由'疵境'到'稳境'那一个阶段最需要下功夫学规模法度,小心谨慎地把字用得恰当,把句造得通顺,把层次安排得妥帖……"② 他把规模法度分为"抽象"的和"具体"的两种。抽象的规模法度是文法、逻辑、"义法"等,具体的规模法度即模范作品的命意、用字、造句和布局等。他认为抽象的原则和理论本身并没有多大功用,而对具体实例的揣摩则尤为重要。这基本上是一个揣摩依仿、修疵救失的过程,目的在于养成纯正的写作手法。

"稳境"还只是平庸的境界。进入"稳境"后,不应被定型束缚住、

---

①② 朱光潜:《精进的程序》,见《朱光潜美学文集》,第 2 卷,364~365 页,上海,上海文艺出版社,1982。

不求变化,而应力求去打破定:"由'稳境'重新尝试另一风格。如果太熟,无妨学生硬;如果太平易,无妨学艰深;如果太偏于阴柔,无妨学阳刚。在这样变化已成风格时,我们很可能回到另一种'疵境',再由这种'疵境'进到'熟境',如此辗转下去,境界才能逐渐扩大,技巧才能逐渐成熟,所谓'醇境'大半都须经过这种'精钢百炼'的功夫才能达到。"①

至于"化境",则还要在人品学问方面另下一番更重要的功夫。虽然"醇境"和"化境"的修养均难以通过教学手段得以实现,但我们认为,无论教师还是学生,显然都有了解写作学习全程的必要。因为这对教师的教学内容、方法的总体把握,或是对学生学习进程的自我规划都不无裨益。

以上四个境界的划分只是对写作水平的一般发展而言。对具体文章类别的学习,也还有其特殊的程序。朱光潜认为,宇宙间一切现象都可以纳到"情""理""事""态"这四大范畴里,"情"指喜怒哀乐之类主观的感动;"理"是思想在事物中所推求出来的条理秩序;"事"包含一切人物的动作;"态"指人物的形状。写作的材料就不外这四种,所以文章通常可分为言情、说理、叙事、绘态(亦称状物或描写)四大类。四大类文章的写作有难易之分,这也就有了学习安排上的先后顺序。

朱光潜认为初学者首先不宜于说理,因为说理文需要丰富的学识和谨严的思考,这恰是青年人通常所缺乏的。他们没有说理文所必具的条件而勉强做说理文,势必袭陈腐的滥调,发空洞的议论,且窒息了他们想象力的发展。

其次,他以为入手就写言情诗文也是不妥当的。其一是因为情感迷离恍惚,不易捉摸。言情必借叙事绘态,如果未有这种准备,言情便只会变成抽象地说悲说喜。其二是因为情感自身也需陶冶熔炼。人生经验愈丰富,事理观察愈深刻,情感才愈深沉,愈易融化于具体的情境。

这样,"剩下来的只有叙事绘态两种。事与态都是摆在眼前的,极具

---

① 朱光潜:《精进的程序》,见《朱光潜美学文集》,第2卷,367页,上海,上海文艺出版社,1982。

体而有客观性，比较容易捉摸，好比习画写生，模特儿摆在面前，看着它一笔一笔地模拟，如有一笔不像，还可以随看随改。紧抓住实事实物，决不至堕入空洞肤泛的恶习。"① 而叙事与绘态之中还是叙事最要紧。叙事就是绘动态，能绘动态就能绘静态，叙事绘态二者也往往密不可分。"因为严格地说，情与理还是心理方面动作，还是可以认成'事'，还是有它们的'态'，所不同者它们比较偏于主观的，不如一般外在事态那样容易着笔。在对外在事态上下过一番功夫，然后再以所得的娴熟手腕去应付内在的事态（即情理），那就没有多大困难了。"②

（二）养成纯正的趣味。

写作学习既是主体全面写作素养的循序渐进的蓄积，那么，对于主体发展带根本性的要求又是什么呢？朱光潜说，文学的修养可以说就是趣味的修养，"文学教育第一件要事是养成高尚纯正的趣味"。③

他认为一个人在创作和阅读中所表现的趣味，大半由"资禀性情、身世经历和传统习尚"这三个因素所决定。这三个因素的影响有好有坏，也不必完全摆脱。我们应该做的功夫是根据固有的资禀性情而加以磨砺陶冶，扩充身世经历而加以细心的体验，接收多方面的传统习尚而求截长取短，融会贯通。纯恃天赋的趣味不足为凭，纯恃环境影响造成的趣味也不足为凭，纯正可凭的趣味必定是学问修养的结果。而这种学问修养的高尚纯正与否，又主要表现在阅读鉴赏力与写作主体人格品质这两个方面。

阅读鉴赏力的高尚纯正，主要指对作品能作优秀的评判，具有辨别作品好丑妍媸的敏感。对此恕不作详细引论。

写作主体人格品质的高尚纯正，其核心内容是"真诚"。这也可以从两个方面看。一是从表现方面看，作者必须有不得已要宣泄的思想感情，如无绝对的必要，最好守缄默；勉强找话说，动机就不纯正，源头就不充

---

①② 朱光潜：《写作练习》，见《朱光潜美学文集》，第 2 卷，282 页，上海，上海文艺出版社，1982。

③ 朱光潜：《文学上的低级趣味（下）：关于作者的态度》，见《朱光潜美学文集》，第 2 卷，275 页，上海，上海文艺出版社，1982。

实，态度就不诚恳，作品也就不会有大的价值。二是从传达方面看，作者肯以深心的秘蕴交付给读者，就显得他对读者有极深的同情。如果作者内心上并无这种同情，只是要博取一点版税或是虚名，不惜择很不光明的手段，逢迎读者，欺骗读者，那也就决说不上文艺。

这种人格品质的真诚，也表现在朱光潜对写作练习的要求上，他对写作练习提出的一条"最重要的原则"便是：有话必说，无话不说，说须心口如一，不能说谎。如果是存心说谎，那么入手就走错了路。……许多人在文学上不能有成就，大半就误在入手就养成说谎的习惯。

当然，对写作学习来说，重要的还不只是说明什么是高尚纯正的趣味，而是如何养成这种趣味。从阅读着眼，朱光潜认为"唯一的办法是多多玩味第一流文艺杰作，在这些作品中把第一眼看去是平淡无奇的东西玩味出隐藏的妙蕴来，然后拿'通俗'的作品作比较，自然会见出优劣"①。除了要读好作品外，还要读得广。因为读书的功用在于储知蓄理，扩充眼界，改变气质。读的范围愈广，知识愈丰富，审辨愈精当，胸襟也愈开阔。

从写着眼，所要做的就更多了。首先是要多观察体验。朱光潜认为实地的观察体验，对于文艺创作或比读书还更重要。观察体验一则可以增长阅历，一则可得自然界、社会人生瑰奇壮丽之气与幽深云渺之趣，这必使习作者在养成纯正趣味上受益。

其次是对写作应取严肃认真的态度，"每个作者必须是自己的严正的批评者，他在命意布局、遣词造句上都须辨析锱铢，审慎抉择，不肯有一丝一毫含糊敷衍。他的风格就是他的人格，而造成他的特殊风格的就是他的特殊趣味。一个作家的趣味在他的修改锻炼的功夫上最容易见出"。②

---

① 朱光潜：《文学上的低级趣味（下）：关于作者的态度》，见《朱光潜美学文集》，第 2 卷，275 页，上海，上海文艺出版社，1982。
② 朱光潜：《文学的趣味》，见《朱光潜美学文集》，第 2 卷，254～255 页，上海，上海文艺出版社，1982。

此外，自然还要落在写作练习上。对此，朱光潜主张遇见新鲜有趣的事物，随时记录摹写，并反复修改，务求其像而后已，以养成爱好精确的习惯和艺术家看事物的眼光。更具体地说，"在初写时，必须谨守着知道清楚的和易于着笔的这两种材料的范围。我这两层分开来说，其实最重要的条件还是知得清楚，知得不清楚就不易于着笔"①。由于一般人对于自己日常生活知得比较清楚，所以记日记是初学习写作的最好的方法。一番家常的谈话，一个新来的客人，街头一阵喧嚷，花木风云的一种新变化，读书看报得到的一阵感想，听来的一件故事，总之，一切动静所生的印象，都可以供你细心描绘，成为好文章。以"知道清楚的"和"易于着笔的"作为写作练习的范围，就是为了使学生养成不肯说谎的习惯，为奠定写作上高尚纯正的趣味打下坚实的基础。

当然，要养成高尚纯正的趣味不是单靠写作教学就能做到的，而须付出终身不懈的努力。但是，对初学者从一开始就提出这种要求，以培养健康的写作趣味和良好的写作心理、习惯，却又是极为重要的。因为一旦趣味不正，习惯不良，要改变就很困难。诚如朱光潜所说，作文如写字，养成纯正的手法不易，丢开恶劣的手法更难。……到发现自己所走的路不对时，已悔之太晚。

（三）克服心理的懒惰。

写作趣味不正，推究习作者心理方面的原因，主要是疏于思考，苟且敷衍。

朱光潜认为写作的问题主要是思想（思维）而不是技巧。因为，一件作品如果有毛病，无论是在命意布局上或是在造句用字上，仔细穷究，病源都在思想。思想不清楚的人做出来的文章决不会清楚。而思想的毛病除了精神失常以外，都起于懒惰，遇着应该斟酌时不仔细斟酌，只图模糊敷衍，囫囵吞枣混将过去。所以，他指出："练习写作第一件要事就是克服这种心理的懒惰，随时彻底认真，一字不苟，肯朝深处想，肯向难处做。

---

① 朱光潜：《写作练习》，见《朱光潜美学文集》，第 2 卷，279 页，上海，上海文艺出版社，1982。

如果他养成了这种谨严的思想习惯，始终不懈，他决不会做不出好的文章。"① 为此，他提倡"苦思"，反对一味地模仿，流于俗滥。

他谈到写作时人们常常会思路蔽塞，这时，不应轻易放弃，而要知难而进，苦思也有苦思的收获。思路太畅时，我们信笔直书，少控制，常易流于浮滑，而经过苦思，则可得三种好处：一是能剥茧抽丝，鞭辟入里，处处从深一层着想，才能沉着委婉。二是尽管当时也许无所得，但是在潜意识中它的工作仍在酝酿，到成熟时，可以"一旦豁然贯通"。三是难关可以打通，且经过这种训练，手腕便逐渐娴熟，思路便不易落平凡，纵遇极难驾驭的情境也可以手挥目送，行所无事。而这种经过艰苦经营所写出的平易畅适的文章，往往要比入手便平易畅适的文章更耐人寻味，更能达到写作的胜境。可见，苦思便意味着创造。

苦思的反面，是模仿因袭。朱光潜说有些原来很新鲜的东西，经许多人一模仿，就成为一种滥调了。他相信一个人应该有一个人的独到，专去模仿别人的一种独到的风格，这在学童时代做练习，固无不可，如果把它当作一种正经事业做，则大可不必。然而这种因袭模仿在中国写作界是有传统的，杨雄生在汉朝，偏要学周朝，韩愈生在唐朝，偏要学汉朝人说话，这就必为世诟病。写作是人的至性的流露，效仿他人只会变成无个性的浮腔滥调，这就跟东施效颦一样：西施有心病捧心而颦，自是一种美风姿；东施无心病而捧心效颦，适足见其丑拙。

当然，写作心理的懒惰不仅表现在寻思上，也表现在寻言上。在朱光潜看来，寻思与寻言不是两回事，而是一回事。寻思习惯于模仿因袭，其言也就势必俗滥不堪："美人都是'柳腰桃面'，'王嫱、西施'；才子都是'学富五车，才高八斗'；谈风景必是'春花秋月'，叙离别不离'柳岸灞桥'。"② 等等。这种情况要完全避免也很难做到，因为人皆有惰性，

---

① 朱光潜：《作文与运思》，见《朱光潜美学文集》，第 2 卷，288 页，上海，上海文艺出版社，1982。

② 朱光潜：《咬文嚼字》，见《朱光潜美学文集》，第 2 卷，299~300 页，上海，上海文艺出版社，1982。

习惯于走熟路,"熟路抵抗力最低,引诱性最大,一人走过,人人就都跟着走,愈走也就愈平滑俗滥,没有一点新奇的意味。"① 针对这种情况,朱光潜赞赏韩愈所说的"惟陈言之务去",把这看作是一句最紧要的教训。因为你不肯用俗滥的语言,自然也就不肯用俗滥的思想感情,你遇事就会朝深一层去想,你的文章也就真正是"作"出来的,不至落于下乘。

朱光潜认为思想与语言流于俗滥,这就是近代文艺心理学家们所说的"套板反应"(stock-response)。一个人的心理习惯如果老是倾向"套板反应",他就根本与文艺无缘,因为就作者说,"套板反应"和创造的动机是仇敌;就读者说,它引不起新鲜而真切的情趣。② 这种"套板反应"危害既大,且难以抗拒,以至古今中外的作家能从这个陷阱中爬出来的并不多见。但是,这并不意味着习作者可以不作任何摆脱的努力,相反,写作既然是创造,就不能不去克服心理的怠惰,走出"套板反应"的陷阱。

朱光潜把克服心理的懒怠看作是练习写作的第一件要事,把"套板反应"称为创造的动机的仇敌,这就对写作教学从另一个侧面提出了问题。写作教学一方面须模仿,须讲求规模法度;而另一方面,也许是更重要的方面,则要求创造、突破、推陈出新。

(四)写作之外下功夫。

古人有"功夫在诗外"之说,意思就是写作所需的修养应是多方面的,不应局限于"写"的狭小范围内。这当是极有见地的。习作者在写作上的种种弊病,显然都跟写作修养的偏颇欠缺有关。朱光潜的写作学习观把这种见解发挥得淋漓尽致。

朱光潜认为写作的修养应包括人品的、学识经验的和文学本身的三个方面。

关于人品的修养,朱光潜既看到了人品与文品二者似无必然的关系的

---

① 朱光潜:《咬文嚼字》,见《朱光潜美学文集》,第2卷,299页,上海,上海文艺出版社,1982。

② 朱光潜:《咬文嚼字》,见《朱光潜美学文集》,第2卷,300页,上海,上海文艺出版社,1982。

一面，又看到二者相关的一面，对文品表现人品给予充分的肯定。因为文艺上要取得真正伟大的成就，作者必须有道德的修养，有不同于他人的真挚的性情和高远的胸襟。

学识经验的修养就是指对一般人生世相丰富而又正确的蓄积，这有两个途径：读书和实地观察体验。对于文艺创作来说，后者比前者更为重要。

文学本身的修养首先是认识语言文字，其次是须有运用语言文字的技巧。这看似容易，因为一般人日常都在运用语言文字，而实际上却是极难的事。①

从朱光潜对这三个方面修养的具体阐述来看，我们认为有两点值得注意。其一是无论哪一方面的修养，他都要求打下极宽极厚的基础，强调在写作之外下功夫；其二是他把阅读修养只看成是写作诸修养中较次要的一种。

朱光潜对第一点的论述是十分充分的。他说："文艺像历史、哲学两种学问一样，有如金字塔，要铺下一个很宽广笨重的基础，才可以逐渐砌成一个尖顶出来。如果入手就想造成一个尖顶，结果只有倒塌。"② 在近代，一个文人不但要博习本国古典，还要涉猎近代各科学问，否则见解难免偏颇。

他以自己研究文学的实例来说明写作主体建构的广阔性。他说：文学并不是一条直路通天边，由你埋头一直向前走就可以走到极境的。研究文学也要绕许多弯路，也要做许多枯燥辛苦的工作。学了英文还要学法文，学了法文还要学德文、希腊文、意大利文、印度文等等；时代的背景常把你拉到历史、哲学和宗教的范围里去；文艺原理又逼你去问津于图画、音乐、美学、心理学等等学问。他从许多哲人和诗人方面借得

---

① 朱光潜：《资禀与修养》，见《朱光潜美学文集》，第 2 卷，251 页，上海，上海文艺出版社，1982。

② 朱光潜：《我与文学》，见《艺文杂谈》，277～278 页，合肥，安徽人民出版社，1981。

一双眼睛看世界。有时能学屈原杜甫的执着，有时能学庄周列御寇的倘佯凌卢，莎士比亚教会他在悲痛中见出庄严，莫里哀教会他在乖讹丑陋中见出隽妙，陶潜和华兹华司引他到自然的胜境，近代小说家引他到人心的曲径幽室。因此，他能感伤也能冷静，能认真也能超脱，能应俗随时，也能潜藏非尘世的巨壑。他就是这样通过广泛地涉猎众多领域，来再造一个文学的自我。

他把"本行之外下功夫"，看作是一切艺术家主体建构的一条通则。他说："艺术家往往在艺术范围之外下功夫，在别种艺术之中玩索得一种意象，让它沉在潜意识里去酝酿一番，然后再用他的本行艺术的媒介把它翻译出来。……各门艺术的意象都可触类旁通。书画家可以从剑的飞舞或鹅掌的拨动之中得到一种特殊的筋肉感觉来助笔力，可以得到一种特殊的胸襟来增进书画的神韵和气势。推广一点说，凡是艺术家都不宜只在本行小范围之内用功夫，须处处留心玩索，才有深厚的修养。"①

即便是"本行之内的功夫"，也远比我们理解得宽泛得多。朱光潜认为就文学本身的修养来看，也不只是一般的懂得运用语言文字，而是必须懂得字的形声义、字的组织以及音义与组织对于读者所生的影响，这要包含语文学、逻辑学、文法、美学和心理学各科知识。

再看第二点，朱光潜多次谈到写作学习并非只靠阅读、模仿。他说："作诗是否要多读书？'学'的范围甚广，我们可以从人情世故物理中学，可以从自己写作的辛苦中学，也可以从书本中学，读书只是学的一个节目，一个不可少的而却也不是最重要的节目。许多新诗人的毛病在不求玩味生活经验，不肯耐辛苦去自己摸索路径，而只看报章杂志上的一些新诗，揣摩他们，模仿他们。……学来学去，始终没有学到一个自己的本色当行。"② 这种看法可谓切中"阅读是写作的基础"这一观念的

---

① 朱光潜：《"读书破万卷，下笔如有神"》，见《艺文杂谈》，55～56页，合肥，安徽人民出版社，1981。

② 朱光潜：《给一位写新诗的青年朋友》，见《艺文杂谈》，68页，合肥，安徽人民出版社，1981。

要害。

综上所述，朱光潜的写作学习观的基本点，是立足于写作主体全面写作素养的提高。他不是把写作简单地看作是语言的掌握与应用，而是把它看作人自为主宰，既表现情感思想也滋养思想情感，思想、情感、语言、文字几者密不可分的创作活动。这样，他便能置写作学习于一个全方位的开放的系统中加以认识。

第三节 叶圣陶

叶圣陶（1896～1988）是我国杰出的语文教育家，他的语文教育思想博大精深，给当代语文教育以巨大的影响。他的写作教育思想，在我国当代写作教育中，始终是占主导性地位的思想，其作用主要是积极的。但是，长期以来，由于历史、现实和教师个人等错综复杂的原因，人们在对叶圣陶的写作教育思想的理解和领会上，产生了种种的误解和偏差，也由于叶圣陶本身对写作教育的认识，存在着某些局限，这些偏颇的理解和局限，同样都极其"权威"地影响着写作教育，使叶圣陶的写作教育思想，在给写作教育以助力的同时，也在一定程度上阻遏了写作教改的探索进程。为了更好地继承和发展叶圣陶的写作教育思想，推动写作教改，有必要结合写作教育的现状和问题，对他的一些基本观点加以梳理和澄清，使其科学精神得到真正的弘扬，使写作教育走出误区。

（一）作文与做人。

叶圣陶很注重写作主体的文德修养。他的写作主体论的核心是"求诚"。

早在1924年发表的《作文论》中，叶圣陶就将"我们作文，要写出诚实的，自己的话"[①]，作为他的作文论的首要的、也是最基本的观点提出

[①] 叶圣陶：《作文论》，见《叶圣陶语文教育文集》，359页、358页，北京，教育科学出版社，1980。

来。他认为,从写作本体的价值取向上来看,写作不但应写出自己的东西,而且要求所写的必须是美好的,具体地说,就是:"假若有所表白,这当是有关于人间事情的,则必须合于事理的实际,切乎生活的实况;假若有所感兴,这当是不倾吐不舒快的,则必须本于内心的郁积,发乎情性的自然。这种要求可以称为'求诚'。"① 他在对种种不诚实的现象作了分析之后,进一步把"作文上的求诚"界定为:"从原料讲,要是真实的、深厚的,不说那些不可征验、浮游无着的话;从写作讲,要是诚恳的、严肃的,不取那些油滑、轻薄、卑鄙的态度。"② 这实际上把"求诚"分为"外求"和"内求"两个方面,"外求"即对客体对象的真切把握,"内求"即对主体的严格自律,所求皆是对"作文""文德"而言,而不是指一般意义上的"做人""修德"。

这一点,我们还可以从叶圣陶谈到的如何"求诚"中清楚地看出。他认为"求诚"的关键在于"生活充实","生活充实的含义,应是阅历得广,明白得多,有发现的能力,有推断的方法,情性丰厚,兴趣饶富,内外合一,即知即行,等等"③。接着,他将此归纳为:"要使生活向着求充实的路,有两个致力的目标,就是训练思想与培养情感。"④ 从生活,从经验出发,训练思想培养情感,做到内外同致,知行合一,做到真情实感,便能"写出诚实的话"来,这里说的"求诚"的途径和目标,仍是围绕着"作文""文德"而言的。

他在《论写作教学》一文中,则从教学的角度,进一步阐明了对"求诚"的看法:"写作所以同衣食一样,成为生活上不可缺少的一个项目,原在表白内心,与他人相感通。如果将无作有,强不知以为知,徒然说一番花言巧语,实际上却没有表白内心的什么:写作到此便与生活脱离关

---

① 叶圣陶:《作文论》,见《叶圣陶语文教育文集》,359 页、358 页,北京,教育科学出版社,1980。

② 叶圣陶:《论写作教学》,见《叶圣陶语文教育论集》,359 页,北京,教育科学出版社,1980。

③④ 叶圣陶:《论写作教学》,见《叶圣陶语文教育论集》,359 页、360 页、436 页,北京,教育科学出版社,1980。

系,又何必去学习它?训练学生写作,必须注重于倾吐他们的积蓄,无非要他们生活上终生受用的意思。这便是'修辞立诚'的基础。"① 就是说,写作教学必须为学生创造"立诚"的条件,让他们有积蓄可倾吐,才不致弄虚作假,言不由衷,与生活脱离关系。这强调的依然是在"作文""文德"的范围之内。

直至晚年,叶圣陶对此仍十分重视。他在1978年所撰《大力研究语文教学,尽快改进语文教学》一文中说:"在作文教学中,首先要要求学生说老实话,绝不容许口是心非,弄虚作假。譬如学生作文说他自己学雷锋,曾经搀扶一位老太太过马路,就首先要问有没有这回事,其次才看写得好不好。要是根本没有这回事,那就可见这个学生所受'四人帮'的影响还在他身上作怪,那就必须恳切地严肃地对他做思想工作,直到彻底消毒才罢休。"② 这些说的还是写作教育究竟是要"立诚"还是要"立伪"的问题。

叶圣陶并非置一般性的思想品德教育于不顾,而是认为求得人的全面素养的提高,这是写作课所无法胜任的。他说:"至于求作文之更好,则在政治之提高,思想方法之有进,社会实践之深入,固非写作一课之事。"③ "道德必须求其能够见诸践履,意识必须求其能够化为行动。……国文诚然是这方面的有关学科,却不是独当其任的唯一学科。"④ 可见,叶圣陶不是无视一般性的"做人"的教育,他是从写作教育的特殊性出发,把一般性的"做人"教育和以"求诚"为核心的文德教育,有意识地区别开来。

---

① 叶圣陶:《论写作教学》,见《叶圣陶语文教育论集》,359 页、360 页、436 页,北京,教育科学出版社,1980。
② 叶圣陶:《大力研究语文教学,尽快改正语文教学》,见《叶圣陶语文教育论集》,155 页,北京,教育科学出版社,1980。
③ 叶圣陶:《语文教育书简》,见《叶圣陶语文教育论集》,739 页,北京,教育科学出版社,1980。
④ 叶圣陶:《国文教学的两个基本观念》,见《叶圣陶论语文教育》,54 页,郑州,河南教育出版社,1986。

对于叶圣陶的这一区别，语文教育界许多同志缺乏认识。只看到叶圣陶主张"作文与做人的统一"，却不去深究他的写作主体论的核心内涵在于"求诚"。这在写作教育实践中就形成了两种偏差：一是泛泛而论"修德""做人""为人""人品"的重要，把政治思想、道德品质教育，统统看作是写作教育的任务，即所谓"要做好文，先做好人"；一是片面强调写作的"思想性"，倡导趋迎时势、牵强附会、胡编滥造、任意拔高。前者大多还只是停留在"理论"上，后者则已经在写作教育实践中泛滥成灾。片面强调文章"立意要高""主题要深"，而不顾学生的真情实感，这实际上是"求伪"而不是"求诚"，难怪乎一些语文教师深有感触地说："现在学生作文，是说真话进来（入学），说假话出去（毕业）。"这就完全背离了叶圣陶的写作主体观的基本精神。

（二）应试与应需。

与"求诚"这一写作主体观紧密联系着的，是"应需"这一写作教育目的观。从某种意义上说，"应需"则"诚"，"应试"则"伪"。

叶圣陶认为写作教育不应以"应试"为目标，而应以"应需"为首务，这一见解可谓切中写作教育的要害。写作教育中的诸多利弊皆与此有关。

叶圣陶极为反对为了应试而脱离学生生活实际的写作训练，认为写作是人的一种生活能力，不是一种外在的要求，须应生活之需，切生活之用。他说："尽量运用语言文字并不是生活上一种奢侈的要求，实在是现代公民所必须具有的一种生活的能力。"[①] 这是一个极具现代意识的写作教育观念，叶圣陶写作教学目的论就是建立在这一认识之上的。他说："学生为什么要练习作文，对这个问题，老师必须有正确的认识。练习作文是为了一辈子学习的需要，工作的需要，生活的需要，并不是为了应付升学考试，也不是为了当专业作家。如果说考试，人在一生中不知道要遇到多少次的作文考试，写信，写通知，写计划，写总结，写报告，

[①] 叶圣陶：《略谈学习国文》，见《叶圣陶论语文教育》，92页，郑州，河南教育出版社，1986。

等等，全是作文考试。如果升学考试通过了，写封信却词不达意，按实说，这个人的作文考试还没有及格。从广义的考试来看，升学考试的次数极其少，一生中不过几回，而别种考试却天天碰到，并且成绩的好坏，不但关系自己，还跟别人有关，甚至关系到整个社会。"① 这就阐明了以应需为练习作文目的的重要性。同时，他还指出以此为目的，只要学习得法，是不会妨碍应试的："我以为现在学生不宜存有为考试而学作文的想头。只要平时学得扎实，作得认真，临到考试总不会差到哪里。"② 这种看法不无道理，可惜我们许多老师看不到这一点，总是被"应试"捆住了手脚。

基于上述认识，叶圣陶主张不论课内外作文均应立足于"应需"："惟练似宜通乎课内课外……课外应需而作文，固用也，而亦练也。学生能明乎此，则随时随处认真，不以课内作文为特殊事项，进步殆可较快。复次，课内作文最好令作应需之文，易言之，即令叙非叙不可之事物，令发非吐不可之议论。课内练习，固将求其应需，非欲其徒然弄笔也。"③ 他将写作练习和应需二者统一起来，这一观点对脱离实际应用的写作练习，对把写作教学变成纯学业的要求，变成"应试"的"敲门砖"这种状况，是很有现实针对性的。

以应需为目标，叶圣陶十分注重"非文学的文字""普通文字"的教学。他说："其实国文所包的范围很宽广，文学只是其中一个较小的范围。文学之外，同样被包在国文的大范围里头的，还有非文学的文字，就是普通文字。这包括书信，宣言，报告书，说明书等等的应用文，以及平正地写状一件东西载录一件事情的记叙文，条畅地阐明一个原理发挥一个意见的论说文。中学生要应付生活，阅读与写作的训练，就不能不在文学之

---

① 叶圣陶：《中学作文指导实例》"序"，见《叶圣陶论语文教育》，207 页，郑州，河南教育出版社，1986。
② 叶圣陶：《大力研究语文教学，尽快改进语文教学》，见《叶圣陶语文教育论集》，154 页，北京，教育科学出版社，1980。
③ 叶圣陶：《语文教育书简》，见《叶圣陶语文教育论集》，738 页，北京，教育科学出版社，1980。

外，同时以这种普通文为对象。"① 要做好"普通文字"，他认为要把生活和作文结合起来，多多练习，作自己要作的题目，久而久之，就会觉得作文是生活的一部分，是一种发展与享受，而无所谓练习，因为这和文章产生的自然程序完全一致了。他觉得将生活和作文结合起来的一个好办法是写日记，日记的材料是个人每天的见闻、行为以及感想，包括起来说，就是整个生活，通过写日记，写作就跟生活发生了最密切的联系。②

为了使写作教育摆脱八股精神的影响，使之与学生的生活、学习的需要相沟通，叶圣陶建议教师们："平心静气地问问自己：（一）平时对于学生的训练是不是适应他们当前所有的积蓄，不但不阻遏他们，并且多方诱导他们，使他们尽量拿出来？（二）平时出给学生作的题目是不是切近他们的生活，借以培植'立诚'的基础？（三）学生对于作文的反映是不是认为非常自然的不做不快的事，而不认为教师硬要他们去做的无谓之举？"③ 这"三问"的确很有必要，可以起到检验写作教学究竟是以"应试"还是以"应需"为目的的作用。在这里，叶圣陶把应需性写作训练与培植'立诚'的基础二者联系起来，使写作教育的目的与对写作主体的要求相统一。——"应需"与"求诚"的统一，是叶圣陶写作教育思想的精髓。

（三）授知与亲知。

叶圣陶写作教学论的一个基本观点是"自悟"。在写作教学中他不赞成"授知"，主张"亲知"，注重的是教学双方的写作实践。

他对"读"而"知"持否定的态度。他说："看看文章作法之类只是'知'的事情，虽然不一定有什么害处，但是无益于写作的'行'是显然的。"④ "现

---

① 叶圣陶：《对于国文教学的两个基本观念》，见《国文教学》，7~8页，上海，开明书店，1947。
② 叶圣陶：《日记与写作能力》，见《叶圣陶论语文教育》，49~50页，郑州，河南教育出版社，1986。
③ 叶圣陶：《论写作教学》，见《叶圣陶论语文教育》，68页，郑州，河南教育出版社，1986。
④ 叶圣陶：《写作漫谈》，见《叶圣陶集》，卷9，266页，南京，江苏教育出版社，1990。

在有好一些作文法一类的书……这些书大半从现成文章里归纳出一些法则来……所以作文法一类书……对于增强我们写文章的腕力只有间接的帮助。所以光看看这一类书……未必就能把文章写好。如果临到作文而去翻查这些书,那更是毫无实益的傻事。"①

他对"讲"而"知"也同样持否定的态度,强调"自悟"。他说:"写作知识短文不列在单元末尾,甚好。写作系技能,不宜视作知识,宜于实践中练习,自悟其理法,不能空讲知识。或以为多讲知识即有裨于写作能力之长进,殊为不切实际之想。"②"书谓在一年级系统的集中的结合学生作文例子讲写作基础知识,此言我大体赞同。……'讲'字我不甚赞同,而以为须令学生自求得之。"③——"自悟其理法""自求得之",就是说,教师不能直接将写作知识传授给学生,只能引导帮助学生自己通过阅读去获得写作知识:"国文教本中排列着一篇篇的文章……要使学生试去揣摩它们,意念要怎样地结构和表达,才正确而精密,揣摩不出的,由教师给予帮助;从这里,学生得到了写作的知识。"④

这种过于注重个体感悟的思想,也表现在对教师的要求上,他非常注重教师的练笔,称之为"教师下水",他说:"'下水'是从游泳方面借过来的。教游泳当然要讲一些游泳的道理,但是教的人熟谙水性,跳下水去游几阵给学的人看,对学的人好处更多。语文老师教学生作文,要是老师自己经常动动笔,或者作跟学生相同的题目,或者另外写些什么,就能更有效地帮助学生,加快学生的进步。"⑤ 关于"教师下水"问题,他多次

---

① 叶圣陶:《怎样写作》,见《叶圣陶语文教育论集》,416 页,北京,教育科学出版社,1980。
② 叶圣陶:《语文教育书简》,见《叶圣陶语文教育论集》,736 页,北京,教育科学出版社,1980。
③ 叶圣陶:《语文教育书简》,见《叶圣陶语文教育论集》,739 页,北京,教育科学出版社,1980。
④ 叶圣陶:《略谈学习国文》,见《叶圣陶论语文教育》,93 页,郑州,河南教育出版社,1986。
⑤ 叶圣陶:《"教师下水"》,见《叶圣陶论语文教育》,146 页,郑州,河南教育出版社,1986。

和中学语文教师交换看法,力陈己见,指明语文教师通过亲身的写作实践获得的体会,对学生的写作最有帮助。他说:"……老师深知作文的甘苦,无论取材布局,遣词造句,知其然又知其所以然,而且非常熟练,具有敏感,几乎不假思索,而自然能左右逢源。这样的时候,随时给学生引导一下,指点几句,全是最有益的启发,最切用的经验。"① "经常写些东西,语文教师更有必要。……自己动手写,最能体会到写文章的甘苦。自己的真切的体会跟语文教学结合起来,讲解就会更透彻,指导就会更切实,批改就会更恰当。"② 他把教师的写作经验与教学效果等量齐观:"凡是有关作文的事,老师实践越多,经验越丰富,给学生的帮助就越大。"③ 从而将"亲知"的重要性强调到了极端的境地。

与他对教师个体写作经验的强调程度形成鲜明对比的,是他对教师在写作普遍规律方面的探讨和写作理论知识方面的学习的忽略。把教师个体写作经验,置于从群体写作经验中概括出来的写作理论知识之上,重视一己之"水性",更甚于重视他人"游泳之道"。

不论是对学生"自悟"的强调,还是对教师"下水"的强调,注重的都是个体经验和"亲知",这从认识论上来看,不能不归之于经验主义。

叶圣陶认为"写作系技能,不宜视作知识,宜于实践中练习",这大体上是对的,但他说"看看文章作法之类只是'知'的事情,虽然不一定有害处,但是无益于写作的'行'是显然的"。这种把"知"和"行"割裂开来,轻"知"重"行"的看法则是片面的。问题只是在于是不是"真知",如果是"真知"怎么会无益于"行"呢?写作的"知",能够"自悟"自然不错,但如果认为一定要"自悟",这不论对教师还是对学生

---

① 叶圣陶:《"教师下水"》,见《叶圣陶论语文教育》,146页,郑州,河南教育出版社,1986。
② 叶圣陶:《和教师谈写作》,见《叶圣陶语文教育论集》,477~478页,北京,教育科学出版社,1980。
③ 叶圣陶:《"教师下水"》,见《叶圣陶论语文教育》,148页,郑州,河南教育出版社,1986。

来说，都是不现实的。学生不可能个个都能"自悟"，教师也未必就能够启发所有的学生"自悟"，这岂不是画地为牢把学生拒于写作理论指导的大门之外？

叶圣陶认为"……（教师）自己动手写，最能体会到写文章的甘苦。自己的真切的体会跟语文教学结合起来，讲解就会更透彻，指导就会更切实，批改就会更恰当"，这大体上也是对的；但他说"凡是有关作文的事，老师实践越多，经验越丰富，给学生的帮助就越大"，这种过分夸大个体写作经验的指导作用的看法则是不对的。任何人的写作经验总是有局限的，谁也不可能在写作上十八般武艺俱全，写作经验再丰富，也难免有捉襟见肘、不敷应用的时候，更何况人们的写作行为存在着极大的个体差异，对这个人是成功的经验，对另一个人也许却未必，很少有可以照搬的写作方法和行为方式，这也是一个好作家不一定就是一个好教师的原因所在。要真正给学生以写作上的教益，既不能够没有教师个体的写作实践经验，又不能够局限于此。要是囿于一己之经验，缺乏对写作理论探索的自觉，在教学中是必定要碰钉子的。因此，"经验越丰富，给学生的帮助就越大"，这一论断的科学性是值得怀疑的。

在经验主义的写作教学观的影响下，当代写作教师普遍缺乏理论兴趣。多数教师视写作理论探索为畏途，仅凭自己十分有限的写作经验执教，学生自然也就与写作理论绝缘，依然在鲁迅所针砭的"读，做，读，做"的"暗胡同"中摸索，以求"自悟"。这种状况势必造成写作教学的效率低下。写作教学是到了与拒斥理论的观念诀别的时候了。

（四）写作与阅读。

叶圣陶对写作与阅读的关系的认识，与传统的认识一脉相承。他认为"阅读是写作的基础"，这导致了写作教学本体的迷失和语文教育结构的失衡。

传统写作教学依赖于阅读，这主要是由科举考试采取"八股"试士的方式所决定的。八股文以"四书"的内容命题，以"五经"的内容取材，要求"代圣贤立言"而无须说自己的话。考生必得读"四书""五经"和揣摩制艺名篇方能应试，在这种情况下，阅读自然是写作的前提。同时，也由于习作者必须通过阅读，获得书面表达的语感、文体感等，没有阅读而能写作这是不可思议的，阅读的确对写作有着极其重要的作用。这些，造成了人们的一种错觉，以为阅读是写作的本源，读得好便写得好。即如朱熹所说："大意主乎学问以明理，则自然发为好文章。"① "学问"和"明理"，自是离不开阅读。

在传统写作观的基础上，叶圣陶进一步强调了阅读对写作的作用，并将其理论化。他对"阅读是写作的基础"这一命题的重视，给语文教学和写作教学观念以巨大的影响，这一观点导致了整个语文教学向阅读的严重倾斜，使写作教学处于阅读教学的附庸地位，使写作教学始终未能形成独立的较为科学的体系。

他在40年代发表的《国文教学的两个基本观念》一文中，就十分强调阅读对写作的作用。他指出，现在一说到学生国文程度，其意等于说学生写作程度。至于与写作程度同等重要的阅读程度往往是忽视了的。……然而阅读是吸收，写作是倾吐，倾吐能否合于法度，显然与吸收有密切的关系。单说写作程度如何如何是没有根的，要有根，就得追问那比较难捉摸的阅读程度。"多方面地讲求阅读方法也就是多方面地养成写作习惯，习惯渐渐养成，技术拙劣与思路不清的毛病自然渐渐减少，一直减到没有。所以说阅读与写作是一贯的，阅读得其法，阅读程度提高了，写作程度没有不提高的。"②

到了60年代，他明确提出了"阅读是写作的基础"这一观点，并重申了上述看法："有些人把阅读和写作看作不甚相干的两回事，而且特别着重写作，总是说学生的写作能力不行，好像语文程度就只看写作程度似的。阅读的基本训练不行，写作能力是不会提高的。……实际上写作基于

---

① 《朱子语类·论文上》。
② 叶圣陶：《国文教学的两个基本观念》，见《叶圣陶语文教育论集》，58页，北京，教育科学出版社，1980。

阅读。老师教得好,学生读得好,才写得好。"① "总而言之,阅读是写作的基础。"② 在这里,叶圣陶在否定"好像语文程度就只看写作程度似的"之后,走了另外一个极端好像语文程度就只看阅读程度似的。这个观点,把写作教学乃至语文教学导入了迷津。

阅读和写作固然不是"不甚相干的两回事",但却是各有特点的两件事;决定和影响阅读程度的因素,并不同等地决定和影响写作的程度。这可以从以下几点来看:

(1) 阅读的目的是鉴赏求知,写作的目的是表情达意。阅读是"破译",主要靠解读力;写作是"编码",主要靠构思力和表达力。阅读更多地运用再造性想象;写作更多地运用创造性想象。阅读吸收的是他人之物,写作倾吐的是自我之物。

(2) 阅读始于"言",写作始于"物"。阅读面对的是加工过的精神产品,写作面对的是杂乱无章的素材和朦胧的思绪。阅读接受的是准确、鲜明、经作者删定的语言;写作则要由内部语言转化为外部语言,由粗糙而趋于畅达。

(3) 阅读所"吸收"的"思维的结果",并不能显示对写作起决定性作用的"思维的过程"。阅读所能提供的,大大小于写作所需要的,从阅读中借鉴,只是写作学习的一个方面。

阅读和写作有这么多的差异,阅读程度怎么会是写作程度的"根"呢?阅读这个"基础"如何撑得起写作这座大厦呢?叶圣陶说:"如果教好阅读课,引导学生逐课逐课地体会作者怎样用心思,怎样有条理地表达中心思想,他们就仿佛跟作者一块儿想过考虑过,到他们自己作文的时候,所谓熟门熟路,也比较容易抓住中心思想了。"③ 这只能算是良好的愿望罢了。"作者怎样用心思",通过阅读最多只能作一些揣测,其中大量的

---

①② 叶圣陶:《阅读是写作的基础》,见《叶圣陶论语文教育》,149 页、151 页,郑州,河南教育出版社,1986。

③ 叶圣陶:《阅读是写作的基础》,见《叶圣陶论语文教育》,151 页,郑州,河南教育出版社,1986。

运思活动则是根本无从揣测的。就说文章的"中心思想"是怎么形成的，即使你再用心体会也是徒劳，自己作文的时候又怎么谈得上"熟门熟路""比较容易抓住中心思想"呢？

阅读对写作有着重要的作用，这一点是不言而喻的。但是，就阅读和写作二者关系而言，当是"互利互惠"的，谈不上谁是谁的"基础"。古人就有"不动笔墨不看书"之说，胡适也曾说过"发表是吸收的利器"，这说的都是写作同样有助于阅读。纵观叶圣陶有关阅读与写作关系的论述，他都只看到阅读对写作的作用，而忽略了写作对阅读的作用。他的语文教育观是以阅读为本位的，把阅读与写作的关系视为一种单向的因果关系，从而片面夸大了阅读对写作的作用。在这一点上，叶圣陶缺乏辩证的观点。

"阅读是吸收，写作是倾吐"，"阅读是写作的基础"，"老师教得好，学生读得好，才写得好"，这些看法构成了语文教育的"以读带写"规范的理论基础，奠定了"写作训练"亦步亦趋于阅读单元的附庸地位，更由于叶圣陶在语文教育界的特殊的影响力，他的上述观点为众多的语文教师所接受，形成了一种"集体无意识"，仿佛写作教学一离开阅读教学，就"没有根"了，便丧魂失魄、不知所措了。从写作教育的规律出发自成体系的努力，总是被视为"大逆不道"，标新立异，总是招来半是困惑半是责难的目光。"阅读是写作的基础"这一观念，造成了语文教育实际上的重读轻写的现状，造成了语文教育的"偏瘫"，造成了阅读教学的虚假繁荣和写作教学的困顿萎缩。

（五）基础与源头。

"阅读是写作的基础"这一命题，还可能导致写作发生论上的误解。

"阅读是写作的基础"，生活是写作的"源头"，这一个"基础"和一个"源头"，是叶圣陶写作教育论中的两个重要概念。因其重要，所以，提法科学与否值得探讨。

对于何谓"阅读是写作的基础"，叶圣陶只是作些阐释而未下定义。他说：阅读习惯不良，一定会影响到表达，就是说，写作能力不容易提高。因此，必须好好教阅读课。譬如讲文章须有中心思想，学生听了，知道文章须有中心思想，但是学生说："我作文就是抓不住中心思想。"如果教好阅读课，引导学生逐课逐课地体会，作者怎样用心思，到他们自己作文的时候，所谓熟门熟路，也比较容易抓住中心思想了。"总而言之，阅读是写作的基础。"从这一阐释中可以看出叶圣陶所谓"基础"，是指可资借鉴的对象，即通过阅读去体悟作者是如何写作的，以获得借鉴。这大约就是他所说的"阅读是吸收，写作是倾吐，倾吐能否合于法度，显然与吸收有密切的关系"这个意思吧。阅读之所以成其为"基础"，是因为它为写作提供了"法度"上的借鉴。

问题在于可资借鉴的对象能否称作"基础"。"基础"指的是"事物发展的根本或起点"①，从阅读获得文章法度上的借鉴，能说是写作的"根本或起点"吗？如果把这种借鉴看作是写作的"根本或起点"，那就等于把写作行为的发生归因于阅读，似乎是把阅读"吸收"进来的东西，通过写作"倾吐"出去，或是如叶圣陶所说："学生读得好，才写得好。"这样理解显然有悖于写作规律。写作行为的发生也许与阅读有关，但从根本上说，不是取决于阅读；"读得好"与"写得好"二者也无必然的联系。在我们周围，"读得好"却写得一般的人，并不鲜见。因此，无论是用"根本"还是用"起点"来看阅读对写作的功用，都是不恰当的，把阅读称作写作的基础，这种提法自然也就很难成立。——如果一定要说阅读是什么的基础的话，恐怕只能说阅读是写作学习的基础，习作者通过阅读领悟到某些书面表达的规律，再通过实践，发展自己的写作能力，提高自己的写作水平，最终学会写作。

真正"写作的基础"当是生活（或材料）。写作的"根本"是材料，写作活动的"起点"是感受生活、占有材料。为了绕开"基础"这个概念，叶圣陶借用了另一种比喻的说法，称生活为写作的"源头"。他说："我们要记着，作文这件事离不开生活，生活充实到什么程度，才会做成

---

① 参见《现代汉语词典》，2版，519页，北京，商务印书馆，1979。

什么文字。所以论到根本，除了不间断地向着求充实的路走去，更没有可靠的预备方法。走在这条路上，再加上写作的法度、技术等等，就能完成作文这件事了。"① "必须寻到源头，方有清甘的水喝。"② 这"源头"，说的就是写作的"根本"，其实也就是写作的"基础"。"源头"和"基础"这两个概念，在意义上并没有什么大的差别，只是由于叶圣陶把阅读误作为写作的基础，这就导致了人们对他的写作发生论的误解。弄不清楚究竟是阅读这个"根"、这个"基础"重要呢，还是生活这个"根本"、这个"源头"重要，弄不清楚"基础"和"源头"究竟是什么关系。在写作教育实践中，老师们往往重"基础"更甚于重"源头"，因为指导学生打"基础"远比指导他们寻"源头"要来得容易，这就造成了学生对从阅读中"取法"的依赖，养成了从读中仿写的习惯，以致学生普遍缺乏感受生活、占有材料的能力，离开了老师的命题和指导，便不会写作。这种状况，实际上正是叶圣陶要极力加以纠正的。

（六）临摹与创造。

必须注意的是，叶圣陶尽管极为重视阅读对写作的作用，但是，他重视阅读，只是着眼于从中体悟写作的规律和方法，而并不赞赏通过阅读加以模仿。他的写作学习观的基本精神是创造。

他用习画的临摹和写生这两种方法来比喻写作："学写文章也有临摹的方法，熟读若干篇范文，然后动手试作，这是临摹。在准备动手的时候，翻着一些范文作参考，也是临摹。另外一个办法是不管读过什么文章，直接写出自己的所见所闻所感所思。所见怎么样就怎么样写，所闻怎么样就怎么样写，其余类推。这是写生的办法。"③ 他虽然不是绝对不赞成临摹，可是他认为采用写生的办法更有益处，至少应该做到写生为主，临摹为辅，因为，临摹的东西，是名家眼中之物，不是临摹的人的眼中之

---

①② 叶圣陶：《作文论》，见《叶圣陶语文教育论集》，363 页，北京，教育科学出版社，1980。

③ 叶圣陶：《临摹和写生》，见《叶圣陶论语文教育》，134 页，郑州，河南教育出版社，1986。

物，名家可能有看不透彻的地方，可能有表现得不够的地方，临摹的人只好跟着他，没法写得更好。写生就不一样了，物像摆在面前，作者可以眼看脑想手动，样样都直接，开始的时候也许成绩不如临摹，但久而久之，功夫用多了，眼光逐渐提高，手腕逐渐熟练，达到得心应手的地步，对任何物像都能描绘自如，而惯于临摹的人就做不到这一点。简而言之，就是说临摹训练的是模仿力，写生训练的是创造力。

他还进一步指出临摹的弊端：学写文章从临摹的方法入手，搞得不好，可能跟一个人的整个生活脱离，在观念上和实践上都成了为写作而学习写作。还有，在实践上容易引导到陈词滥调的路子，阻碍自己的独立思考和创意铸语。通常说的公式化的毛病，一部分就是从临摹来的。——这就深刻地揭示了临摹的方法对习作者可能带来的消极影响，其严重性是不容忽视的。他谈到当今学校中为数不少的教师，把课本里的选文看作范本，觉得还不够，希望另外选些范本，最好学写游记以前先读几篇游记，学写报告书以前先读几篇报告书，有人学习文艺写作，也喜欢揣摩几篇名家的作品，从用意布局到造句用词，都希望有所取法，他认为这些都是不可取的。

针对人们对阅读作用的偏颇理解，他说："阅读的文章并不是写作材料的仓库，尤其不是写作方法的程式。在写作的时候，愈不把阅读的文章放在心上愈好。"① "遇到任何题目，不管能说不能说，要说不要说，只要运用胸中所记得的一些程式而决定形式，不根据内容而决定形式：这正是道地的八股精神。"②叶圣陶一方面强调阅读教学的重要，把阅读作为写作的基础；另一方面又提醒大家"在写作的时候，愈不把阅读的文章放在心上愈好"，就是说既要能入乎其内，又要能出乎其外，既要从阅读中取法，又不要为某种程式所囿，而要从固定的程式中超越出来。

基于这一看法，叶圣陶很注意将"借鉴"和"榜样"或"范例"这些提法加以区别。他说："如果死死咬定，一切要以人家的表达方法为榜

---

①② 叶圣陶：《论写作教学》，见《叶圣陶论语文教育》，68页、69页，郑州，河南教育出版社，1986。

样或是范例,很可能走上形式主义的道路,结果人家的表达方法是学像了,却不能恰当地表达出自己的思想情感。以人家的表达方法为借鉴就不然。借鉴就是自己处于主动的地位,活用人家的方法而不为人家的方法所拘。为了恰当地表达思想感情的需要,利用人家的方法不妨斟酌损益,取长去短,还可以创立自己的方法。"①的确,在写作学习中,习作者处于主动地位这是至关重要的,只有处于主动地位,才能有选择地吸收别人的长处,并有所突破和发展,真正发挥出自己的写作才能、表达出自己的个性。

(七)求"通"与求"好"。

对学生作文程度应作何要求,叶圣陶关于作文"通"和"好"的见解,对今天作文教学仍有重要的参考价值。

关于"通",他说,一篇文章怎样才算得"通"?"词"使用得适合,"篇章"组织得调顺,便是"通"。反过来,"词"使用得乖谬,"篇章"组织得错乱,便是"不通"。"怎样叫作适合呢?我们内面所想的是这样一件东西,所感的是这一种情况,而所用的'词'刚好代表这样一件东西,这样一种情况,让别人看了不至感到两歧的意义,这就叫适合。……怎样叫作调顺呢?内面的意思情感是浑凝的,有如球,在同一瞬间可以感知整个的含蕴;而语言文字是联续的,有如线,须一贯而下,方能表达全体的内容。作文同说话一样,是将线表球的功夫,能够经营到通体妥帖,让别人看了便感知我们内面的意思情感,这就叫作调顺。"②他认为"这里说的'通'与'不通',专就文字而言,是假定内面的思想情感没有什么毛病了的。其实思想情感方面的毛病尤其要避免。"③可见,这个"通"的标准,虽然表面上似乎说的是文字形式,实际上也包容了"内面的意思情感",而思想情感方面的毛病则是"尤其要避免"的。

---

① 叶圣陶:《评〈读和写〉,兼论读和写的关系》,见《叶圣陶论语文教育》,164页,郑州,河南教育出版社,1986。
②③ 叶圣陶:《"通"与"不通"》,见《叶圣陶语文教育论集》,399~400页、403页,北京,教育科学出版社,1980。

叶圣陶认为，写作不但要求"通"，还要求"好"。他继《"通"与"不通"》一文之后，又写了《"好"与"不好"》一文，指出："前此所说的'通'，只是作文最低度的条件。文而'不通'，犹如一件没制造完成的东西，拿不出去的。'通'了，这期间又可以分作两路：一是仅仅'通'而已，这像一件平常的东西，虽没毛病，却不出色；一是'通'而且'好'，这才像一件精美的物品，能引起观赏者的兴趣，并给制作者以创造的喜悦。认真不肯苟且的人，写一篇文章必求它'通'，又望它能'好'，是极自然的心理。"① 他的"好"的标准是指"诚实"和"精密"。"诚实"，是就作者的态度和文章的内容来讲的："'诚实'是'有什么说什么'，或者是'内面怎么想怎么感，笔下便怎样写。'"② "精密"，主要是从表达方面说的："文字里要有由写作者深至地发见出的、亲切地感受到的意思情感，而写出时又能不漏失它们的本真，这才当得起'精密'二字，同时这便是'好'的文章。"③ 他要求"诚实"地观察外物，"精密"地表达情意"，有"诚实"，才有"精密"可言，即"诚于中而形于外"的意思。

叶圣陶对"通"与"好"这两个层次写作程度的理解，是以他对语言形式与思想内容二者关系的认识为基础的，不论是"通"，还是"好"，他都是以语言形式与思想内容二者相统一的观点来制订标准的。他虽然十分重视写作中的语言问题，但是，他从来不把语言和思想割裂开，孤立地看待语言问题，而是认为二者是不可分的。他说："要是我的语言杂乱无章，人家决不会承认我的思想有条有理，因为语言杂乱无章正就是思想杂乱无章。要是我的语言含糊蒙眬，人家决不会承认我的思想清楚明确，因为语言含糊蒙眬正就是思想含糊蒙眬……"④ 这是从语言看思想。再从思想看语言："思想不能空无依傍，思想依傍语言。思想是脑子里在说话——说

---

① ② ③ 叶圣陶：《"好"与"不好"》，见《叶圣陶语文教育论集》，404页、405页、407页，北京，教育科学出版社，1980。

④ 叶圣陶：《语言和语言教育》，见《叶圣陶语文教育论集》，638页，北京，教育科学出版社，1980。

那不出声的话，如果说出来，就是语言，如果写出来，就是文字。蒙眬的思想是零零碎碎不成片断的语言，清明的思想是有条有理组织完密的语言。……说他说得好写得好，不如说他想得好尤其贴切。"① 在谈到修改文章时，他认为修改语言同时就是修改意思，仅仅修改语言的事儿是少有的，修改语言往往连带修改意思，说穿了，"思想，语言，文字，三样其实是一样。"② 基于这种认识，叶圣陶对写作程度所确定的标准注意到语言形式与思想内容这两个方面不可分，并认为二者之中尤其要避免的是"思想情感方面的毛病"，这对于建立科学的写作测评标准至关重要。

语文教学界在对学生写作水平的检测标准上，与叶圣陶的上述认识完全相左。长期以来，高考作文的评分标准被分解为内容、语言、篇章三项，其中"语言"项又是权重最大的项目，明确规定要达到一、二类卷的基准分，必须"具备语言项和另一项条件"，要获得一、二类卷的最高分，必须是"语言项突出的""语言项较好的"。这就等于说内容、语言、篇章不是"一样"，而是可以截然分立的"三样"，可以有"语言"很好，而"内容""篇章"不好的文章，反之，也可以有"内容""篇章"很好，而"语言"不好的文章。在这"三样"中，最重要的不是"内容"（主题和材料）怎样，而是"语言"怎样。在这一评分标准的导向作用下，许多教师便把写作程度的标准放在"文从字顺"上，把叶圣陶的求"通"的观点，曲解为过"语言关"，把写作没有错别字和语病、文字通顺作为写作教学的理想的目标，"以语言训练为中心"的教学体系应运而生。这就把写作这一创造性的精神活动和情感思想的艺术化过程，变为一种简单的文字符号的"编码"技能，把写作训练变成文字处理训练，这不能不说是写作教学科学化进程中的一个严重的迷失。

新中国成立后的写作教育领域，叶圣陶的思想可谓独领风骚，写作教学

---

① 叶圣陶：《谈文章的修改》，见《叶圣陶语文教育论集》，448~449页，北京，教育科学出版社，1980。

② 叶圣陶：《谈文章的修改》，见《叶圣陶语文教育论集》，447页，北京，教育科学出版社，1980。

研究几乎言必称叶圣陶。叶圣陶写作教育思想的精髓,如"立诚",生活是写作的源头,以"应需"性写作为目标,语言与思想不可分等观点,无疑地使语文教学界受益匪浅。但由于当代写作教育仍以"应试"为旨归,其基本精神仍摆脱不了"八股"之窠臼,这就使人们往往从实用主义的目的出发,对叶圣陶的观点作片面的理解和引申,其结果是貌合神离,相去甚远。与这种各取所需的做法殊途同归的是盲目迷信,将叶圣陶的写作教育思想奉为圭臬,不作分析地全盘接受,视其为理论禁区。这些,显然都不是真正科学的态度,势必阻碍对写作教育规律的探索和写作教改进程。

叶圣陶的写作教育思想,与任何伟大的思想一样,都有其局限性。他对"作文法"的鄙薄,轻理论、重自悟的经验主义倾向,以阅读为本位,重读轻写的读写观等,导致了对写作教学本体认识的疏忽。他认为写作靠的是学生"自悟",写作的基础是阅读,他曾断言"作文不是一个独立的学科"①,这便意味着写作教学只能处于"寄人篱下"、无足轻重的地位。在这一认识的影响下,"以读带写"规范长期占据语文教坛,写作教学在某种程度上仍重蹈"神而明之""听天由命"的老路,写作和写作教育的宏观研究被忽视,造成写作教学理论的贫瘠和实践的困窘。

写作教育要走出误区,不但需要继承和包容的虚心,而且更需要求是精神和大胆"冒犯"的勇气!

---

① 叶圣陶:《改进语文教学,提高语文教学的质量》,见《语文学习》,1979年第4期。